Rainer Bizenberger

Informal Private Debt

GABLER EDITION WISSENSCHAFT

Schriften zum europäischen Management

Herausgegeben von
Roland Berger Strategy Consultants – Academic Network

Die Reihe wendet sich an Studenten sowie Praktiker und leistet wissenschaftliche Beiträge zur ökonomischen Forschung im europäischen Kontext.

Rainer Bizenberger

Informal Private Debt

Ein Beitrag zur innovativen Finanzwirtschaft von Unternehmen

Mit einem Geleitwort von Prof. Dr. Guido Eilenberger

GABLER EDITION WISSENSCHAFT

Bibliografische Information der Deutschen Nationalbibliothek
Die Deutsche Nationalbibliothek verzeichnet diese Publikation in der Deutschen Nationalbibliografie; detaillierte bibliografische Daten sind im Internet über <http://dnb.d-nb.de> abrufbar.

Dissertation Universität Rostock, 2008

1. Auflage 2008

Lektorat: Frauke Schindler / Sabine Schöller

Gabler ist Teil der Fachverlagsgruppe Springer Science+Business Media.
www.gabler.de

Umschlaggestaltung: Regine Zimmer, Dipl.-Designerin, Frankfurt/Main
Gedruckt auf säurefreiem und chlorfrei gebleichtem Papier
Printed in Germany

ISBN 978-3-8349-1252-7

Geleitwort

Die Finanzierungsmöglichkeiten und -bedingungen kleiner und mittlerer Unternehmen (KMU) haben sich in Zusammenhang mit der Diskussion und der Einführung der neuen Vorschriften für die Eigenkapitalunterlegung von Bankkrediten entsprechend der Unternehmensbonitäten in den letzten Jahren grundlegend verändert. Zwar sind die Banken nach wie vor die Hauptfinanziers von KMU, es werden jedoch einerseits strengere Anforderungen an die Erhältlichkeit von Krediten gestellt, andererseits erfolgt eine Anpassung der Finanzierungskosten an die individuelle Bonität der Kreditnehmer. Die Mehrzahl der KMU steht also vor dem Dilemma, die von den Banken geschaffene Situation zu akzeptieren und zu versuchen, maßgeschneiderte Kredite zu erhalten (was zunehmend auf Schwierigkeiten stößt), oder sich nach neuen Finanzierungsquellen außerhalb des Bankensystems umzusehen.

Dabei kann es zu individuellen Lösungen, oft in Zusammenwirken mit den Kunden der KMU, kommen. Mit diesen Lösungen wird Neuland außerhalb des etablierten Kreditmarktes und des nur zum Teil für KMU zugänglichen öffentlichen Kapitalmarkt betreten. Als Kennzeichnung hat sich in Analogie zum privaten Markt für Beteiligungskapital (Private Equity Market) dafür der Begriff des privaten Marktes für Schuldtitel (Private Debt Market) - zumindest unter Insidern - herausgebildet. Es liegt auf der Hand, dass die Marktverhältnisse des Private Debt Markets sich von denen des Public Debt Markets grundlegend unterscheiden. Weitere Einschränkungen der Finanzierungen mittels Private Debt ergeben sich für KMU dann, wenn sie - beispielsweise aus Kostengründen oder aus marketingbedingten Überlegungen - auf die Mitwirkung von Finanzintermediären verzichten. Sie wenden sich in diesen Fällen direkt an private Anleger, denen sie auf dem Wege der Selbstemission die Schuldtitel anbieten. In diesem Zusammenhang kann von "Informal Private Debt" gesprochen werden, zumal die formalen und auch inhaltlichen Anforderungen gegenüber Emissionen am Private Debt Market wesentlich geringer sind.

Rainer Bizenberger greift diese Problematik auf und unternimmt eine breit angelegte Untersuchung hinsichtlich der Erscheinungsformen von Informal Private Debt, des Marktsegments hinsichtlich Struktur und Funktionsfähigkeit, der Abwicklung solcher Transaktionen sowie der Eignung und der Gestaltung von Informal Private Debt unter dem Aspekt innovativer Finanzwirtschaft von Unternehmen.

Die empirische Untersuchung zur Marktabgrenzung und Charakterisierung des Informal Private Debt-Marktes ist von großer Umsicht und hoher Kenntnis der empirischen Arbeitsweise geprägt: Ausführlich beschreibt Herr Bizenberger die Auswahl der 132 ausgewerteten Emissionen von IPD aus einer Gesamtzahl von 278 derartiger Emissionen, die zwischen dem 1.7.2000 und dem 28.2.2006 erfolgt sind. Auswertung und Interpretation der Ergebnisse sind beispielhaft und geben erstmals einen hervorragenden Einblick in diesen eher exotischen, gleichwohl innovativen Finanzierungsmarkt.

Auf der Basis der Darlegung der begrifflichen Grundlagen, die mit großer Sorgfalt erfolgen, und der konkreten Abgrenzung des Marktsegments kann die Rolle von Informal Private Debt im Spannungsfeld zwischen Finanzierung und Marketing schrittweise einer theoretischen Erklärung zugeführt und der innovative Aspekt von IPD verdeutlicht werden: Insbesondere sind es die Perspektive der Behavioral Finance und die Würdigung der Aspekte der Reputation, die den wissenschaftlichen Ertrag mehren. Aber auch die Wechselwirkungen von Informal Private Debt und Marketing tragen zur Erklärung dieses Finanzierungspotentials bei; in diesem Zusammenhang wird insbesondere der Gedanke der Kundenbindung im Kontext mit der Nutzung von Informal Private Debt deutlich und kann der Praxis neue Impulse verleihen.

Als Forschungsmethode wird in eindrucksvoller Weise die Fallstudie eingesetzt. Die verwendete "ZIMBO-Fallstudie" weist insbesondere den Vorteil auf, dass ein Unternehmen ausgewählt worden ist, das zwei konkrete Emissionen von Informal Private Debt und eine für die nahe Zukunft geplante Emission umfasst. Dadurch können die Hintergründe und Zielsetzungen der Informal Private Debt-Finanzierung anhand eines konkreten Falles besser ausgeleuchtet werden.

Die Untersuchung von Rainer Bizenberger eröffnet neue und wissenschaftlich bedeutsame Erkenntnisse für die Finanzierung von KMU in Deutschland. Es ist ihr daher eine weite Verbreitung in Wissenschaft und Praxis zu wünschen.

Guido Eilenberger

Vorwort

Im Zuge des Wandels der Finanzierungsmärkte sind weitreichende Veränderungen in der Unternehmensfinanzierung zu beobachten. Seit einigen Jahren werden dabei auch Anleihen und Genussscheine öffentlich diskutiert, die direkt von Unternehmen an eine Vielzahl von privaten Anlegern als Form der Unternehmensfinanzierung vertrieben werden. Nicht zuletzt bestärkte mich die bislang undifferenziert geführte Diskussion in den Medien über diese innovative Art der Unternehmensfinanzierung abseits des Bankensystems darin, mich wissenschaftlich fundiert mit diesem Thema auseinanderzusetzen. Zielsetzung dieser Arbeit war es, Licht ins Dunkel auf diesem Segment des sogenannten Grauen Kapitalmarkts zu bringen. Vor dem Hintergrund der aktuellen Finanzmarktkrise gewinnt die Diskussion um innovative Anlage- und Finanzierungsformen insgesamt an Brisanz. Daher wünsche ich allen Lesern aus Wirtschaft, Wissenschaft und Öffentlichkeit eine kritische Auseinandersetzung mit den Erkenntnissen.

Bei der Anfertigung dieser Arbeit habe ich vielfältige Unterstützung erhalten, für die ich mich ganz herzlich bedanken möchte. An erster Stelle ist mein Doktorvater, Prof. Dr. Guido Eilenberger zu nennen, der mich bei der Bearbeitung des Themas mit großem Interesse begleitet hat. Er gab mir die notwendigen Freiräume, fand die Zeit den Stand der Arbeit kritisch zu hinterfragen und trug mit seinen konstruktiven Hinweisen wesentlich zum Gelingen bei.

Die Durchführung der empirischen Analyse der bisherigen Emissionen wäre ohne die Unterstützung zahlreicher Emittenten nicht möglich gewesen. Bei der Erstellung der "Zimbo"-Fallstudie trug das Interview mit Herrn Peter A. Rucker wesentlich zum Erkenntnisgewinn bei. An dieser Stelle möchte ich mich bei allen beteiligten Vertretern der jeweiligen Unternehmen für die Kooperation herzlich bedanken.

Meinem Arbeitgeber Roland Berger Strategy Consultants danke ich für die Möglichkeit, meine Dissertation im Rahmen des Promotionsprogramms anzufertigen, insbesondere meinen Kollegen Dr. Derik Evertz, Max Falckenberg, Dr. Julian zu Putlitz, Dr. Nils Bickhoff, Dr. Christoph Kleppel und Dr. Christian Krys. Dem Doktorandenzirkel von Roland Berger Strategy Consultants, vor allem Dr. Tobias Plate, Dr. Nicholas Richter und Dr. Stefan Duderstadt danke ich für die anregenden Diskussionen. Ebenso gilt mein Dank Herrn Heinz

Michalski für die inhaltlichen Anregungen sowie die stilistische Qualitätssicherung. Dank schulde ich zudem meinen Doktorandenkollegen für die wertvollen Hinweise während der Doktorandenseminare des Lehrstuhls von Prof. Dr. Guido Eilenberger.

Besonderen Dank gebührt meiner geliebten Frau, Wibke Berens, die mich mit endloser Geduld in den Hochs und Tiefs unterstützte, die mich stets an den erfolgreichen Abschluss glauben ließ und mit der ich während der Erstellung besonders viele schöne Stunden verbringen durfte und in Zukunft verbringen darf.

Nicht zuletzt danke ich meinen Eltern für die uneingeschränkte Unterstützung und die Ausbildung, die sie mir ermöglicht haben. Meiner Mutter gilt der größte Dank für den immerwährenden Rückhalt und das Vertrauen in den Erfolg. Ihr ist diese Arbeit gewidmet.

Rainer Bizenberger

Inhaltsverzeichnis

Abbildungsverzeichnis

Abkürzungsverzeichnis

ABCP	=	Asset Backed Commercial Papers
Abk.	=	Abkürzung
ABS	=	Asset Backed Securities
Abs.	=	Absatz
AfA	=	Absetzung für Abnutzung
AG	=	Aktiengesellschaft
Anm.	=	Anmerkung
AnSVG	=	Anlegerschutzverbesserungsgesetz
ARD	=	Arbeitsgemeinschaft der öffentlich-rechtlichen Rundfunkanstalten der Bundesrepublik Deutschland
ausg.	=	ausgegeben
B2C	=	Business to Consumer
BaFin	=	Bundesanstalt für Finanzdienstleistungsaufsicht
BAKred	=	Bundesaufsichtsamt für das Kreditwesen
BAV	=	Bundesaufsichtsamt für das Versicherungswesen
BAWe	=	Bundesaufsichtsamt für den Wertpapierhandel
betriebl.	=	betrieblich
BFuP	=	Betriebswirtschaftliche Forschung und Praxis
BGB	=	Bürgerliches Gesetzbuch
BGB-InfoV	=	Verordnung über Informations- und Nachweispflichten nach bürgerlichem Recht
BMF	=	Bundesministerium der Finanzen
BörsenG	=	Börsengesetz
bspw.	=	beispielsweise
bzw.	=	beziehungsweise
c.p.	=	ceteris paribus
ca.	=	circa
CAGR	=	Compound Annual Growth Rate
CAPM	=	Capital Asset Pricing Model
d.h.	=	das heißt
DAI	=	Deutsches Aktieninstitut
DAX	=	Deutscher Aktienindex
DBW	=	Die Betriebswirtschaft
Dept.	=	Department
DIAS	=	Deutsches Institut für Anlegerschutz
e.V.	=	eingetragener Verein
EAD	=	Exposure at Default
EBIT	=	Earnings before Interests and Taxes
EBITDA	=	Earnings before Interests, Taxes, Depreciation, and Amortization

EBT	=	Earnings before Taxes
EECH	=	European Energy Consult Holding AG
EK-Quote	=	Eigenkapitalquote
et al.	=	et alii
etc.	=	et cetera
EU	=	Europäische Union
EUR	=	Euro
evtl.	=	eventuell
EWG	=	Europäische Wirtschaftsgemeinschaft
f.	=	folgende
FAQ	=	Frequently Asked Questions
FAZ	=	Frankfurter Allgemeine Zeitung
ff.	=	fortfolgende
ggf.	=	gegebenenfalls
ggü.	=	gegenüber
GmbH	=	Gesellschaft mit beschränkter Haftung
HfB	=	Hochschule für Bankwirtschaft
HGB	=	Handelsgesetzbuch
i.d.R.	=	in der Regel
i.e.S.	=	im engeren Sinne
i.H.v.	=	in Höhe von
i.w.S.	=	im weiteren Sinne
ifo	=	Institut für Wirtschaftsforschung
inkl.	=	inklusive
insb.	=	insbesondere
IPD	=	Informal Private Debt
IRB	=	Internal Rating Based
IT	=	Informationstechnologie
IuK-Technologie	=	Informations- und Kommunikationstechnologie
JÜ	=	Jahresüberschuss
KfW	=	Kreditanstalt für Wiederaufbau
KG	=	Kommanditgesellschaft
KMU	=	Kleine und mittlere Unternehmen
KWG	=	Kreditwesengesetz
lat.	=	lateinisch
LEH	=	Lebensmitteleinzelhandel
lfd.	=	laufend
LGD	=	Loss Given Default
M	=	Maturity
M&A	=	Mergers & Acquisitions
MaK	=	Mindestanforderungen an das Kreditgeschäft
mind.	=	mindestens
Mio.	=	Million

MIT	=	Massachusetts Institute of Technology
Mrd.	=	Milliarde
MS	=	Management Science
N.-B.-Sektor	=	Nichtbankensektor
o.a.	=	oben angegeben
o.V.	=	ohne Verfasser
OR	=	Operations Research
OTC	=	Over-the-Counter
p.a.	=	per annum
PD	=	Probability of Default
PR	=	Public Relations
Q1	=	erstes Quartal
RSt.	=	Rückstellungen
S & P	=	Standard & Poor's
SchVG	=	Schuldverschreibungsgesetz
sog.	=	sogenannt
teilw.	=	teilweise
TEUR	=	tausend Euro
trad.	=	traditionell
u.a.	=	unter anderem
u.Ä.	=	und Ähnliches
u.U.	=	unter Umständen
u.v.m.	=	und vieles mehr
UK	=	United Kingdom
VC	=	Venture Capital
Verf.	=	Verfasser
VerkaufsprospektG	=	Wertpapier-Verkaufsprospektgesetz
VermVerkProspV	=	Vermögensanlagen-Verkaufsprospektverordnung
vgl.	=	vergleiche
Wasservers.	=	Wasserversorgung
WAZ	=	Westdeutsche Allgemeine Zeitung
WISt.	=	Wirtschaftswissenschaftliches Studium
WP	=	Wirtschaftsprüfer
WpHG	=	Wertpapierhandelsgesetz
WpPG	=	Gesetz über die Erstellung, Billigung und Veröffentlichung des Prospekts, der beim öffentlichen Angebot von Wertpapieren oder bei der Zulassung zum öffentlichen Handel an einem organisierten Markt zu veröffentlichen ist
z.B.	=	zum Beispiel
ZASt.	=	Zinsabschlagsteuer
ZDF	=	Zweites Deutsches Fernsehen
ZfB	=	Zeitschrift für Betriebswirtschaft
ZfbF	=	Zeitschrift für betriebswirtschaftliche Forschung

1 Problemstellung und Forschungsansatz

1.1 Problemstellung und Zielsetzung der Arbeit

Das deutsche Finanzsystem befindet sich seit Anfang der neunziger Jahre des letzten Jahrhunderts in einem tief greifenden Umbruch. Das traditionell bankenorientierte kontinentaleuropäische Finanzsystem scheint im Rahmen der Globalisierung auf das kapitalmarktorientierte anglo-amerikanische Finanzsystem zu treffen und einen "Cultural Clash" zu verursachen.[1] Die zum Teil heftig geführte Diskussion in Wissenschaft und Öffentlichkeit um Schlagworte wie 'Kreditklemme', 'Ende der Deutschland AG' und 'Niedergang des Bankkredits' scheint nicht abzureißen. Die Unternehmensfinanzierung scheint nach neuen Spielregeln zu funktionieren, die neue Instrumente, Märkte und Perspektiven möglich machen bzw. erfordern.[2]

Im Zuge dieser Diskussion sind insbesondere kleine und mittlere Unternehmen in den Mittelpunkt geraten, die sich im Streben nach einer Diversifizierung der Unternehmensfinanzierung neuen Herausforderungen gegenüber sehen. Obwohl im Zuge des Wandels der Finanzierungsmärkte eine Reihe neuer Finanzierungsinstrumente entstanden ist, scheinen diese teilweise wenig attraktiv, schwer zugänglich oder nicht geeignet zur Lösung der Finanzierungsprobleme kleiner und mittlerer Unternehmen zu sein. Doch gerade diesen Unternehmen kommt in Deutschland eine überragende volkswirtschaftliche Bedeutung zu. So zählen über 99% aller umsatzsteuerpflichtigen Unternehmen, die rund 70% aller Arbeitsplätze zur Verfügung stellen, zum sog. 'Mittelstand'.[3]

In der Presse werden seit 2003 vermehrt nicht börsengehandelte Anleihen und Genussscheine als Anlage- und Finanzierungsform besprochen, die direkt an eine Vielzahl von Privatanlegern unter weitestgehendem Verzicht auf die Einschaltung von Banken vertrieben werden (im Folgenden "Informal Private Debt"[4]). Teilweise wird sogar von einem "Boom der Unternehmensanleihen" gesprochen.[5] Oftmals werden als Beispiele kurios anmutende Einzelfälle von Kleinstemissionen in der Ausstattung mit Naturalzinsen oder vereinzelte

---

1 Vgl. Wolff, Rüdiger (2002), S. 22.

2 Vgl. Stadler, Wilfried (2002b), S. 110.

3 Da keine einheitliche quantitative Abgrenzung von kleinen und mittleren Unternehmen (KMU) existiert, wird der Begriff entgegen der Definition des Instituts für Mittelstandsforschung und der Europäischen Kommission im Verständnis dieser Arbeit weiter gefasst. Um KMU von Großkonzernen abzugrenzen, werden im Folgenden Unternehmen bis zu einem Umsatz von 500 Mio. EUR p.a. der Gruppe der KMU bzw. synonym dem sog. 'Mittelstand' zugerechnet. Vgl. hier und im Folgenden Achleitner, Ann-Kristin und Fingerle, Christian H. (2004), S. 6ff.

4 Zur begrifflichen und inhaltlichen Abgrenzung bzw. Definition siehe Abschnitt 2.1.

5 Vgl. Schürmann, Christoph (2005), S. 82.

größere erfolgreich im Direktvertrieb platzierte Emissionen angeführt.[6] Neben der flexiblen Ausgestaltungsmöglichkeit von Informal Private Debt weisen die Autoren auf mögliche marketingpolitische Vorzüge bezüglich der Steigerung der Kundenbindung hin. Vertreter von Anleger- und Verbraucherschutzverbänden oder ähnlichen Organisationen dagegen raten privaten Anlegern eindringlich zur Vorsicht bei der Anlage in solche Papiere.[7] Sie weisen dabei meist auf die teilweise mangelhafte Informationspolitik, dubiose Vertriebspraktiken, auf die eingeschränkte Veräußerbarkeit sowie auf spektakuläre Insolvenzen einzelner Emittenten oder die fehlende Einlagensicherung hin. Ingesamt erscheint die Darstellung in den Medien stark polarisierend zwischen der generellen Ablehnung von Informal Private Debt als Anlageform einerseits und andererseits der Präsentation eines 'Allheilmittels' zur Lösung der Finanzierungsprobleme von KMU.

In der wissenschaftlichen Forschung und Literatur wird Informal Private Debt bisher weitestgehend vernachlässigt. Der Direktvertrieb von Fremdkapitaltiteln wird nahezu ausschließlich im Zusammenhang mit einer geringen Anzahl institutioneller Investoren meist unter dem Begriff Private Debt in Analogie zu Private Equity untersucht. Eine Ausnahme bildet ein Arbeitsbericht der Universität Lüneburg aus dem Jahr 2004 mit dem Titel "Direktvertrieb von Fremdkapitaltiteln – Eine Finanzierungsalternative für KMU?".[8] Darin wird allerdings neben einer kurzen theoretischen Analyse im Rahmen eines "Marktüberblicks" Bezug auf lediglich acht Emittenten bzw. 14 Emissionen zwischen 2002 und 2004 genommen. Die Autoren schließen mit der Forderung nach einer – mittlerweile vom Gesetzgeber umgesetzten – Ausweitung der Prospektpflicht auf nicht verbriefte Emissionen und dem Ausblick auf die fragliche Etablierung von Informal Private Debt als Finanzierungsform. Eine Untersuchung der marketingpolitischen Zielsetzung ist aber auch hier unterblieben. Breit angelegte empirische Untersuchungen zu Informal Private Debt wurden bisher nicht durchgeführt. Der Stand der wissenschaftlichen Forschung zu Informal Private Debt kann deshalb als äußerst lückenhaft charakterisiert werden.

Angesichts des frühen Forschungsstadiums wird im Folgenden die Relevanz einer fundierten wissenschaftlichen Untersuchung von Informal Private Debt verdeutlicht. In den letzten Jahren wurde eine Vielzahl unterschiedlich ausgestalteter, nicht börsennotierter Anleihen und Genussscheine von Emittenten aus unterschiedlichen Branchen mittels Direktvertrieb öffentlich angeboten.[9] Einige dieser Unternehmen, die Schätzungen zufolge Anleihen mit einem Gesamtvolumen von 600 Mio. EUR platzieren konnten, meldeten in jüngster

---

6 Vgl. hierzu beispielhaft Stocker, Frank (2004), Sydow, Anette (2004) sowie o.V. (2005g). Artikel aus der Tagespresse ohne verfügbare Seitenzahl werden ohne diese zitiert.

7 Vgl. DIAS (2005), S. 1ff.; o.V. (2003b), S. 56f.

8 Vgl. hier und im Folgenden Schöning, Stephan; Nolting, Roger-David, et al. (2004), S. 17 und 32.

9 Das Deutsche Institut für Anlegerschutz e.V. (DIAS) verlautbarte, dass 2005 rund 100 Unternehmen in Deutschland Anleihen im Direktverkauf angeboten hätten. Vgl. o.V. (2005c).

Vergangenheit Insolvenz an; der Schaden für die Anleger ist voraussichtlich beträchtlich.[10] Trotzdem scheint das Interesse an Informal Private Debt ungebrochen. Die Informationslage dagegen erscheint sehr beschränkt. Die Reduzierung der Informationsdefizite am Grauen Kapitalmarkt, zu dem Informal Private Debt gezählt werden kann, liegt aber im volkswirtschaftlichen Interesse einer effizienten Kapitalallokation. Aus Anlegersicht gilt es, die Attraktivität der Anlagemöglichkeiten "richtig" einschätzen zu können. Aus Sicht "seriöser" Emittenten ist die Behebung der Informationsdefizite von Interesse, um mögliche negative Ausstrahlungseffekte "unseriöser" Anbieter zu reduzieren bzw. einen Einsatz von Informal Private Debt überhaupt erst in Betracht ziehen zu können. Vor dem Hintergrund des Wandels der Finanzierungsmärkte, der insbesondere KMU als volkswirtschaftlich bedeutsame Unternehmenskategorie vor neue Herausforderungen zu stellen scheint, hält der Verfasser eine wissenschaftliche Auseinandersetzung mit Informal Private Debt für erforderlich.

Das Forschungsvorhaben zielt auf ein vertieftes Verständnis von Informal Private Debt ab und geht der übergeordneten Forschungsfrage nach dem "Wie" und "Warum" der Durchführung von Informal-Private-Debt-Transaktionen nach. Durch eine wissenschaftlich fundierte Erkundung und Strukturierung von Informal Private Debt sollen Möglichkeiten und Grenzen des Einsatzes sowie die Funktionsweise dieser Transaktionen aufgezeigt und einer breiten Öffentlichkeit in Wissenschaft und Praxis zugänglich gemacht werden. Dazu sollen auf Basis der empirischen und theoretischen Untersuchung von Informal Private Debt Thesen zu Funktionen, Eignung und Gestaltung entwickelt werden, die Empfehlungscharakter für die Praxis aufweisen.

Im Verlauf dieser Arbeit sind deshalb folgende Forschungsfragen vorrangig zu beantworten:

1. Was ist definitorisch unter Informal Private Debt zu verstehen?
2. Unter welchen Rahmenbedingungen ist Informal Private Debt entstanden, welchen Einfluss haben diese auf die Akteure auf den Finanzierungsmärkten?
3. Wie groß ist das derzeitige Marktvolumen für Informal Private Debt, wie ist der Markt strukturiert?
4. Wie laufen typischerweise Informal-Private-Debt-Transaktionen ab, welche Leistungen Dritter (Fremdleistungen) werden in Anspruch genommen?
5. Welche Motive und Zielsetzungen werden bei der Durchführung von Informal-Private-Debt-Transaktionen aus Sicht der Emittenten und der Anleger verfolgt?
6. Welche betriebswirtschaftlichen Funktionen erfüllt Informal Private Debt für die Emittenten?
7. Für welche Art von Unternehmen und Anlegern ist Informal Private Debt geeignet?
8. Wie können Informal-Private-Debt-Transaktionen erfolgreich gestaltet werden?

---

10 Vgl. Preißler, Steffen (2006).

1.2 Wissenschaftstheoretische Positionierung und Forschungsansatz

Die **wissenschaftstheoretische Positionierung** stellt das Selbstverständnis des Forschers im Rahmen seiner wissenschaftlichen Betätigung dar und bildet die Grundlage für die Auswahl eines geeigneten Forschungsansatzes. Die Betriebswirtschaftslehre befasst sich mit Fragestellungen der Gestaltung und Lenkung produktiver sozialer Systeme und ist primär als Führungslehre zu verstehen, welche zu Erkenntnissen führen soll, die "[...] einen engen Bezug zur Praxis aufweisen."[11]

Im Zentrum des wissenschaftlichen Interesses steht in einem pragmatischen Wissenschaftsverständnis das Problem.[12] In der Betriebswirtschaftslehre als angewandter Wissenschaft stehen für die Managementpraxis relevante Probleme im Mittelpunkt, für die inhaltliche Lösungen, Lösungsverfahren, Gestaltungsmodelle oder Regeln für die Entwicklung von Gestaltungsmodellen bereitgestellt werden.[13] *Ulrich* stellt darüber hinaus fest, dass insbesondere die Untersuchung des spezifischen Anwendungszusammenhangs des geforderten Handelns die eigentliche Forschungsaufgabe anwendungsorientierter Wissenschaften sei.[14] Die im vorherigen Abschnitt dargestellte Problemstellung und Zielsetzung dieser Arbeit zeichnet sich durch eine hohe Praxisrelevanz und einen hohen Praxisbezug aus.[15] Sie greift ein aus der Managementpraxis stammendes Problem, welches im Zuge des Wandels im Umfeld der Finanzierung entstanden ist, auf und zielt darauf ab, durch eine systematische wissenschaftliche Auseinandersetzung nützliche Erkenntnisse für die Praxis zu gewinnen. Insoweit stellt sich der Verfasser dieser Arbeit der Forderung nach einem größeren Anwendungsbezug insbesondere der modernen Finanzierungstheorie.[16]

Für die Durchführung empirischer Untersuchungen sind qualitative und quantitative Forschungskonzeptionen denkbar. Quantitative Forschung hat ihren Ursprung in den Naturwissenschaften und untersucht anhand von breit angelegten, großzahligen Stichprobenuntersuchungen klar identifizierbare und abgrenzbare Variablen eines Forschungsgegenstandes. Im Sinne des kritischen Rationalismus besteht der Erkenntnisfortschritt der Wissenschaft im Kern darin, aus bestehenden Theorien abgeleitete Hypothesen mithilfe statistischer Tests zu falsifizieren und so falsche bzw. schlecht bewährte Aussagen oder Theorien zu eliminieren.[17] Qualitative Forschung hat ihren Ursprung in den Geistes- und Sozialwissenschaften und zielt darauf ab, durch die Deutung von Beobachtungen und Befragungen den Forschungsgegenstand in einem reflexiven Prozess zu verstehen, zu

---

[11] Ulrich, Hans (1981), S. 3ff.
[12] Vgl. Hauschildt, Jürgen (2003), S. 15.
[13] Vgl. Ulrich, Hans (2001), S. 30 und Ulrich, Hans (1981), S. 5.
[14] Vgl. Ulrich, Hans (1984), S. 207 und Kieser, Alfred und Nicolai, Alexander (2003), S. 593.
[15] Zu den Begriffen Praxisrelevanz und Praxisbezug vgl. Grand, Simon (2003), S. 5ff.
[16] Vgl. Breuer, Wolfgang A. (1997), S. 612.
[17] Vgl. Bortz, Jürgen und Döring, Nicola (2003), S. 22 und S. 31f.

beschreiben und (neue) Zusammenhänge aufzudecken.[18] "Das qualitative Paradigma ist bemüht, den Objektbereich [...] in seinem konkreten Kontext und seiner Individualität zu verstehen."[19] Empirische Untersuchungen können idealtypisch drei Zielsetzungen verfolgen: (1) Explorative Untersuchungen zielen darauf ab, Hypothesen und Theorien zu *bilden*, (2) explanative Untersuchungen *prüfen* Hypothesen und Theorien und (3) deskriptive Untersuchungen *beschreiben* die Grundgesamtheit potenzieller Untersuchungsobjekte.[20]

Dem pragmatischen Wissenschaftsverständnis folgend wird in dieser Arbeit eine primär explorative, qualitativ ausgerichtete Forschungskonzeption verwendet. "Indem der Explorationsprozess dokumentiert, reflektiert und bewertet wird, kann er in den Bereich der Wissenschaftlichkeit verlagert werden, der im Wesentlichen durch methodisch angeleitetes und kritisierbares Vorgehen charakterisiert ist [...]."[21] Dazu wird im Folgenden der **Forschungsansatz** näher erläutert, welcher als Aktionsplan sicherstellt, ausgehend von den Forschungsfragen zu validen Schlussfolgerungen zu gelangen. Datenerhebung, Analyse und Interpretation können dadurch zielgerichtet im Sinne der Forschungsfragestellung erfolgen.[22] Für diese Arbeit wurde der Ansatz der Fallstudienforschung gewählt. Die Wahl der geeigneten Forschungsstrategie hängt nach *Yin* von (1) der Art der Forschungsfrage, (2) davon, inwieweit der Forscher Einfluss auf den Forschungsgegenstand hat, und (3) vom Fokus auf primär historische oder aktuelle Forschungssachverhalte ab.[23] Die Fallstudie als Forschungsstrategie gilt dann als besonders geeignet, wenn das Vorhaben die Frage nach dem "Wie" und "Warum" aktueller Ereignisse stellt und nahezu kein Einfluss auf das Verhalten der Untersuchungseinheit ausgeübt wird.[24] Das Forschungsvorhaben stellt das "Wie" und "Warum" von Informal Private Debt in den Vordergrund der Untersuchung. Ein Einfluss des Forschers auf Motive, Zielsetzungen und das Verhalten der zu untersuchenden Akteure kann nahezu ausgeschlossen werden. Darüber hinaus bietet sich die Fallstudienforschung in einem frühen Forschungsstadium an oder wenn es darum geht, neue Perspektiven in ein bereits erforschtes Gebiet einzubringen.[25] In dieser Hinsicht werden unter Berücksichtigung aller problemrelevanten Theorien neue Einblicke in den betrachteten Untersuchungsgegenstand eröffnet. Daher eignet sich die Fallstudienmethode als Forschungsansatz für dieses Vorhaben in besonderer Weise.

18 Vgl. Mayring, Philipp (1990), S. 3ff.
19 Vgl. Lamnek, Siegfried (1988), S. 204.
20 Vgl. Bortz, Jürgen und Döring, Nicola (2003), S. 360 und S. 112ff.
21 Bortz, Jürgen und Döring, Nicola (2003), S. 358.
22 Vgl. Yin, Robert K. (2003), S. 20f.
23 Vgl. Yin, Robert K. (2003), S. 5.
24 Vgl. Yin, Robert K. (2003), S.6ff.
25 Vgl. Eisenhardt, Kathleen M. (1989), S. 548 und Meyer, Jörn-Axel (2003), S. 478.

Die Fallstudienforschung ist in der wissenschaftlichen Diskussion allerdings nicht unumstritten. Zwar sind qualitative Forschungsstrategien in der Betriebswirtschaftslehre als angewandter Wissenschaft zunehmend anerkannt und finden regen Zuspruch. Insbesondere aber die Fallstudie ist auf Grund der relativ geringen Formalisierung und des Missbrauchs insbesondere innerhalb von Dissertationen als Forschungsstrategie vom reinen "Storytelling", von "Teaching Case Studies" und anderen nicht wissenschaftlichen Anwendungen deutlich abzugrenzen.[26] Deshalb folgt diese Arbeit der Definition von *Yin*, der die Fallstudie als umfassende Forschungsstrategie charakterisiert.[27] Er definiert die Fallstudie wie folgt:

"1. A case study is an empirical inquiry that

- investigates a contemporary phenomenon within its real-life context, especially when
- the boundaries between phenomenon and context are not clearly evident. [...]

2. The case study inquiry

- copes with the technically distinctive situation in which there will be many more variables of interest than data points, and as one result
- relies on multiple sources of evidence, with data needing to converge in a triangulating fashion, and as another result
- benefits from the prior development of theoretical propositions to guide data collection and analysis."[28]

Aufbauend auf dieser Definition wird die Berücksichtigung der wissenschaftlichen Gütekriterien, an denen sich die erarbeiteten Forschungsergebnisse messen lassen wollen, im Folgenden näher erläutert. Der in Punkt 1 angesprochene Untersuchungsumfang bezieht sich auf komplexe Sachverhalte, die nicht von ihrem Kontext, ihrem Umfeld bzw. der jeweiligen Situation zu trennen sind. In Punkt 2 wird deutlich, dass die Fallstudienforschung gerade da ansetzt, wo rein quantitativ-statistische Ansätze technisch an Ihre Grenzen gelangen. Dies ist insbesondere dann der Fall, wenn die Anzahl der Variablen zu groß und/oder ihre Wirkung zu komplex wird, um sie in Modelle zu fassen.[29] Ein weiterer Vorteil der Fallstudienforschung liegt im Rückgriff auf eine Vielzahl quantitativer und qualitativer Datenquellen, die im Rahmen der Triangulation[30] zu einem neuen Ergebnis zusammengeführt werden können. Durch das theoriegeleitete Vorgehen nimmt der Fallstudienansatz nach *Yin* im Kontinuum

---

26 Vgl. Perry, Chad (2001), S. 303f, Yin, Robert K. (1981), S. 58f sowie Göthlich, Stephan E. (2003), S. 2f.

27 Vgl. Bruns Jr., William J. (1989), S. 157.

28 Yin, Robert K. (2003), S. 13f.

29 Vgl. Remenyi, Dan; Money, Arthur, et al. (2002), S. 5.

30 Aus dem lat. (Dreiecksaufnahme), d.h. Vergleich, kritische Gegenüberstellung unterschiedlicher Quellen, Interpreten, Theorieansätze und Methoden in mehreren Analysegängen; vgl. Mayring, Philipp (1990), S. 106 sowie Bortz, Jürgen und Döring, Nicola (2003), S. 370.

zwischen Deduktion und Induktion eine zentrale Position ein.[31] Hinsichtlich der Theorieverwendung unterscheidet sich diese Vorgehensweise deutlich von den Verfechtern der "Grounded Theory", die ein vorwiegend induktives Vorgehen fordern.[32]
Zur prozessualen Qualitätssicherung der erarbeiteten Forschungsergebnisse orientiert sich diese Arbeit weitestgehend an den Vorgehensvorschlägen von *Yin*[33], durch die den strengen Anforderungen der wissenschaftlichen Gütekriterien *Objektivität* (1), *Validität* (2) und *Reliabilität* (3) bestmöglich Rechnung getragen werden soll.
Die Einhaltung des Kriteriums *Objektivität* (1), d.h. Freiheit von Willkür, Werturteilen, Weltanschauungen und Beliebigkeit, ist bei qualitativen Forschungsmethoden trotz beabsichtigter subjektiver Interpretationen zu gewährleisten, indem man die Forschungsarbeit intersubjektiv nachvollziehbar macht.[34] Zuerst soll daher das Vorverständnis des Forschers expliziert werden, um den Einfluss überprüfbar zu machen.[35] Der Verfasser ist sich der Gefahr bewusst, durch seine Berufspraxis als Unternehmensberater mit dem Schwerpunkt Restrukturierung eine gewisse Voreingenommenheit bei Interpretationen zu erhalten. Diese Gefahr soll zum einen durch eine bewusste Offenheit gegenüber anderen möglichen Interpretationen, zum anderen aber durch eine lückenlose und transparente Herleitung der Schlüsse reduziert werden.[36]
Hinsichtlich der *Validität*[37] (2) wird nach Konstruktvalidität, interner und externer Validität unterschieden. Die Konstruktvalidität gilt als erfüllt, wenn geeignete Messgrößen für den betrachteten Untersuchungsgegenstand herangezogen werden. Diesem Anspruch wird in der Arbeit Rechnung getragen, indem sich der Verfasser einen breiten Zugang zum betrachteten Forschungsgegenstand verschafft. Deshalb werden nach einer angemessenen Festlegung des Untersuchungsgegenstands zunächst die spezifischen Rahmenbedingungen im Umfeld der Unternehmensfinanzierung in Deutschland untersucht. Unter Verwendung von Presseberichten, Unternehmensmeldungen sowie einer umfangreichen empirischen Untersuchung von hinterlegten Verkaufs- bzw. Emissionsprospekten unternimmt der Verfasser den Versuch, möglichst das gesamte Spektrum der Emissionen bzw. Emittenten zu erfassen und einen breiten Überblick über die relevanten Aspekte von Informal Private Debt zu erarbeiten. Dabei

31 Vgl. Göthlich, Stephan E. (2003), S. 7; zu den Begriffen Induktion (Schließen vom Besonderen auf das Allgemeine) und Deduktion (Schließen vom Allgemeinen auf das Besondere) und der Diskussion siehe auch Lueger, Manfred (2001), S. 229ff.

32 Vgl. Eisenhardt, Kathleen M. (1989), S. 533f und die darin enthaltenen Verweise.

33 Vgl. Yin, Robert K. (1993), , Yin, Robert K. (2003), S. 19ff.

34 Vgl. Göthlich, Stephan E. (2003), S. 13.

35 Vgl. Mayring, Philipp (1990), S. 17.

36 Hierbei wird dem Vorschlag gefolgt, sich am Gutachtenstil der Juristen im Sinne einer dichten Beweisführung zu orientieren. Vgl. Göthlich, Stephan E. (2003), S. 11.

37 Vgl. Göthlich, Stephan E. (2003), S. 13; zum Begriff der Validität siehe auch Balderjahn, Ingo (2003), S. 130ff.

werden die Positionen im Sinne der Triangulation kritisch hinterfragt, um auch den jeweiligen Blickwinkel der Quellen erfassen und interpretieren zu können.

Der Frage nach der internen Validität, der Bildung korrekter Ursache-Wirkungs-Schlüsse, wird dadurch Rechnung getragen, dass im Sinne der Dialektik gegensätzliche Interpretationsmöglichkeiten zugelassen und expliziert werden, um die Urteilsbildung transparent zu machen. Dem Leser ist damit die Entscheidung freigehalten, den Interpretationen des Verfassers zu folgen oder aber Kritik zu üben. In Fragen der externen Validität, d.h. der Generalisierbarkeit der Forschungsergebnisse, tritt an die Stelle der statistischen Generalisierbarkeit quantitativer Methoden bei qualitativen Ansätzen die analytische oder argumentative Generalisierbarkeit.[38] Um den Anforderungen nach externer Validität ausreichend Rechnung zu tragen, wird in dieser Arbeit der theoretischen Analyse ein hoher Stellenwert zugemessen. Alle dem Verfasser relevant erscheinenden Theorien werden bewusst in Augenschein genommen, um daraus durchaus gegensätzliche vorläufige Thesen zu bilden, die den empirischen Befunden gegenübergestellt werden können.[39] Neben der traditionellen Finanzierungstheorie werden dazu insbesondere marketingtheoretische bzw. verhaltenswissenschaftliche Aspekte der Finanzierung beleuchtet. Dennoch sind dem Verfasser Einschränkungen hinsichtlich der Generalisierbarkeit der im Rahmen der Einzelfallstudie erarbeiteten Forschungsergebnisse bewusst, werden aber zu Gunsten der Generierung tiefgreifenderer Erkenntnisse unter "[...] Rückgriff auf den Fall in seiner Ganzheit und Komplexität [...]"[40] in Kauf genommen.[41] Zu den Vorkehrungen innerhalb der Datensammlung und -analyse der Einzelfallstudie wird auf die methodischen Vorbemerkungen in Abschnitt 5.1 verwiesen.

Zur Erhöhung der *Reliabilität* (3), d.h. der Verlässlichkeit der Untersuchung, welche sich durch eine Replizierbarkeit der Untersuchung auszeichnet, werden alle verwendeten Primär- und Sekundärmaterialien sowohl in einer Datenbank als auch physisch abgelegt, um sie ggf. Dritten zugänglich zu machen.[42] Da bei Fallstudien aber generell der Untersuchungsgegenstand in seinem spezifischen Kontext untersucht wird – und damit stark von der jeweiligen Situation und dem Umfeld abhängt –, müssen Einschränkungen auch hinsichtlich der Reliabilität in Kauf genommen werden.

---

38 Vgl. Darke, Peta; Shanks, Graeme G., et al. (1998), S. 278.

39 Vgl. Yin, Robert K. (2003), S. 31ff.

40 Mayring, Philipp (1990), S. 28.

41 Zur Generalisierbarkeit von Fallstudien vgl. Macpherson, Ian; Brooker, Ross, et al. (2000), S. 52. Nach Eisenhardt gibt es zwar keine ideale Anzahl einzubeziehender Fälle. In der Abwägung zwischen Validität und Komplexität wird aber eine Anzahl von 4-10 Fällen vorgeschlagen. Vgl. Eisenhardt, Kathleen M. (1989), S. 545 und Eisenhardt, Kathleen M. (1991), S. 621f.

42 Vgl. Yin, Robert K. (2003), S. 38f.

Das gewählte Vorgehen der Einzelfallstudie kann zusammenfassend als mehrstufiger, primär explorativer und qualitativer Forschungsansatz charakterisiert werden, welcher induktive und deduktive Elemente enthält und auf einer Vielzahl von quantitativen und qualitativen Datenquellen basiert. Im Überblick werden der Forschungsansatz sowie die verwendeten Quellen in Abbildung 1 dargestellt.

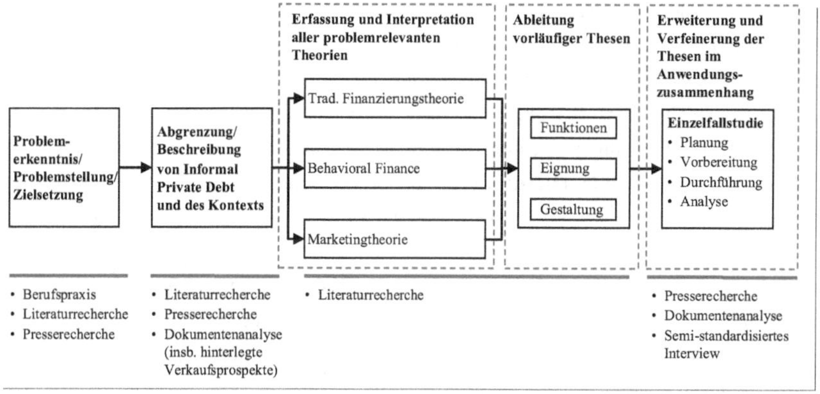

Abbildung 1: Überblick über Forschungsvorgehen und Datenquellen[43]

1.3 Aufbau der Arbeit

Die vorliegende Arbeit ist in sechs Kapitel gegliedert.[44] Im *ersten Kapitel* wurden bislang nach Darstellung von Problemstellung und Zielsetzung dieser Arbeit die wissenschaftstheoretische Einordnung sowie das Forschungsvorgehen erläutert.

Im *zweiten Kapitel* wird nach grundlegenden begrifflichen Abgrenzungen eine Definition des Untersuchungsgegenstands Informal Private Debt erarbeitet. Im Anschluss werden die relevanten spezifischen Rahmenbedingungen und deren Veränderungen im Umfeld der Unternehmensfinanzierung dargestellt. Die Auswirkungen des Wandels der Finanzierungsmärkte sollen dem Leser den Entstehungszusammenhang von Informal Private Debt vergegenwärtigen und mögliche begünstigende Einflüsse für die Entstehung von Informal Private Debt aufzeigen.

Im *dritten Kapitel* wird ein Überblick über die bisherigen Informal-Private-Debt-Transaktionen in Deutschland entwickelt. Dieser wird insbesondere durch die Untersuchung der Verkaufsprospekte der bei der Bundesanstalt für Finanzdienstleistungsaufsicht (BaFin) hinterlegten Informal-Private-Debt-Emissionen deutscher Emittenten im Zeitraum zwischen

43 Eigene Darstellung.
44 Siehe hier und im Folgenden Abbildung 2.

Anfang Juli 2000 und Ende Februar 2006 erarbeitet. Der Überblick über die Informal-Private-Debt-Emissionen zeigt das gesamte Spektrum der Emissionen sowohl hinsichtlich der Ausgestaltung der Emissionen als auch hinsichtlich Art und Herkunft ihrer Emittenten sowie der Inanspruchnahme von Fremdleistungen auf. Das Kapitel schließt mit einem Zwischenfazit aus Emittenten- und Anlegersicht und bildet damit den Ausgangspunkt der weiteren theoretischen Auseinandersetzung.

Auf Grundlage der bis dahin primär deskriptiven Darstellung von Informal Private Debt werden im *vierten Kapitel* alle problemrelevanten theoretischen Erklärungsansätze untersucht und vorläufige Thesen zu den zentralen Fragen der Untersuchung nach den Funktionen, der Eignung für und Gestaltung von Informal Private Debt gebildet. Die Gegenüberstellung der theoretischen Erkenntnisse mit den Ergebnissen der empirischen Untersuchung erfasst, strukturiert und systematisiert die betrachteten Aspekte von Informal Private Debt im Spannungsfeld zwischen Finanzierung und Marketing.

Im *fünften Kapitel* wird der Untersuchungsgegenstand in seinem realen Kontext im Rahmen der Einzelfallstudie untersucht. Zunächst werden dazu methodische Vorbemerkungen zu Auswahl und Vorgehen bei der Datenerhebung und Analyse dargelegt, um die Stringenz der Untersuchung zu unterstützen und die wissenschaftliche Güte der Ergebnisse zu erhöhen. Den Mittelpunkt dieses Kapitels bildet die Darstellung der Ergebnisse der Fallstudie, in der sowohl zwei laufende Informal-Private-Debt-Transaktionen als auch eine weitere geplante Informal-Private-Debt-Emission näher beleuchtet werden. In die Ausführungen werden Hintergründe und Zielsetzungen ebenso wie die Gestaltung, die beteiligten Akteure und der Investmentprozess einbezogen. Ziel der Darstellung ist die Verfeinerung, Erweiterung oder ggf. das Verwerfen der vorläufig gebildeten Thesen zu Funktionen, Eignung und Gestaltung von Informal Private Debt. Den Abschluss dieses Kapitels bildet die kritische Auseinandersetzung mit den Ergebnissen aus Sicht des gesamten Forschungsvorhabens.

Das *sechste Kapitel* bietet eine zusammenfassende Darstellung der zentralen Ergebnisse dieser Arbeit. Neben der Würdigung des Erkenntnisgewinns wagt der Verfasser im Rahmen der Schlussbetrachtung einen Ausblick auf die künftige Bedeutung von Informal Private Debt.

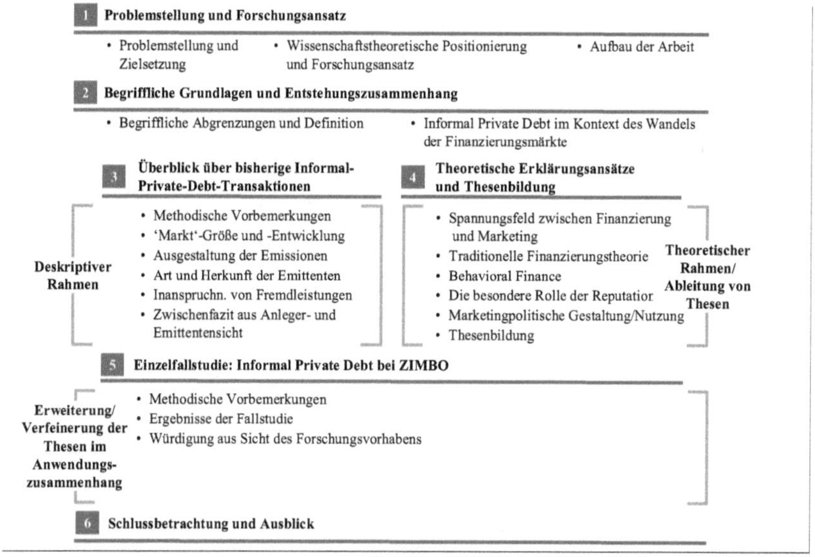

Abbildung 2: Überblick über den Aufbau der Arbeit[45]

[45] Eigene Darstellung.

2 Begriffliche Grundlagen und Entstehungszusammenhang

Im Folgenden werden die Grundlagen zu den verwendeten Begrifflichkeiten geschaffen und der Entstehungszusammenhang von Informal Private Debt dargestellt. Dazu werden zunächst einige begriffliche Abgrenzungen vorgenommen und eine Definition von Informal Private Debt erarbeitet, um ein einheitliches Verständnis des Forschungsgegenstands für den weiteren Verlauf der Arbeit herzustellen (Abschnitt 2.1). Im Anschluss wird der Entstehungszusammenhang von Informal Private Debt anhand des Wandels der spezifischen Rahmenbedingungen in Deutschland und dessen Einfluss auf das Verhalten der Akteure auf den Finanzierungsmärkten näher beleuchtet (Abschnitt 2.2).

2.1 Begriffliche Abgrenzungen und Definition von Informal Private Debt

Die Bezeichnung Informal Private Debt ist in Wissenschaft und Praxis noch nicht geläufig; begriffsähnliche Bezeichnungen wie Private Debt werden bislang uneinheitlich oder undifferenziert verwendet.[46] Zur Eingrenzung des untersuchten Forschungsgegenstands und zur Schaffung eines einheitlichen Verständnisses für den weiteren Verlauf der Arbeit ist deshalb eine tiefer gehende Auseinandersetzung mit der Terminologie notwendig, die in eine klare Definition mündet. Dazu wird Informal Private Debt anhand seiner begrifflichen Bestandteile in die Systematisierungsansätze der Finanzierung eingeordnet und abgegrenzt. Die Abgrenzung erfolgt ohne den Anspruch auf Vollständigkeit nur insoweit, als sie für das einheitliche Verständnis des Forschungsgegenstands erforderlich erscheint.

Unter Finanzierung im weiteren Sinne werden alle Kapitaldispositionen zur Sicherung und Durchführung des betrieblichen Leistungsprozesses verstanden.[47] Dazu gehören neben der internen und externen Kapitalbeschaffung auch Kapitalrückzahlungen und -umschichtungen, die entgegen der engen Begriffsauffassung nicht zu einer Erhöhung der Passiva führen. Als Beispiel kann hier die Ablösung von Bankverbindlichkeiten durch die Emission einer Anleihe angeführt werden, bei der dem Unternehmen saldiert nicht zwangsläufig zusätzliche Mittel zufließen. Insofern wird im Rahmen dieser Arbeit dem Finanzierungsbegriff im weiteren Sinne gefolgt. Im Untersuchungsfokus steht die Finanzierung von Unternehmen des nicht finanziellen Sektors, die unabhängig von Größe und Rechtsform eingeschlossen werden. In Abgrenzung dazu zählt der Verfasser zum finanziellen Sektor neben Unternehmen, die gemäß Kreditwesengesetz (KWG) erlaubnispflichtige Geschäfte tätigen (Bankensektor), auch

---

46 Vgl. Achleitner, Ann-Kristin und Wahl, Simon (2004), S. 42ff.

47 Zu einer ausführlichen Diskussion des Finanzierungsbegriffs und zu den Systematisierungsansätzen vgl. hier und im Folgenden Wöhe, Günter und Bilstein, Jürgen (1998), S. 2ff sowie Perridon, Louis und Steiner, Manfred (1999), S. 343ff.

Unternehmen, bei denen nicht erlaubnispflichtige Finanzdienstleistungen, Kapitalanlagen, Immobilien sowie alle damit verbundenen Dienstleistungen im Mittelpunkt der Geschäftstätigkeit stehen (finanzieller Nichtbankensektor). Unter Unternehmensfinanzierung wird aber im Folgenden die Finanzierung von Unternehmen des Nichtbankensektors verstanden. Damit findet die Immobilien- und Finanzdienstleistungsbranche zwar Erwähnung in der Arbeit, steht aber nicht im Mittelpunkt der Betrachtung.

Die weitere Einordnung des Untersuchungsgegenstands erfolgt innerhalb der externen Kapitalbeschaffung, unter die Informal Private Debt zu subsumieren ist. Innerhalb der externen Finanzierung wird zunächst nach der Rechtsstellung der Kapitalgeber, der Befristung sowie nach der Kapitalhaftung grundsätzlich zwischen Eigenkapital (Equity) oder Fremdkapital ("**Debt**") unterschieden. Eigenkapital steht dem Unternehmen unbefristet zur Verfügung. Den Eigenkapitalgebern stehen in ihrer Stellung als Gesellschafter bzw. Eigentümer residuale Vermögens-/Vergütungsansprüche sowie weitere gesellschaftertypische Ein- und Mitwirkungsrechte zu. Sie haften für Verbindlichkeiten gegenüber Dritten je nach Rechtsform mindestens in Höhe ihrer Einlage. Dagegen steht Fremdkapital dem Unternehmen nur befristet zur Verfügung. Fremdkapitalgeber haften in ihrer Eigenschaft als Gläubiger des Unternehmens nicht gegenüber Dritten und haben dem Unternehmen gegenüber einen fest vereinbarten Vergütungsanspruch sowie einen schuldrechtlichen Anspruch auf Rückzahlung in Höhe ihrer nominellen Forderung.[48] Im Gegensatz zum Eigenkapital sind die Vergütungsansprüche der Fremdkapitalgeber grundsätzlich steuerlich als Betriebsausgaben abzugsfähig.

Neben der grundsätzlichen Unterscheidung in Eigen- und Fremdkapital gibt es aber auch Finanzierungsformen, die sowohl Elemente von Eigen- als auch von Fremdkapital aufweisen. Diese werden unter den Begriff Mezzanine-Kapital (aus der italienischen Bezeichnung für "Zwischengeschoss" abgeleitet) subsumiert. Im Gegensatz zum 'klassischen' Fremdkapital werden meist zusätzlich erfolgsabhängige Vergütungskomponenten einbezogen sowie Nachrangigkeit bei der Bedienung der Forderung im Insolvenzfall vereinbart. In die weitere Untersuchung werden deshalb auch fremdkapitalnahe hybride Finanzierungsformen einbezogen, die zwar erfolgsabhängige Komponenten berücksichtigen, jedoch einen schuldrechtlichen Anspruch auf Rückzahlung des nominellen Kapitals (Gläubigerrechte) begründen und keine gesellschaftertypischen Ein- und Mitwirkungsrechte entstehen lassen.[49]

---

48 Vgl. hier und im Folgenden Golz, Ralph T. und Hoffelner, Matthias (2003), S. 142.

49 Ausgeschlossen werden aber insbesondere Finanzierungsinstrumente wie bspw. Options- und Wandelanleihen, die nach ihrer Wandlung eine Gesellschafterstellung begründen. Vgl. hierzu auch Harrer, Herbert; Janssen, Ulli, et al. (2005), S. 1 und S. 4.

Im Sinne dieser Arbeit wird "Debt" dadurch charakterisiert, dass die Kapitalbereitstellung grundsätzlich einen schuldrechtlichen Anspruch auf Rückzahlung des Kapitals begründet, auch wenn die Verbindlichkeiten nachrangig im Verhältnis zu anderen Fremdkapitalgebern bedient werden, gekündigt werden müssen oder erfolgsabhängige Komponenten vereinbart werden. Darüber hinaus werden im Verständnis dieser Arbeit bei Informal Private Debt keine gesellschaftertypischen Ein- und Mitwirkungsrechte gewährt.

Zum Zwecke der externen Kapitalbeschaffung wenden sich Unternehmen an die Finanzierungsmärkte, auf denen Finanzierungstitel[50] ausgetauscht werden.[51] Der Begriffsbestandteil "**Private**" soll anhand der Art der Austauschbeziehung zwischen Kapitalgeber und Kapitalnehmer sowie zwischen Kapitalgebern untereinander charakterisiert werden. Dazu wird nach dem Kriterium der Funktionserfüllung zwischen Primär- und Sekundärmarkt differenziert.[52]Auf dem Primärmarkt werden Finanzierungstitel erstmals ausgegeben oder emittiert, während auf dem Sekundärmarkt bereits ausgegebene/platzierte Finanzierungstitel gehandelt werden. Bei der Emission von Finanzierungstiteln auf dem Primärmarkt wird des Weiteren zwischen direkter und mittelbarer bzw. zwischen Eigen-/ Selbstemission und Fremdemission unterschieden. Während bei der Fremdemission Finanzintermediäre (meist Banken oder -konsortien) mit Marketing und Vertrieb der Finanzierungstitel beauftragt werden und u.U. Übernahme- oder Platzierungsgarantien abgeben, wendet sich das Unternehmen bei der Eigen-/Selbstemission direkt an potenzielle Käufer und stellt den Erstkontakt her.[53] Insofern werden im Rahmen der weiteren Untersuchung nur Finanzierungstitel betrachtet, die mittels Eigen-/Selbstemission zumindest teilweise in direktem Kontakt zwischen Emittent und Anleger vertrieben und abgesetzt werden.

Sekundärmärkte lassen sich nach dem Kriterium des Organisationsgrades in organisierte und nicht organisierte Märkte unterscheiden. Organisierte Märkte zeichnen sich dadurch aus, dass sie von staatlich anerkannten Stellen geregelt und überwacht werden, regelmäßig stattfinden und für das Publikum unmittelbar oder mittelbar zugänglich sind.[54] In Deutschland umfasst der organisierte Kapitalmarkt die Marktsegmente Amtlicher Markt, Geregelter Markt und Freiverkehr. Während Amtlicher und Geregelter Markt zu den öffentlich-rechtlich geregelten Segmenten gehören, wird der Freiverkehr zwar weitestgehend privatrechtlich geregelt,

[50] "Ein Finanzierungstitel ist ein Rechtstitel, der vor allem eine Anwartschaft auf zukünftige, unsichere 'Zahlungen' verbrieft." Breuer, Wolfgang (1993), S. 14.

[51] Vgl. hier und im Folgenden Breuer, Wolfgang A. (2001), S. 135.

[52] Vgl. hierzu sowie zur Unterscheidung von Finanzierungs- und Kapitalmarkt von Daniels, Holger (2004), S. 78ff.

[53] Vgl. zur ausführlichen Beschreibung und Begriffserläuterung Herbst, Gabriele (2005), S. 88ff.

[54] Vgl. § 2, Abs. 5 Wertpapierhandelsgesetz (WpHG) sowie § 2, Nr. 16 Wertpapierprospektgesetz (WpPG).

unterliegt aber auch behördlicher Aufsicht.[55] Dagegen wird der Handel am nicht organisierten, freien oder auch am sog. Grauen Kapitalmarkt grundsätzlich nicht spezialgesetzlich geregelt und überwacht. Die Handelbarkeit der Finanzierungstitel (Liquidität) an nicht organisierten Märkten gilt auf Grund mangelnder Standardisierung, Koordination und fehlender Treffpunkte zwischen Kapitalgebern und -nehmern als stark eingeschränkt. Hinsichtlich des Organisationsgrades des Sekundärmarkts werden zum Forschungsgegenstand nur solche Finanzierungstitel gezählt, die weder zum Handel an einem organisierten Markt zugelassen sind noch deren Zulassung beantragt ist.[56] In den einschlägigen Publikationen werden Begriffe wie Private Debt oder Private Placement Debt Issues neben dem direkten Kontakt zwischen Kapitalgeber und -nehmer maßgeblich anhand der begrenzten Anzahl der Kapitalgeber – ein Investor oder wenige Investoren – und der individuellen Vereinbarung der Finanzierungskonditionen von Public Debt oder Public Placement unterschieden.[57] Im Verständnis dieser Arbeit werden der direkte Kontakt mit dem Investor auf dem Primärmarkt bei der Selbstemission (Direktvertrieb[58]) sowie die fehlende Einbeziehung in einen organisierten Markt, d.h. die eingeschränkte Sekundärmarktliquidität, als Abgrenzungskriterien herangezogen. Die Abgrenzung hinsichtlich der Anzahl der Kapitalgeber erfolgt bei der Erläuterung des letzten Begriffsbestandteils.

Zuletzt gilt es noch das Wort "**Informal**" abzugrenzen. Dafür wird der Adressatenkreis des Finanzierungstitels als Abgrenzungskriterium verwendet. Als Fremdkapitalquellen kommen drei primäre Quellen in Betracht: Kreditinstitute ("Banks"), Nichtbanken als private Kapitalgeber ("Non-Bank Private Lenders") und der organisierte Kapitalmarkt ("Public Debt Offers").[59] Innerhalb der Gruppe der Non-Bank Private Lenders kann anhand der Art des Investors eine weitere Unterteilung in institutionelle Investoren ("Formal") und private Anleger ("Informal") vorgenommen werden.[60] Im Gegensatz zu den bisherigen Publikationen zu Private Debt, die sich schwerpunktmäßig mit der Finanzierung durch institutionelle Investoren befassen, sollen im Rahmen dieser Arbeit Finanzierungen durch private Anleger den Fokus der Untersuchung bilden. Nicht in die Untersuchung eingeschlossen werden

55 Vgl. Herbst, Gabriele (2005), S. 82ff. sowie § 57, Abs. 3 Börsengesetz (BörsG) und Börse (2006), § 89.

56 Nicht zuletzt basiert dieses Abgrenzungsmerkmal auch darauf, dass die Einschaltung von Kreditinstituten bei der Beantragung der Zulassung zum Handel an einem organisierten Markt i.d.R. aus rechtlichen Gründen zwingend erforderlich ist. Vgl. Weidekind, Sabine-Sofie (1994), S. 238f und die darin enthaltenen Verweise.

57 Vgl. Kwan, Simon H. und Carleton, Willard T. (1995), S. 1 sowie Denis, David J. und Mihov, Vassil T. (2003), S. 6 und die darin enthaltenen Verweise.

58 Für den Begriff des Direktvertriebs im Sinne dieser Arbeit ist lediglich der direkte Kontakt zwischen Endnachfrager und Emittent ohne die Zwischenschaltung unternehmensfremder Absatzmittler konstitutiv. Vgl. zur begrifflichen Abgrenzung Tietz, Bruno (1993), S. 13ff.

59 Vgl. Denis, David J. und Mihov, Vassil T. (2003), S. 4.

deshalb Emissionen, die sich ausschließlich an institutionelle und quasi-institutionelle Investoren (sog. "Family Offices" oder "High Net Worth Individuals") richten, die gesetzlich als "qualifizierte Anleger" gelten.[61]

Um den Forschungsgegenstand gegenüber (herkömmlichen) Individualfinanzierungen und Kleinstemissionen abzugrenzen, wird auf die gesetzlichen Regelungen der Prospektpflicht Bezug genommen. In Anlehnung daran werden nur solche Emissionen betrachtet, die durch ein öffentliches Angebot[62] angeboten werden, d.h. (1) sich nicht an weniger als 20 nicht qualifizierte Anleger richten, (2) eine Mindeststückelung von weniger als 200.000 EUR aufweisen oder (3) deren nominales Emissionsvolumen 100.000 EUR nicht übersteigt.[63] Es werden nur solche Finanzierungen betrachtet, deren Bedingungen standardisiert sind und für alle potenziellen Anleger in gleichem Maße gelten.[64] Hinsichtlich des Angebots ausschließlich an Arbeitnehmer oder einen begrenzten Personenkreis ist im VerkaufsprospektG § 8f Abs. 2 eine weitere Ausnahme von der Prospektpflicht formuliert. Der Begriff des begrenzten Personenkreises wird dabei nicht zahlenmäßig, sondern sehr eng im Hinblick auf das Informationsbedürfnis des Anlegers ausgelegt.[65] Anzumerken ist, dass es nicht ausreichend zur Annahme eines begrenzten Personenkreises ist, wenn sich das Angebot an nicht näher individualisierte Personenkreise, Berufsgruppen oder Kunden richtet. Nach dem Kriterium der Art des Adressatenkreises und der Abgrenzung zu Individual- und Kleinstfinanzierungen richtet sich Informal Private Debt deshalb an einen nicht begrenzten Personenkreis von privaten Anlegern im Sinne des VerkaufsprospektG in kleinvolumiger Stückelung.

Die Finanzierungstitel werden zwar direkt zwischen Emittent und Anleger ausgetauscht, unterscheiden sich aber von Individualfinanzierungen durch die Art des Angebots, die Standardisierung und die Anzahl der Investoren. Teilweise sind diese Finanzierungstitel grundsätzlich handelbar; ihre Handelbarkeit/Liquidität wird aber faktisch durch das Fehlen eines organisierten Sekundärmarkts eingeschränkt.[66] Informal Private Debt unterliegt seit dem 1.7.2005 auch generell der Prospektpflicht, sei es gemäß dem WpPG (für verbriefte Titel)

---

60 Vgl. Achleitner, Ann-Kristin und Wahl, Simon (2004), S. 44f.

61 Dazu gehören insbesondere Kreditinstitute, Versicherungen, Fondsgesellschaften, öffentlich-rechtliche Träger, Großunternehmen sowie eingetragene KMU und Privatinvestoren. Vgl. § 2 Nr. 6 WpPG.

62 Zum Begriff des Öffentlichen Angebots vgl. § 2 Nr. 4 WpPG; zur Erläuterung sowie zu den Ausnahmetatbeständen vgl. auch BaFin (1999), Ziffer I.2 sowie Herbst, Gabriele (2005), S. 131ff.

63 Vgl. § 3 WpPG sowie § 8f, Abs. 2 Nr. 3 VerkaufsprospektG.

64 Dazu werden im Verständnis dieser Arbeit enumerativ Genussrechte, Genussscheine und Schuldverschreibungen und Zertifikate gezählt, die als Inhaber-, Order- oder Namenspapiere bzw. -rechte mit allgemein gültigen Bedingungen standardisiert sind.

65 Vgl. hier und im Folgenden BaFin (1999), S. Ziffer II.1 und Harrer, Herbert; Janssen, Ulli, et al. (2005), S. 3f.

66 Es wird hierbei zwischen wertpapierspezifischen und marktspezifischen Ursachen der Illiquidität unterschieden. Vgl. Lassak, G. (1991), S. 76.

oder gemäß dem VerkaufsprospektG (für nicht verbriefte Titel).[67] In Bezug auf die Fristigkeit der Finanzierungstitel ist damit eine Laufzeit von mindestens 12 Monaten als definitorisches Merkmal von Informal Private Debt zu ergänzen.[68] Informal Private Debt kann mit Hilfe dieser Kriterien eindeutig innerhalb der Außenfinanzierung abgegrenzt und eingeordnet werden.[69]

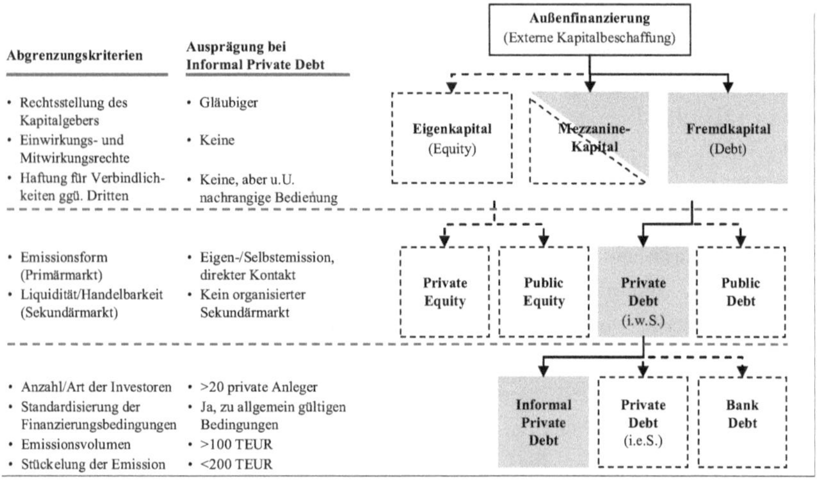

Abbildung 3: Schematische Einordnung von Informal Private Debt im Rahmen der Außenfinanzierung[70]

Auf Grundlage der begrifflichen Erörterung und der inhaltlichen Abgrenzung lässt sich für **Informal Private Debt** im Sinne dieser Arbeit zusammenfassend folgende Definition formulieren:

> Unter Informal Private Debt wird eine mittel- bis langfristige Fremdkapital-(-nahe) Unternehmensfinanzierung durch die Ausgabe standardisierter Finanzierungstitel an private Anleger verstanden, die öffentlich angeboten werden, im Rahmen einer Selbstemission in direktem Kontakt zwischen Emittent und Anleger erstmals platziert werden (Primärmarkt) und für den Handel an einem organisierten Markt weder zugelassen sind noch deren Zulassung beantragt ist (Sekundärmarkt).[71]

---

[67] Vgl. zum Anwendungsbereich §§ 1 bis 4 WpPG; §§ 8f VerkaufsprospektG.
[68] Vgl. § 2 Nr. 1d WpPG.
[69] Siehe Abbildung 3.
[70] Eigene Darstellung in Anlehnung an Achleitner, Ann-Kristin und Wahl, Simon (2004), S. 44.
[71] Vgl. auch Schöning, Stephan; Nolting, Roger-David, et al. (2004), S. 17.

Damit kann Informal Private Debt als **Finanzinnovation** charakterisiert werden. Unter einer Finanzinnovation versteht man die Erfindung und anschließende Verbreitung neuer Finanz-Instrumente, -Techniken, -Institutionen oder -Märkte.[72] Finanzinnovationen werden grundsätzlich in Produkt-, Prozess- und Marktinnovationen unterschieden[73]; der Innovationsprozess untergliedert sich in die Phasen Erfindung, Entwicklung, Markteinführung und Marktverbreitung.[74] Allerdings müssen Finanzinnovationen nicht alle Phasen des Innovationsprozesses durchlaufen. Vielmehr kann die Innovation auch nur in der Einführung oder Verbreitung bereits bestehender Produkte auf einem anderen Markt liegen. Informal Private Debt kann in diesem Sinne als Zwischenform einer Prozess- und Marktinnovation gesehen werden, da im Rahmen der Transaktionen meist auf bereits bestehende Produkte zurückgegriffen wird, diese aber auf eine innovative Weise direkt vermarktet und vertrieben werden (*Prozessinnovation*) und mit dem Direktvertrieb an eine Vielzahl von Privatanlegern ein neuer 'Markt' geschaffen wird (*Marktinnovation*). Unterscheidet sich auch die Art der Finanzierungstitel in innovativer Weise von herkömmlichen Titeln, so kann Informal Private Debt auch zusätzlich als *Produktinnovation* charakterisiert werden.

2.2 Informal Private Debt im Kontext des Wandels der Finanzierungsmärkte

Informal Private Debt wurde im vorherigen Abschnitt inhaltlich und begrifflich abgegrenzt und kann als Finanzinnovation im Rahmen der externen Fremdkapitalfinanzierung verstanden werden. Der nachhaltige Erfolg einer Finanzinnovation ist allerdings davon abhängig, inwiefern die Effizienz für die Beteiligten bspw. durch eine Transaktionskostensenkung gesteigert und/oder eine Vervollständigung des Produkt- und Prozessangebots durch Abdeckung bisher nicht befriedigter Bedürfnisse erreicht wird.

Da in der Literatur kein allgemeines Erklärungsmodell für das Aufkommen von Finanzinnovationen existiert, wird in der Forschung analysiert, wie sich die Veränderung der Umfeldbedingungen auf die subjektiven Motive und Bedürfnisse sowie die objektiven Handlungsmöglichkeiten der Marktakteure niederschlägt.[75] Wie sich im Zuge des Wandels der Finanzierungsmärkte Instrumente, Märkte und Perspektiven verändert haben, steht im Mittelpunkt dieses Abschnitts. Dazu werden zunächst die wichtigsten Veränderungen der regulatorischen und wirtschaftlichen Rahmenbedingungen (Abschnitt 2.2.1) sowie der technologische und theoretische Fortschritt (Abschnitt 2.2.2) skizziert, da diese als hauptsächliche Einflussfaktoren auf das Umfeld der Finanzierung gelten.[76] Im Anschluss

72 Vgl. Tufano, Peter (2003), S. 4.
73 Vgl. Eilenberger, Guido (1995), S. 125 sowie ausführlich Eilenberger, Guido (1996b), S. 172ff.
74 Vgl. hier und im Folgenden Ramsler, Martin (1993), S. 431ff.
75 Vgl. Hannß, Josephin (1995), S. 124.
76 Vgl. Ramsler, Martin (1993), S. 433ff. und Demirguc-Kunt, Asli und Levine, Ross (1999), S. 25.

daran wird der Einfluss dieser Veränderungen auf das Verhalten der wesentlichen Gruppen von Finanzmarktakteuren analysiert (Abschnitt 2.2.3). In Abschnitt 2.2.4 wird erörtert, inwieweit die veränderten Bedürfnisse der Akteure bereits durch andere Innovationen im Rahmen der externen Fremdkapital- und Mezzanine-Finanzierung abgedeckt werden.

Die wesentlichen betrachteten Aspekte des Wandels der Finanzierungsmärkte sind im Überblick in Abbildung 4 ersichtlich; ihre Analyse dient einem besseren Verständnis für den Entstehungszusammenhang von Informal Private Debt in Deutschland.

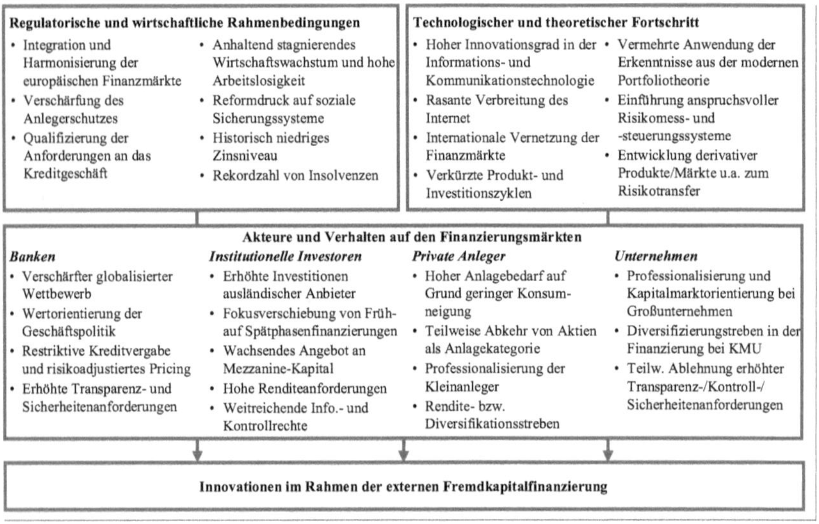

Abbildung 4: Ausgewählte Aspekte des Wandels der Finanzierungsmärkte[77]

[77] Eigene Darstellung in Anlehnung an Ramsler, Martin (1993), S. 434.

2.2.1 Wandel der regulatorischen und wirtschaftlichen Rahmenbedingungen

Die Finanzierungsmärkte verändern sich in immer rascherem Tempo. Der **Veränderung der regulatorischen Rahmenbedingungen** kommt dabei eine große Bedeutung zu. Einerseits werden Neuerungen auf den Finanzierungsmärkten durch regulatorische Veränderungen bspw. im Rahmen der weltweiten Liberalisierung des Kapital- und Dienstleistungsverkehrs ermöglicht, andererseits reagieren die staatlichen Institutionen auf Marktentwicklungen mit regulatorischen Maßnahmen, welche die Funktionsfähigkeit der Märkte stärken und systemische Stabilität und ausreichenden Anlegerschutz gewährleisten sollen.[78] Nach Einführung des Euros als gemeinsamer Währung innerhalb der Europäischen Wirtschafts- und Währungsunion im Jahr 1999 und mit der Zielsetzung der Schaffung eines europäischen Binnenfinanzmarkts finden vermehrt EU-weite Regelungen Eingang in die deutsche Gesetzgebung.[79]

Zur Integration und Harmonisierung der europäischen Finanzierungsmärkte wurde am 11. Mai 1999 von der Europäischen Kommission ein Aktionsplan für Finanzdienstleistungen beschlossen, der die Basis für eine Vielzahl von EU-Richtlinien bildet und folgende vier Zielsetzungen in 42 Einzelmaßnahmen konkretisiert: Gewährleistung eines einheitlichen Firmenkundenmarkts (1), Schaffung offener und sicherer Privatkundenmärkte (2), Modernisierung der Aufsichtsregeln und der Überwachung (3) sowie die Schaffung umfassenderer Voraussetzungen für einen optimalen Finanzbinnenmarkt[80] (4).[81] Um dem raschen Wandel auf den weltweiten Finanzierungsmärkten ausreichend Rechnung tragen zu können, wurde 2001 im "Abschlussbericht der Weisen" ein vierstufiges Konzept für die beschleunigte Umsetzung des Aktionsplans innerhalb der nationalen Gesetzgebung vorgestellt.[82]

In Deutschland haben sich die Regelungen auf den Finanzierungsmärkten seit der Börsengesetznovelle 1989 stark verändert. Damit wurde ein Wandel von ursprünglich im Wesentlichen aktien- und börsenrechtlichen Regelungen auf dem Kapitalmarkt hin zu einem markt- und vertriebsorientierten Regelungsmodell vollzogen.[83] Meilensteine der Regulierung

---

78 Das bedeutet eine Steigerung der Effizienz der Finanzierungsmärkte. Vgl. Bundesbank (2006), S. 37.

79 Vgl. Bundesbank (2006), S. 45.

80 Die "umfassenderen Voraussetzungen für einen optimalen Finanzbinnenmarkt" zielen auf die Beseitigung unterschiedlicher Steuerregelungen sowie auf die Schaffung eines effizienten und transparenten Rechtssystems für die Unternehmensverfassung ab. Vgl. Kommission, Europäische (1999), S. 30.

81 Vgl. ausführlich zu Zielen und Regelungsvorschlägen Kommission, Europäische (1999), S. 3-30.

82 Das sog. "Lamfalussy-Verfahren", welches seit 2002 Anwendung bei der Regulierung der Finanzierungsmärkte findet. Vgl. ausführlich Lamfalussy, Alexandre (2001), S. 10ff. In den Jahren 2003 und 2004 wurden auf Stufe 1 u.a. die Marktmissbrauchsrichtlinie, Prospektrichtlinie, Richtlinie über Märkte für Finanzinstrumente und die Transparenzrichtlinie verabschiedet. Vgl. Bundesbank (2006), S. 50.

83 Vgl. hier und im Folgenden Bartsch, Meinhard (2005), S. 19.

stellen die vier Finanzmarktförderungsgesetze dar, die seit 1990 in einem vierjährigen Rhythmus eine Verschärfung des Anlegerschutzes mittels Informationszugriff sowie die Herstellung der Kapitalverkehrs- und Dienstleistungsfreiheit im Kapitalbinnenmarkt der EU im deutschen Recht verankerten. Neben der Einführung erhöhter Regel- und Ad-hoc-Publizitätsanforderungen u.a. in HGB, BörsenG und WpHG wurden weitere EU-Richtlinien umgesetzt, die dem Ziel erhöhter Transparenz und des freien Wettbewerbs der Kapitalmarktakteure dienen. Im Jahr 2002 wurden vor dem Hintergrund teilweise krimineller Vorgänge am 'Neuen Markt' bedeutende Änderungen des Kapitalmarktrechts vorgenommen. So wurden mit dem Vierten Finanzmarktförderungsgesetz u.a. die rechtlichen Voraussetzungen zur wirksamen Durchsetzung des Verbots der Kurs- und Marktmanipulation sowie des Missbrauchs von Ad-hoc-Meldungen geschaffen.[84] Des Weiteren wurden mit dem Gesetz über die integrierte Finanzdienstleistungsaufsicht das BAKred, das BAWe und das BAV zur Allfinanzaufsicht (BaFin) zusammengefasst. Im Jahr 2002 wurde durch das Wertpapiererwerbs- und Übernahmegesetz ebenfalls eine gesetzliche Grundlage für Unternehmensübernahmen geschaffen. Die Gewinne aus der Veräußerung von Anteilen zwischen Kapitalgesellschaften wurden steuerfrei gestellt, so dass insbesondere Banken und Versicherungen die dichten Kapitalverflechtungen innerhalb der sog. 'Deutschland AG' vermehrt lösen.[85]

Während die bisherigen Kapitalmarktregelungen im Wesentlichen beim Vertrieb und Handel mit börsennotierten Wertpapieren Anwendung fanden, wurden die Bestimmungen mit Verkündung des Anlegerschutzverbesserungsgesetzes (AnSVG) am 29.10.2004 auch auf nicht in Wertpapieren verbriefte Produkte des sog. Grauen Kapitalmarkts ausgedehnt.[86] Neben der Umsetzung der Marktmissbrauchsrichtlinie wurde mit Umsetzung der EU-Prospektrichtlinie eine Prospektpflicht für nicht in Wertpapieren verbriefte Anlageformen eingeführt. Dadurch wurde im Interesse der privaten Anleger die Produkttransparenz verbessert und die Geltendmachung von Haftungsansprüchen erleichtert. So wurde die Hinterlegung und Prüfung der Verkaufsprospekte auf formale Richtigkeit durch die BaFin seit Mitte des Jahres 2005 verpflichtend. Die Regelungen zur Prospekthaftung sehen nunmehr Schadensersatzansprüche nicht nur bei fehlerhaften, sondern auch bei nicht vorhandenen Prospekten vor. Die neuen Regelungen sollen Privatkunden durch geeignete Informationspflichten der Anbieter vor dem Kauf unseriöser Kapitalmarktprodukte schützen. Durch die EU-weit gegenseitige Anerkennung der Verkaufsprospekte durch den EU-Emittentenpass wird insbesondere nicht

---

84 Vgl. Bartsch, Meinhard (2005), S.105.

85 Vgl. Fischer, Leonhard (2001), S. 262. Kapitalverflechtungen zwischen Aktiengesellschaften gelten als ein "Kernstück der Deutschland AG", vgl. Schmitz, Ronaldo; Wenger, Ekkehard, et al. (1997), S. 256.

86 Nach einer Übergangsregelung trat die Prospektpflicht ab 1. Juli 2005 in Kraft. Vgl. Bundesbank (2004a), S. 71f. und Bartsch, Meinhard (2005), S. 105f. sowie ausführlich AnSVG, Artikel 2.

börsenfähigen Unternehmen der Zugang zu den europäischen Kapitalmärkten erleichtert. Für private Anleger steht damit ein erweitertes Spektrum konkurrierender Anlagemöglichkeiten offen; durch den einheitlich hohen Offenlegungsstandard wird die Informationsqualität erhöht und erlaubt eine verbesserte Urteilsbildung.[87] Der Marktzugang für 'schwarze Schafe' des Grauen Kapitalmarkts wird erschwert, so dass der Anleger mehr Freiheit besitzt, sein Geld am Kapitalmarkt einzusetzen.

Im Hinblick auf die Bankenaufsicht wurden in den letzten Jahren ebenfalls die bedeutendsten Änderungen seit den achtziger Jahren des vergangenen Jahrhunderts vorgenommen. Bereits am 20.12.2002 wurden mit der Veröffentlichung der Mindestanforderungen an das Kreditgeschäft (MaK) durch die BaFin qualitative Standards an die Organisation des Kreditgeschäfts definiert, mit welchen eventuelle Defizite in Kreditvergabe- bzw. -überwachungsprozessen überwunden werden sollten.[88] Insbesondere die kurz vor der Einführung stehende neue Baseler Eigenkapitalverordnung (Basel II) stellt einen Meilenstein der Modernisierung und der internationalen Harmonisierung der Bankenaufsicht in der Abkehr von der traditionell quantitativen hin zu modernen qualitativ ausgerichteten Aufsichtsmechanismen dar.[89]

Erste Vorschläge für die geplanten Vorschriften von Basel II wurden vom Baseler Ausschuss für Bankenaufsicht[90] bereits 1998 in einem ersten Konsultationspapier zusammengefasst. Die Vorschläge sehen eine Neufassung des Basler Eigenkapital-Akkords von 1988 (Basel I) vor, welcher über ein bisher für Unternehmenskredite undifferenziertes Risikogewicht von 100% eine quantitative Eigenkapitalunterlegung in Höhe von 8% forderte.[91] Nach mehrjährigen Beratungen, Konsultationen und fünf Auswirkungsstudien wurde dem Bundeskabinett am 15.02.2006 vom Bundesministerium der Finanzen (BMF) ein Gesetzentwurf zur Umsetzung der neu gefassten EU-Bankenrichtlinie und der neu gefassten EU-Kapitaladäquanzrichtlinie vorgelegt, in dem die Einführung der Vorschriften von Basel II zum 1.1.2007 vorgesehen ist.[92]

---

87 Vgl. hier und im Folgenden Diekmann, Philipp (2004)S. 21f.

88 Z.B. die Funktionstrennung von Kundenakquisition/-betreuung (Markt) und Kreditsachbearbeitung (Marktfolge). Vgl. ausführlich BaFin (2002), S. 2ff. sowie Bundesbank (2003b), S. 45ff.

89 Vgl. Bundesbank (2004b), S. 75.

90 Der Baseler Ausschuss für Bankenaufsicht setzt sich aus Vertretern der Bankenaufsichtsbehörden und der Zentralbanken aus Belgien, Kanada, Frankreich, Deutschland, Italien, Japan, Luxemburg, den Niederlanden, Spanien, Schweden, Schweiz, Großbritannien und USA zusammen. Vgl. Bundesfinanzministerium (2006b), S. 67.

91 Vgl. Nelles, Michael und Klusemann, Markus (2003), S. 2f sowie ausführlich Eilenberger, Guido (2002a), S. 8f.

92 Gegenstand des Gesetzes sind im Wesentlichen Änderungen des Kreditwesengesetzes zur Umsetzung der Richtlinie 2000/12/EG des Europäischen Parlaments und des Rates vom 20.3.2000 über die Aufnahme und Ausübung der Tätigkeit der Kreditinstitute und der Richtlinie 93/6/EWG des Rates vom 15.3.1993 über die angemessene Eigenkapitalausstattung von Wertpapierfirmen und Kreditinstituten. Vgl. Bundesfinanzministerium (2006a), S. 2.

Die Neuregelungen im Rahmen von Basel II verfolgen das Ziel, über Anreize zum Einsatz verbesserter Risikomanagementverfahren die Stabilität des Bankensektors zu fördern und systemische Risiken zu begrenzen.[93] Dieses Ziel soll durch einen auf drei Säulen beruhenden Regelungsansatz erreicht werden: Differenzierung der Quantifizierung der Mindestkapitalanforderung anhand einer individuellen Risikoklassifizierung (Säule I), Ausweitung der qualitativen aufsichtsrechtlichen Prüfungsverfahren (Säule II) sowie die Förderung der Marktdisziplin anhand verschärfter Offenlegungspflichten (Säule III).[94]

In den Auswirkungen für das Kreditgeschäft im Rahmen der Unternehmensfinanzierung erscheint die Neuregelung der Mindestkapitalanforderung (Säule I) von besonderer Bedeutung. Das Niveau der Eigenkapitalunterlegung soll zwar insgesamt nicht verändert werden; allerdings wird erstmals neben Kredit- und Marktrisiko auch das operationelle Risiko berücksichtigt.[95] Für die Quantifizierung des Kreditrisikos stehen drei Ansätze zur Verfügung: der Standardansatz (1), der Basis-IRB-Ansatz (2) sowie der fortgeschrittene IRB-Ansatz (3).[96] Bereits der Standardansatz sieht eine Differenzierung der Risikogewichtung zwischen 20% und 150% vor.[97] Anzumerken ist, dass durch ein neu geschaffenes aufsichtsrechtliches Privatkundenportfolio auch Kredite an Privatpersonen und an KMU bis zu einer Höhe von 1 Mio. EUR mit einem Risikogewicht von 75% berücksichtigt werden. Dies stellt für diese Kreditnehmer gegenüber den bisherigen Regelungen eine deutliche Begünstigung dar.[98]

Bei den IRB-Ansätzen kommen durch die BaFin geprüfte bankinterne Rating- und Risikomodelle zur Anwendung. Anhand vorgegebener Risikogewichtsfunktionen können von Kreditinstituten die Risikoparameter Ausfallwahrscheinlichkeit (PD = Probability of Default) im Basis-IRB-Ansatz sowie Forderungshöhe bei Ausfall (EAD = Exposure at Default), Verlust bei Ausfall (LGD = Loss Given Default) und effektive Restlaufzeit (M = Maturity) im fortgeschrittenen IRB-Ansatz selbst ermittelt werden. Die durch bankinterne Ratings ermittelten Risikoparameter sollen auf eigens erhobenen langfristigen Erfahrungswerten beruhen. Neben einer erweiterten risikomindernden Berücksichtigung von Sicherheiten wird gemäß einer Auswirkungsstudie durch die Anwendung der neu zu entwickelnden Rating- und Risikomessungsverfahren eine deutliche Eigenkapitalentlastung für Kreditinstitute möglich.[99]

93 Vgl. Hofmann, Gerhard (2002), S. 545f.
94 Vgl. ausführlich Bundesfinanzministerium (2006b), S. 58ff.
95 Vgl. Eilenberger, Guido (2002a), S. 18.
96 Der Standardansatz kann bei Vorliegen eines externen Ratings heran gezogen werden; die IRB-Ansätze (Internal Rating Based Approaches) setzen ein internes Rating voraus. Vgl. u.a. Bundesfinanzministerium (2006b), 58f.
97 Einen vergleichenden Überblick der Risikogewichte zwischen Basel I und Basel II zeigt Hofmann, Gerhard (2002), S. 549.
98 Vgl. hier und im Folgenden Bundesfinanzministerium (2006b), S. 59ff.
99 Vgl. Bundesfinanzministerium (2006b), S. 62f sowie ausführlich Bundesbank (2004b), S. 79ff.

Neben den bereits erwähnten Zielen dient Basel II auch der Angleichung der internationalen Wettbewerbsbedingungen für Kreditinstitute.[100] Aus demselben Grund fiel infolge einer erfolgreichen Wettbewerbsbeschwerde der Europäischen Bankenvereinigung aus dem Jahr 1999 nach einer vierjährigen Übergangszeit seit 18.07.2005 die Gewährträgerhaftung und Anstaltslast für Verbindlichkeiten der deutschen Sparkassen und Landesbanken weg.[101]

In den letzten Jahren hat sich das regulatorische Umfeld der Unternehmensfinanzierung dynamisch verändert. Geprägt von der Einführung des Euros, der Globalisierung der Finanzierungsmärkte und der europäischen Integration und Harmonisierung fand eine stärkere Markt- und Vertriebsorientierung Eingang in das deutsche Regelungsmodell. Erhöhte Preis-, Produkt- und Unternehmenstransparenz, erweiterte Möglichkeiten der Vermögensanlage und der Kapitalbeschaffung über nationale Grenzen hinweg sind die Folge. Der institutionelle Rahmen des deutschen Finanzsystems ist damit in den letzten Jahren deutlich verbessert worden; die Öffnung der Finanzmärkte und die Qualifizierung der Bankenaufsicht sind aber für die deutschen Banken auch mit einer erhöhten Wettbewerbsintensität verbunden.

Die **Veränderung der wirtschaftlichen Rahmenbedingungen** stellen einen weiteren wesentlichen Einflussfaktor auf das Umfeld der Unternehmensfinanzierung dar und sollen im Folgenden kurz skizziert werden.[102] In den letzten zehn Jahren war das konjunkturelle Umfeld von einer strukturellen Wachstumsschwäche bzw. gesamtwirtschaftlicher Stagnation gekennzeichnet. Das reale Wachstum des Bruttoinlandsprodukts lag mit Ausnahme des Jahres 2000 bei 2% oder darunter. Im Jahr 2003 wurden mit einem negativen Wachstum von -0,2% rezessive Tendenzen deutlich, die sich in den beiden darauffolgenden Jahren mit realen Wachstumsraten von 1,6 bzw. 0,9% wieder in den schwach positiven Bereich drehten.

Gleichzeitig stieg die Zahl der Unternehmensinsolvenzen nahezu kontinuierlich an. Im Jahr 2003 wurde mit knapp 40.000 Unternehmensinsolvenzen eine Rekordzahl erreicht, die bis zum Jahr 2005 eine nur geringfügig rückläufige Tendenz zeigte. Seit 1996 stieg damit die jährliche Anzahl der Unternehmensinsolvenzen um insgesamt rund 50%. Die Arbeitslosigkeitsquote lag in den letzten zehn Jahren bei durchschnittlich 10,5%.

---

100 Vgl. Nelles, Michael und Klusemann, Markus (2003), S. 2.

101 Vgl. Fischer, Leonhard (2001), S. 255f.

102 Zu ausgewählten Eckdaten der volkswirtschaftlichen Entwicklung siehe Abbildung 5.

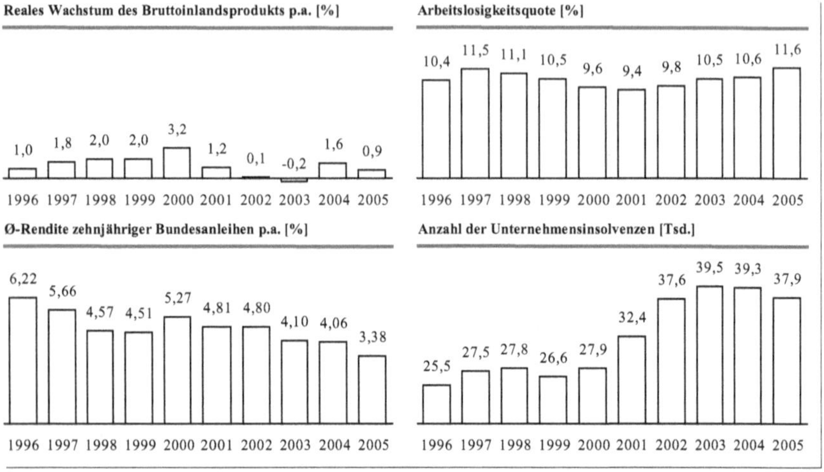

Abbildung 5: Ausgewählte Eckdaten der gesamtwirtschaftlichen Entwicklung in Deutschland[103]

Nach einer leichten Absenkung der Arbeitslosigkeitsquote unter die 10%-Marke in den Jahren 2000 bis 2002 stieg die Arbeitslosigkeit in den Jahren 2003 und 2004 wieder über 10%. Im Jahr 2005 lag die Arbeitslosigkeitsquote u.a. durch statistische Änderungen bei 11,6%. Das Zinsniveau hat sich in den letzten zehn Jahren auf einen historischen Tiefststand abgesenkt. Die durchschnittliche Rendite zehnjähriger Bundesanleihen lag 2005 bei rund 3,38%, d.h. um 2,84%-Punkte oder rund 46% niedriger als 1996.

Die insgesamt verhaltene konjunkturelle Entwicklung bzw. die strukturelle Wachstumsschwäche der deutschen Volkswirtschaft, verbunden mit der anhaltend hohen Arbeitslosigkeit, hat sich auch in der Belastung der öffentlichen Haushalte niedergeschlagen. Der im Zuge der Währungsunion eingeführte Stabilitätspakt wurde hinsichtlich der gesamtstaatlichen Defizitquote im Jahr 2005 zum vierten Mal in Folge gebrochen.[104] Die Gesamtverschuldung der öffentlichen Haushalte stieg ebenfalls bereits seit 2001 mit 59,6% bis 2004 mit 66,4% über die Maximalgrenze von 60% im Verhältnis zum Bruttoinlandsprodukt. Dadurch wurde der haushaltspolitische Handlungsspielraum stark verringert. Auch die Finanzlage der Sozialversicherungssysteme bleibt angespannt. Insbesondere das in Deutschland umlagefinanzierte soziale Rentenversicherungssystem steht auf Grund demographischer Veränderungen hin zu einer alternden Gesellschaft vor unabweisbaren Herausforderungen.

103 Eigene Darstellung. Vgl. Research, Deutsche Bank (2006b), S. 1 sowie Creditreform (2005).

Bereits 2001 wurde mit dem Gesetz zur Reform der gesetzlichen Rentenversicherung und zur Förderung eines kapitalgedeckten Altersvorsorgevermögens das künftige Rentenniveau nach unten angepasst sowie steuerliche Vergünstigungen der privaten und betrieblichen Altersvorsorge eingeführt.[105] Weitere Reformen der sozialen Sicherungssysteme (z.B. Gesundheitsreform, Hartz IV) folgten in den letzten Jahren und führten zu Kürzungen bzw. Eigenleistungen bei den Leistungsempfängern. Angesichts der nach wie vor angespannten Finanzlage der öffentlichen Hand, weiteren Reformdrucks auf die sozialen Sicherungssysteme sowie der anhaltend hohen Arbeitslosigkeit wird vielfach Unsicherheit hinsichtlich der persönlichen Einkommensentwicklung verzeichnet.

2.2.2 Technologischer und theoretischer Fortschritt

In den letzten zehn bis fünfzehn Jahren wurde insbesondere in der Informations- und Kommunikationstechnologie ein rasanter **technologischer Fortschritt** erzielt. Der hohe Innovationsgrad in der Computertechnologie hat bis dahin ungeahnte Möglichkeiten zur Datenverarbeitung und -übertragung eröffnet.[106] Diese Fortschritte werden in Forschung und wirtschaftspolitischer Diskussion mit großer Aufmerksamkeit verfolgt, da sie weltweit die wirtschaftliche Entwicklung maßgeblich beeinflusst haben.[107] Diese technologischen Entwicklungen werden auch als ein weiterer wesentlicher Treiber des Strukturwandels im deutschen Finanzsektor identifiziert.[108]

Nachdem das Europäische Labor für Teilchenphysik CERN am 30. April 1993 mit der Freigabe des WorldWideWeb-Standards (www) zur kostenlosen Nutzung den Grundstein für die Verbreitung des Internets legte, hat sich diese Technologie rasant verbreitet.[109] Seither hat die Verbreitung des Internets einen maßgeblichen Einfluss auf die Globalisierung der Märkte ausgeübt. Die Menge verfügbarer Informationen und aktueller Nachrichten aus aller Welt und die Geschwindigkeit, mit der diese bereitgestellt und verarbeitet werden können, hat sich enorm erhöht.[110] Die Akteure auf den Finanzmärkten können zu Grenzkosten nahe Null weltweit aktuelle Informationen abrufen, verarbeiten und zeitnah darauf reagieren. Neben der regulatorischen Integration und Harmonisierung der Finanzmärkte spielt der technologische Fortschritt eine tragende Rolle hinsichtlich der Schaffung von Transparenz und weltweiter Vernetzung der Finanzmärkte.

---

104 Vgl. hier und im Folgenden Bundesbank (2005a), S. 9.
105 Vgl. Bundesbank (2002b), S. 25, S. 28 und S. 30.
106 Vgl. Ramsler, Martin (1993), S. 435f.
107 Teilweise wird sogar von einer 'New Economy' gesprochen. Vgl. Bundesbank (2004d), S. 47.
108 Vgl. Irsch, Norbert (2003), S. 45.
109 Vgl. van Eimeren, Birgit und Frees, Beate (2005), S. 378 und 362.
110 Vgl. Bundesbank (2003a), S. 33.

Das Internet ist in den letzten Jahren auch in Deutschland in die privaten Haushalte eingezogen. Mit dem Preisverfall der Hard- und Software und bei den Verbindungskosten hat sich die Attraktivität des Internets noch weiter gesteigert.[111] Die Anzahl der Internetnutzer ist 2005 auf insgesamt rund 37,5 Mio. gestiegen, was einer durchschnittlichen jährlichen Wachstumsrate von 32% seit 1997 entspricht. Neben der E-Mail-Kommunikation und allgemeiner Suche nach Informationen und Angeboten nimmt das Homebanking die vierte Stelle innerhalb der meistgenutzten Onlineanwendungen ein.

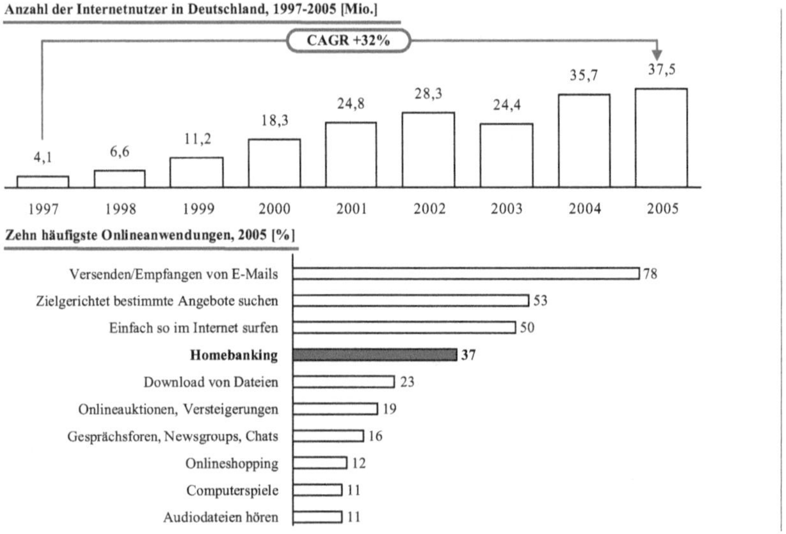

Abbildung 6: Verbreitung und Anwendung des Internets[112]

Im Rahmen der Finanzkommunikation eröffnet das Internet die Möglichkeit, einen breiten Kreis interessierter Investoren oder privater Anleger kostengünstig zu erreichen. So stellen vermehrt Unternehmen über ihre Homepages eine Sektion Investor Relations zur Verfügung, auf der aktuelle Nachrichten, Informationen zur künftigen Geschäftsentwicklung, Unterlagen von Analystenkonferenzen sowie Geschäftsberichte u.v.m. kostenlos abrufbar sind. Daneben bieten spezialisierte Informationsdienste im Internet neben Kursentwicklungen von Wertpapieren ebenfalls eine Vielzahl bewertungsrelevanter Information inkl. Analystenberichten u.Ä. kostenlos an.

111 Vgl. hier und im Folgenden van Eimeren, Birgit und Frees, Beate (2005), S. 362 sowie Abbildung 6.

112 Eigene Darstellung. Vgl. van Eimeren, Birgit und Frees, Beate (2005), S. 363 und S. 371.

Mit dem Fortschritt in der Informations- und Kommunikationstechnologie[113] ist auch der Kapitalbedarf der Unternehmen gestiegen. Die Güter der IuK-Technologie weisen vergleichsweise kurze Produkt- und Innovationszyklen auf. Damit wird eine vergleichsweise höhere Brutto-Investitionsrate induziert, die notwendig ist, um den zunehmend aus diesen Gütern bestehenden Kapitalstock zu erhalten. Die Bedeutung von IuK-Gütern hat im Rahmen der Investitionstätigkeit einen hohen Stellenwert eingenommen. Allein in der Zeit von 1998 bis 2002 ist der Anteil der IuK-Investitionen an den gesamten Ausrüstungsinvestitionen von 34% auf 42% gestiegen.[114]

Der seit den sechziger Jahren erzielte weitreichende **theoretische Fortschritt** in der Kapitalmarkttheorie konnte im Zuge der technologischen Entwicklung im Finanzsektor zur Anwendung kommen. Die wissenschaftlichen Erkenntnisse aus der modernen Portfoliotheorie und der Optionspreistheorie gehen auf Markowitz (1952) und Black/Scholes (1973) zurück, die dafür den Nobelpreis erhielten – weitere theoretische Meilensteine konnten Sharpe (1963) und Merton (1974) setzen.[115] Das moderne Portfoliomanagement erlaubt Kreditinstituten und Portfoliomanagern institutioneller Investoren die komplexe Modellierung, Bepreisung und Überwachung von Portfoliorisiken; es kann Diversifizierungsmöglichkeiten aufzeigen und dient als Grundlage für Risikotransfers. In der Praxis konnten diese theoretischen Erkenntnisse erst auf Grund erhöhter Kapazitäten in der Datenverarbeitung und -übertragung bspw. in anspruchsvollen Anwendungen des Risikomanagements umgesetzt und operationalisiert werden.[116] Zur effizienten Portfoliosteuerung und Verteilung von Portfoliorisiken wurde eine Reihe von derivativen Produkten wie Futures, Optionen und Swaps entwickelt, die über den Computerhandel kostengünstig und schnell gehandelt werden können.[117]

Neben der Entwicklung neuer Risikomanagementsysteme, u.a. in Folge der neuen regulatorischen Anforderungen, wurden seitens der Kreditinstitute hohe Investitionen in die standardisierte Abwicklung des Wertpapier-, Handels- und Kreditgeschäfts sowie in E-Banking- und E-Brokerage-Anwendungen im Zuge der Aktienhausse seit Ende der neunziger Jahre für Endkunden getätigt.[118] Damit werden zwar Skalenerträge im Zahlungsverkehr, Wertpapier- und Kreditgeschäft erzielt, nicht zuletzt hat sich aber auch die Kostenstruktur der

113 Im Folgenden IuK-Technologie.
114 Vgl. Bundesbank (2004d), S. 51 und 56.
115 Vgl. hier und im Folgenden Fischer, Leonhard (2001), S. 258f.
116 Vgl. Crössmann, Jürgen (2003), S. 78.
117 Vgl. Research, Deutsche Bank (2001), S. 2.
118 Vgl. hier und im Folgenden Irsch, Norbert (2003), S. 45f sowie Bredemeier, Sonning und Tholen, Michael (2003), S. 187.

Kreditinstitute stark verändert. Kürzere Reinvestitionszyklen bei der Hardware, die Weiterentwicklung der IT-technischen Applikationen für Endkunden, der kostenintensive Aufbau und Betrieb der Computerhandels- und Informationssysteme sowie der moderner Risikomanagementsysteme ziehen eine erhöhte Fixkostenbelastung für Kreditinstitute nach sich. Die Infrastruktur der Akteure an den Kapitalmärkten, allen voran der Banken, wird dadurch zunehmend technologisch determiniert.

2.2.3 Auswirkungen auf Akteure und Verhalten auf den Finanzierungsmärkten

In den zwei vorangegangenen Abschnitten wurden die wichtigsten Veränderungen der letzten 10 bis 15 Jahre hinsichtlich des regulatorischen und wirtschaftlichen Umfelds sowie im Rahmen des technologischen und theoretischen Fortschritts skizziert. In den folgenden Ausführungen soll nun analysiert werden, welche Auswirkungen die globale Vernetzung sowie die Integration bisher getrennter Märkte in einem gedämpften wirtschaftlichen Gesamtumfeld auf Verhalten und Einstellungen der Finanzmarktakteure in Deutschland zeigt. Vorab ist hervorzuheben, dass die erhöhte Transparenz im "Global Financial Village", nicht zuletzt ermöglicht durch die Internet-Revolution, teilweise zu erheblichen Kosten- und Margenreduzierungen auf den Finanzierungsmärkten geführt hat.[119] Im Ergebnis ist bei einem Großteil der Akteure auf den Finanzierungsmärkten eine Tendenz hin zu kapitalmarktorientierten Finanzierungen zu beobachten, was in der traditionell stark durch das Kreditgeschäft der Banken geprägten Unternehmensfinanzierung in Deutschland bereits zu bedeutenden Veränderungen geführt hat.

Das Verhalten der **Banken** unterliegt seit den neunziger Jahren einem drastischen Wandel mit weitreichenden Folgen für das Kreditgeschäft mit Unternehmen. Im Folgenden sollen deshalb die wesentlichen Entwicklungslinien skizziert werden, um die Verhaltensänderungen seitens der Banken im Kreditgeschäft zu erläutern. In den neunziger Jahren refinanzierten die deutschen Banken ihr Kreditgeschäft zunehmend über die Emission von Bankschuldverschreibungen. Während in den achtziger Jahren ein Anteil von nahezu konstant 30% der Ausleihungen an Nichtbanken durch Bankschuldverschreibungen refinanziert wurde, wurde in den neunziger Jahren der Anteil auf rund 40% gesteigert.[120] Die Bedeutung der i.d.R. günstigeren Refinanzierung über Einlagen ging dementsprechend zurück. Als Hauptgründe gelten eine stärkere Renditeorientierung der Kunden mit einer steigenden Nachfrage nach marktgerechten Produkten und die damit einhergehende Intensivierung des ohnehin scharfen

[119] Vgl. Research, Deutsche Bank (2001), S. 4ff.

[120] Insbesondere Großbanken verlagerten die Refinanzierung vermehrt vom Einlagengeschäft auf die Emission von Geld- und Kapitalmarktpapieren. Vgl. hier und im Folgenden Bundesbank (2000), S. 42ff.

Wettbewerbs im Passivgeschäft. Während sich Zinsaufwand und Zinsertrag im Verhältnis zum Geschäftsvolumen bis dahin stabil entwickelten, sanken die Zinsaufwendungen bei rückläufigem Zinsniveau seit Mitte der neunziger Jahre deutlich weniger als die Zinserträge.

Der zunehmende Druck auf die Zinsmargen der Banken muss ebenfalls im Zusammenhang mit Veränderungen im Kreditgeschäft (Aktivgeschäft) mit Unternehmen betrachtet werden. So konnten die gestiegenen relativen Zinsaufwendungen auf Grund eines verschärften Wettbewerbs im Aktivgeschäft nicht in gleichem Ausmaß weitergegeben werden.[121] Durch das Eindringen ausländischer Wettbewerber mit günstigeren Konditionen sowie durch die erhöhte Preissensibilität der Kreditkunden kam das traditionell vorherrschende Hausbankprinzip ins Wanken. Das Hausbankprinzip beruhte auf einer Art 'Schicksalsgemeinschaft', mit der erhöhte Kreditkonditionen mit einer kooperativen Grundhaltung der Banken in finanziell angespannten Situationen ihrer Kunden begründet wurden.[122]

Die erweiterten Möglichkeiten zur Verbriefung und Handelbarkeit von Krediten und Kreditrisiken mit Hilfe von Kreditderivaten, die "[...] faktisch eine Versicherung gegen (die, Anm. des Verf.) [...] Insolvenz des Kreditnehmers [...]"[123] darstellen, tragen dazu bei, dass die Kreditinstitute vielfach kein Interesse mehr an der Unterstützung von der Insolvenz bedrohter Schuldner haben. Der ebenfalls konjunkturell bedingte starke Anstieg der Unternehmensinsolvenzen in den letzten Jahren hat zu einer Verschlechterung der Kreditqualität beigetragen und zu einem Anstieg der Risikokosten bzw. der Wertberichtigungen bei den Kreditinstituten geführt, die infolge des scharfen Preiswettbewerbs nicht in vollem Umfang an die Kreditnehmer weitergereicht werden konnten.[124] Im Ergebnis sanken die Zinsspannen auf ein Rekordtief. Die Bankengruppen waren von dieser Entwicklung unterschiedlich stark betroffen. Im Zeitraum von 1994 bis 2001 sank die Zinsspanne bei Großbanken um 60%, bei Sparkassen um 28% und bei Kreditgenossenschaften um 23%. Hinzu kam, dass Wertberichtigungen im gleichen Zeitraum insgesamt rund 50% des Teilbetriebsergebnisses aufzehrten.[125] Die Aktienbaisse seit Mitte des Jahres 2000 belastete die Banken in mehrfacher Weise. So schlugen zum einen die fallenden Aktienkurse direkt auf die Bilanzen der Banken durch, die durch vielfache Kapitalverflechtungen ('Deutschland AG') gekennzeichnet, ihre Eigenbestände abwerten mussten. Zum anderen zeigte das ertragreiche Provisionsgeschäft z.B. mit Neuemissionen und im Asset

---

121 Vgl. Herrmann, Heinz (2001), S. 12; bei schwachem Wettbewerb besteht durch die verzögerte Anpassung der Einlagenzinsen (Kreditzinsen) bei steigendem (sinkendem) Zinsniveau die Möglichkeit einer Ausweitung der Zinsmarge. Vgl. Bundesbank (2002a), S. 55.

122 Vgl. Eilenberger, Guido (2003), S. 11.

123 Bredemeier, Sonning und Tholen, Michael (2003), S. 190.

124 Vgl. Fieseler, Bernd (2003), S. 1192.

125 Vgl. Paul, Stephan (2003), S. 89.

Management rückläufige Tendenzen. Die Möglichkeit, neues Eigenkapital bspw. im Zuge einer Kapitalerhöhung zu beschaffen, wurde gleichzeitig vergleichsweise teurer.[126]

Diese Entwicklungen führten in Summe zu einer schweren Struktur- bzw. Ertragskrise und einem hohen Konsolidierungsdruck bei deutschen Banken, die im europäischen Vergleich immer noch deutlich niedrigere Eigenkapitalrenditen aufweisen.[127] Im stark fragmentierten deutschen Bankenmarkt ist seit einigen Jahren bereits ein starker Konsolidierungsprozess in Gang gekommen. So sank zwischen 1992 und 2003 die Anzahl der rechtlich selbständigen Banken in Deutschland bereits um 40%. Bezüglich der Bankendichte bleibt Deutschland aber immer noch mit Abstand der europäische Spitzenreiter, was zu einer vergleichsweise hohen Kostenbelastung führt.[128]

Die deutschen Banken reagierten vor dem Hintergrund des gestiegenen Performancedrucks im Zuge der Globalisierung und der eigenen Ertragskrise mit einer erhöhten Wertorientierung und der entsprechenden Anpassung ihrer Geschäftsstrategien. Das Kreditgeschäft mit Unternehmen wurde dabei grundlegend restrukturiert mit dem Ziel steigender Kosten- und Prozesseffizienz, der Durchsetzung auskömmlicher Zinsmargen und der Risikominimierung.[129] Dabei hat die Einführung von Basel II die Wirkung eines Katalysators entfaltet. Neben der erhöhten konjunkturell bedingten Risikoorientierung der Banken und ihrem Bestreben, durch die Weiterentwicklung ihrer Risikomanagementsysteme eine genauere Quantifizierung ihrer Kreditrisiken zu erreichen, haben die Neuregelungen von Basel II hinsichtlich der differenzierten Mindestkapitalanforderungen eine Spreizung der Kreditkonditionen begünstigt.[130] Durch die Ausrichtung der Mindestkapitalunterlegung an der Bonität des Kreditnehmers werden Anreize gegen die Quersubventionierung unterdurchschnittlicher durch überdurchschnittliche Bonitäten im Rahmen einer bislang vielfach undifferenzierten Einheitsmarge gesetzt.[131]

Das Bemühen der deutschen Kreditinstitute, die eigenen Risikomanagementsysteme zu optimieren, zeigt sich nicht zuletzt dadurch, dass bereits im Vorfeld von Basel II ungefähr ein Drittel der Institute die Umsetzung eines internen Ratingansatzes (IRB) plante.[132] Auf der Basis verbesserter Risikomessverfahren kommen darüber hinaus vermehrt neue Pricing-Verfahren zur Anwendung, welche eine risikoadjustierte Marge für jede individuelle

---

126 Vgl. Westermann, Frank (2003), S. 36 und 38.

127 Vgl. u.a. Wolff, Rüdiger (2002), S. 1. Zwischen 2000 und 2004 betrug die durchschnittliche Eigenkapitalrendite der fünf deutschen Großbanken rund 1,5%. Damit bildeten sie mit Abstand das Schlusslicht im europäischen Vergleich, während Niederlande/Belgien mit 19,6% und UK mit 18,3% die europäische Spitze bildeten. Vgl. Research, Deutsche Bank (2006a), Abbildung 5, S. 5.

128 Vgl. Siemons, Christoph (2005), S. 31.

129 Vgl. u.a. Brezski, Eberhard und Dunkel, Gunter (2003), S. 108.

130 Vgl. Fieseler, Bernd (2003), S. 1192f.

131 Vgl. Paul, Stephan (2003), S. 92.

Kreditvergabe vorsehen und sich an den am Kapitalmarkt geforderten Sätzen orientieren.[133] Auf Grund der vergleichsweise geringen Zinsspannen wird damit insgesamt eine Anhebung der Kreditkonditionen erwartet.

Um die neuen Risikomanagement- und Pricing-Verfahren anwenden zu können, wurden die Anforderungen an die Kreditwürdigkeitsprüfung deutlich ausgeweitet. In Anlehnung an externe Ratings wurden die internen Bonitätsprüfungsverfahren neben der Einbeziehung von Ertrags- und Bilanzrelationen durch eine stärkere Berücksichtigung qualitativer Merkmale und einer starken Orientierung an der Zukunft des Unternehmens im Markt- und Wettbewerbsumfeld wesentlich verbessert und verfeinert.[134] Die Anforderungen an die Transparenz potenzieller Kreditnehmer werden damit deutlich erhöht. Zum Teil wird eine neue Informationskultur eingefordert, die durch eine enge Beziehung zur kreditgebenden Bank eine Renaissance des sog. Relationship Bankings befördere.[135] Ergänzt werden die erhöhten Anforderungen an die Transparenz durch erhöhte Anforderungen an die Stellung von Sicherheiten, die durch ihre risikomindernde Wirkung u.a. die regulatorischen Mindestkapitalanforderungen senken.[136]

Insgesamt entwickelte sich das für die Unternehmensfinanzierung bedeutende Kreditvolumen an Unternehmen und Selbständige seit 2002 rückläufig. Nachdem im Jahr 2000 das Kreditvolumen noch um 4,8% anstieg, verlangsamte sich das Kreditwachstum im Jahr 2001 auf 0,4%. Im Zeitraum zwischen dem 1. Quartal 2002 bis zum 1. Quartal 2005 sank das Kreditvolumen in Summe um rund 82 Mrd. EUR.[137] Neben der konjunkturbedingt gedämpften Nachfrage nach Unternehmenskrediten wurde bereits für die Jahre 2002/2003 eine angebotsseitige Verknappung, eine sog. Kreditkrise, insbesondere seitens der börsennotierten Großbanken verzeichnet.[138] Diese verabschiedeten sich zum Teil 'offiziell' vom langfristigen Unternehmenskredit und überließen das Geschäft zunehmend den regional tätigen Sparkassen.[139] Der teilweise Rückzug der Großbanken aus dem (ertragsschwachen) Kreditgeschäft bzw. die Fokussierung des Kreditgeschäfts unter Risiko-/Rentabilitätsaspekten muss letztendlich als Ausdruck einer wertorientierten (Eigen-)Kapitalallokation im Universalbanksystem verstanden werden, deren Zielsetzung die Lenkung des Eigenkapitals in

132 Vgl. Bundesbank (2004a), S. 47.
133 Vgl. ausführlich Lange, Thomas A. (2005), S. 120ff.
134 Vgl. Kletzing, Sigrid und Schulze, Heiko (2005), S. 170.
135 Vgl. u.a. Schulz, Christoph (2003), S. 1158 und Brezski, Eberhard und Dunkel, Gunter (2003), S. 102 sowie Hofmann, Gerhard (2002), S. 555.
136 Vgl. Suisse, Credit (2004)S. 21.
137 Siehe Abbildung 7.
138 Vgl. Eilenberger, Guido (2003), S. 6ff.
139 Z.B. in das als ertragreiche Provisionsgeschäft des Commercial und Investment Banking. Vgl. auch Stadler, Wilfried (2002a), S. 11.

die wertschaffenden Bereiche ist.[140] Während so der Marktanteil der Großbanken im Kreditgeschäft mit Unternehmen und Selbständigen zwischen den Jahren 2000 und 2005 um 3%-Punkte auf 15% sank, bauten die Institute des Sparkassensektors ihren Anteil von 38% auf 40% aus. Die rückläufigen Kreditvolumina der Großbanken und der Institute des Genossenschaftssektors wurden in diesem Zeitraum nur zum Teil durch Sparkassen, die Banken mit Sonderaufgaben (Förderkreditinstitute) und ausländische Banken aufgefangen.[141]

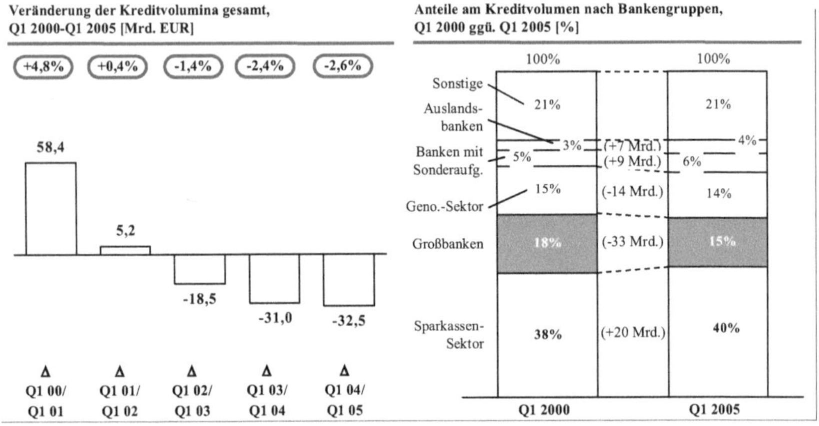

Abbildung 7: Entwicklung der Kreditvolumina an Unternehmen und wirtschaftlich selbständige Personen[142]

Insgesamt stellte die Deutsche Bundesbank in ihrem Bericht zur Stabilität des deutschen Finanzsystems im Oktober 2004 eine sich abzeichnende Abschwächung der Bankenkrise fest.[143] So sei es vielfach gelungen, neben der Entlastung der Kostenseite die Risiken in den Kreditportfolios signifikant abzubauen und zugleich durch strategische Neuorientierung und Fokussierung den Grundstein für steigende Erträge zu legen. Rückläufige Zuführungen zur Risikovorsorge deuteten eine Entspannung bei der Risikosituation an. Die konsequente Rückführung bzw. Veräußerung riskanter Engagements würde ergänzt durch qualitativ verbesserte Kreditwürdigkeitsprüfungen beim Neugeschäft und dem Bestreben, risikogerechte Konditionen durchzusetzen. Dagegen wurden die Banken vom Präsidenten der BaFin auch Anfang des Jahres 2005 noch vor einem desaströsen Konditionenwettbewerb gewarnt und dazu ermahnt, auskömmliche Risikoprämien einzufordern, um ihre Erträge vor allem in ihrem

140 Vgl. Lange, Thomas A. (2005), S. 132.
141 Siehe Abbildung 7.
142 Eigene Darstellung auf Basis eigener Berechnungen. Vgl. Zeitreihenservice der Deutschen Bundesbank.
143 Vgl. hier und im Folgenden Bundesbank (2004a), S. 34f.

Kerngeschäft – der Kreditvergabe – nachhaltig zu steigern; nur eine weitere Konsolidierung könne "[...] die deutsche Kreditwirtschaft aus ihrer Misere herausführen".[144]

Mit der Liberalisierung der Kapitalmärkte und der Einführung des Euros haben **institutionelle Investoren** wesentlich zu einer erhöhten Liquidität (Markttiefe und -breite) auf den europäischen Finanzierungsmärkten beigetragen. Zu den institutionellen Investoren werden vor allem Versicherungen und Kapitalanlagegesellschaften sowie Pensionsfonds und Venture-Capital-Gesellschaften gezählt. Nach dem Wegfall gesetzlicher oder vertraglicher Anlagebeschränkungen, nicht zuletzt auf Grund des fehlenden Wechselkursrisikos im Euro-Währungsgebiet, haben auch vermehrt ausländische Gesellschaften in Deutschland investiert.[145] Darunter sind auch Pensionsfonds, die zwar international eine der wichtigsten institutionellen Anlegergruppen darstellen, deren Rolle in Deutschland aber auf Grund der zum Großteil umlagefinanzierten Altersversorgung immer noch vergleichsweise gering ist.[146] Neben Investitionen hauptsächlich in börsennotierte Anleihen und Aktien deutscher Banken und großer Industrieunternehmen und der aktiven Teilnahme am Commercial-Paper-Markt gewann auch in Deutschland Ende der neunziger Jahre die Entwicklung des Marktes für nicht verbrieftes Risikokapital an Dynamik.

Im Zuge des Technologie- und Aktienbooms Ende der neunziger Jahre wurden von spezialisierten Private-Equity-Gesellschaften vor allem technologieorientierte 'Early-Stage'-Finanzierungen durch direkte Kapitalbeteiligung bereitgestellt, die auf einen späteren Ausstieg mit Hilfe eines Börsengangs abzielten. Der Beteiligungsmarkt wies zwischen 1995 und 2000 zweistellige jährliche Wachstumsraten bei den Neuinvestitionen auf und umfasste im Jahr 2000 ein Volumen von 4,8 Mrd. EUR.[147] Nach der Aktienbaisse seit 2000/2001 sank die Zahl der Börsengänge deutscher Aktiengesellschaften von 175 im Jahr 1999 auf Null im Jahr 2003.[148] Damit wurde der bis dahin lukrative Ausstiegskanal versperrt und faktisch auch die Möglichkeit zu Neuinvestitionen beschränkt. So kamen 2003 die Nettoinvestitionen der Beteiligungsgesellschaften praktisch zum Erliegen.[149] Vor dem Hintergrund hoher Abschreibungen in den Portfolios der Beteiligungsgesellschaften machte sich auch bei den institutionellen Investoren eine ausgeprägte Risikoaversion breit.[150]

---

144 o.V. (2005a), S. 11.
145 Vgl. Bundesbank (2004c), S. 17.
146 Vgl. Bundesbank (2000), S. 41.
147 Vgl. Eilenberger, Guido (2002b), S. 214.
148 Vgl. DAI (2003), S. 17.
149 Vgl. Bundesbank (2003a), S. 40f.
150 Vgl. Achleitner, Ann-Kristin und Fingerle, Christian H. (2004), S. 27.

In den vergangenen Jahren hat sich im Zuge dieser Entwicklungen der Investitionsfokus der Beteiligungsgesellschaften deutlich verschoben. Der Trend zur Verschiebung von Frühphasen- in Spätphasenfinanzierungen mittels direkter Kapitalbeteiligung wurde durch die wachsende Bedeutung sog. Mezzanine-Finanzierungen ergänzt. Im Gegensatz zu Private Equity wird dabei grundsätzlich auf eine laufende Vergütung aus den operativen Cashflows des Unternehmens abgestellt.[151] Allerdings wird dabei oftmals zusätzlich zu einer laufenden Vergütung eine Zusatzvergütung in Form einer Einmalzahlung oder Beteiligung(soption) (sog. Kicker) vereinbart, die sich meist an der Entwicklung von Unternehmensperformance bzw. -wertentwicklung orientiert. Der europäische Markt für Mezzanine-Finanzierungen entwickelte sich dynamisch. Während bis 1996 ein Volumen bei den Neuzusagen von weniger als einer Mrd. EUR geschätzt wurde, liegt das Volumen derzeit bei über sechs Mrd. EUR.[152] Institutionelle Mezzanine-Kapitalgeber wenden sich dabei auf Grund der Vertrauenskrise gegenüber technologieorientierten Unternehmen vermehrt der Finanzierung renditestarker mittelständischer Unternehmen der 'Old Economy' zu.[153] Allerdings gilt zum einen die Einräumung weitreichender Informations- und Kontrollrechte als Voraussetzung für diese Art der Finanzierung. Meist fordern institutionelle Investoren ihren Einfluss auf die geschäftliche Entwicklung des finanzierten Unternehmens über einen Sitz im Aufsichtsgremium der Gesellschaft, zumindest aber über eine regelmäßige detaillierte Berichterstattung ein. Zum anderen stellen die Renditeforderungen der institutionellen Investoren, die je nach Ausgestaltung der Finanzierung bis zu 20% bis 25% betragen, hohe Anforderungen an die wirtschaftliche Leistungsfähigkeit der zu finanzierenden Unternehmen.

Im Verhalten der **privaten Anleger** in Deutschland sind in den letzten fünfzehn Jahren ebenfalls deutliche Veränderungen erkennbar. Bereits Anfang der neunziger Jahre des letzten Jahrhunderts hat sich eine erste Marktorientierung gezeigt, indem private Anleger neben dem Versicherungssparen bis dahin nahezu ausschließlich zur Vermögensbildung genutzte Einlagen bei Banken vermehrt durch die renditeträchtigere Anlage in Bankschuldverschreibungen ersetzten.[154] Das Streben nach Rendite überlagerte vermehrt das bislang stark dominante Sicherheits- und Liquiditätsbedürfnis als Anlagemotiv. Im Zuge des Technologie- und Aktienbooms Ende der neunziger Jahre wurde von vielen Anlegern die Aktie als neue Anlagekategorie entdeckt. Mit der Aktienhausse und Kurseuphorie, dem Entstehen des 'Neuen

151 Vgl. hier und im Folgenden Golland, Frank und Hans, Tobias (2003), S. 572.
152 Vgl. KfW (2005a), S. 4.
153 Vgl. hier und im Folgenden Nelles, Michael und Klusemann, Markus (2003), S. 8ff.
154 Vgl. Herrmann, Heinz (2001), S. 41.

Markts', dem neuen Börsensegment für Technologie- und Medienwerte, erhöhte sich die Zahl der Aktionäre von 1996 bis 2000 von 3,8 Mio. auf 6,2 Mio. um mehr als 60%.[155]

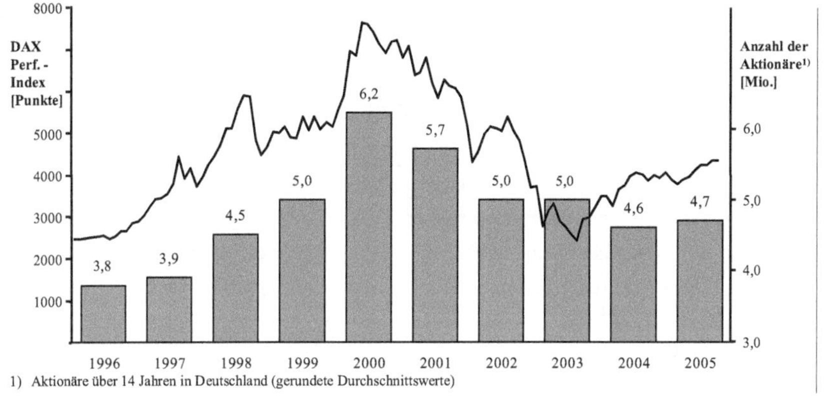

Abbildung 8: Aktienkursentwicklung und Entwicklung der Anzahl der Aktionäre[156]

Die Zeichnung von Neuemissionen am Neuen Markt und die Möglichkeit, rasch enorme Kursgewinne zu erzielen, hat eine Art Goldgräberstimmung unter den privaten Anlegern erzeugt. Das Risiko sinkender Kurse wurde angesichts der rasanten positiven Kursentwicklung zunehmend verdrängt und hat zu erheblichen Übersteigerungen in der Marktbewertung geführt.[157] Nach dem Zusammenbruch des Neuen Markts und den Kurseinbrüchen am gesamten Aktienmarkt im Jahr 2001 erlitt die aufkeimende private Aktien- und Anlegerkultur in Deutschland einen Rückschlag. Die Enttäuschung der privaten Anleger hat das Vertrauen in den gesamten Aktienmarkt nachhaltig erschüttert.[158] Trotz der Neusegmentierung des deutschen Aktienmarkts, verschärfter Kapitalmarktregulierungen und einer länger anhaltenden Kurserholung verabschiedeten sich zwischen 2000 und 2005 mit 1,5 Mio. Aktionären mehr als die Hälfte der zwischen 1996 und 2000 neu hinzugewonnenen 2,4 Mio. Aktionäre vollständig aus dieser Anlagekategorie. Wie ausgeprägt die Vorbehalte gegen Aktien als Anlagekategorie sind, zeigt sich auch darin, dass private Haushalte nach dem Ende des Börsenbooms bis 2004 Aktien im Gesamtwert von 125 Mrd. EUR netto abstießen; d.h.,

155 Siehe Abbildung 8.
156 Eigene Darstellung. Vgl. DAI (2006), Abschnitt 08.3 (Anzahl der Aktionäre) sowie Datastream (DAX).
157 Vgl. Bundesbank (2003a), S. 32 sowie Eilenberger, Guido (2002b), S. 213.
158 Nicht zuletzt führten auch bis dahin regulatorisch nicht verhinderte Missstände hinsichtlich Kurs- und Marktmanipulation zur Erschütterung des Vertrauens in das gesamte Marktsegment. Vgl. hier und im Folgenden Währisch, Mark (2003), S. 71 sowie Abbildung 8.

mehr als doppelt so viel wie sie in den zehn Jahren zuvor – allerdings bei niedrigeren Einstandskursen – insgesamt für den Aktienerwerb ausgegeben hatten.[159]

Mit der Internet-Revolution und dem Aktienboom ist aber eine fortschreitende Professionalisierung privater Anleger einhergegangen. Durch die Nutzung des Internets stehen den Anlegern hinsichtlich der Real-Time-Informationsbeschaffung und Reaktionsmöglichkeit auf Marktveränderungen Möglichkeiten offen, die bis vor wenigen Jahren ausschließlich professionellen Marktteilnehmern vorbehalten waren.[160] Nicht zuletzt durch regulatorische Eingriffe zuletzt durch die Verabschiedung des AnSVG im Jahr 2004 ist die Verlässlichkeit und Qualität der zugänglichen Informationen deutlich gesteigert worden. Die Vielzahl der neu gegründeten Direktanlagebanken und Online-Brokerage-Anbieter begünstigt neben der vermehrten Eigenbeschaffung von Informationen auch die Möglichkeiten zur direkteren und kostengünstigeren Teilnahme privater Anleger am Handelsgeschehen auf dem Kapitalmarkt.[161]

Der insgesamt weiterhin hohe Anlagebedarf der privaten Haushalte zeigte sich im Jahr 2004 mit über 155 Mrd. EUR im höchsten Sparvolumen seit der Wiedervereinigung.[162] Die Sparquote war zwar Anfang der neunziger Jahre rund 2%-Punkte höher, ist aber mit zuletzt 10,7% 2003 bzw. 10,6% des verfügbaren Einkommens 2004 trotz der insgesamt schwachen Einkommens- und Konjunkturentwicklung im Vergleich zu den Vorjahren gestiegen.

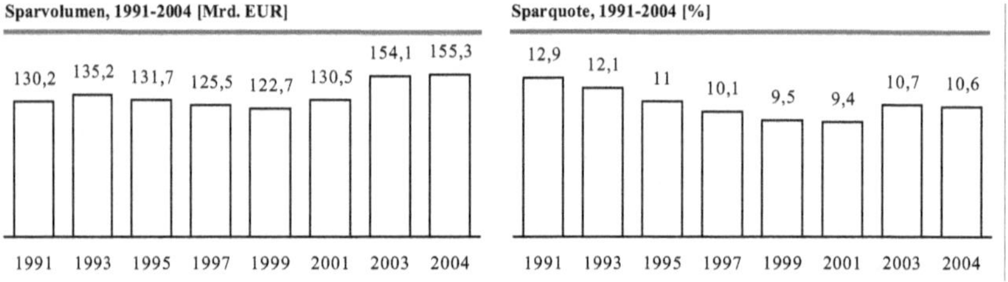

Abbildung 9: Entwicklung des Sparvolumens und der Sparquote in Deutschland[163]

Nachdem in der Vergangenheit in konjunkturellen Schwächephasen zur Stützung des privaten Konsums die privaten Ersparnisse in der Regel reduziert wurden, so werden als Gründe der nach wie vor hohen Sparneigung die anhaltend schwierige Arbeitsmarktlage, das Bemühen um mehr private Altersvorsorge und eine größere Spreizung der personellen Einkommens-

159 Vgl. Bundesbank (2005d), S. 26f.
160 Vgl. Research, Deutsche Bank (2001), S. 1 und 3.
161 Dies gilt sowohl für Primär- als auch insbesondere für Sekundärmarktaktivitäten am Kapitalmarkt. Vgl. Research, Deutsche Bank (2001), S. 6ff.
162 Vgl. hier und im Folgenden Bundesbank (2005d), S. 24ff. sowie Abbildung 9.
163 Eigene Darstellung. Vgl. Bundesbank (2005d), S. 25.

und Vermögensverteilung angeführt. Während private Haushalte mit unterdurchschnittlichem Einkommen nur wenig Konsumverzicht übten oder sogar Ersparnisse auflösten, lag die Sparquote im Segment mit sehr hohen Einkommen über 20% über dem Gesamtdurchschnitt. Hinsichtlich der Einstellung zu Rentenpapieren als Anlagekategorie wirkt sich die nachhaltige Enttäuschung über Aktien positiv aus.[164] Insbesondere für die Bezieher hoher Einkommen nimmt der Stellenwert einer einzelnen Anlageentscheidung innerhalb des privaten Portfolios mit zunehmender Vermögensgröße ab, mit der – u.a. durch die überdurchschnittlich hohe Sparneigung bedingt – zu rechnen ist. Eine weitere Zunahme der Renditeorientierung ist die Folge.

Die Vermögensbildung durch Banken nimmt bei deutschen Anlegern zwar immer noch eine dominante Stellung ein, gefolgt vom Versicherungssparen.[165] Bei der Vermögensanlage in Wertpapieren haben sich aber seit Ende des Börsenbooms im Jahr 2001 wesentliche Veränderungen gezeigt. Im Jahr 2004 wurde ein Rekord-Netto-Zufluss bei den Rentenpapieren (insbesondere bei Bankschuldverschreibungen und Indexzertifikaten) mit rund 40 Mrd. EUR verzeichnet, während ein Nettoabfluss bei Aktien und Investmentfonds zu verzeichnen war. Vor dem Hintergrund der vermehrten Eigenvorsorge zur Alterssicherung, der hohen Sparneigung der Bezieher überdurchschnittlicher Einkommen und angesichts des historisch niedrigen Zinsniveaus könnten Diversifizierungsstrategien u.a. die Nachfrage nach "[...] nicht verbrieftem Risikokapital und nach Schuldtiteln, etwa von kleinen Unternehmen oder von Unternehmen mit höherem Insolvenzrisiko [...]"[166] mit einem vergleichsweise hohen Renditeversprechen fördern.

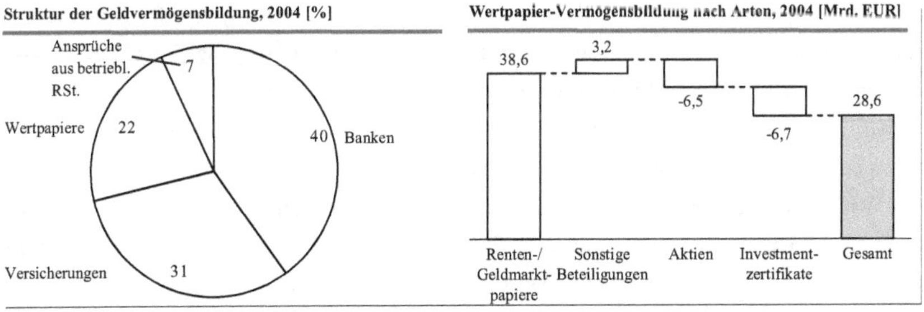

Abbildung 10: Eckdaten der Vermögensbildung in Deutschland[167]

[164] Vgl. hier und im Folgenden Stüfe, Karin (1999), S. 25.
[165] Siehe hier und im Folgenden Abbildung 10.
[166] Bundesbank (2002b), S. 35.
[167] Eigene Darstellung. Vgl. Bundesbank (2005d), S. 25.

Die bisher als Aspekte des Wandels der Finanzierungsmärkte dargestellten Entwicklungen haben Einstellungen und Verhalten der **Unternehmen** in Fragen der Finanzierung maßgeblich beeinflusst. Wie Unternehmen den erweiterten Möglichkeiten der kapitalmarktnahen (Fremdkapital-)Finanzierung, der direkten Finanzierung durch institutionelle Investoren und anderen Kreditsubstituten gegenüberstehen, wird im Folgenden näher untersucht. Dabei spielen die dargestellten Veränderungen in der traditionell in Deutschland vorherrschenden Kreditfinanzierung über Banken eine wesentliche Rolle.

Im Zuge sinkender Transaktionskosten und vor dem Hintergrund der mit der Integration der Finanzierungsmärkte verbreiterten Basis aus institutionellen Investoren haben vor allem große börsennotierte Industrie- und Handelsunternehmen in Deutschland die Kreditfinanzierung durch Banken zunehmend durch eine direkte Finanzierung über den Kapitalmarkt abgelöst. Der Verzicht auf die Leistungen von Banken bzw. die bewusste Umgehung der Banken (als Finanzintermediäre) wird als Disintermediation bezeichnet. Der Prozess der Disintermediation zeigte sich bereits zum letzten Jahrhundertwechsel durch eine stark wachsende Emissionstätigkeit von börsennotierten Unternehmens- oder Industrieanleihen, sog. Corporate Bonds. Im Zuge der Liberalisierung der Telekommunikations- und Energiemärkte vervielfachte sich das Volumen der Neuemissionen für diese Anleihen. Neben wenigen Emittenten aus der Automobilbranche trugen dazu insbesondere die Deutsche Telekom, RWE und E.ON bei.[168]

Da diese Kapitalmarkttransaktionen fast ausschließlich im Rahmen von Fremdemissionen, d.h. mit Unterstützung durch spezialisierte Finanzdienstleister, durchgeführt wurden, kann insofern vielmehr von einer Verschiebung der Intermediationsleistung von der Bereitstellung hin zur Vermittlung von Kapital sowie hin zu spezialisierten Beratungsleistungen gesprochen werden. Für den außerbörslichen OTC-Handel[169] des europäischen Geldmarkts werden aber auch direkt bspw. kurz- und mittelfristige Papiere wie Commercial Papers oder Medium Term Notes begeben. Wie dynamisch sich die Begebung von Commercial Papers entwickelt, deutet das Wachstum des Emissionsvolumens von Commercial Papers (bis zu einer Laufzeit von vier Jahren) an, das sich allein im Jahr 2002 auf mehr als sechs Mrd. EUR verdoppelte, während diese Wertpapierform bis Mitte des Jahres 2000 noch keine wesentliche Rolle spielte.[170]

Die Teilnahme an diesen Handelssystemen steht auf Grund der vielfach fehlenden Besicherung neben institutionellen Investoren lediglich Großunternehmen mit ausgezeichneter

168 Vgl. Herbst, Gabriele (2005), S. 101f.

169 Der sog. OTC-Handel (Abk. für Over-the-Counter-Handel) wird über elektronische Handelssysteme oder telefonisch bzw. über elektronische Clearingsysteme abgewickelt.

170 Vgl. Westermann, Frank (2003), S. 39f.

Bonität und einem Rating im Investmentgrade-Bereich offen. Insgesamt hat die fortschreitende Professionalisierung des Finanzmanagements insbesondere der Großunternehmen dazu geführt, dass seit den neunziger Jahren einige Finanzdienstleistungssparten von Industrie- und Handelskonzernen sogar rechtlich verselbständigt wurden, eine Banklizenz erwarben und selbst als Kreditinstitute auftreten.[171] Als prominente Beispiele können dabei u.a. die DaimlerChrysler-Bank, die BMW-Bank, VW-Bank sowie die KarstadtQuelleBank angeführt werden. Börsennotierte große Kapitalgesellschaften treten auf den europäischen Geld- und Kapitalmärkte somit als eigenständige Player auf; die Bedeutung der Kreditfinanzierung durch konzernfremde Banken ist dementsprechend minimiert worden.

Während Großunternehmen mit zunehmender Kapitalmarktorientierung und Professionalisierung des Finanzmanagements ihre Finanzierungsstruktur sowohl hinsichtlich der Investorenbasis als auch hinsichtlich der Finanzierungsinstrumente erfolgreich diversifizieren konnten und den Anteil der klassischen Bankenfinanzierung minimiert haben, so ist bei KMU weiterhin eine hohe Abhängigkeit von der Kreditfinanzierung durch Banken zu beobachten. Diese Unternehmen weisen einen vergleichsweise hohen Anteil der Kreditfinanzierung durch Banken sowie eine geringe Eigenkapitalausstattung auf.[172]

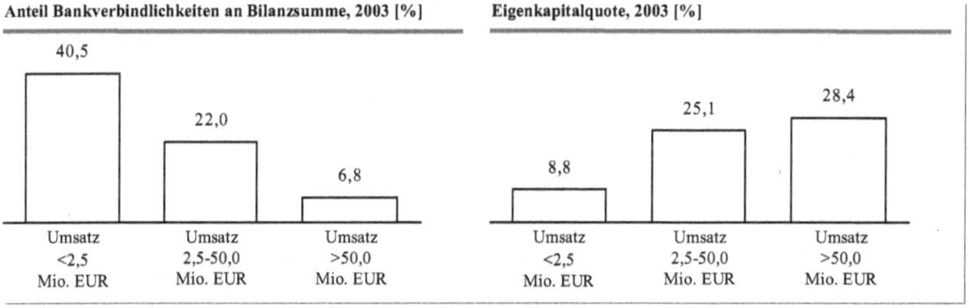

Abbildung 11: Eigenkapital- und Bankverbindlichkeitenquote nicht finanzieller Unternehmen in Deutschland nach Größenklassen[173]

Neben dem beschränkten Kapitalmarktzutritt auf Grund der Unternehmensgröße ist die im internationalen Vergleich einzigartig hohe Bedeutung der Kreditfinanzierung in Deutschland auch historisch gewachsen. So wurde zum einen jahrzehntelang nach Herstellung der Funktionsfähigkeit des Bankensystems die Ausschüttung von Gewinnen steuerlich gegenüber der Thesaurierung begünstigt; die gläubigerorientierten Bilanzierungsregeln des HGB begünstigten wiederum die Bildung stiller Reserven und damit auch einen geringeren Ausweis

[171] Vgl. Gebhardt, Günther; Gerke, Wolfgang, et al. (1993), S. 4.
[172] Siehe Abbildung 11.
[173] Eigene Darstellung. Vgl. Bundesbank (2005c), S. 18.

der Eigenkapitalquote.[174] Zum anderen gab die hohe Verfügbarkeit von Krediten durch die Hausbank zu einem lange Zeit weitgehend risikounabhängigen Einheitszins Anreiz zu einem – dem Leverage-Effekt[175] folgenden – höheren Verschuldungsgrad. Unter Berücksichtigung von Ertragsgesichtspunkten wurden in der Vergangenheit vor allem "[...] kleine Unternehmen sogar bis zu 100% an den 'Tropf' der Banken [...]"[176] gehängt. Die nach wie vor hohe Bedeutung der Hausbankbeziehung für KMU wird auch daran deutlich, dass rund 40% der 'Mittelständler' lediglich zu einem Kreditinstitut Geschäftskontakte unterhalten.[177]

Seit den neunziger Jahren haben der Margenverfall im Kreditgeschäft, die Negativauslese der Risiken in den Kreditportfolios durch den Verzicht der i.d.R. höher mit Eigenkapital ausgestatteten Großunternehmen auf die Kreditfinanzierung zu einer höheren Risikoorientierung der Banken geführt. In Abkehr vom Einheitszins und angesichts steigender Risikokosten haben sich Preise für Kredite (Zinsmargen) sowie Anforderungen an die Kreditvergabe insbesondere für tendenziell unterkapitalisierte KMU erhöht.[178] Insbesondere die Eigenkapitalausstattung ist in ihrer Funktion als Puffer zur Abfederung eventueller Verluste auf Grund der damit verbundenen höheren Insolvenz- bzw. Ausfallwahrscheinlichkeit als wesentliches Kriterium für die Beurteilung der Bonität in den Mittelpunkt der Kreditvergabeentscheidung gerückt. Bei der Eigenkapitalbeschaffung unterliegen aber insbesondere kleine Personengesellschaften einer natürlichen Begrenzung.[179] Bisher problemlos durchfinanzierte 'mittelständische' Unternehmen sehen sich deshalb höheren Zinsen, Restriktionen in der Kreditvergabe und höheren Transparenz- und Sicherheitenanforderungen gegenüber.

Der Druck auf 'mittelständische' Unternehmen zur Diversifizierung der Unternehmensfinanzierung und zur Steigerung der Eigenkapitalbasis hat vor diesem Hintergrund deutlich zugenommen. So liegt einer Mind Flash/Forsa-Umfrage vom Februar 2003 zufolge die Priorität von Firmenchefs 'mittelständischer' Unternehmen hinsichtlich der Unternehmensfinanzierung auf der 'Unabhängigkeit von Kapitalgebern' mit 48% direkt hinter der 'Wahrung der Liquidität' mit 70% der Nennungen.[180] Außerdem ist gemäß einer Unternehmensbefragung der KfW von 2005 für 45% der Unternehmen mit einem Umsatz <50 Mio. EUR die

174 Vgl. u.a. Lohneiß, Hubert (2003), S. 550.

175 So kann die Eigenkapitalrentabilität durch die Aufnahme von Fremdkapital gesteigert werden, so lange der Finanzierungskostensatz (nach Berücksichtigung der steuerlichen Abzugsfähigkeit) unterhalb der Gesamtkapitalrentabilität liegt. Vgl. Eilenberger, Guido (1996a), S. 20.

176 Eilenberger, Guido (2003), S. 11.

177 Diese Einschätzung beruht auf Angaben des Instituts der Deutschen Wirtschaft aus dem Jahr 2003. Vgl. Schulz, Christoph (2003), S. 1156.

178 Vgl. hier und im Folgenden auch Schürenkrämer, Ulrich (2005), S. 92-96.

179 Soll kein neuer Teilhaber in die Gesellschaft aufgenommen werden, bildet die Höhe des Privatvermögens der Altgesellschafter die natürliche Grenze für die Einlagenfinanzierung.

180 Vgl.o.V. (2003a).

Kreditaufnahme erneut schwieriger geworden im Vergleich zu lediglich rund 26% bei Unternehmen mit einem Umsatz >50 Mio. EUR.[181] Als Hauptgründe dafür werden die Forderung nach zusätzlichen Sicherheiten sowie die gestiegenen Anforderungen an Dokumentation und Offenlegung genannt.[182] Hauptgründe für eine Kündigung der Bankverbindung oder deren Avisierung liegen, besonders bei privaten Großbanken, in einer veränderten Geschäftspolitik der Kreditinstitute.

Insbesondere die gestiegenen Transparenzerfordernisse stoßen bei 'mittelständischen' Unternehmen teilweise auf Ablehnung. So wurden die vielfach von persönlichen Kontakten geprägten Beziehungen zur Hausbank durch die zusätzliche Einforderung von Daten bspw. zur Beurteilung der strategischen Entwicklung und zur Einschätzung der Managementkapazität (Verfügbarkeit und Qualität) und der künftigen Schuldendeckungsfähigkeit des Unternehmens auch psychologisch belastet. Hierfür wird u.a. die 'Herr-im-Haus'-Mentalität der vielfach eigentümergeführten Unternehmen angeführt.[183] Durch die Verweigerung der Offenlegung wird so auch die Chance verspielt, eine Verbesserung des bankinternen Ratings herbeizuführen und die Kreditvergabe zu vereinfachen bzw. den Kredit zu verbilligen. Dieses Problem kann bei sog. Hidden Champions, die sich erfolgreich auf eine kleine Nische auf dem jeweiligen Markt positioniert haben, beispielhaft dargestellt werden. Die Eingrenzung des bearbeiteten Marktsegments sowie die Einschätzung der Erfolgsaussichten können meist nicht durch ein externes Branchenrating erfolgen, sondern sind nur durch die Preisgabe von Insiderwissen durch das jeweilige Unternehmen, möglichst in aktueller und detaillierter Weise, möglich.[184] Die mangelnde Bereitschaft zur Offenlegung dieser – aus Sicht des Unternehmens – wettbewerbskritischen Daten wird im Rahmen der verbesserten Kreditwürdigkeitsprüfung durch Banken zum Engpassfaktor. Ähnlich verhält sich die Situation hinsichtlich der Preisgabe anstehender Nachfolgeregelungen im Umfeld familiengeführter Unternehmen. Die Bedeutung der Transparenz für eine erfolgreiche Bankfinanzierung hat stark zugenommen und sollte entsprechende Beachtung finden, denn "[...] der Erfolg im Wettbewerb um Fremdkapital hängt zunehmend von der Professionalität des Informationsmanagements ab."[185]

Mangelnde Transparenz und Bereitschaft zur Offenlegung gelten nicht nur als erschwerend hinsichtlich der Verfügbarkeit und bei der Bepreisung von Bankkrediten, sondern versperren neben Hindernissen auf Grund der Rechtsform, Größe und der mangelnden

181 Vgl. KfW (2005b), S. 10; bereits in einer Unternehmensbefragung von 2004 hat sich diese Tendenz gezeigt. Vgl. KfW (2004), S. 14.

182 Vgl. hier KfW (2005b), S. 15 und im Folgenden S. 22.

183 Vgl. Broda, Bjoern M. (2003), S. 470.

184 Vgl. Paetzmann, Karsten (2001), S. 495f.

185 Vgl. Diehl, Ulrike und Leker, Jens (2003), S. 186.

Eigenkapitalausstattung vielfach den Weg zu einer kapitalmarktorientierten Unternehmensfinanzierung. Diese Vorbehalte gegenüber erhöhten Transparenzanforderungen und der möglichen Einflussnahme auf die Geschäftsführung zeigen sich auch in der Wahl der Finanzierungsalternativen. So haben 'mittelständische' Unternehmen auf die Schwierigkeiten bei der Kreditfinanzierung an erster Stelle mit der Stärkung der Innenfinanzierung, der Thesaurierung von Gewinnen, reagiert.

Wie in Abbildung 12 ersichtlich, wurde in den letzten Jahren insgesamt die Eigenkapitalausstattung der Unternehmen verbessert und der Anteil der Kreditfinanzierung verringert. Allerdings muss dabei angemerkt werden, dass die steigende durchschnittliche Eigenkapitalquote der Unternehmen auch teilweise auf den Marktaustritt unterkapitalisierter Unternehmen durch Insolvenz zurück zu führen ist. In den Jahren 2003 und 2004 wurden aber netto Bankverbindlichkeiten getilgt.[186]

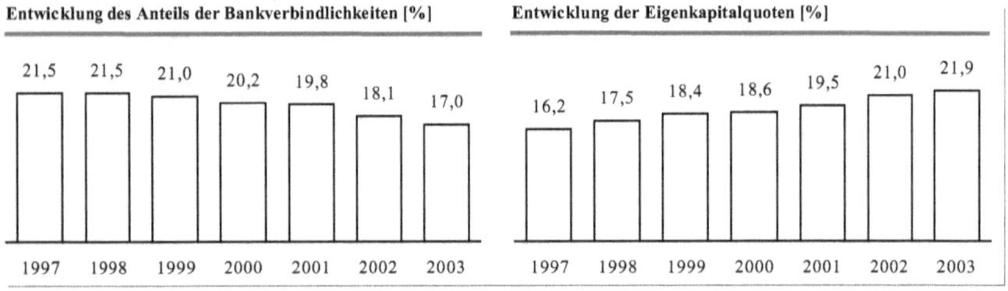

Abbildung 12: Entwicklung der Eigenkapital- und Bankverbindlichkeitenquote nicht finanzieller Unternehmen in Deutschland[187]

2.2.4 Bedeutung von Innovationen der externen Fremdkapitalfinanzierung

Im Zuge des Wandels der Finanzierungsmärkte hat sich das Spektrum der Finanzierungsmöglichkeiten in Deutschland deutlich erweitert. Durch die Verbreitung bereits bekannter Instrumente bei bisher unbeteiligten Akteuren wurden neue Finanzierungsmärkte geschaffen. Daneben ist eine Vielzahl von Produktinnovationen entstanden, die auf vernetzten Märkten zu geringeren Transaktionskosten gehandelt werden. Mit der Konsolidierung des Bankensektors sowie einer erhöhten Wert- und Risikoorientierung stieg das allgemeine Preisniveau der Kreditfinanzierung. Für vielfach unterkapitalisierte KMU wird die Alternative Bankkredit vielfach eine Frage der Verfügbarkeit oder der Stellung zusätzlicher Sicherheiten. Im Rückschluss unterliegen Alternativen zum Bankkredit einer relativen Preissenkung bzw.

[186] Vgl. Bundesbank (2005d), S. 23.
[187] Eigene Darstellung. Vgl. Bundesbank (2005b), S. 64.

Attraktivitätssteigerung.[188] Vor dem Hintergrund des Strebens nach einer Diversifizierung der Unternehmensfinanzierung werden ausgewählte Innovationen auf ihre Bedeutung für die Fremdkapitalfinanzierung oder als Finanzierungssubstitut hin geprüft. Dadurch sollen nicht nur die Veränderung der objektiven Handlungsmöglichkeiten verdeutlicht, sondern vielmehr bislang unbefriedigte subjektive Bedürfnisse der Unternehmen identifiziert werden, zu deren Befriedigung Informal Private Debt beitragen könnte. Einen Überblick über die Marktentwicklung der betrachteten Innovationen bietet Abbildung 13.

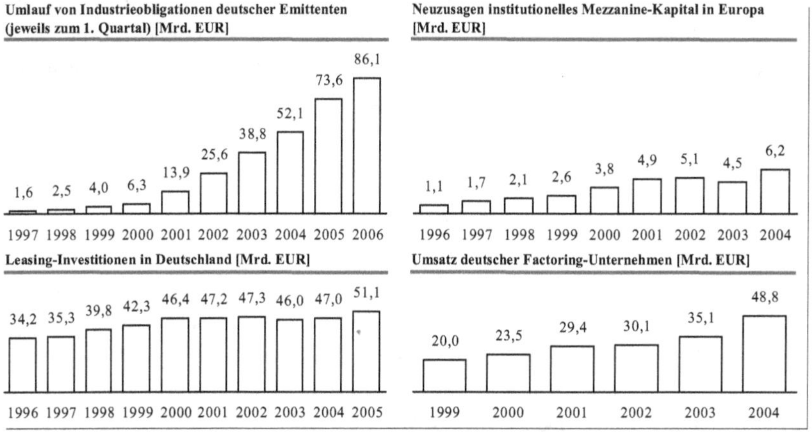

Abbildung 13: Marktentwicklung ausgewählter Kreditsubstitute[189]

Die **Anleihe** spielte in Deutschland bis Anfang der neunziger Jahre keine wesentliche Rolle in der Unternehmensfinanzierung außerhalb des Bankensektors. Seit 1999 hat sich das im Umlauf befindliche Volumen inländischer Unternehmensanleihen auf 86,1 Mrd. EUR im Januar 2006 erhöht und damit mehr als verzwanzigfacht.[190] Unter Unternehmensanleihen sind langfristige Schuldverschreibungen zu verstehen, über die sich Unternehmen des privaten Nichtbankensektors finanzieren.[191] Da Anleihen bis dahin nur geringe Verbreitung außerhalb der Bankenrefinanzierung bzw. der Finanzierung der öffentlichen Hand fanden, kann insofern von einer marktlichen Innovation gesprochen werden.

188 Vgl. dazu auch Irsch, Norbert (2003), S. 53.
189 Eigene Darstellung. Vgl. ifo, Institut für Wirtschaftsforschung an der Universität München (2005), S. 5; Factoring-Verband (2005) sowie Ehringer, Gerhard (2005), S. 10.
190 Siehe Abbildung 13.
191 Synonym zum Begriff der Unternehmensanleihe werden die Begriffe Corporate Bond, Industrieanleihe und Industrieobligation verwendet. Vgl. Herbst, Gabriele (2005), S. 7.

Mit der Emission einer Unternehmensanleihe kann grundsätzlich eine breite Investorenbasis angesprochen und eine Senkung der Abhängigkeit von einzelnen Kapitalgebern erreicht werden.[192] Des Weiteren kann der finanzielle Spielraum auf Grund fehlender Besicherung und der Entlastung von Bankkreditlinien erweitert werden. Im Vergleich zu Bankkrediten unterliegen Unternehmensanleihen generell weniger restriktiven Schutzklauseln (sog. Covenants). Gängig sind sog. Pari-Passu-Klauseln oder Negativerklärungen, welche die Gläubiger vor einer Verschlechterung ihrer Position gegenüber neuen Gläubigern schützen sollen. Durch die Anlehnung der Kreditkonditionen an das Kapitalmarktniveau sind Anleihen nicht mehr automatisch teurer als Bankkredite.[193] Der überwiegende Teil der Unternehmensanleihen wird im Rahmen einer Fremdemission öffentlich einem breiten Anlegerpublikum angeboten und zum Handel an einer Börse zugelassen.[194] Neben den nach Marktsegmenten abgestuften Publizitätspflichten gilt ein Rating von einer der international anerkannten Agenturen als zwingende Voraussetzung.[195] Dies trifft auch vielfach für die Platzierung bei wenigen institutionellen Investoren (Privatplatzierung) zu, die auf Grund interner Vorschriften nur bei Vorliegen eines Ratings investieren dürfen.

Die Kosten für die Emission einer Anleihe setzen sich aus den häufig laufenden Zinszahlungen und Gebühren bzw. Provisionen für die Inanspruchnahme der involvierten Dienstleister zusammen, die zum Großteil Fixkostencharakter haben.[196] In Anbetracht der Gebühren der Ratingagenturen, der Provisionen der Konsortialbanken, der Börsenzulassungsgebühren und der Publizitätskosten erscheint die Platzierung bei einem breiten Anlegerpublikum mit späterer Börsenzulassung meist erst ab einem Volumen von über 100 Mio. EUR, im Falle der Platzierung an institutionelle Investoren ab einem Volumen von über 25 Mio. EUR wirtschaftlich sinnvoll. Neben hohen Mindestvolumina bei der Emission von Unternehmensanleihen am organisiertem Kapitalmarkt oder bei institutionellen Investoren tragen auch die hohen Anforderungen an die Publizität dazu bei, dass sich der Emittentenkreis, von Ausnahmen abgesehen, auf wenige Großunternehmen mit einem Rating der anerkannten Agenturen beschränkt.

Während Unternehmensanleihen unter den Begriff der Securitization, d.h. der Verbriefung von Forderungen, im weiteren Sinne fallen, wird unter Securitization im engeren Sinne die "[...] Verbriefung von Cash flows aus bestimmten Aktiva (*Assets*) durch die Emission von Wertpapieren (*Securities*) verstanden, wobei die Wertpapiere mit diesen Aktiva unterlegt bzw.

---

192 Vgl. hier und im Folgenden Fischer, Leonhard (2001), S. 260ff.
193 Vgl. Bundesbank (2004c), S. 20.
194 Vgl. Herbst, Gabriele (2005), S. 112 (Tabelle 10).
195 Vgl. hier und im Folgenden Bredemeier, Sonning und Tholen, Michael (2003), S. 183.

besichert sind [...]."[197] Während bis 1999 Banken zum Zweck der Eigenkapitalentlastung bzw. Risikosteuerung den Markt für **Asset Backed Securities** (ABS) dominierten, sind nach einem Anstieg der Konditionen für nicht besicherte Anleihen auch vermehrt Transaktionen von Industrieunternehmen zu verzeichnen.[198] In der Grundstruktur von ABS-Transaktionen werden die Aktiva an eine rechtlich selbständige Einheit veräußert und dadurch vom Bonitätsrisiko des Verkäufers abgekoppelt. Die Zweckgesellschaft begibt Wertpapiere, die mit dem isolierten Forderungspool besichert sind; Zins- und Tilgungszahlungen an die Gläubiger werden aus den Cashflows der übertragenen Aktiva geleistet. Der Verkäufer finanziert sich aus dem Verkauf der Aktiva an die Zweckgesellschaft.

Der Vorteil von ABS-Transaktionen gegenüber unbesicherten Anleihen liegt im Wesentlichen in der Abkoppelung vom Ausfallrisiko des Verkäufers (Originator). Die Risikoaufschläge auf das Wertpapier können daher unter Umständen deutlich niedriger ausfallen. Darüber hinaus kann die Bilanzstruktur des Originators verbessert werden, wenn der Verkauf der Aktiva zur Schuldentilgung verwendet wird. Als Aktiva zur Unterlegung von ABS eignen sich insbesondere Immobilien (für die Emission sog. Mortgage Backed Securities), da sie sowohl als Sicherheiten dienen als auch eigene Cashflows generieren. Des Weiteren werden meist großvolumige Pools vor allem aus Leasing- und Handelsforderungen zur Unterlegung genutzt. Als Forderungsverkäufer treten in Deutschland vor allem Automobilkonzerne, Verlagshäuser, Automobilzulieferer, Versandhändler oder der Pharmagroßhandel auf. Durch die Refinanzierung revolvierend veräußerter kurzfristiger Forderungen mittels langfristiger Wertpapiere wird über ABS ein Fristentransformationseffekt ermöglicht. Die hohe Komplexität dieser Konstruktionen und die Vielzahl beteiligter Dienstleister (Anwälte, Treuhänder, Ratingagenturen, Investmentbanken) macht den Einsatz von ABS aber in der Regel erst ab einem Volumen von 100 Mio. EUR wirtschaftlich sinnvoll.[199] Im Rahmen von Multi-Seller-Programmen werden von Banken aber auch bereits Forderungsvolumina ab jeweils 20 Mio. EUR von mehreren Unternehmen angekauft und zu einem Pool gebündelt, der dann in Form von ABS verbrieft werden kann.[200]

196 Vgl. hier und im Folgenden ausführlich Herbst, Gabriele (2005), S. 152ff.

197 Fischer, Leonhard (2001), S. 267.

198 Neben den langfristigen Asset Backed Securities (ABS) werden dazu auch kurzfristige Asset Backed Commercial Papers (ABCP) gezählt. Vgl. hier und im Folgenden ausführlich Fischer, Leonhard (2001), S. 267-277.

199 So ist z.B. eine Due Dilligence des Forderungspools für das Rating notwendig sowie die Sicherstellung der ordnungsgemäßen Übertragung der Aktiva auf die Zweckgesellschaft durch einen Treuhänder. Vgl. Fischer, Leonhard (2001), S. 270 sowie S. 276.

200 Vgl. Müller, Klaus-Peter (2004), S. 161.

In den letzten Jahren haben **Leasing** und **Factoring** in Deutschland ebenfalls an Bedeutung gewonnen.[201] Leasing und Factoring gelten dabei nicht als Instrumente der externen Kapitalbeschaffung, sondern dienen vielmehr der Finanzierungsvermeidung.[202] Im Falle des Leasings wird eine entgeltliche Nutzungsüberlassung vereinbart; beim Factoring werden i.d.R. Forderungen verkauft und somit Assets liquidiert. In beiden Fällen wird gegenüber der Alternative Kaufpreisfinanzierung bzw. Finanzierung des Forderungsvolumens eine liquiditätsfördernde Wirkung erzielt. Insofern können Factoring und Leasing als Kreditsubstitute verstanden werden.

Im Vergleich zur Verbriefung von Forderungen in Form von Asset Backed Securities bietet sich das *Factoring* auch bei kleineren Volumina an. Als Voraussetzungen für den Einsatz von Factoring gelten ein stabiler Fluss kurzfristiger Forderungen von einer gleich bleibenden, möglichst breit diversifizierten gewerblichen Kundenbasis und ein Mindestumsatz von rd. 2,5 Mio. EUR.[203] Neben der zeitnahen Liquiditätszufuhr, der Abwälzung des Ausfallrisikos der Forderungen auf den Factor (Delcredere-Funktion) besteht ein weiterer Vorteil insbesondere für kleine Unternehmen in der Möglichkeit, das Debitorenmanagement an die Factoringgesellschaft zu übertragen (Dienstleistungsfunktion).

Dennoch spielt das Factoring als Finanzierungsalternative eine untergeordnete Rolle in Deutschland. Dafür werden zum einen Kostengesichtspunkte verantwortlich gemacht, zum anderen aber auch negative Rückwirkungen bei Kunden des betreffenden Unternehmens. Die Factoringgebühr beträgt je nach Umfang der übernommenen Dienstleistungen und der Qualität der Forderungen zwischen 0,5% und 2,5% des Brutto-Umsatzes.[204] Da in Deutschland i.d.R. die Forderungsabtretung dem Schuldner offengelegt wird und dieser direkt an den Factor bezahlt, wird vielfach von Seiten der Kunden eine ablehnende Haltung befürchtet. Die fehlende Möglichkeit der flexiblen Konditionengestaltung durch die Abnehmer sowie die mögliche Unterstellung einer schlechten Bonität beim betreffenden Unternehmen schränken den Einsatz aus absatzpolitischen Erwägungen ein.[205] Weiterhin kommt Factoring nicht für Unternehmen mit nicht gewerblichen Kunden, d.h. mit privaten Endverbrauchern in Betracht (B2C). Obwohl sich grundsätzlich das Factoring auch für kleine Unternehmen eignet, so wird dieser Finanzierungsalternative insbesondere von dieser Gruppe von Unternehmen in Deutschland eine überraschend geringe Bedeutung zugemessen.[206]

---

201 Siehe Abbildung 13.
202 Zur Einordnung des Factorings unter den Finanzierung vgl. Hahn, Oswald (1993), S. 521.
203 Vgl. hier und im Folgenden Achleitner, Ann-Kristin und Fingerle, Christian H. (2004), S. 23f.
204 Vgl. hier und im Folgenden Factoring-Verband (2004), S. 2ff.
205 Vgl. Hahn, Oswald (1993), S. 526f.
206 Vgl. hier und im Folgenden KfW (2005b), S. 51ff.

Im Vergleich zum Factoring kommt dem *Leasing* eine weitaus höhere Bedeutung zu. Neben der nach wie vor hohen Bedeutung der Kreditfinanzierung für 'mittelständische' Unternehmen hat das Leasing als Alternative zum Bankkredit eine nahezu ebenso wichtige Stellung eingenommen, während die Bedeutung weiterer 'Innovationen' im Rahmen der externen Fremdkapitalfinanzierung wesentlich geringer eingeschätzt wird.[207]So werden 2005 bereits rund 20% aller Anlageinvestitionen in Deutschland über Leasing abgewickelt.[208] Rund die Hälfte der extern finanzierten Investitionen deutscher Unternehmen sind Leasing-Transaktionen.[209] Falls eine Bilanzierung des Leasinggegenstands beim Leasinggeber erfolgt, kann neben der liquiditätsschonenden Wirkung eine Verbesserung der Bilanzstruktur erzielt werden. Zwar werden z.B. durch Standard & Poor's als externer Ratingagentur die erläuterungspflichtigen Leasing-Verbindlichkeiten zur Bewertung wieder in die Bilanz rückgerechnet, jedoch bilden evtl. die internen Ratingsysteme der Banken die außerbilanziellen Verpflichtungen nicht differenziert genug ab. Damit können über Leasing finanzierte Investitionen eine positive Wirkung auf die Bonitätseinschätzung der Banken entfalten. Weitere Vorteile einer Leasing-Investition können in der Mitwirkung der Leasinggesellschaft bei der Beschaffung und in der Erzielung vor allem ertragssteuerlicher Vorteile durch die Abzugsfähigkeit der Leasing-Raten als Betriebsausgaben liegen.[210] Allerdings kommen für das Leasing i.d.R. nur Investitionen in wertbeständige Güter in Betracht, die eine geringe Spezifität, d.h. die Möglichkeit der Drittverwendung, aufweisen.[211]

Der Markt für **institutionelle Mezzanine-Kapital-Finanzierungen** hat europaweit in den letzten Jahren ein dynamisches Wachstum gezeigt.[212] Die vielfältigen Erscheinungs- und Ausgestaltungsformen erschweren die Erfassung genauer Volumina, weswegen für den deutschen Markt keine verlässlichen Schätzungen vorliegen.[213] Dennoch geht die *Initiative Europe* von einem Marktanteil von ca. 20-25% für Deutschland aus, was auf Basis des Jahres 2004 zu einem Volumen von Neuzusagen für Mezzanine-Kapital von rund 1,2-1,6 Mrd. EUR führen würde.[214] Im Vergleich zu den Volumina der bisher beschriebenen Finanzierungsformen deutet sich die bisher untergeordnete Bedeutung dieser Art der Finanzierung an. Dennoch wird Mezzanine-Kapital auf Grund der flexiblen Gestaltungsmöglichkeiten und der Stärkung des wirtschaftlichen Eigenkapitals durch Nachrangigkeitsvereinbarungen in der

---

207 Vgl. KfW (2005b), S. 54

208 Vgl. ifo, Institut für Wirtschaftsforschung an der Universität München (2005), S. 5.

209 Vgl. hier und im Folgenden Lohneiß, Hubert (2003), S. 555.

210 I.d.R. ermöglichen die zugrunde gelegten Leasing-Raten den Ausweis höherer Betriebsausgaben im Vergleich zum AfA-Ansatz bei Kauf des finanzierten Gutes Vgl. Büschgen, Hans E. (1993), S. 505f.

211 Vgl. Büschgen, Hans E. (1993), S. 498.

212 Siehe Abbildung 13.

213 Vgl. KfW (2005a), S. 4.

wissenschaftlichen Diskussion eine stark zunehmende Bedeutung zugesprochen.[215] Weitere Vorteile liegen darin, dass Finanzierungslücken ohne die Stellung von Sicherheiten und bei hohem Verschuldungsgrad geschlossen und auch kleinere Volumina ab 5 Mio. EUR dargestellt werden können, ohne weitere Teilhaber aufnehmen zu müssen.[216]

Allerdings spiegeln sich die positiven Markteinschätzungen nicht im selben Ausmaß bei Unternehmen wider, die institutionellen Mezzanine-Kapitalfinanzierungen eine weiterhin ungeordnete Rolle zumessen.[217] Einen Grund dafür könnten die Renditeerwartungen der institutionellen Investoren bieten, die je nach Ausgestaltung zwischen 10% und 20% p.a. liegen.[218] Deshalb kommen für diese Art der Finanzierung zum einen nur Unternehmen in Betracht, die den hohen Renditeansprüchen der Kapitalgeber genügen. Dazu müssen Unternehmen i.d.R. ein überdurchschnittliches Wachstumspotenzial in etablierten Märkten aufweisen, um die für den Kapitaldienst notwendigen nachhaltig stabilen hohen Cashflows zu erwirtschaften.

	Nachrangdarlehen	Typische stille Beteiligung	Atypische stille Beteiligung	Genussrecht	Wandel-/ Optionsanleihe
Art der Vergütung	• Fix, ggf. mit Abschlusszahlung	• Fix, plus erfolgsabhängige Vergütung	• Fix, plus erfolgsabhängige Vergütung	• Flexible Gestaltung	• lfd. Verzinsung und Wandlungs-rechte
Indikative Rendite-erwartung p.a.	• Ca. 10-15%	• Ca. 12-18%	• Ca. 12-18%	• Ca. 10-20%	• Ca. 10-16%, bei Wandlung ca. 20-30%
Informations-/ Zustimmungs-rechte der Kapitalgeber	• Gläubigerstellung	• Vertragliche Zustimmungs-, Informations-, Kontrollrechte	• Mitunternehmer-stellung; vertragliche Zustimmungs-, Informations-, Kontrollrechte	• Gläubigerstellung	• Gläubigerstellung, nach Wandlung Gesellschafter-stellung
Haftung im Insolvenzfall	• Nein, aber Rangrücktritt	• Nein, aber Rangrücktritt	• Ja	• Gestaltungs-abhängig	• Nein, aber ggf. Rangrücktritt
Wirtschaftliches Eigenkapital	• Ja	• Ja	• Ja	• Ja	• Bei Rangrücktritt, ansonsten nach Wandlung

Abbildung 14: Charakteristika ausgewählter institutioneller Mezzanine-Instrumente[219]

Weiterhin werden erhöhte Transparenzanforderungen an Unternehmen gestellt, die insbesondere im Hinblick auf traditionelle kleine und mittlere Familienunternehmen eine neue Informationskultur einfordern. Analog zum Beteiligungsgeschäft wird von den Unternehmen eine konsistente Equity-Story erwartet, die u.a. eine klar formulierte Vision und

214 Zitiert nach Ehringer, Gerhard (2005), S. 10.
215 Vgl. z.B. Nelles, Michael und Klusemann, Markus (2003), S. 9f. sowie KfW (2005a), S. 4.
216 Vgl. Golz, Ralph T. und Hoffelner, Matthias (2003), S. 144f sowie Golland, Frank und Hans, Tobias (2003), S. 571f.
217 Vgl. KfW (2005b), S. 51.
218 Siehe hierzu sowie zu weiteren Charakteristika institutioneller Mezzanine-Instrumente Abbildung 14.
219 Eigene Darstellung in Anlehnung an Golz, Ralph T. und Hoffelner, Matthias (2003), S. 143.

Wachstumsstrategie aufzeigt, in integrierten Businessplänen dokumentiert ist und einer Due Dilligence des Investors standhält.[220] Darüber hinaus werden i.d.R. weitreichende Informations- und Kontrollrechte vereinbart, welche die Einhaltung der Covenants sicherstellen sollen.[221] Damit wird zwar durch Mezzanine-Kapital eine Verwässerung der Eigentums- und Machtverhältnisse verhindert; eine – wenn auch kontrollierte – Beteiligung des Investors an der Geschäftsführung ist aber unabdingbar.

Zusammenfassend kann festgehalten werden, dass Innovationen im Rahmen der externen Fremdkapitalfinanzierung größere Verbreitung im Zuge des Wandels der Finanzierungsmärkte gefunden haben. Obgleich durch eine Erhöhung von Marktbreite/-tiefe erweiterte Möglichkeiten der Finanzierung zu tendenziell sinkenden Transaktionskosten verfügbar sind, unterliegen diese dennoch weiterhin – wenn auch geringeren – Restriktionen hinsichtlich Größe, Geschäftsmodell und Bonität.[222] Durchgängig werden erhöhte Anforderungen an die Transparenz der Unternehmen gestellt, die teilweise bei kleinen und mittleren vielfach eigentümergeführten Familienunternehmen auf Ablehnung stoßen. Doch gerade für diese Unternehmen ist der Druck zur Diversifizierung der Unternehmensfinanzierung auf Grund gewachsener Abhängigkeiten von den Banken am höchsten.

Bereits im Januar 2000 verlautbarte dazu die *Deutsche Bundesbank*: "Bei immer niedrigeren 'technischen' Hürden könnte gegenüber den objektiven Kosten einer Kapitalmarktinanspruchnahme künftig mehr und mehr die subjektive Bereitschaft des Managements zur Offenlegung von Informationen zu einer Schlüsselgröße für die Kapitalmarktfähigkeit von Unternehmen werden."[223] Wie *Golland/Hans* feststellen, ist der "[...] Wille zu mehr Transparenz in der Unternehmensführung [...] (sowie die, Anm. des Verf.) [...] Öffnung des Mittelstands für Eigenkapitalinvestoren bzw. Mezzanine-Kapitalgeber [...] Voraussetzung für die erfolgreiche Vermarktung der Unternehmen am Kapitalmarkt und den Zugang zu Finanzmitteln."[224]

So ist im weiteren Verlauf der Arbeit kritisch zu beleuchten, ob Informal Private Debt nicht nur aus Kostengründen, sondern vor allem auf Grund der vergleichsweise geringen Transparenzanforderungen und des Ausschlusses von Ein- und Mitwirkungsrechten zur Deckung unbefriedigter Bedürfnisse insbesondere bei KMU oder auch größeren eigentümer-

220 Vgl. hier und im Folgenden Nelles, Michael und Klusemann, Markus (2003), S. 9f.
221 Vgl. Broda, Bjoern M. (2003), S. 470.
222 Vgl. dazu beispielhaft Achleitner, Ann-Kristin (2004), S. 24.
223 Bundesbank (2000), S. 47.
224 Golland, Frank und Hans, Tobias (2003), S. 573.

oder familiengeführten Unternehmen zur Diversifizierung der Unternehmensfinanzierung beitragen kann.

3 Überblick über bisherige Informal-Private-Debt-Transaktionen

Ziel dieses Kapitels ist eine möglichst vollständige Darstellung des 'Marktes' für Informal Private Debt. Allerdings zeichnet sich bereits bei der Datenerhebung die Schwierigkeit eines solchen Vorhabens ab, da die erforderlichen Informationen nicht gesamthaft abrufbar sind, sondern für den jeweiligen Einzelfall angefragt werden müssen. Nicht zuletzt deshalb besitzt diese Untersuchung einen gewissen Pioniercharakter. Um eine angemessene Interpretation der Untersuchungsergebnisse zu ermöglichen, wird zunächst die Vorgehensweise der Untersuchung dargelegt (Abschnitt 3.1). Den Mittelpunkt dieses Kapitels bildet die Darstellung der empirischen Ergebnisse, die übersichtlich anhand von Schaubildern gezeigt und erläutert werden (Abschnitt 3.2). Darin wird nicht nur auf die Ausgestaltungsmerkmale der emittierten Finanzierungstitel eingegangen, sondern auch auf die Art und Herkunft der Emittenten. Des Weiteren wird durch die Betrachtung der in Anspruch genommenen Fremdleistungen im Verlauf des Investmentprozesses geprüft, inwieweit auf die Einschaltung Dritter bei der Durchführung der Transaktionen tatsächlich verzichtet wurde. Nicht zuletzt werden dabei auch die Emissionskosten beleuchtet. In Abschnitt 3.3 werden die Ergebnisse der empirischen Untersuchung in einem Zwischenfazit interpretiert, um daraus Motive, Chancen und Risiken aus der Emittenten- und Anlegerperspektive abzuleiten. Insofern stellt dieses Kapitel eine unabdingbare Grundlage für die weitere problemfokussierte theoretische Analyse von Informal Private Debt dar.

3.1 Methodische Vorbemerkungen zur empirischen Untersuchung

Die empirische Untersuchung der IPD-Emissionen beschränkt sich auf Grund der bereits dargestellten spezifischen – und im Wandel befindlichen – Rahmenbedingungen in lokaler Hinsicht auf Deutschland.[225] Hinsichtlich der Emittenten ist die Untersuchung auf Unternehmen außerhalb des Bankensektors mit Sitz in Deutschland beschränkt.

Im Rahmen der Datenerhebung wurde zunächst versucht, über relevante Interessenvertretungen wie Verbraucherschutz- bzw. Anlegerschutzverbände und ähnliche Organisationen alle bisherigen Emittenten von Informal Private Debt zu ermitteln. Dieser Versuch scheiterte am Unwillen und/oder am Unvermögen, die Anfragen zu beantworten (z.B. Deutsches Institut für Anlegerschutz e.V., Verbraucherzentrale Bundesverband e.V.). Da Informal-Private-Debt-Emissionen grundsätzlich prospekt-, hinterlegungs- und genehmigungspflichtig sind, wurde die BaFin als Hinterlegungsstelle kontaktiert. Aber auch die BaFin stellt die hinterlegten Verkaufsprospekte dieser Emissionen nicht zur Verfügung,

[225] Siehe Abschnitt 2.2.

veröffentlicht aber online im Internet Namen und Adresse von Unternehmen, die Wertpapier- oder Vermögensanlagen-Verkaufsprospekte hinterlegt haben.[226] Außerdem werden die Art der Finanzierungstitel, das Datum des Prospekts, der Veröffentlichung, des öffentlichen Angebots sowie ggf. die Wertpapierkennnummer gezeigt. Für Wertpapier-Verkaufsprospekte (verbriefte Emissionen) sind diese Daten seit dem 1.7.2000 verfügbar; für Vermögensanlagen-Verkaufsprospekte sind diese Daten erst seit Ausdehnung der Prospektpflicht auf nicht verbriefte Emissionen zum 1.7.2005 verfügbar. Diese Datenbanken wurden im März 2006 ausgewertet und bilden den Ausgangspunkt der empirischen Untersuchung. Daraus ergibt sich die Begrenzung des Untersuchungszeitraumes auf Emissionen, die zwischen dem 1.7.2000 und dem 28.02.2006 erstmals öffentlich angeboten wurden. Da die BaFin keine Gewähr für die Vollständigkeit und Richtigkeit der Angaben übernimmt, wurden drei Emissionen ergänzt, die im Untersuchungszeitraum in den Medien Erwähnung fanden, aber nicht in der Datenbank enthalten sind.

Nach Vorselektion der Emissionen anhand der Art der Finanzierungstitel, der Abfrage einer eventuellen Börsennotierung und einer eventuellen Zulassung der Emittenten als Bank bzw. Kapitalanlagegesellschaft wurden zunächst 319 Emissionen in die Untersuchung einbezogen. Nach sorgfältiger Recherche der Kontaktdaten wurden die Verkaufsprospekte per E-Mail bzw. telefonisch direkt von den jeweiligen Emittenten angefragt oder von deren Homepage heruntergeladen. Nach detaillierter Prüfung wurden von den 319 vorselektierten Emissionen 41 weitere Emissionen von der Untersuchung ausgeschlossen, da diese im Sinne der Abgrenzung des Untersuchungsgegenstands keine Informal-Private-Debt-Emissionen darstellen.[227] Ausgeschlossen wurden dabei Emissionen, deren Emissionsvolumen 100.000 EUR nicht übersteigt (Kleinstemissionen), für die ein Antrag auf Zulassung zum Handel an einem organisierten Markt beantragt wurde oder die ausschließlich durch Dritte vertrieben worden sind.

Von den insgesamt 278 Informal-Private-Debt-Emissionen, deren Verkaufsprospekte bei der BaFin hinterlegt wurden, konnten die Verkaufsprospekte von 132 Emissionen ausgewertet werden. Dies entspricht einer Auswertungsquote von 47%. Die Verkaufsprospekte der übrigen 146 Emissionen konnten aus unterschiedlichen Gründen nicht ausgewertet werden. Bei 49 Emissionen konnte der jeweilige Emittent weder telefonisch noch elektronisch erreicht werden; bei 42 wurde die Anfrage abgelehnt. Bei weiteren 27 Emissionen (18%) hat der jeweilige Emittent bekanntermaßen zwischenzeitlich Insolvenz beantragt und konnte nicht erreicht werden. 23 Emissionen wurden nach Angabe des Emittenten vorzeitig eingestellt; davon 16 Emissionen auf Grund mangelnden Platzierungserfolg und sieben wegen der

---

226 Vgl. BaFin (2005).

227 Zur Definition/Abgrenzung von Informal Private Debt siehe Abschnitt 2.1.

Verschärfung der rechtlichen Anforderungen an die Verkaufsprospekte zum 1.7.2005. Die Anfrage nach den jeweiligen Verkaufsprospekten wurde in diesen Fällen ebenfalls abgelehnt. Bei fünf Emissionen wurde der Emittent bereits im Vorfeld oder erst nach dem öffentlichen Angebot von der BaFin aufgefordert, die Emission rückabzuwickeln (Unterlassungsverfügung). Von den 146 nicht auswertbaren Emissionen sind bei 81 Emissionen die Emittenten dem finanziellen Nichtbankensektor zuzurechnen, der nicht im Fokus dieser Untersuchung steht.[228] Bei insgesamt 23 der nicht auswertbaren Emissionen laufen staatsanwaltschaftliche Ermittlungen bei den Emittenten wegen des Verdachts auf Anlegerbetrug.[229]

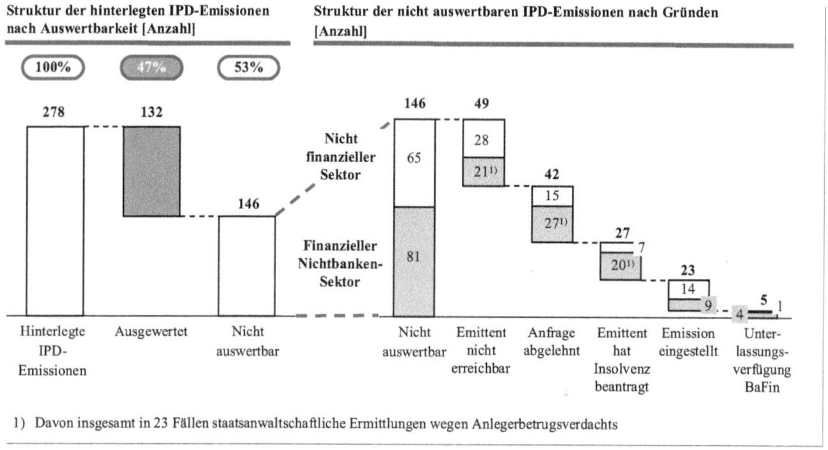

Abbildung 15: Überblick über die Auswertbarkeit der hinterlegten Verkaufsprospekte von Informal-Private-Debt-Emissionen[230]

Unter den ausgewerteten 132 Emissionen befinden sich im Vergleich zu den nicht ausgewerteten lediglich vier Emissionen, deren Emittenten bis zur Auswertung der Verkaufsprospekte im August 2006 einen Insolvenzantrag gestellt haben (3%). In Anbetracht dessen und der obigen Ausführungen muss bei der Interpretation der im Folgenden dargestellten Ergebnisse berücksichtigt werden, dass bereits durch die Art der Datenerhebung von einer gewissen Positivauslese hinsichtlich der Bonität der Emittenten auszugehen ist.

Aus den Verkaufsprospekten wurden umfangreiche Daten erhoben, welche dem Verfasser geeignet erscheinen, neben Anzahl und Volumen die Art der Emittenten, die Ausgestaltung

228 Zur Auswertbarkeit der hinterlegten Verkaufsprospekte siehe Abbildung 15.
229 Vgl. DIAS (2005), S. 6-7 sowie o.V. (2006g).
230 Eigene Darstellung.

der Emissionen sowie die Inanspruchnahme von Fremdleistungen bei der Emission zu beschreiben. Die Auswahl der erhobenen Daten wurde außerdem durch die Verfügbarkeit innerhalb der Verkaufsprospekte begrenzt. Die aus den Verkaufsprospekten stammenden Daten wurden ggf. durch Informationen ergänzt, die bei der individuellen Anfrage der Prospekte bei den Emittenten preisgegeben wurden. Die erhobenen Daten wurden teilweise standardisiert und zusammengefasst, um eine übersichtliche und strukturierte Darstellung der Ergebnisse zu ermöglichen.[231]

Allgemeine Daten zu Emissionen

- Datum des Prospekts
- Datum der Veröffentlichung
- Datum des öffentlichen Angebots
- Wertpapierkennnummer (soweit vorhanden)
- Art des Finanzierungstitels
- Höhe des Emissionsvolumens
- Emissionszweck
- Investorenkreis

Daten zur Art der Emittenten

- Name und Kontaktdaten des Emittenten
- Geschäftsgegenstand des Unternehmens
- Branche (abgeleitet aus dem primären Geschäftszweck)
- Alter des Unternehmens zum Zeitpunkt der Emission
- Jahresüberschuss/EK-Quote im letzten angegebenen Geschäftsjahr

Daten zur Ausgestaltung der Emissionen

- Art der Standardisierung/Verbriefung
- Stückelung
- Mindestzeichnungsbetrag
- Zeichnungsfrist
- Laufzeit/Mindestlaufzeit
- Kündigungsmöglichkeit des Gläubigers
- Kündigungsmöglichkeit des Emittenten
- Art und Höhe der Vergütungsansprüche
- Zahlungsfrequenz der Vergütungsansprüche
- Agio/Bearbeitungsgebühren
- Disagios/Rabatte
- Verlustteilnahme
- Nachrangigkeitsvereinbarung
- Art der Besicherung
- Veräußerbarkeit
- Anteil am Liquidationserlös
- Informationspolitik und Kontrollrechte

Inanspruchnahme von Fremdleistungen

- Einschaltung von Beratern
- Einschaltung von Fremdvertrieben (zusätzlich zum Direktvertrieb)
- Übernahme der Zahlstellenfunktion
- Höhe der Emissionskosten

Abbildung 16: Überblick über erhobene Daten im Rahmen des 'Markt'-Überblicks nach Clustern[232]

3.2 Ergebnisse der empirischen Untersuchung

Während zunächst eine Gesamtsicht auf den 'Markt' gezeigt wird (Abschnitt 3.2.1), folgt mit der Beschreibung der Ausgestaltungsmerkmale der Emissionen ein Blick auf die einzelnen 'Markt'-Segmente (Abschnitt 3.2.2). Darauf aufbauend folgt ein Blick auf Art und Herkunft der Emittenten und stellt diese in ihrer Bedeutung für die identifizierten Segmente dar (Abschnitt 3.2.3). Mit der Darstellung der in Anspruch genommenen Fremdleistungen im Zuge der Transaktionen und einer Analyse der Emissionskosten wird der 'Markt'-Überblick abgerundet (Abschnitt 3.2.4).

231 Zur Übersicht der erhobenen Daten nach Clustern siehe Abbildung 16.
232 Eigene Darstellung.

3.2.1 'Markt'-Größe und -Entwicklung

Insgesamt konnten 132 Emissionen mit einem kumulierten nominalen Emissionsvolumen von rund 1,8 Mrd. EUR erfasst werden. Hinsichtlich Anzahl und Volumen der Informal-Private-Debt-Emissionen geben diese Angaben einen Anhaltspunkt über die Mindestgröße des 'Marktes'. Da aber aus den Verkaufsprospekten lediglich das nominale, nicht aber das tatsächlich durch Investoren gezeichnete Volumen ersichtlich ist, kann dies nicht als tatsächliches Marktvolumen verstanden werden. Vielmehr dienen diese Angaben zur Darstellung einer Mindestgröße der Angebotsseite. Die Emissionen wurden im Zeitablauf nach dem Jahr des Öffentlichen Angebots eingeordnet. Während in den Jahren 2000 und 2001 jeweils lediglich zwei Emissionen erfasst wurden, wird seit 2003 ein starker Anstieg der Emissionstätigkeit verzeichnet. Im Jahr 2005 wurden insgesamt 53 Emissionen mit einem nominalen Emissionsvolumen von rund 1,1 Mrd. erfasst.[233]

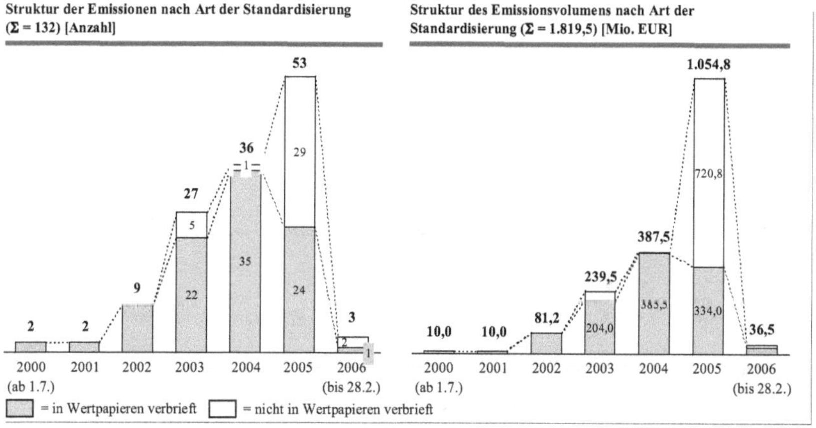

Abbildung 17: 'Markt'-Entwicklung von Informal-Private-Debt-Emissionen[234]

Der Anstieg der Emissionstätigkeit kann einerseits auf eine steigende Bekanntheit von und ein größeres Interesse an Informal Private Debt von Seiten der Unternehmen zurückgeführt werden, andererseits müssen hierbei auch Verzerrungen aus der Datenerhebung selbst berücksichtigt werden. So könnte zum einen die Verfügbarkeit der Verkaufsprospekte insgesamt im Zeitablauf abgenommen haben.

Eine weitere Einschränkung hinsichtlich der dargestellten Anzahl von Emissionen ergibt sich zwangsläufig im Hinblick auf die Berücksichtigung nicht verbriefter Emissionen, da

233 Siehe Abbildung 17.

234 Eigene Darstellung.

Erstellung und Hinterlegung der Verkaufsprospekte für diese Art der Emissionen erst zum 1.7.2005 verpflichtend wurde. Dies zeigt sich an der Struktur der erfassten Emissionen nach Art der Standardisierung deutlich. Da aber auch im Hinblick auf die in Wertpapieren verbrieften Emissionen ein Anstieg von jeweils zwei Emissionen in den Jahren 2000 und 2001 auf 35 Emissionen im Jahr 2004 zu beobachten ist, kann insgesamt von einem steigenden Interesse an der Emission von Informal Private Debt während der letzten Jahre ausgegangen werden. Die Anzahl verbriefter Emissionen reduzierte sich zwar von 2004 auf 2005 um nahezu ein Drittel, während das nominale Emissionsvolumen dagegen lediglich um rund 14% zurückging.

Im Hinblick auf die Höhe des nominalen Emissionsvolumens zeigt sich, dass diese im Vergleich bspw. zu börsennotierten Unternehmensanleihen weitaus geringer ist.[235]

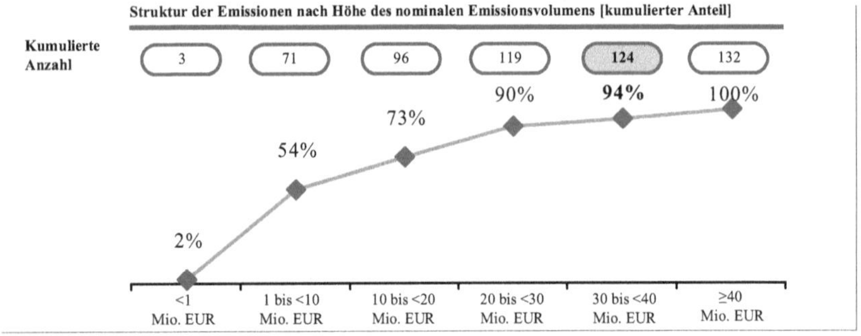

Abbildung 18: 'Markt'-Struktur nach Höhe des nominalen Emissionsvolumens[236]

Die Bandbreite der Emissionsvolumina liegt zwischen 0,2 und 200 Mio. EUR. Allerdings sind nach Angabe des Emittenten der mit 200 Mio. EUR größten Emission bisher nur rund 16 Mio. EUR beim Anlegerpublikum platziert.[237] So liegt das Emissionsvolumen bei mehr als der Hälfte der Emissionen unter 10 Mio. EUR. Mit einem Emissionsvolumen von fünf Mio. EUR werden 23 und somit die meisten der erfassten Emissionen begeben. Nur acht der 132 Emissionen zeigen ein Volumen von mindestens 40 Mio. EUR. Damit werden rund 94% aller erfassten Emissionen mit einem Volumen von weniger als 40 Mio. EUR begeben.

Von Seiten der Emittenten wird der Investorenkreis in den meisten Fällen nicht begrenzt. So wird die Zeichnung bei 98 Emissionen natürlichen und juristischen Personen angeboten, die deutschem Recht unterliegen. Bei weiteren 31 Emissionen werden keine Angaben zu einer etwaigen Begrenzung des Investorenkreises gemacht. Lediglich bei drei Emissionen ist die

[235] Siehe Abbildung 18.
[236] Eigene Darstellung.

Zeichnung Kunden bzw. einzelnen Kundengruppen vorbehalten. Die kleinvolumige Stückelung bzw. die geringen Mindestzeichnungsbeträge deuten aber bereits auf private Anleger als Investoren-Zielgruppe hin (siehe Abbildung 19).

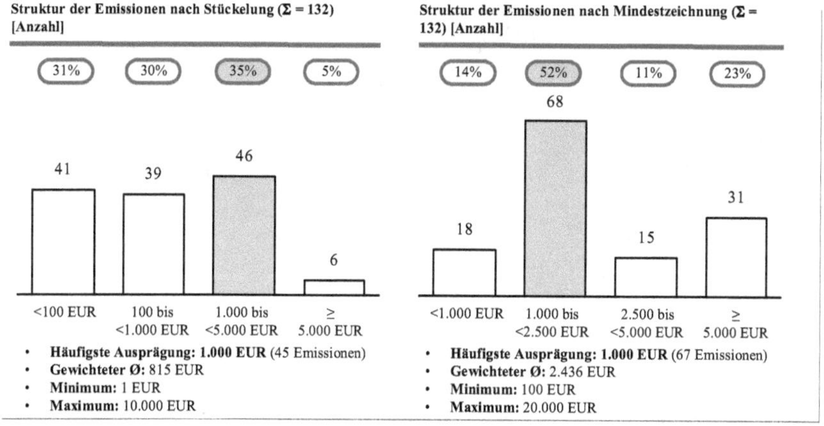

Abbildung 19: 'Markt'-Struktur nach Stückelung und Höhe der Mindestzeichnungsbeträge[238]

Hinsichtlich der Art der Standardisierung kann der 'Markt' in verbriefte und nicht verbriefte Emissionen aufgeteilt werden.[239] Insgesamt sind 95 der erfassten Emissionen (72%) in Wertpapieren verbrieft; 37 Emissionen (28%) sind nicht in Wertpapieren verbrieft. Alle erfassten Emissionen sind aber durch Bedingungen, die für alle Investoren gleichermaßen gelten, standardisiert und unterscheiden sich damit von herkömmlichen Individualfinanzierungen, die bilateral zwischen Unternehmen und Investor ausgehandelt werden. Während für die verbrieften Emissionen zusätzlich zu rund 50% effektive Einzel- bzw. Sammelurkunden und zu 50% Globalurkunden ausgestellt werden, werden 35 der 37 nicht verbrieften Emissionen (95%) im Genussrechtsregister der Gesellschaft geführt. Bezüglich der Art der Finanzierungstitel kann eine weitere Unterscheidung getroffen werden. Die 95 verbrieften Emissionen lassen sich in Inhaber-/Orderschuldverschreibungen (65 Emissionen) und Inhabergenussscheine (30 Emissionen) unterteilen. Die 37 nicht verbrieften Emissionen unterteilen sich in (vinkulierte) Namens- und Inhabergenussrechte.

237 Eigene Berechnungen auf Basis der Angaben auf der Homepage des Emittenten. Vgl. Prokon (2006).
238 Eigene Darstellung.
239 Siehe Abbildung 20.

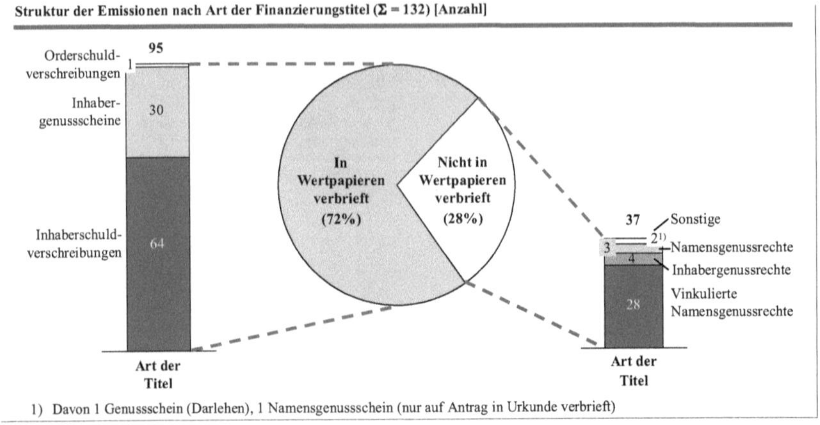

Abbildung 20: 'Markt'-Struktur nach Art der Finanzierungstitel[240]

3.2.2 Ausgestaltung der Emissionen

In diesem Abschnitt wird das gesamte Spektrum der Ausgestaltungsmerkmale übersichtlich dargestellt. Zu diesem Zweck werden die zentralen Unterscheidungsmerkmale Art/Frequenz der Vergütungsansprüche, Befristung/Veräußerbarkeit sowie Besicherung/Rang des Kapitals dargestellt. Darüber hinaus wird die Höhe der Vergütungsansprüche, soweit möglich, dargestellt. Zuletzt werden zugesicherte Kontrollrechte bzw. die Informationspolitik der Emittenten erläutert. Zur besseren Übersicht wird zunächst auf die Ausgestaltung von Inhaber- und Orderschuldverschreibungen eingegangen, da sich diese in den meisten Fällen fundamental von der Ausgestaltung der verbrieften und unverbrieften Genussrechte unterscheiden.

[240] Eigene Darstellung.

Schuldverschreibungen

Alle 65 erfassten Emissionen von Schuldverschreibungen verbriefen einen festen Zins- und Rückzahlungsanspruch.[241]

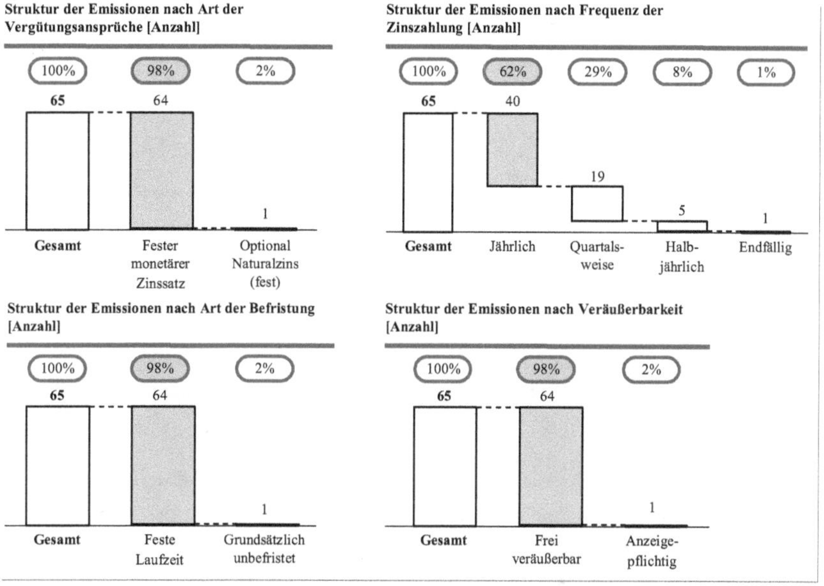

Abbildung 21: Inhaber-/Orderschuldverschreibungen nach Art/Zahlungsfrequenz der Vergütungsansprüche, Art der Befristung und Veräußerbarkeit[242]

Dabei ist zu erwähnen, dass bei einer Emission ein jährliches Wahlrecht zwischen der Zinszahlung in Geld oder in Produkten des Unternehmens gewährt wird.[243] Die Zinszahlung erfolgt bei der Mehrzahl der Emissionen jährlich; eine unterjährige Zinszahlung ist bei insgesamt 24 Emissionen (37%) vorgesehen. Nur bei einer Emission werden die Zinsen endfällig bezahlt. Mit 64 der 65 erfassten Emissionen von Schuldverschreibungen (98%) ist die Rückzahlung des Kapitals nach einer festen Laufzeit vorgesehen. Nur bei einer Emission ist die Laufzeit unbestimmt, aber kündbar nach einer Mindestlaufzeit zwischen zwei und maximal fünf Jahren. Die erfassten Schuldverschreibungsemissionen sind durchgängig jederzeit und ohne Zustimmung des Emittenten veräußerbar. Lediglich bei einer Emission ist

241 Siehe Abbildung 21.

242 Eigene Darstellung.

243 Bei Inanspruchnahme dieser Naturalzinsoption erhöht sich der Zinssatz und wird dem Kundenkonto gutgeschrieben, von dem aus zum Listenpreis Produkte des Unternehmens bezogen werden können. Bei dieser Emission ist auch der Investorenkreis auf Kunden (mit eigenem Kundenkonto) beschränkt.

die Übertragung beim Emittenten anzuzeigen. Bei Inhaberschuldverschreibungen kommt die Übertragung mittels Einigung und Übergabe zustande, bei Orderschuldverschreibungen bedarf es für die Übertragung zusätzlich eines Indossaments. Da alle Informal-Private-Debt-Emissionen nicht zum Handel an einem organisierten Markt zugelassen sind, ist aber die Handelbarkeit der Finanzierungstitel faktisch durch fehlende institutionalisierte Treffpunkte zwischen potenziellen Käufern und Verkäufern stark eingeschränkt.

Das Spektrum der Laufzeiten erstreckt sich von einem Jahr bis zu 30 Jahren.[244] Mehrheitlich liegen die Laufzeiten aber im mittelfristigen Bereich bis zu fünf Jahren.

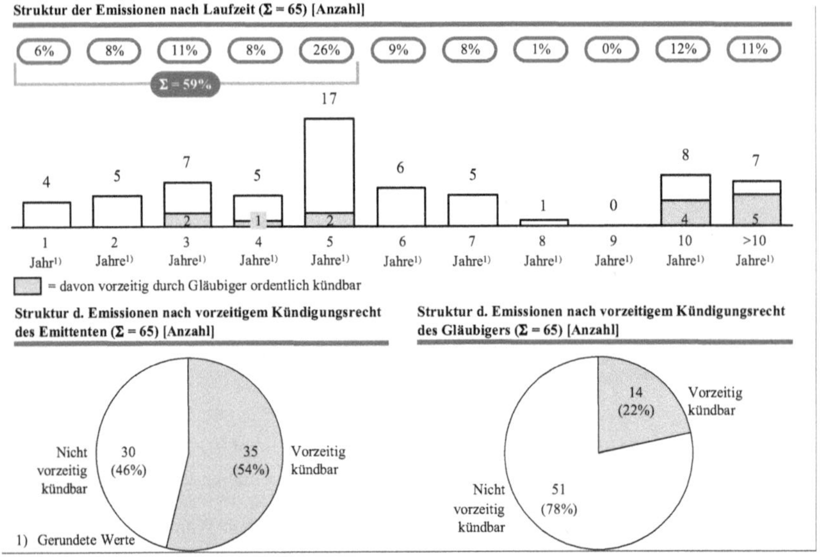

Abbildung 22: Inhaber-/Orderschuldverschreibungen nach Laufzeit und ordentlichem Kündigungsrecht[245]

Lediglich sieben Emissionen sind mit einer Laufzeit von über 10 Jahren ausgestattet. Von den insgesamt 15 Schuldverschreibungen mit einer Laufzeit von mindestens 10 Jahren sind neun (60%) aber nach einer Mindestlaufzeit zwischen einem und fünf Jahren vorzeitig durch die Gläubiger kündbar. Während bei langfristigen Schuldverschreibungen ab 10 Jahren Laufzeit den Gläubigern üblicherweise ein ordentliches Kündigungsrecht eingeräumt wird, besteht diese Möglichkeit bei den übrigen 50 Emissionen nur in fünf Fällen (10%). Hingegen behalten sich die Emittenten die Möglichkeit einer vorzeitigen Rückzahlung in insgesamt mehr als der

244 Siehe Abbildung 22.
245 Eigene Darstellung.

Hälfte der Emissionen vor. Das ordentliche Kündigungsrecht des Emittenten ist dabei bei nur vier Emissionen an eine Mindestlaufzeit von mehr als einem Jahr gebunden.

Mit 60 von 65 Emissionen werden die Schuldverschreibungen in 92% der Fälle nicht besichert.[246]

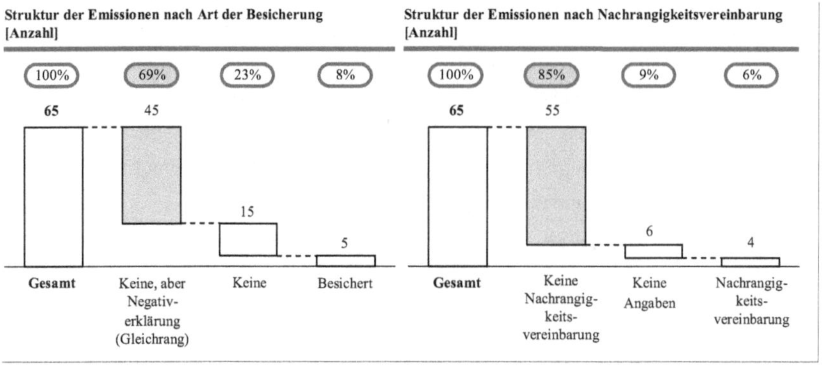

Abbildung 23: Inhaber-/Orderschuldverschreibungen nach Art der Besicherung, Nachrangigkeitsvereinbarung[247]

Bei den übrigen fünf Emissionen werden in zwei Fällen Grundschulden im zweiten Rang eingetragen, in zwei Fällen erstrangige Grundschulden ab einem Anlagebetrag von mindestens 25.000 EUR angeboten; in einem weiteren Fall wird die Emission durch eine Patronatserklärung der Muttergesellschaft des Emittenten besichert. Während insbesondere eine dingliche Besicherung des Kapitals unüblich erscheint, werden in 45 der 65 Emissionen (rund 70%) Negativerklärungen in den Schuldverschreibungsbedingungen fixiert. Nur bei vier Emissionen wird explizit eine Nachrangigkeitsvereinbarung getroffen; d.h., die Forderungen aus der Schuldverschreibung treten im Rang hinter andere nicht dinglich besicherte Forderungen zurück und werden im Insolvenzfall nachrangig bedient. Durch die Negativ-erklärungen wird grundsätzlich gleichrangigen Gläubigern dieser Rang auch im Verhältnis zu zukünftigen Verbindlichkeiten des Emittenten zugesichert. Die zugesicherte Gleichstellung geht aber sowohl im Hinblick auf die Art der Verbindlichkeiten als auch auf die Gläubigergruppen unterschiedlich weit. So wird in 27 Emissionen die Gleichrangigkeit ggü. zukünftigen Kapitalmarkt-Verbindlichkeiten zugesichert. Weitere acht Negativerklärungen sichern Gleichrangigkeit ggü. allen nicht besicherten zukünftigen Verbindlichkeiten zu; weitere sieben dehnen die Zusicherung auf die Gleichrangigkeit ggü. allen zukünftigen

[246] Siehe Abbildung 23.
[247] Eigene Darstellung.

Verbindlichkeiten aus. In drei Emissionen wird den Gläubigern Gleichstellung hinsichtlich der Bedingungen zukünftig begebener Schuldverschreibungen zugesichert.

Betrachtet man die Ausstattungsmerkmale der erfassten Schuldverschreibungen, lässt sich bisher folgendes Muster erkennen. Mehrheitlich werden Schuldverschreibungen mit einem festen Zins- und Rückzahlungsanspruch und einer bestimmten Laufzeit von bis zu 10 Jahren begeben, wobei ein vorzeitiges Kündigungsrecht des Gläubigers meist ausgeschlossen wird. Gleichrangigkeit und fehlende Besicherung sind ebenfalls charakteristisch. Außerdem werden 85% bzw. 55 der erfassten Schuldverschreibungsemissionen zu pari emittiert. Bei den sieben Emissionen, bei denen ein Agio bzw. eine Bearbeitungsgebühr erhoben wird, liegt dieses bei maximal 5% des Nennwerts bzw. bei einem Fixbetrag von 50 EUR. Bei drei Emissionen wird bei der Platzierung ein Disagio gewährt (siehe Abbildung 24).

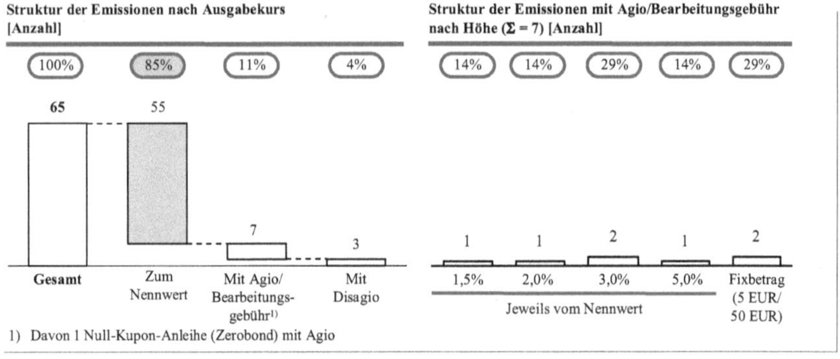

Abbildung 24: Inhaber-/Orderschuldverschreibungen nach Ausgabekurs und Höhe des Agios/der Bearbeitungsgebühr[248]

Schuldverschreibungen mit den o.a. mehrheitlich vorkommenden Merkmalen lassen sich zu einer als 'typisch' zu bezeichnenden Schuldverschreibung zusammenfassen. 60% der erfassten Schuldverschreibungen entsprechen diesen Kriterien der 'typischen' Ausstattung in allen betrachteten Merkmalen. Für diese 'typischen' Schuldverschreibungen liegt die Bandbreite der angebotenen Zinssätze, die hinsichtlich ihrer Ausstattung vergleichbar sind, zwischen rund 5% und 8% p.a. (siehe Abbildung 25).

248 Eigene Darstellung.

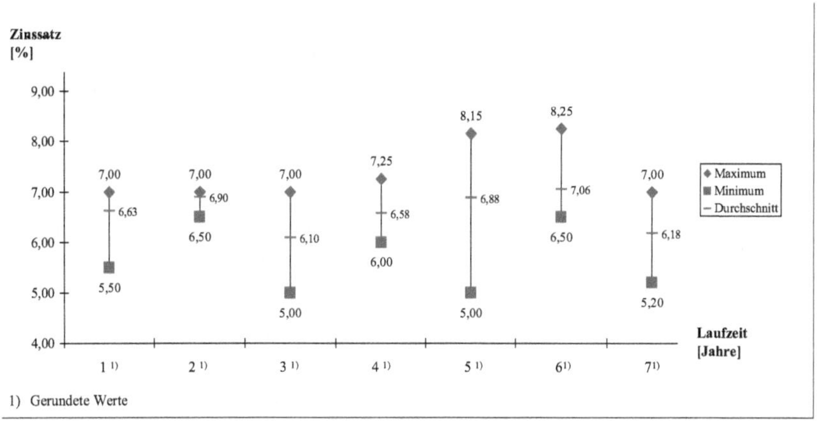

Abbildung 25: Zinssätze 'typischer' erfasster Inhaber-/Orderschuldverschreibungen in Abhängigkeit von der Laufzeit[249]

Die Informationspolitik kann bei den Schuldverschreibungsemissionen als insgesamt zurückhaltend charakterisiert werden. Über den Verkaufsprospekt hinaus werden den Anlegern bei 44 Emissionen (68%) keine oder nur allgemeine Informationen zugesichert. Davon werden bei 39 Emissionen im Verkaufsprospekt keine Angaben über Informationsrechte gemacht; bei weiteren drei Emissionen werden über den Verkaufsprospekt hinausgehende Informations- oder Kontrollrechte explizit ausgeschlossen; bei zwei Emissionen wird lediglich die jährliche Bereitstellung allgemeiner Informationen erwähnt.

Bei 21 Emissionen (32%) werden während der Laufzeit jährlich bilanzielle Informationen (Jahresabschlüsse) zugesichert. Bei 16 Emissionen (24%) werden unterjährige bilanzielle Daten in Form von Quartals- oder Halbjahresberichten bereitgestellt. Die Bereitstellung der bilanziellen Daten erfolgt zumeist elektronisch über das Internet; bei einer Emission wird der Versand des Geschäftsberichts an die Anleger in Aussicht gestellt. Bei vier Emissionen erfolgt zusätzlich eine Auszahlungs- und Mittelverwendungskontrolle nach festgelegten Investitionskriterien durch einen Wirtschaftsprüfer.

249 Eigene Darstellung.

Genussrechte

Im Vergleich zu Schuldverschreibungen ist das Spektrum der Ausstattungsmerkmale der verbrieften und unverbrieften Genussrechte breiter und in seiner Zusammensetzung vielfältiger. Bereits mit Blick auf die Art der Vergütungsansprüche wird die Vielfalt in der Ausgestaltung der Genussrechte deutlich.[250]

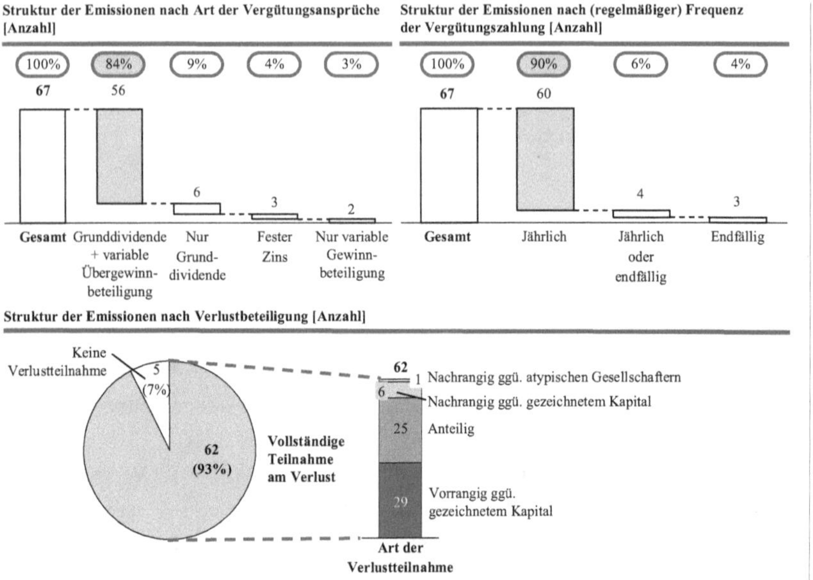

Abbildung 26: Genussrechtsemissionen nach Art/Frequenz der Vergütungsansprüche und nach Verlustbeteiligung[251]

Bei drei Genussrechtsemissionen (4%) werden feste Zinsansprüche gewährt. Die anderen 64 der 67 erfassten Emissionen (96%) gewähren Gewinnrechte als Vergütung für die Überlassung des Kapitals. Allerdings ist die Art der Gewinnrechte vielfältig ausgestaltet. Während bei zwei Emissionen ausschließlich eine variable Gewinnbeteiligung und bei weiteren sechs Emissionen ausschließlich eine 'feste' Grunddividende gewährt werden, so werden mit 62 Emissionen bei rund 84% der Fälle eine Grunddividende und zusätzlich variable Übergewinnbeteiligungen eingeräumt. Naturalanteile spielen bei nur drei der erfassten Genussrechtsemissionen eine Rolle. Bei einer Emission wird optional ein sog.

250 Siehe Abbildung 26.

251 Eigene Darstellung.

'Hummerbonus' auf die Grunddividende angerechnet.[252] Eine zweite Emission gewährt zusätzlich zu Grunddividende und Übergewinnbeteiligung eine Sachdividende in Form eines Produktpakets mit Kosmetikartikeln. Bei der dritten fest verzinslichen Emission eines Hotel- und Gastronomiebetriebes kann jährlich optional ein sog. 'Wohlfühlzins' gewählt werden, in dessen Gegenwert Wellness-Anwendungen bei einem Drittunternehmen in Anspruch genommen werden können.

Die Ausschüttung der Vergütungsansprüche erfolgt regelmäßig in rund 90% der Fälle jährlich. Bei sieben Emissionen ist eine endfällige Ausschüttung der Vergütungsansprüche optional bzw. ausschließlich vorgesehen. Während Zinsansprüche unbedingt zur Zahlung anstehen, erfolgt die Ausschüttung der Gewinnrechte unter Vorbehalt und wird an eine Vielzahl unterschiedlicher Bedingungen geknüpft. So steht die vorrangige Ausschüttung der Grund- bzw. Basisdividende grundsätzlich unter dem Vorbehalt einer (ausreichenden) Gewinnentstehung und/oder ausreichender Liquidität. Im Regelfall besteht bei nicht vollständiger Ausschüttung der Grunddividende in den Folgejahren ein Nachzahlungsanspruch. Auch dieser wird aber teilweise zeitlich beschränkt oder vollständig ausgeschlossen. Die variablen Übergewinnbeteiligungen werden darüber hinaus durch unterschiedlichste Bedingungen geregelt.

Die Begrenzung der Gewinnbeteiligung erfolgt zum einen anhand eines Höchstsatzes im Verhältnis zum Nennwert (zwischen 2% und 4% vom Nennwert). Zum anderen wird die Gewinnbeteiligung durch eine maximale Beteiligungsquote am Gewinn begrenzt (anteilig an 1% bis 80% des Gewinns). Dabei werden der Beteiligung unterschiedliche Gewinnbegriffe zugrunde gelegt (z.B. EBIT, EBT, Jahresüberschuss nach Steuern). Des Weiteren beziehen sich die variablen Gewinnbeteiligungen vielfach auf den sog. auszuschüttenden Gewinn, d.h., auch die Ausschüttung eines ausreichend entstandenen Gewinns wird durch verschiedenste Bedingungen begrenzt (z.B. durch satzungsmäßige Rücklagenbildung, Investitionen) oder ist gänzlich vom Beschluss der Gesellschafter- bzw. Hauptversammlung abhängig.

Dagegen nehmen mit 62 der 67 erfassten Genussrechtsemissionen rund 93% der Genussrechte vollständig am Verlust der Gesellschaft teil. Anzumerken ist, dass nur bei 25 Emissionen eine anteilige Verlustteilnahme vorgesehen ist; bei 29 Emissionen nehmen die Genussrechte vorrangig ggü. dem gezeichneten Kapital am Verlust teil. Nur in sieben Fällen ist eine nachrangige Verlustteilnahme festgelegt – davon bei sechs Emissionen nachrangig ggü. dem gezeichneten Kapital und bei einer Emission nachrangig ggü. atypischen Gesellschaftern.

[252] Der Emittent veredelt und vertreibt maritime Feinkost. Beim sog. 'Hummerbonus' wird ein Produktpaket im Gegenwert von 0,5% des Nennbetrags an den Anleger versandt, das auf die Grunddividende angerechnet wird.

Im Gegensatz zu den Schuldverschreibungen werden mit 58 der 67 Emissionen (87%) die Genussrechte mehrheitlich mit unbestimmter Laufzeit begeben.[253]

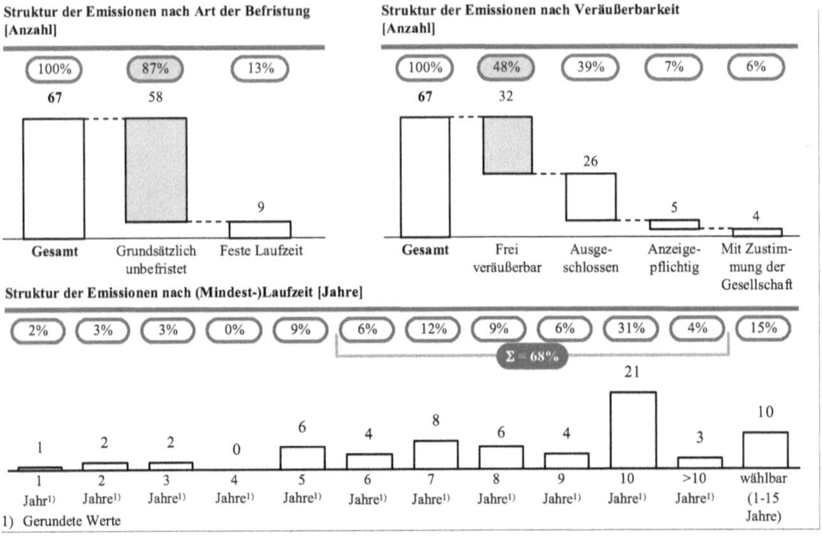

Abbildung 27: Genussrechtsemissionen nach Art der Befristung und Veräußerbarkeit[254]

Die ordentliche Kündigung der Genussrechte ist für den Gläubiger grundsätzlich erst nach der Mindestlaufzeit möglich. Mit 68% der Emissionen liegen die Mindestlaufzeiten mehrheitlich bei mehr als fünf Jahren im mittel- bis langfristigen Bereich. Bei den Genussrechtsemissionen ist eine ordentliche Kündigung bzw. vorzeitige Rückzahlung durch den Emittenten mit Ausnahme einer Emission ebenfalls ausgeschlossen. Die Rückzahlung erfolgt nach wirksamer Kündigung regelmäßig zum Nennwert abzüglich aufgelaufener Verlustanteile. Eine Teilnahme am Liquidationserlös der Gesellschaft ist bei allen erfassten Emissionen ausgeschlossen. Die Übertragung der Genussrechte ist während der (Mindest-)Laufzeit in 52% der Emissionen nur eingeschränkt möglich bzw. vollständig ausgeschlossen. So ist die Übertragung bei fünf Emissionen beim Emittenten anzuzeigen; bei weiteren vier Emissionen ist die Übertragung an die Zustimmung des Emittenten geknüpft; in 26 Fällen ist eine Übertragungsmöglichkeit während der (Mindest-)Laufzeit grundsätzlich ausgeschlossen. Bei den übrigen 48% der Emissionen können die Genussrechte frei übertragen werden, unterliegen aber dennoch in Ermangelung eines organisierten Sekundärmarkts einer faktisch eingeschränkten Veräußerbarkeit.

253 Siehe Abbildung 27.

254 Eigene Darstellung.

Die Genussrechtsemissionen werden wie die Schuldverschreibungsemissionen überwiegend unbesichert begeben.[255] Bei fünf Genussrechtsemissionen wird optional bzw. ab einer Mindestlaufzeit von 15 Jahren ein nicht näher spezifizierter Deckungsstock gebildet, der die Kapitalrückzahlung absichern soll. Des Weiteren sind zwei Emissionen durch eine Patronatserklärung der Muttergesellschaft des Emittenten besichert; bei einer weiteren Emission werden 'objektbezogene' erst- oder zweitrangige Grundschulden in den Genussrechtsbedingungen als Sicherheit gewährt. Doch Negativerklärungen hinsichtlich der Gleichstellung mit anderen Gläubigern werden bei keiner der erfassten Genussrechtsemissionen abgegeben. Denn in 97% der Emissionen werden explizit Nachrangigkeitsvereinbarungen getroffen, so dass eine Gleichstellung mit anderen Gläubigergruppen dadurch bereits ausgeschlossen ist.

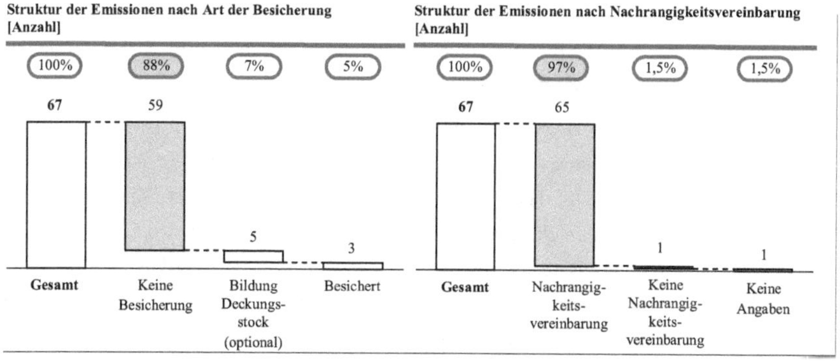

Abbildung 28: Genussrechtsemissionen nach Art der Besicherung, Nachrangigkeitsvereinbarung[256]

Hinsichtlich des Ausgabekurses unterscheiden sich die Genussrechtsemissionen auch mehrheitlich von Schuldverschreibungsemissionen. So werden die verbrieften und unverbrieften Genussrechte in 84% der Fälle mit Agio, das als Bearbeitungsgebühr vom Emittenten vereinnahmt wird, begeben.[257]

In zwei Fällen wird ein zeitlich abgestufter 'Frühzeichner-Rabatt' in Form eines Disagios gewährt; in einem Fall wird zwar eine Bearbeitungsgebühr bei Zeichnung fällig, ein 'Frühzeichner-Rabatt' von bis zu 16% des Nennwerts wird jedoch bei Zeichnung innerhalb der angegebenen Frist in Abzug gebracht.

---

255 Siehe Abbildung 28.
256 Eigene Darstellung.
257 Siehe Abbildung 29.

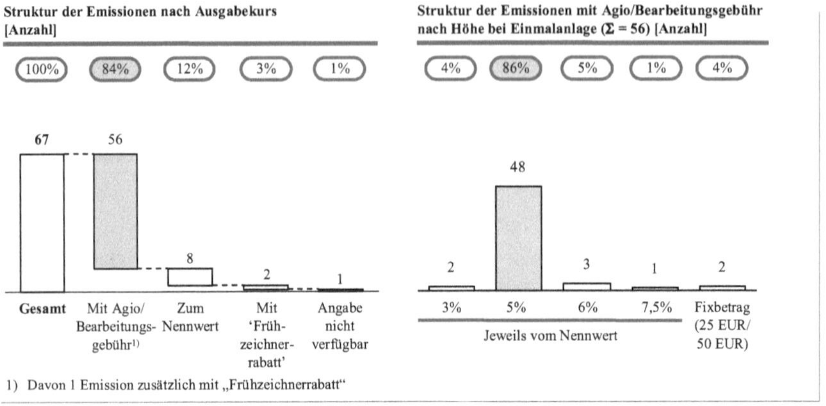

Abbildung 29: Genussrechtsemissionen nach Ausgabekurs und Höhe des Agios/der Bearbeitungsgebühr[258]

Die Höhe des Agios variiert zwischen 3 und 7,5% des Nennwerts oder wird als Fixbetrag von bis zu 50 EUR vereinnahmt. Allerdings beträgt bei 48 der 56 mit Agio begebenen Genussrechtsemissionen (86%) das Agio 5% des Nennwerts im Falle der Einmalanlage. Bei 29 Emissionen kann der Zeichnungsbetrag auch in Raten erbracht werden, wobei der Ausgabeaufschlag für die Ratenanlage meist um 0,5 bzw. 1,0%-Punkte über dem der Einmalanlage liegt. Außerdem ist bei der Ratenanlage zu beachten, dass in 21 Fällen die Genussrechte als vinkulierte Namensgenussrechte begeben werden, deren Veräußerbarkeit vertraglich beschränkt oder vollständig ausgeschlossen ist; im Insolvenzfall wird eine Nachschusspflicht bis zum vollen Zeichnungsbetrag inkl. Agio ausgelöst.

Die stark unterschiedliche Ausstattung der Genussrechte erschwert eine vergleichbare Darstellung der Renditeversprechen. Die vielfach vorrangige Grunddividende wird nur vorbehaltlich ausreichender Gewinnentstehung und Liquidität gewährt. Ferner ist die Höhe der variablen Gewinnanteile an eine Vielzahl unterschiedlichster Bedingungen geknüpft. Nicht zuletzt schmälert das Agio die Rendite. Die Höhe der Renditeschmälerung hängt aber bei unbestimmter Laufzeit wiederum von der tatsächlichen Haltedauer ab. In Abbildung 30 wird deshalb lediglich das Spektrum der Grunddividenden als Indikator für das Renditeversprechen dargestellt.

[258] Eigene Darstellung.

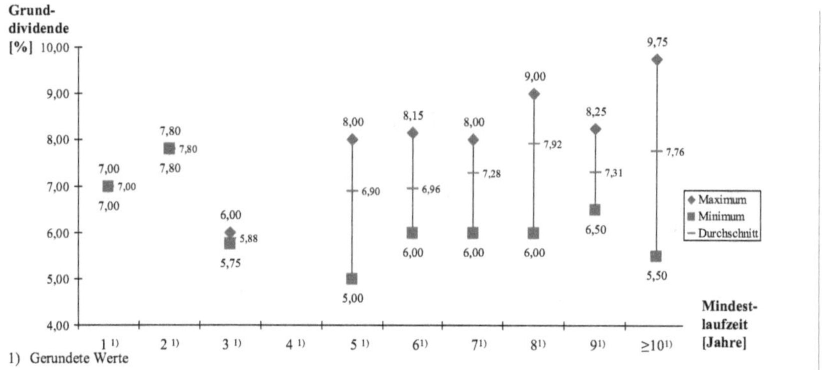

Abbildung 30: Höhe der Grunddividende in Abhängigkeit der Mindestlaufzeit[259]

Bezogen auf die kleinstmöglich wählbare Mindestlaufzeit liegt die Höhe der angebotenen 'festen' Grunddividende in einer Bandbreite zwischen 5 und 9,75% des Nennwerts per annum. Allerdings werden bei den mit Grunddividende ausgestatteten Genussrechtsemissionen mehrheitlich (in 61% der Fälle) zwischen 7 und 9% des Nennwerts p.a. als Grunddividende angeboten.

Die Informationspolitik bei den Emissionen von Genussrechten ist im Vergleich zu den Schuldverschreibungsemissionen als grundsätzlich großzügiger zu charakterisieren. Über den Verkaufsprospekt hinaus werden den Anlegern nur bei 10 Emissionen (15%) keine oder lediglich allgemeine Informationen zugesichert. Mit 57 der insgesamt 67 Emissionen (85%) werden explizit bilanzielle Informationen zumindest in jährlichem Rhythmus (Jahresabschlüsse) zugesichert. Davon wird in 41 Fällen eine Jahresabschlussprüfung durch einen Wirtschaftsprüfer zugesichert. Zusätzlich wird bei 44 Emissionen (66%) eine nachträgliche Mittelverwendungskontrolle eingeräumt, die in 40 Fällen ebenfalls durch einen Wirtschaftsprüfer erfolgt. Unterjährige bilanzielle Daten in Form von Quartals- oder Halbjahresberichten werden lediglich bei 20 Emissionen (30%) angeboten. Die bilanziellen Daten werden zumeist (in 46 Fällen) mittels regelmäßigem Versand der Geschäftsberichte oder von Auszügen daraus bereitgestellt. Bei 10 Emissionen werden bilanzielle Informationen nur auf Anforderung versandt; bei einer Emission erfolgt die Veröffentlichung der Daten explizit und ausschließlich elektronisch über das Internet.

259 Eigene Darstellung.

3.2.3 Art und Herkunft der Emittenten

Nachdem im letzten Abschnitt das Spektrum der Ausgestaltungsmerkmale von Informal Private Debt dargestellt wurde, wird in diesem Abschnitt das Spektrum der Emittenten aufgezeigt. Dazu werden die Emittenten zunächst anhand der primären Geschäftstätigkeit der emittierenden Gesellschaft bzw. der Unternehmensgruppe grob Branchen zugeordnet. Die Branchenzuordnung der Emittenten ermöglicht eine übersichtliche Darstellung derjenigen Wirtschaftsbereiche, aus denen bisher schwerpunktmäßig Informal-Private-Debt-Emissionen getätigt worden sind. Im nächsten Schritt werden die Emittenten nach Alter, Profitabilität und Eigenkapitalquote klassifiziert, um Anhaltspunkte zur Einschätzung der Bonität der jeweiligen Emittenten zu gewinnen.

Für die Ermittlung des Unternehmensalters wird der Zeitraum zwischen Gründung bzw. Aufnahme der operativen Geschäftstätigkeit und dem Zeitpunkt des Öffentlichen Angebots der jeweiligen Emission herangezogen. Die Profitabilität wird daran gemessen, ob im letzten angegebenen Geschäftsjahr ein positiver Jahresüberschuss nach Steuern ausgewiesen wird. Die Höhe der Eigenkapitalquote wird anhand der Bilanz des letzten angegebenen Geschäftsjahres erfasst.

Dem Autor ist dabei bewusst, dass diese Indikatoren für eine vollständige Einschätzung des Emittentenrisikos keinesfalls ausreichen. Der ausgewiesene Jahresüberschuss und die Eigenkapitalquote hängen zum einen von der Bilanzpolitik des Emittenten ab, die sich durch Nutzung der Bewertungsspielräume und durch die Wahl des Rechnungslegungssystems auszeichnet. Zum anderen zeigen sie eine historische Momentaufnahme des Unternehmenserfolgs bzw. des Verschuldungsgrades. Zukunftsbezogene Ausführungen wie Prognose- und Planrechnungen unterliegen aber tendenziell einer noch größeren Willkür des Emittenten. Insofern orientiert sich diese empirische Untersuchung an der Verfügbarkeit möglichst vergleichbarer Daten innerhalb des Verkaufsprospektes. Die Einschränkungen hinsichtlich der Aussagekräftigkeit dieser Indikatoren sind bei der Interpretation der Ergebnisse zwar zu berücksichtigen; neben der individuellen Einschätzung der Erfolgswahrscheinlichkeit des im Verkaufsprospekt dargestellten Geschäftsmodells sind potenzielle Anleger aber ebenfalls bei ihrer Anlageentscheidung auf die im Verkaufsprospekt angegebenen Daten angewiesen.

In der **Branchensicht** stammen von den insgesamt 86 erfassten Emittenten 47 (55%) aus dem finanziellen Nichtbankensektor bzw. aus dem Bereich der erneuerbaren Energien.[260]

[260] Siehe Abbildung 31.

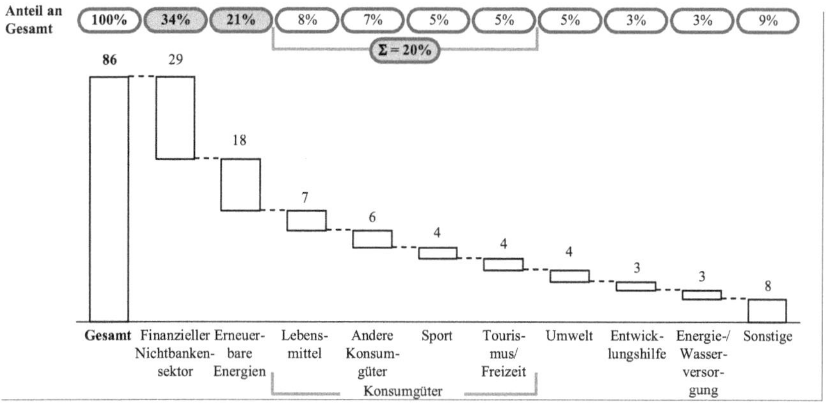

Abbildung 31: Anzahl der Emittenten nach Branchen[261]

Dem finanziellen Nichtbankensektor werden Unternehmen der Finanzdienstleistungs- und Immobilienbranche zugerechnet, die nicht als Kapitalanlagegesellschaft oder Bank zugelassen sind und daher keiner spezialgesetzlich geregelten staatlichen Aufsicht unterliegen. Dem Bereich der erneuerbaren Energien sind Unternehmen zugeordnet, die sich schwerpunktmäßig mit der Projektierung/dem Betrieb von Anlagen zur Nutzung regenerativer Energien beschäftigen oder sich an Unternehmen mit ähnlichem Geschäftszweck beteiligen. Eine trennscharfe Abgrenzung vom finanziellen Nichtbankensektor fällt bei diesen Unternehmen zum Teil schwer, da diese nach eigenen Angaben im Streben nach Erwirtschaftung einer möglichst hohen Rendite für die Anleger u.a. diverse Beteiligungen an Unternehmen mit unterschiedlichsten Geschäftsgegenständen eingehen.

Im Hinblick auf das kumulierte nominale Emissionsvolumen wird die Dominanz dieser Branchen noch deutlicher. So haben die 29 Emittenten des finanziellen Nichtbankensektors mit rund 774 Mio. EUR den größten Anteil (43%), gefolgt von den 18 Emittenten aus dem Bereich der erneuerbaren Energien mit einem Volumen von insgesamt rund 496 Mio. EUR (27%). Einen weiteren Schwerpunkt unter den Emittenten von Informal Private Debt bildet die Konsumgüterbranche mit 21 Unternehmen (20%) und einem Emissionsvolumen von rund 252 Mio. EUR (14%). Die Unternehmen werden anhand der primären Nutzung der jeweiligen Produkte/Leistungen durch private Endverbraucher zugeordnet. Innerhalb der Konsumgüterbranche stellt die Lebensmittelbranche mit sieben Gesellschaften die meisten Emittenten, gefolgt von Sport (Profisport und Sportartikel) und Tourismus/Freizeit mit jeweils vier Emittenten. Weitere Gruppen mit mehr als zwei Emittenten können in den Bereichen Umwelt

[261] Eigene Darstellung.

(Technik & Dienstleistungen), Entwicklungshilfe ('Fair Trade', 'Micro Finance')[262] und Energie- und Wasserversorgung[263] gebildet werden.

Wendet man den Blick auf das **Unternehmensalter** lässt sich feststellen, dass mit 65 von 132 knapp die Hälfte aller Emissionen von jungen Unternehmen getätigt werden.[264]

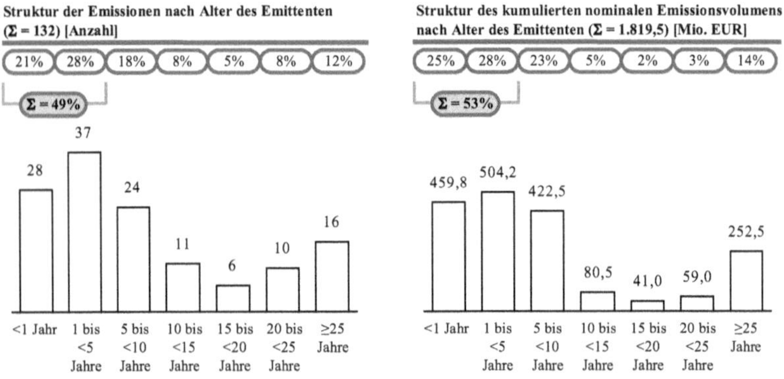

Abbildung 32: Emissionen nach Alter des Emittenten[265]

Diese weisen bezüglich des nominalen Emissionsvolumens sogar einen Anteil von insgesamt 53% auf. Zu den jungen Unternehmen werden Gesellschaften gezählt, die ihre operative Geschäftstätigkeit weniger als fünf Jahre vor dem Zeitpunkt der Emission aufgenommen haben. Des Weiteren fällt auf, dass 28 Emissionen (21%) sogar von Startups getätigt werden, die ihre operative Geschäftstätigkeit weniger als ein Jahr vor der Emission aufgenommen haben. Mit Blick auf das nominale Emissionsvolumen beträgt der Anteil mit einem Volumen von rund 460 Mio. EUR sogar 25%. Auffällig ist ferner, dass lediglich 16 Emissionen (12%)

262 'Fair Trade' bezeichnet den fairen Handel mit sog. Dritte Welt-Ländern. Unter dem Stichwort 'Micro Finance' wird ein Unternehmen geführt, das Beratungsdienstleistungen im Rahmen der internationalen Entwicklungsarbeit erbringt. Die Zurechnung ist daher vor dem Hintergrund der primären Zielsetzung zu sehen.

263 Da die (regionalen) Energie- und Wasserversorger sowohl private Endverbraucher als auch gewerbliche Kunden bedienen, werden sie zwar in der Branchensicht separat ausgewiesen, können aber hinsichtlich ihrer Geschäftstätigkeit mit privaten Endverbrauchern unter der o.a. Definition der Konsumgüterbranche zugerechnet werden.

264 Siehe Abbildung 32.

265 Eigene Darstellung.

mit einem Volumen von rund 253 Mio. EUR (14%) von Unternehmen mit einer Firmenhistorie von über 25 Jahren[266] (Traditionsunternehmen) begeben werden.

Betrachtet man die Emissionen junger bzw. von Traditionsunternehmen nochmals hinsichtlich Branche und Art der Finanzierungstitel, treten weitere Auffälligkeiten zu Tage.[267]

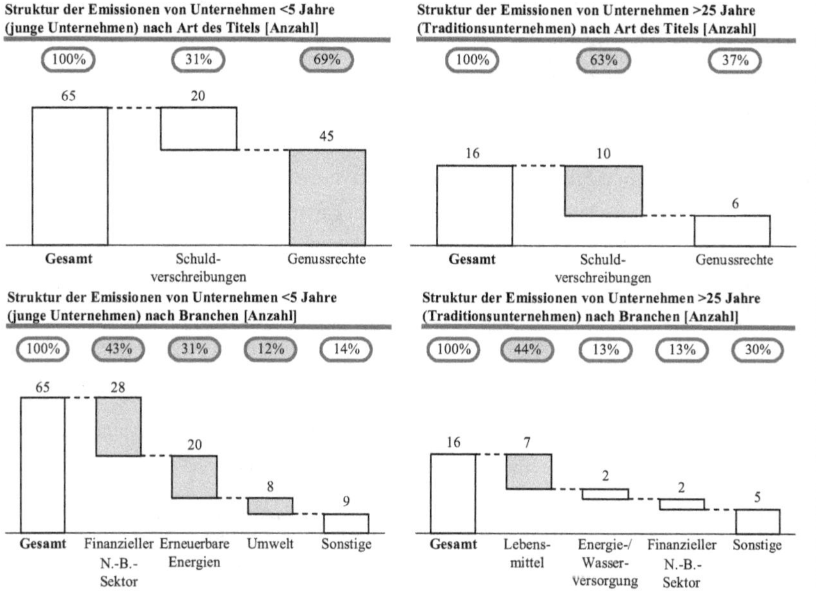

Abbildung 33: Emissionen von jungen Unternehmen und Traditionsunternehmen nach Art der Finanzierungstitel und Branche[268]

Während der Großteil der Emissionen junger Unternehmen in Form von Genussrechten begeben wird (69%), spielen diese bei den Emissionen der Traditionsunternehmen eine weitaus geringere Rolle (37%). Darüber hinaus fällt auf, dass die Emissionen junger Unternehmen schwerpunktmäßig aus dem finanziellen Nichtbankensektor (43%), dem Bereich der erneuerbaren Energien (31%) sowie dem Umweltbereich (12%) stammen.

266 Dazu wird im Folgenden auch die <1 Jahr alte Immobilienzweckgesellschaft einer Unternehmensgruppe mit einer Firmenhistorie von über 50 Jahren sowie ein <15 Jahre altes Unternehmen mit Sitz in den neuen Bundesländern mit faktischem Bestand von über 100 Jahren gezählt.

267 Siehe hier und im Folgenden Abbildung 33.

268 Eigene Darstellung.

Dagegen stammen die Emissionen von Traditionsunternehmen schwerpunktmäßig aus der Lebensmittelbranche (44%). Zum finanziellen Nichtbankensektor zählen dabei nur zwei Emissionen eines Emittenten, der zwischenzeitlich Insolvenz angemeldet hat.

Zusätzlich zur Altersstruktur der Emittenten werden anhand der ausgewiesenen **Profitabilität** und Eigenkapitalquote weitere Hinweise auf die Art der Emittenten generiert. Allerdings ergeben sich zwangsläufig Einschränkungen hinsichtlich der Aussagekraft dieser Indikatoren im Hinblick auf diejenigen Emittenten, die ihre operative Geschäftstätigkeit weniger als ein Jahr vor dem Zeitpunkt der Emission aufgenommen haben. Zum einen sind bei Startups teilweise nur Eröffnungsbilanzen verfügbar, deren Aussagekraft hinsichtlich des Unternehmenserfolgs/des Verschuldungsgrads vernachlässigbar erscheint. Zum anderen werden von diesen Unternehmen unterjährige Zwischenberichte gezeigt, die jedoch überwiegend Aufwendungen im Zusammenhang mit dem Aufbau der Geschäftstätigkeit ausweisen, ohne Aufschluss auf das Ertragspotenzial aus einem regelmäßigen Geschäftsbetrieb zu geben. Für die Emissionen von Startups wird deshalb auf die Darstellung von Profitabilität und Eigenkapitalquote verzichtet.

Bei 67 der 132 Emissionen (51%) weisen die Emittenten im letzten angegebenen Geschäftsjahr einen uneingeschränkt positiven Jahresüberschuss aus.[269]

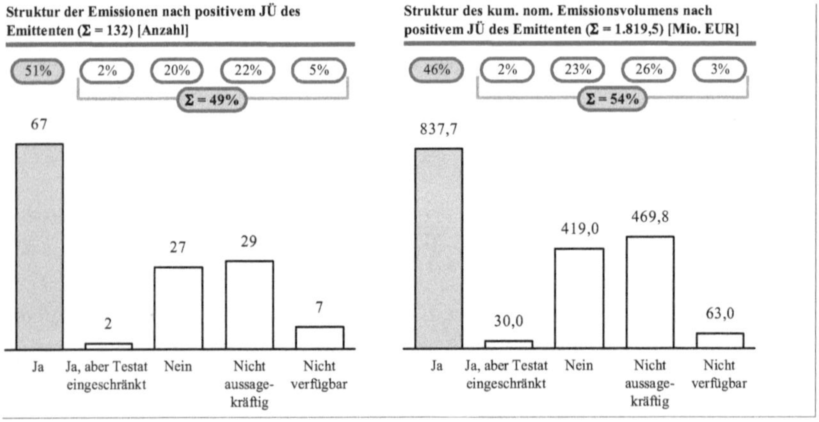

Abbildung 34: Emissionen nach Profitabilität des Emittenten im letzten angegebenen Geschäftsjahr[270]

[269] Siehe Abbildung 34.
[270] Eigene Darstellung.

Diese Emissionen machen hinsichtlich des kumulierten nominalen Emissionsvolumens von insgesamt rund 1,8 Mrd. EUR einen Anteil von 46% aus. Bei zwei weiteren Emissionen (2%) weist der Emittent zwar einen positiven Jahresüberschuss aus; dennoch werden diese nicht den uneingeschränkt profitablen Emittenten zugerechnet, da das abgedruckte Testat nur unter Einschränkungen erteilt wurde. Die Einschränkungen beziehen sich auf den fehlenden Nachweis der Werthaltigkeit von Vermögensgegenständen sowie über signifikante Auslandsguthaben. Des Weiteren wird im Lagebericht auf eine angespannte Liquiditätslage hingewiesen. Bei 27 Emissionen (20%) weist der jeweilige Emittent im letzten angegebenen Geschäftsjahr keinen positiven bzw. einen negativen Jahresüberschuss aus. Über die übrigen 36 Emissionen (27%) mit einem nominalen Emissionsvolumen von insgesamt mehr als 530 Mio. EUR kann keine aussagekräftige Aussage zur Profitabilität des Emittenten getroffen werden, da sie entweder von Startups stammen oder die entsprechenden Daten nicht verfügbar sind (z.B. auf Grund nicht verfügbarer Anlagen zum Verkaufsprospekt).

Die Struktur der Emissionen nach Höhe der **Eigenkapitalquote** ihrer Emittenten im letzten angegebenen Geschäftsjahr liefert weitere Hinweise zur Einschätzung des Ausfallrisikos der Emittenten.[271] Auffällig ist dabei, dass die Emittenten bei nur knapp 30% aller Emissionen eine Eigenkapitalquote von mindestens 30% ausweisen.

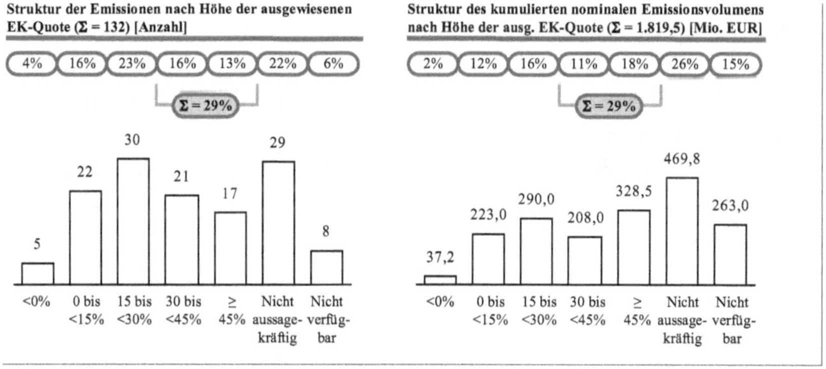

Abbildung 35: Emissionen nach Höhe der Eigenkapitalquote des Emittenten im letzten angegebenen Geschäftsjahr[272]

Bei fünf Emissionen zeigen die Emittenten im Verkaufsprospekt sogar ein negatives Eigenkapital im letzten angegebenen Geschäftsjahr. Bei weiteren 22 Emissionen beträgt die

[271] Siehe Abbildung 35.

[272] Eigene Darstellung.

ausgewiesenen Eigenkapitalquote zwischen 0 und 15% der Bilanzsumme des Emittenten. Darüber hinaus ist zu erwähnen, dass davon bei zwei Emissionen für den jeweiligen Jahresabschluss ein eingeschränkter Bestätigungsvermerk des Abschlussprüfers erteilt wurde. Bei 30 Emissionen weist der jeweilige Emittent eine Eigenkapitalquote zwischen 15 und 30% aus. Bei den weiteren 21 Emissionen, deren Emittenten eine Eigenkapitalquote zwischen 30 und 45% ausweisen, ist anzumerken, dass davon bei einer Emission der Jahresabschluss ebenfalls unter Einschränkungen testiert wurde und außerdem noch im Lagebericht auf eine angespannte Liquiditätslage hingewiesen wird. Eine Eigenkapitalquote von mindestens 45% zeigen die Emittenten von 17 erfassten Emissionen. Bei den übrigen Emissionen liegen keine (aussagekräftigen) Jahresabschlüsse vor, da entweder die Anlagen zum Verkaufsprospekt nicht verfügbar oder lediglich Eröffnungsbilanzen bzw. Zwischenberichte aus dem ersten Jahr der operativen Geschäftstätigkeit angegeben sind. Dabei fällt in der Eröffnungsbilanz dieser Unternehmen auf, dass häufig die gesetzlich geforderte Mindesteigenkapitalausstattung für die jeweilige Rechtsform ausgewiesen wird, so dass das nominale Emissionsvolumen diese durchgängig um ein Vielfaches übersteigt.

Um **Branchentendenzen hinsichtlich Profitabilität und Eigenkapitalquote der zugehörigen Emittenten** erkennen zu können, wird in Abbildung 36 der Anteil derjenigen Emissionen an der Gesamtzahl der erfassten Emissionen nach Branchen dargestellt, deren Emittenten a) keine Einschränkungen im Testat des jeweiligen Jahresabschlusses zeigen und b) einen positiven Jahresüberschuss bzw. eine Eigenkapitalquote von mindestens 30% aufweisen. Hierbei fällt auf, dass anhand dieser eigens gewählten Mindestanforderungen jeweils der finanzielle Nichtbankensektor sowie der Bereich der erneuerbaren Energien mit Abstand das Schlusslicht bilden. Allerdings ist anzumerken, dass die Aussagen zu Profitabilität und Eigenkapitalquote Interdependenzen zur Altersstruktur der Emittenten durch den Ausschluss von Startups aufweisen.

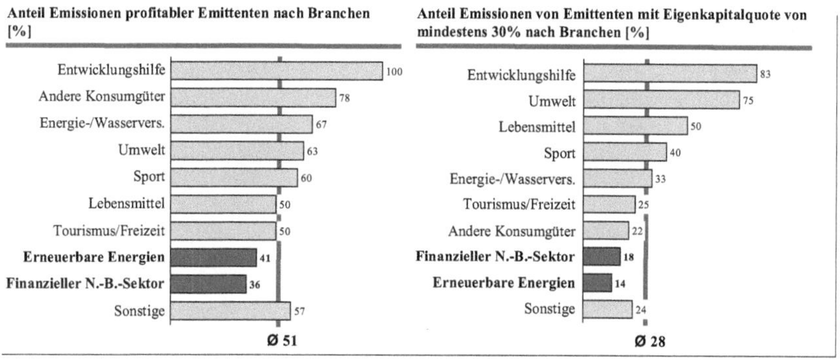

Abbildung 36: Anteil der Emissionen profitabler Emittenten/von Emittenten mit einer Eigenkapitalquote von mind. 30% nach Branchen[273]

Der Abschnitt wird mit einer **Gesamtsicht auf den 'Markt' für Informal Private Debt nach Art und Herkunft der Emittenten** abgerundet.[274] Dazu wird der 'Markt'-Anteil anhand des kumulierten nominalen Emissionsvolumens nach Branchen dargestellt. Um den Anteil der Emittenten 'hoher Bonität' in der jeweiligen Branche zu erfassen, werden für die Indikatoren Alter des Unternehmens, Profitabilität und Eigenkapitalquote Mindestanforderungen formuliert. Dem Autor ist die eingeschränkte Aussagekraft zur Einschätzung der Bonität bzw. des Ausfallrisikos – wie bereits erwähnt – durchaus bewusst. Ebenso soll nochmals an dieser Stelle darauf hingewiesen werden, dass unter Bezugnahme auf das nominale Emissionsvolumen lediglich die Angebotsseite erfasst wird. Dennoch werden Tendenzaussagen zur Art der Emittenten auf der Basis vergleichbarer nachvollziehbarer Daten ermöglicht. Für das Alter des Unternehmens zum Zeitpunkt der Emission wird als Mindestanforderung ein mindestens fünfjähriges Bestehen seit Aufnahme der operativen Geschäftstätigkeit gewählt. Hinsichtlich der Profitabilität wird als Mindestanforderung das Vorliegen eines positiven Jahresüberschusses im letzten angegebenen Geschäftsjahr betrachtet. Für die Höhe der Eigenkapitalquote werden 30% als Mindestmaß angesetzt. Insgesamt entsprechen 12 der 86 erfassten Emittenten (14%) diesen Anforderungen gleichermaßen und werden als Emittenten 'hoher Bonität' eingestuft. Trotz aller bereits erläuterten Einschränkungen fallen dabei wiederum der finanzielle Nichtbankensektor sowie der Bereich der erneuerbaren Energien auf. Diese dominieren den 'Markt' mit einem deutlich unterdurchschnittlichen Anteil an Emittenten 'hoher Bonität', während die übrigen Branchen mit jeweils deutlich kleineren 'Markt'-Anteilen und einem unterschiedlich großen Anteil an Emittenten 'hoher Bonität' vertreten sind.

273 Eigene Darstellung.

274 Siehe Abbildung 37.

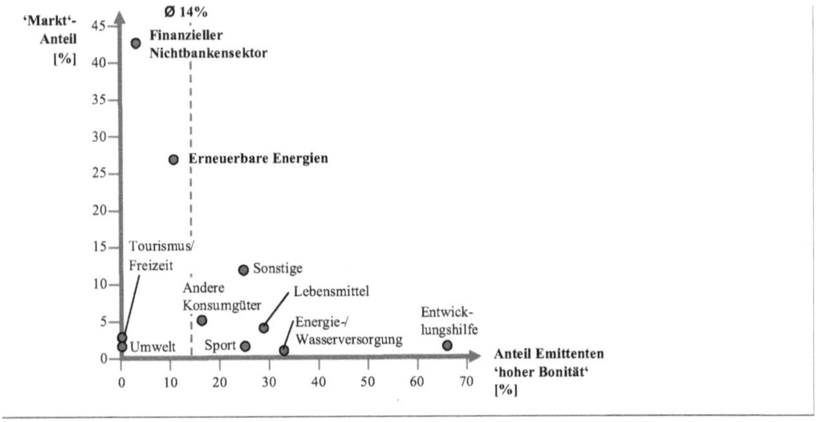

Abbildung 37: Branchenstruktur Informal Private Debt nach Anteil am gesamten Emissionsvolumen und Anteil Emittenten 'hoher Bonität'[275]

3.2.4 Inanspruchnahme von Fremdleistungen im Rahmen der Transaktionen

Im Folgenden soll gezeigt werden, inwieweit die erfassten Emissionen tatsächlich unter Verzicht auf die Einschaltung Dritter durchgeführt worden sind. Die Erkenntnisse darüber aus den ausgewerteten Verkaufsprospekten sind teilweise sehr begrenzt und werden anhand der Presse- und Internetrecherche, soweit möglich, ergänzt. Um die Erkenntnisse übersichtlich darzustellen, orientieren sich die Ausführungen am groben Ablauf des Investmentprozesses.[276] Der Abschnitt wird mit einer Darstellung der Emissionskosten abgeschlossen.

Im ersten Schritt wird die Inanspruchnahme von **Beratungsleistungen im Vorfeld der Emissionen** in Augenschein genommen. Namentlich sind Berater nur bei insgesamt 35 der 132 Emissionen (27%) bekannt. Bei 18 Emissionen wurden Berater namentlich genannt, welche die Emittenten ausschließlich in Fragen der grafischen Gestaltung der Verkaufsprospekte unterstützten. Bei nur 17 Emissionen liegen Informationen über Berater vor, welche bei Planung und Durchführung der Transaktionen unterstützten.[277] Die Beratungsleistung dieser Finanzierungs- bzw. Emissionsberater erstreckt sich dabei von steuer-, bilanz- und kapitalmarktrechtlichen Fragen der Emissionskonzeption und

---

275 Eigene Darstellung.

276 Zur detaillierten Darstellung des Investmentprozesses einer Informal-Private-Debt-Transaktion siehe Abschnitt 5.2.2 (insbesondere Abbildung 49).

277 Siehe Abbildung 38.

Prospekterstellung bis hin zur Unterstützung bei Marketing und Vertrieb sowie Fragen der Abwicklung.[278] Darüber hinaus erstreckt sich die Beratung teilweise auch auf die innerorganisatorische Vorbereitung des Direktvertriebs durch Schulung bzw. Coaching der betroffenen Mitarbeiter z.B. im firmeneigenen Call Center.[279] Interessant erscheint im Hinblick auf die Finanzierungs- bzw. Emissionsberater auch, dass sich unter den namentlich bekannten mit der Halloren Finanzdienstleistungsgesellschaft mbH ein Beratungsunternehmen aus der Unternehmensgruppe eines Süßwarenherstellers befindet, der ebenfalls im Untersuchungszeitraum selbst eine Informal-Private-Debt-Emission begeben hat.

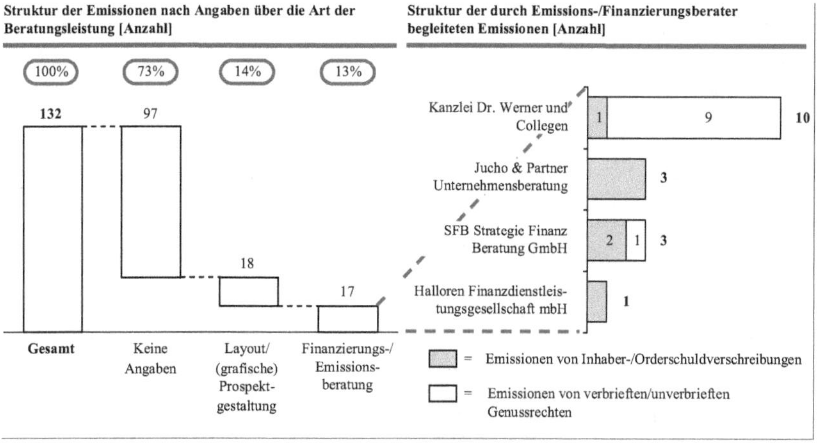

Abbildung 38: Emissionen nach Inanspruchnahme von Beratungsleistungen[280]

In den Verkaufsprospekten der 97 übrigen Emissionen (73%) werden zwar keine Angaben über den Einsatz von Beratern gemacht. Dennoch liegen vielfach in den Verkaufsprospekten Hinweise auf die Einschaltung von Anwälten, Steuerberatern oder Wirtschaftsprüfern bei Vorbereitung und Abwicklung der Emissionen vor, so dass nicht zuletzt wegen der Erweiterung der Prospektpflicht und -haftung von der Notwendigkeit des Einsatzes von Beratern auszugehen ist. Mit der zusätzlichen Einschaltung von Finanzvertrieben oder von Banken als Zahlstelle sind mutmaßlich ebenso gewisse Beratungsleistungen verbunden.[281] Allerdings fällt auf, dass bei keiner der erfassten Emissionen ein Rating verfügbar ist, d.h., auf die Leistungen von Ratingagenturen vollständig verzichtet wurde.

278 Vgl. beispielhaft o.V. (2006a).
279 Vgl. beispielhaft Schwaldt, Norbert (2005).
280 Eigene Darstellung.

Im nächsten Schritt wird gezeigt, inwieweit Platzierungsmarketing und Vertrieb von Informal Private Debt tatsächlich in Eigenregie des Emittenten durchgeführt werden. Dazu liegen für 89 der 132 Emissionen (67%) Informationen zur **Übernahme der Vertriebsfunktion** vor.[282] Lediglich 28 Emissionen werden nach Angabe des Emittenten ausschließlich im Direktvertrieb, d.h. in direktem Kontakt zwischen Emittent und Anleger, platziert. Für das Platzierungsmarketing werden dabei neben der Veröffentlichung auf der Homepage des Emittenten Direct-Mailings eingesetzt, Anzeigen in Printmedien und dem Internet geschaltet oder über eigene Verkaufsstellen (Shops) geworben.[283] Zur individuellen Beratung werden eigene Hotlines bzw. Call Center genutzt. Die Annahme der Zeichnungsunterlagen erfolgt durch Mitarbeiter des Emittenten.

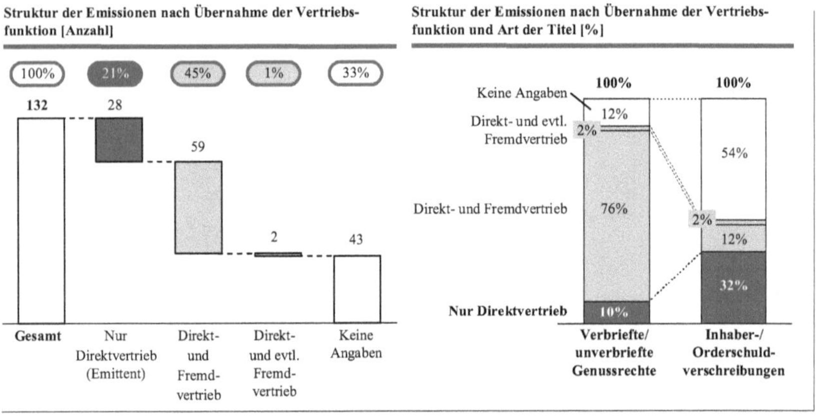

Abbildung 39: Emissionen nach Übernahme der Vertriebsfunktion[284]

Bei 59 Emissionen werden zusätzlich zum Direktvertrieb Dritte mit der Platzierung beauftragt. Dabei werden meist mehrere Finanzvertriebe und -vermittler, die namentlich nicht genannt werden, mit dem Vertrieb beauftragt. Bei zwei weiteren Emissionen wird im Verkaufsprospekt angegeben, dass u.U. der Direktvertrieb durch die Einschaltung Dritter ergänzt wird; für 43 Emissionen liegen keine Angaben über einen eventuellen zusätzlichen Fremdvertrieb vor.

Betrachtet man die Emissionen hinsichtlich der Übernahme der Vertriebsfunktion nach der Art der Finanzierungstitel, so deuten sich große Unterschiede zwischen den Emissionen von Genussrechten und Schuldverschreibungen an. So liegen bei nur 10% der Genussrechts-

281 Vgl. o.V. (2006f).
282 Siehe Abbildung 39.
283 Vgl. hier und im Folgenden beispielhaft Großer, Thilo (2006).

emissionen Angaben über den exklusiven Vertrieb durch den Emittenten vor. Bei mindestens 76% der Genussrechtsemissionen wird der Direktvertrieb durch Dritte ergänzt. Welcher Anteil des platzierten Kapitals dabei auf Direkt- bzw. Fremdvertrieb fällt, ist nicht bekannt. Im Gegensatz zu den Genussrechtsemissionen liegen für 32% der Schuldverschreibungsemissionen gesicherte Informationen über den exklusiven Direktvertrieb durch den Emittenten vor. Bei lediglich 14% der Schuldverschreibungsemissionen liegen Informationen hinsichtlich der Ergänzung des Direktvertriebs durch Dritte vor. Deshalb ist davon auszugehen, dass ein weitaus größerer Teil der Schuldverschreibungsemissionen im exklusiven Direktvertrieb platziert wird.

Im Hinblick auf die **Übernahme der Zahlstellenfunktion** liegen dagegen vollständige Informationen aus den Verkaufsprospekten vor.[285]

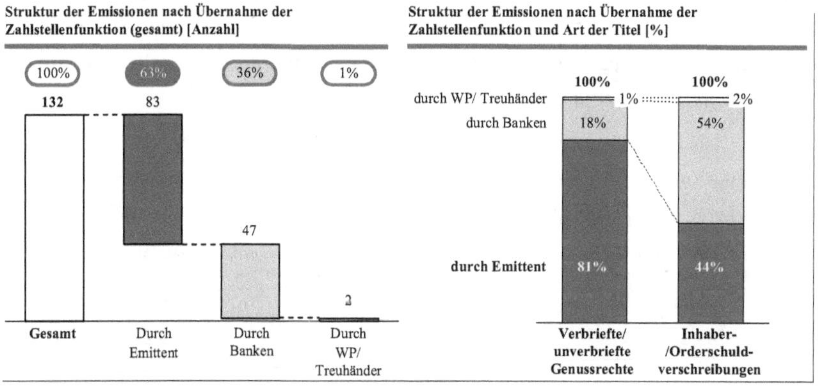

Abbildung 40: Emissionen nach Übernahme der Zahlstellenfunktion[286]

Die Zahlstellenfunktion umfasst die Entgegennahme der Zeichnungsbeträge von den Anlegern, die regelmäßige Auszahlung der Vergütungsansprüche sowie die Rückzahlung des Kapitals an die Anleger. Die Verwaltung der Anlegerdaten stellt die Voraussetzung für eine reibungslose Zahlungsabwicklung an die Anleger dar und wird ebenso unter den Begriff der Zahlstellenfunktion subsumiert. In 83 von 132 Fällen (63%) übernimmt der Emittent selbst die Funktion der Zahlstelle. Die Zeichnungsbeträge werden dabei mittels Überweisung oder Bareinzahlung direkt durch den Emittenten angenommen. Für 47 Emissionen wird die

284 Eigene Darstellung.
285 Siehe Abbildung 40.
286 Eigene Darstellung.

Zahlstellenfunktion gesamthaft durch Banken übernommen. Mit der Zahlungsabwicklung der übrigen zwei Emissionen wird ein Wirtschaftsprüfer bzw. Treuhänder beauftragt.

Betrachtet man die Emissionen nach Art der Finanzierungstitel hinsichtlich der Übernahme der Zahlstellenfunktion, treten auch hier deutliche Unterschiede zu Tage. Während die Zahlstellenfunktion bei 81% der Genussrechtsemissionen durch den Emittenten selbst dargestellt wird, übernehmen bei den Schuldverschreibungsemissionen mit 54% der Emissionen mehrheitlich Banken diese Funktion. Die insgesamt 47 Emissionen, bei denen die Zahlstellenfunktion durch Banken dargestellt wird, teilen sich auf nur wenige Institute auf. Dabei ist die Bankhaus Neelmeyer AG mit 19 Emissionen (12 Schuldverschreibungs- und sieben Genussrechtsemissionen) am häufigsten vertreten. Mit 11 Emissionen tritt die Dresdner Bank an die zweite Stelle, allerdings ausschließlich durch die Abwicklung von Schuldverschreibungsemissionen. Bei jeweils vier Schuldverschreibungsemissionen übernehmen das Bankhaus Reuschel & Co. sowie die Commerbank AG die Funktion der Zahlstelle. Für die übrigen neun Emissionen, bei denen Banken als Zahlstelle auftreten, stammen die Institute vorwiegend aus dem Sparkassen- und Genossenschaftssektor, die bei jeweils maximal zwei Emissionen als Zahlstelle fungieren.

Neben der Höhe der Renditeanforderungen der Anleger beeinflussen die **Emissions- und Abwicklungskosten** maßgeblich die Finanzierungskosten. Für 70 Emissionen (53%) sind allerdings keine oder lückenhafte Angaben über die Emissionskosten verfügbar.[287]

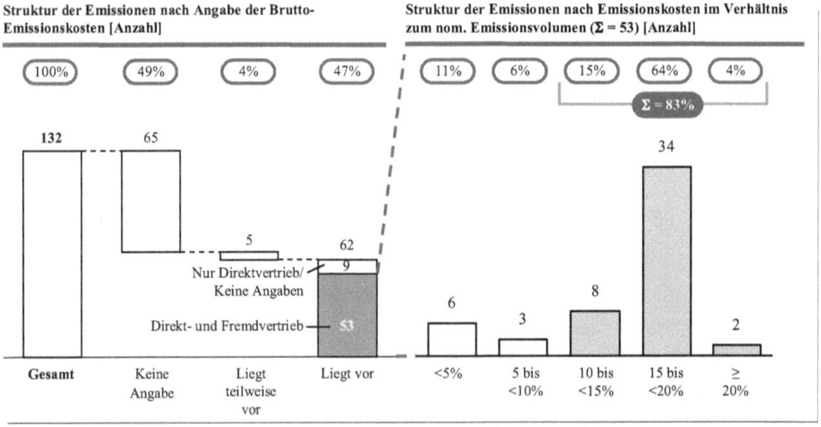

Abbildung 41: Emissionen nach Angaben über und Höhe der Brutto-Emissionskostenbelastung[288]

[287] Siehe Abbildung 41.

Bei den übrigen 62 Emissionen sind Angaben über die Höhe der Emissionskostenbelastung des Kapitals aus den Verkaufsprospekten ersichtlich. Hinsichtlich der Übernahme der Vertriebsfunktion werden allerdings 53 dieser 62 Emissionen zusätzlich zum Direktvertrieb auch durch Dritte vertrieben. Daher beziehen sich die folgenden Ausführungen zur Höhe der Emissionskosten nur auf diejenigen Emissionen, bei denen der Direktvertrieb durch fremde Dritte ergänzt wird. Zum anderen ist hier darauf hinzuweisen, dass sich unter den 53 berücksichtigten Emissionen nur sieben Schuldverschreibungsemissionen befinden; die übrigen 47 Emissionen werden in Form von Genussrechten begeben. An dieser Stelle können für die Emissionskosten der ausschließlich im Direktvertrieb platzierten Emissionen keine repräsentativen Aussagen getroffen werden. Die Höhe der Emissionskostenbelastung liegt für die zusätzlich im Fremdvertrieb platzierten Emissionen in 83% der Fälle bei mindestens 10% des nominalen Emissionsvolumens. Bei 34 Emissionen (64%) liegt die Emissionskostenbelastung zwischen mindestens 15 und 20%. Bei zwei Emissionen liegt die Kostenbelastung sogar bei rund 21% bezogen auf das nominale Emissionsvolumen. Die teilweise immens erscheinende Brutto-Emissionskostenbelastung des Kapitals soll aber zumindest teilweise in 47 der 53 Fälle auf die Anleger in Form eines Agios oder einer Bearbeitungsgebühr abgewälzt werden.

Im Hinblick auf die Aufgliederung der gesamten Brutto-Emissionskosten in die einzelnen Kostenbestandteile weisen die Angaben in den Verkaufsprospekten weitreichende Überschneidungen auf. Dennoch lässt sich feststellen, dass die Kosten für die Vermittlungs- bzw. Vertriebsleistung vielfach den größten Teil der Emissionskosten ausmachen und insofern variablen Charakter besitzen, als dass sie volumenabhängig für das mittels Fremdvertrieb platzierte Kapital anfallen. Für die Erstellung des Verkaufsprospekts fallen zwischen rund 1 und 3% des Emissionsvolumens, je nach Berücksichtigung der Kosten für die Konzeption, als Fixkosten an. Die angegebenen (Fix-)Kosten für Beratungsleistungen liegen in einer ähnlichen Größenordnung. Die Kosten von Banken für die Übernahme der Zahlstellenfunktion werden nur in sechs Fällen explizit angegeben. Sie liegen bei jeweils einer Emission bei 0,08% bzw. 0,2% des nominalen Emissionsvolumens; bei vier Emissionen wird ein Pauschalbetrag von 1.500 EUR p.a. angegeben.

3.3 Zwischenfazit aus Emittenten- und Anlegersicht

Im Folgenden werden die Ergebnisse aus der empirischen Untersuchung der Informal-Private-Debt-Transaktionen, die in den vorherigen Abschnitten ausführlich beschrieben wurden, interpretiert. Zielsetzung dabei ist, aus diesen Ergebnissen mögliche Motive, Chancen und Risiken sowohl aus Sicht der Anleger als auch aus Sicht der Emittenten abzuleiten. Diese

[288] Eigene Darstellung.

Interpretation muss vor allem mit Blick auf die Anlegersicht vorläufig bleiben, zumal mit der Auswertung der Verkaufsprospekte nur die Angebotsseite des Marktes betrachtet werden konnte. Dennoch werden durch eine Würdigung der bislang betrachteten Aspekte mögliche Schlüsse dargelegt, um darauf aufbauend mit einer fokussierten theoretischen Analyse Thesen zu Funktionen, Eignung und Gestaltung von Informal Private Debt zu entwickeln.

Aus **Emittentensicht** wird deshalb zunächst erörtert, welche Möglichkeiten Informal Private Debt grundsätzlich durch seine Ausgestaltung bietet. Das Spektrum der Ausgestaltungsmerkmale ist breit gefächert, so dass sich die folgenden Ausführungen vorwiegend auf zwei Gruppen von Emissionen mit jeweils 'typischen' Ausstattungsmerkmalen beziehen. Einerseits sind dies Schuldverschreibungen, die zum Nennwert mit einem festen Zinsanspruch mittelfristig als gleichrangiges Kapital unbesichert begeben werden. Andererseits bilden Genussrechte die zweite Gruppe, für die bei der Zeichnung ein Agio gefordert wird, die an Gewinnen und Verlusten teilnehmen, und die nachrangig, mittel- bis langfristig und ebenfalls unbesichert begeben werden.

Beide Gruppen von Emissionen lassen mit Blick auf das nominale Emissionsvolumen mit meist weniger als 40 Mio. EUR auf relativ kleine Finanzierungsvolumina schließen. Kleine Stückelung und Mindestanlagebeträge deuten auf private Kleinanleger als Investorenzielgruppe hin. Damit könnte Informal Private Debt für KMU in ihrem Streben nach einer bankenunabhängigen Diversifizierung der Unternehmensfinanzierung geeignet sein. Durch die fehlende Besicherung weist Informal Private Debt im Vergleich zur klassischen Bankkreditfinanzierung auch prinzipiell Vorteile hinsichtlich der unternehmerischen Flexibilität auf und scheint auch für diejenigen Unternehmen in Betracht zu kommen, deren Möglichkeiten zur Sicherheitenstellung bereits ausgeschöpft sind. Die Verwendung des Kapitals ist darüber hinaus – mit Ausnahme von vier Emissionen – nicht an einen bestimmten Zweck gebunden ist, sondern wird 'im Rahmen der Geschäftstätigkeit' verwendet. Die fehlende Zweckbindung kann daher als Flexibilitätsvorteil ggü. der Bankkreditfinanzierung betrachtet werden. Dies wird auch dadurch verdeutlicht, dass bei 33 der erfassten Emissionen die 'Tilgung von Verbindlichkeiten' zusätzlich als Emissionszweck explizit im Verkaufsprospekt genannt wird.

Da Schuldverschreibungen mit einem festen Zinsanspruch und einem unbedingten Rückzahlungsanspruch nach einer bestimmten Laufzeit ausgestattet sind, muss mit der Verwendung des Kapitals ein ausreichend positiver Cashflow zur Bedienung dieser Ansprüche erwirtschaftet und/oder eine Anschlussfinanzierung sichergestellt werden. Dagegen bieten Genussrechte mit der Gewährung von Gewinnrechten die Chance zur

Variabilisierung dieser residualen Vergütungsansprüche. Mit der Teilnahme am Verlust sowie der mittel- bis langfristigen Kapitalbereitstellung weisen Genussrechte eigenkapitalersetzenden Charakter auf. Daher wird vielfach der Spielraum zur Aufnahme weiteren Fremdkapitals erhöht und je nach Verschuldungsgrad das unternehmerische Risiko auf die Anleger abzuwälzen versucht. Im Gegensatz zur Gewinnausschüttung an die Gesellschafter ist die Bedienung der Vergütungsansprüche sowohl bei Schuldverschreibungen als auch bei den betrachteten Genussrechten durch den Ausschluss der Teilnahme am Liquidationserlös als betrieblicher Aufwand steuerlich abzugsfähig.[289]

Bezüglich der Transparenzanforderungen stellt sich Informal Private Debt ebenfalls sowohl ggü. börsennotierten Finanzierungsformen, der klassischen Bankkreditfinanzierung als auch ggü. institutionellen Mezzanine-Finanzierungen als vorteilhaft dar. Zwar wurde mit dem AnSVG zur Mitte des Jahres 2005 die Prospektpflicht erweitert; im Hinblick auf die regelmäßige Berichterstattung an die Investoren erscheinen die Anforderungen aber nach wie vor vergleichsweise gering. Da zusätzlich jegliche Art von Ein- und Mitwirkungsrechten ausgeschlossen wird, scheint Informal Private Debt auch insbesondere für Unternehmen interessant zu sein, die einer Beteiligungsfinanzierung auf Grund der damit verbundenen Mitsprache- und Kontrollrechte ablehnend gegenüber stehen.

Hinsichtlich der Herkunft der Emittenten nach Branchen fällt auf, dass diese schwerpunktmäßig aus dem finanziellen Nichtbankensektor und dem Bereich der erneuerbaren Energien stammen. Ein weiterer, wenn auch weitaus geringerer Schwerpunkt der Emissionstätigkeit ist in der Konsumgüterbranche zu finden. Ebenso fällt die Emissionstätigkeit der Unternehmen auf, die mit Ökologie oder Entwicklungshilfe in Verbindung gebracht werden können. Dies lässt zum einen den Schluss zu, dass Informal Private Debt für diese Unternehmen auf Grund gewisser, näher zu untersuchender Branchenspezifika besonders geeignet oder interessant ist. Zum anderen könnte es angesichts der bisher als überschaubar zu bezeichnenden Verbreitung daran liegen, dass sich Informal Private Debt innerhalb dieser Branchen bereits vergleichsweise größerer Bekanntheit erfreut.

Betrachtet man die Art der Emittenten, fällt vor allem die große Anzahl junger Unternehmen sowie die relativ große Anzahl von Unternehmen auf, die Verluste oder eine geringe Eigenkapitalausstattung ausweisen. Bezüglich der jungen Unternehmen bzw. der Startups könnte Informal Private Debt deshalb so interessant sein, da ihnen der Zugang zu anderen Finanzierungsmöglichkeiten auf Grund der frühen Phase in ihrem Lebenszyklus verwehrt bleibt. Dies legt aber auch den Verdacht nahe, dass sich unter den Emittenten von Informal Private Debt auch bonitätsmäßige Grenzanbieter befinden, die grundsätzlich keinen Zugang

289 Vgl. zu bilanz- und steuerlichen Aspekten von Genussrechten ausführlich Harrer, Herbert; Janssen, Ulli, et

zu Fremdkapitalquellen haben. Dieser Verdacht erhärtet sich für diejenigen Unternehmen, die für den Vertrieb der emittierten Finanzierungstitel zusätzlich fremde Dritte einschalten (müssen), da in diesen Fällen die Emissionskostenbelastung des Kapitals mit überwiegend mehr als 10% des Volumens beträchtlich erscheint.

Dabei liegt der Anteil der Genussrechtsemissionen bei den zusätzlich mittels Fremdvertrieb platzierten Emissionen deutlich höher als bei Schuldverschreibungsemissionen. Doch gerade Genussrechte werden überwiegend von jungen Unternehmen bzw. Startups des finanziellen Nichtbankensektors begeben, der im Branchenvergleich hinsichtlich Profitabilität und Eigenkapitalausstattung gleichermaßen am unteren Ende liegt. Nach Angabe eines Emittenten aus diesem Sektor in einem informellen Gespräch sei allerdings eine Platzierungsquote von nur 10 bis 15% des nominalen Emissionsvolumens branchenüblich. Des Weiteren deutet der Anteil der Emissionen, deren Verkaufsprospekte nicht im Rahmen dieser Untersuchung ausgewertet werden konnten – und die Gründe dafür – darauf hin, dass mit Informal-Private-Debt-Emissionen aus dem finanziellen Nichtbankensektor oftmals zweifelhafte Absichten mit ungewissem Erfolg verfolgt werden.[290]

Zu erwähnen ist dabei auch, dass die beiden einzigen ausgewerteten Emissionen, deren Emittent bis zum Zeitpunkt der Auswertung Insolvenz angemeldet hat, aus dem finanziellen Nichtbankensektor stammen.

Über die Emissionskosten der ausschließlich im Direktvertrieb platzierten Emissionen liegen bisher keine repräsentativen Ergebnisse vor. Nicht zuletzt deshalb ist eine Bewertung der Vorteilhaftigkeit von Informal Private Debt unter Kostengesichtspunkten aus Emittentensicht nicht abschließend möglich. Die Höhe der Renditeforderungen der Investoren kann aber bereits einem Vergleich mit anderen Finanzierungsformen unterzogen werden. Dieser Vergleich wird allerdings durch den durchgängigen Verzicht auf ein Rating erschwert. Dennoch kann für die Schuldverschreibungsemissionen festgestellt werden, dass deren Verzinsung mit zwischen rund 5 und 8% per annum im gesamten Untersuchungszeitraum über der Rendite börsennotierter Unternehmensanleihen von Unternehmen mit einem Rating im Investmentgrade-Bereich liegt.[291] Im Vergleich zu den Renditeerwartungen institutioneller Mezzanine-Investoren liegen die Renditeversprechen bei Informal Private Debt dagegen trotz des fehlenden Ratings deutlich niedriger. Hierzu ist im Rahmen der theoretischen Analyse zu prüfen, weshalb für Informal Private Debt von privaten Anlegern eine niedrigere Risikoprämie als von institutionellen Investoren gefordert wird, obwohl die Finanzierungstitel

al. (2005), S. 4-7.

290 Vgl. hierzu Abschnitt 3.1 mit den entsprechenden Verweisen.

291 Vgl. Cünnen, Andrea (2005c), S. 35; Cünnen, Andrea (2005b) sowie Cünnen, Andrea (2005a), S. 32.

faktisch nicht handelbar sind und kein Rating als Vergleichsmaßstab für das Rendite-/ Risikoverhältnis verfügbar ist.

Das ausschlaggebende Kriterium für Informal Private Debt dürfte neben Kosten-, Flexibilitäts- und Unabhängigkeitsaspekten aus Sicht der Emittenten die positive Einschätzung der Platzierbarkeit darstellen, da auf Grund der durchgängig fehlenden Platzierungsgarantie grundsätzlich Unsicherheit über die Höhe des platzierbaren Kapitals besteht. Die empirische Untersuchung zeigt, dass bei zusätzlicher Einschaltung von Finanzvertrieben oder -vermittlern größtenteils prohibitiv hohe Emissionskosten entstehen, der Platzierungserfolg dagegen ungewiss bleibt. Hinsichtlich der vollständigen Platzierung der ausschließlich in Eigenregie durch den Emittenten vermarkteten Titel sind nur einige wenige Schuldverschreibungsemissionen bekannt geworden, die zwar zumeist vollständig der typischen Ausstattung entsprechen, deren Emittenten aber hinsichtlich ihrer Art und Herkunft einige Besonderheiten aufweisen.

Die erste Gruppe bilden profitable Familienunternehmen mit langjähriger Firmentradition aus der Konsumgüterbranche, deren Unternehmen bzw. Produkte eine, wenn auch eine zum Teil regional beschränkte, hohe Bekanntheit in der Öffentlichkeit aufweisen.[292] Die vollständige Platzierung erfolgte bei diesen Unternehmen in einem überschaubaren Zeitraum, der sich von wenigen Tagen bis zu einigen Monaten erstreckte. Die zweite Gruppe der Unternehmen stammt aus dem Bereich der erneuerbaren Energien.[293] In diesem Zusammenhang fallen auch die vollständig platzierten Emissionen von Energie- und Wasserversorgern auf, mit denen ebenfalls zum Teil Projekte zur alternativen Energiegewinnung finanziert worden sind.[294] Diese Unternehmen appellieren an das Umweltbewusstsein der Anleger und versprechen die Verbindung von ökologischen und ökonomischen Vorteilen.

Die Energie- und Wasserversorger streben nach eigenen Angaben zusätzlich zu einer Diversifizierung der Unternehmensfinanzierung teilweise eine Steigerung der Kundenbindung an; sie haben den Investorenkreis sogar teilweise auf ihre bestehenden Kunden beschränkt.[295] Nicht zuletzt sind in diesem Zusammenhang die vollständig platzierten Emissionen aus dem Bereich der Entwicklungshilfe zu nennen, die nach eigenen Angaben als alternative, private

---

292 Vgl. hier und im Folgenden Cünnen, Andrea (2005b), o.V. (2005g) sowie o.V. (2005d), zitiert nach Pauly Biskuit AG online im Internet unter www.pauly-biskuit.de, Rubrik Presse vom 12.09.2006.

293 Vgl. beispielhaft o.V. (2006e) sowie o.V. (2005f).

294 Vgl. hier und im Folgenden o.V. (2005g), Hug, Ernst-Walter (2004), o.V. (2002a) sowie Kehmeier, Reinhard (2002).

295 In diesem Zusammenhang ist auch ein weiterer Emittent zu nennen, der zwar innerhalb von acht Monaten nur rund 50% des nominalen Emissionsvolumens der Schuldverschreibung platzieren konnte, aber explizit nach Kunden und Lieferanten als Investoren sucht, die dadurch stärker ans Unternehmen gebunden würden. Vgl. Ulrich, Corinne (2006), S.14f.

und gewinnorientierte Entwicklungshilfe-Unternehmen vorwiegend den Kontakt zu 'Gleichgesinnten' suchen.[296]

Daher ist im weiteren Verlauf der Arbeit im Besonderen der Frage nachzugehen, welche Faktoren über den Platzierungserfolg mittels Direktvertrieb beim Anlegerpublikum entscheiden bzw. welche Unternehmen sich besonders für Informal Private Debt eignen. Darüber hinaus wird untersucht, welche Implikationen sich aus der direkten Kontaktaufnahme bei der erstmaligen Platzierung bzw. aus der direkten Beziehung zwischen Emittent und Anleger während der Laufzeit in marketingpolitischer Hinsicht ergeben. Nicht zuletzt soll dabei auch näher beleuchtet werden, welche Rolle Naturalanteile als Bestandteil der Vergütungsansprüche spielen können.

Aus **Anlegersicht** stellt sich der klassischen Triade folgend die Frage nach dem Verhältnis von Sicherheit, Rentabilität und Liquidität von Informal Private Debt als Anlageform.[297] Im Hinblick auf die Ausgestaltung der Emissionen weisen Schuldverschreibungen und Genussrechte ein deutlich zu unterscheidendes Risikoprofil auf. Schuldverschreibungen gewähren typischerweise einen festen Zins- und Rückzahlungsanspruch. Da alle erfassten Emissionen in Euro begeben werden, unterliegen diese keinem Währungsrisiko für Anleger im Euro-Währungsgebiet. Die Bedienung der festen Zins- und Rückzahlungsansprüche hängt aber maßgeblich von der Zahlungsfähigkeit des Emittenten ab, d.h., das Ausfallrisiko (Zins- und Rückzahlungsrisiko) bzw. die Bonität des Emittenten sind entscheidend für die Erfüllung des Renditeversprechens.[298]

Vielfach fällt auf, dass in Werbeanzeigen und Verkaufsprospekten das fehlende Kursrisiko der Schuldverschreibungen betont wird. Im Vergleich zu börsennotierten Titeln ist dies zwar richtig. Es ist aber kritisch anzumerken, dass die Anlage in Informal Private Debt aber gerade deshalb keinem Kursrisiko unterliegt, da die Titel nicht in den Handel an einem organisierten Markt einbezogen werden. Wenn auch die erfassten Schuldverschreibungen grundsätzlich frei veräußerbar sind, muss faktisch in Ermangelung institutionalisierter Treffpunkte mit potenziellen Käufern mit der Illiquidität der Anlage bis zum Ende der Laufzeit gerechnet werden. Die im Vergleich zu börsennotierten Schuldverschreibungen tendenziell höheren Zinsansprüche müssen also neben der Prämie für das emittentenspezifische Ausfallrisiko

296 Vgl. o.V. (2004a), S. 22.

297 Die Triade wird auch als "magisches Dreieck" bezeichnet. Liquidität wird hierbei synonym zu Liquidierbarkeit verwendet. Rentabilität gilt hierbei als originäres Anlageziel, während das Sicherheits- und das Liquidierbarkeitsstreben als subsidiäre Anlageziele bestimmte Unsicherheiten (insbesondere hinsichtlich der Kontinuität der Rendite, Erhaltung des Kapitaleinsatzes, Halteperiode der Anlageform) betonen. Vgl. Oehler, Andreas (1995), S. 100f.

298 Vgl. auch Stüfe, Karin (1999), S. 13.

zusätzlich eine Prämie für die eingeschränkte Veräußerbarkeit der Anlage beinhalten. Inwiefern die nachhaltige Enttäuschung privater Anleger, die vielfach im Zuge der Schwierigkeiten in der 'New Economy' mit kursrisikobehafteten Aktien Kapital vernichtet haben und die sich auf der Suche nach hochverzinslichen Anlagealternativen befinden, beim Erwerb fest verzinslicher Schuldverschreibungen 'ohne Kursrisiko' eine Rolle spielt, ist im weiteren Verlauf der Arbeit zu untersuchen.[299]

Genussrechtsemissionen unterliegen aus Sicht der Anleger zusätzlich zu den bereits erwähnten Risiken bei der Anlage in Schuldverschreibungen typischerweise dem Risiko einer (ausreichenden) Erzielung und Ausschüttung von Gewinnen. Da die meisten Genussrechte außerdem am Verlust der Gesellschaft teilnehmen, unterliegt die Anlage auch dann einem Totalverlustrisiko, wenn der Emittent nicht zahlungsunfähig ist. Im Insolvenzfall dagegen sind zusätzlich die nachrangige Bedienung der Rückzahlungsansprüche und die fehlende Besicherung zu berücksichtigen. Obwohl die erfassten Genussrechte nicht wie bspw. Aktien an einer Steigerung des Unternehmenswerts teilnehmen (keinen Anteil am Liquidationserlös gewähren), stellt sich somit die Risikosituation für die Anleger vergleichbar mit der eines Gesellschafters eines nicht börsennotierten Unternehmens dar, ohne aber gesellschaftertypische Ein- oder Mitwirkungsrechte ausüben zu können.

Bei Informal Private Debt hängt die Attraktivität der Anlage also maßgeblich von der Einschätzung des unternehmensspezifischen Ausfallrisikos ab. Vor diesem Hintergrund erscheint es besonders überraschend, dass 45 der 67 Genussrechtsemissionen von Unternehmen begeben werden, die ihre operative Geschäftstätigkeit noch nicht bzw. erst seit kurzem aufgenommen haben. Denn hierbei erscheint es insbesondere für private Anleger nahezu als unmöglich, eine Einschätzung des Ausfallrisikos bzw. des künftigen Unternehmenserfolgs vorzunehmen. Im Gegensatz zu spezialisierten institutionellen Investoren, die für solche Frühphasenfinanzierungen umfangreiche Due Diligences durchführen und auf diese Art der Risikoeinschätzung spezialisiert sind, kann sich der private Anleger zum Zeitpunkt der Anlageentscheidung lediglich auf die im Verkaufsprospekt dargestellten Informationen und seine individuellen Erfahrungen mit dem jeweiligen Unternehmen berufen. Die Möglichkeit, sich auf die Reputation von institutionellen Finanz- und Informationsintermediären – insbesondere von Ratingagenturen – oder auf die Einlagensicherung zu verlassen, besteht hierbei nicht.

Wenn für unbedarfte private Anleger auch die formale Prüfung der Verkaufsprospekte durch die BaFin den Eindruck erwecken könnte, es handele sich um eine sichere Anlage, so ist an dieser Stelle nochmals ausdrücklich darauf hinzuweisen, dass die Prüfung sich nur auf

[299] Vgl. dazu ausführlich Abschnitt 2.2.3.

Vollständigkeit der Pflichtangaben und inhaltliche Kohärenz, nicht aber auf deren inhaltliche Richtigkeit bezieht. Eine Einschätzung der Bonität unterbleibt bei der formalen Prüfung durch die BaFin ebenfalls vollständig. Die Bedeutung einer Bonitätseinschätzung vor Vertragsabschluss durch den Anleger selbst hat darüber hinaus einen überragenden Stellenwert, weil selbst wenn der Anleger während der Haltedauer zu einer negativeren Risikoeinschätzung käme, dies doch zumeist folgenlos bleiben müsste, da die Veräußerbarkeit bis zum Ende der (Mindest-)Laufzeit entweder explizit ausgeschlossen oder zumindest faktisch stark eingeschränkt ist.

Im weiteren Verlauf der Arbeit ist zu prüfen, inwieweit die Risiken der Anlage in Informal Private Debt im Streben nach Rendite von privaten Anlegern vernachlässigt werden. Dabei sind neben eventuell irrationalen Entscheidungskriterien Faktoren zu untersuchen, anhand derer die positivere Einschätzung des Rendite-/Risikoverhältnisses durch private Anleger im Vergleich zu institutionellen Investoren erklärt werden kann.

4 Theoretische Erklärungsansätze und Thesenbildung

Im vierten Kapitel werden die bisherigen Erkenntnisse allen problemrelevanten Theorien gegenübergestellt. Sie wurden einerseits mit Hilfe der Untersuchung des Entstehungszusammenhangs im Kontext des Wandels der Finanzierungsmärkte sowie andererseits aus der empirischen Untersuchung der bisherigen Informal-Private-Debt-Transaktionen gewonnen. Damit wurde dem Leser ein breiter Zugang zu relevanten Fragestellungen gewährt. Die weitere theoretische Auseinandersetzung kann vor diesem Hintergrund problemfokussiert erfolgen mit dem Ziel, fundierte Thesen zu Funktionen, Eignung und Gestaltung von Informal Private Debt zu bilden. Auf eine extensive Darstellung theoretischer Grundlagen wird insofern zu Gunsten einer problem- und zielorientierten theoretischen Analyse bewusst verzichtet.

Zunächst wird Informal Private Debt dazu im Spannungsfeld zwischen Finanzierung und Marketing skizziert und die Auswahl der betrachteten Theoriebausteine begründet (Abschnitt 4.1). Die problemrelevanten Aspekte der Theorien werden im nächsten Schritt gezeigt (Abschnitte 4.2 bis 4.5). Den theoretischen Ausführungen schließt sich jeweils mit der Gegenüberstellung der Ergebnisse aus der empirischen Untersuchung eine Würdigung des Erkenntnisgewinns an. Die daraus entwickelten Erkenntnisse werden in Thesen zu Funktionen, Eignung und Gestaltung von Informal Private Debt gefasst und in Abschnitt 4.6 dargestellt.

4.1 Informal Private Debt im Spannungsfeld zwischen Finanzierung und Marketing

Im zweiten Kapitel wurde Informal Private Debt maßgeblich als marktliche und prozessuale Finanzinnovation charakterisiert. Die Darstellung des Entstehungszusammenhangs von Informal Private Debt im Zuge des Wandels der Finanzierungsmärkte zeigte trotz der Vielzahl anderer Finanzinnovationen unbefriedigte Finanzierungsbedürfnisse besonders von KMU, welche den gestiegenen Anforderungen der Banken vor allem hinsichtlich Eigenkapitalausstattung, Sicherheitenstellung und/oder Transparenz nicht ausreichend Rechnung tragen (wollen oder können). Die Finanzierung ist für diese Unternehmen zum Engpassfaktor ihrer unternehmerischen Tätigkeit geworden. Im Gegensatz zu Großunternehmen konnten sie bisher ihrem Streben nach einer Diversifizierung der Unternehmensfinanzierung noch nicht ausreichend Rechnung tragen.

Die empirische Untersuchung hat gezeigt, dass Informal Private Debt zwar kein 'Allheilmittel' zur Befriedigung der Finanzierungswünsche von KMU darstellt, unter gewissen Voraussetzungen aber erfolgreich eingesetzt worden ist. Welche Funktionen Informal Private Debt im Zuge der Diversifizierung der Unternehmensfinanzierung erfüllen kann, ist zentraler Gegenstand der theoretischen Untersuchung. Unter welchen Umständen diese Funktionen erfüllt werden können, soll Aufschluss über die Eignung von Unternehmen und die Gestaltung von Informal Private Debt geben. Da im Gegensatz zu herkömmlichen Emissionen die Vermarktung in Eigenregie an eine Vielzahl privater Anleger erfolgt, gerät die Frage der Eigenvermarktung zur Sicherstellung einer vollständigen Platzierung des beabsichtigten Emissionsvolumens ebenfalls in den Mittelpunkt der Betrachtung. So ist dahingehend zu prüfen, inwiefern unter ökonomischen Gesichtspunkten Ansatzpunkte für den Verzicht auf die Inanspruchnahme von Fremdleistungen durch Finanzintermediäre bei der Vermarktung der Finanzierungstitel bestehen. Im Rahmen der empirischen Untersuchung hat sich aber auch gezeigt, dass im Rahmen von Informal-Private-Debt-Transaktionen nicht nur finanzwirtschaftliche Ziele eine Rolle spielen, sondern auch das marketingpolitische Ziel einer Steigerung der Kundenbindung verfolgt wird.

Die **traditionelle Finanzierungstheorie** stellt den Ausgangspunkt der theoretischen Untersuchung dar. Da die klassische Finanzierungstheorie sich im Wesentlichen auf die Beschreibung von herkömmlichen Finanzierungsinstrumenten beschränkt, wird auf Grund des zu erwartenden mangelnden Erkenntnisgewinns auf eine Darstellung verzichtet. In der neoklassischen Theorie wird zwar die Irrelevanz von Finanzierungsentscheidungen unter der Annahme vollkommener Märkte gezeigt. Die kritische Auseinandersetzung mit den dafür notwendigen Annahmen bildet aber eine unabdingbare Grundlage für die weitere theoretische Untersuchung. Die moderne Institutionen- und Informationsökonomie setzt ihre Kritik an der neoklassischen Finanzierungstheorie hinsichtlich der Annahme vollständiger und gleichverteilter Informationen sowie am Fehlen von Transaktionskosten an. Im Rahmen dieser Kritik wird u.a. die Existenz von Finanzintermediären begründet und erklärt. Durch die Darstellung dieser Erklärungsansätze und der damit verbundenen Annahmen sollen insbesondere Ansatzpunkte für den Verzicht auf die Einschaltung von Finanzintermediären aufgezeigt werden, der für Informal Private Debt als charakteristisch anzusehen ist. Dazu werden auch neuere theoretische Ansätze untersucht, die sich explizit mit dem Prozess der Disintermediation auseinandersetzen. Die Theorie unvollständiger Verträge bietet mit der Betrachtung langfristiger Finanzierungsbeziehungen weiteren Raum für einen Erkenntnisgewinn hinsichtlich der Funktionen von Informal Private Debt. In der Theorie unvollständiger Verträge werden zusätzlich zu den vorgenannten Kritikpunkten weitere restriktive Annahmen gelockert. Unter Berücksichtigung der Tatsache, dass zum Zeitpunkt eines Vertragsabschlusses nicht alle zukünftigen Umweltzustände abgebildet werden können und eine Nachverhandlung von Finanzierungsverträgen nicht generell ausgeschlossen werden kann, werden weitergehende Erkenntnisse hinsichtlich der Determinanten zur optimalen Gestaltung von Finanzierungsverträgen, zur optimalen Anzahl der Kapitalgeber sowie zum Einsatz von Finanzintermediären generiert. So verspricht die Auseinandersetzung mit diesen Ansätzen einen weitergehenden Erkenntnisgewinn hinsichtlich der Funktionen, der Eignung für und der Gestaltung von Informal Private Debt.

Die **Behavioral Finance** als neue Forschungsrichtung der Finanzierungstheorie greift auf verhaltenswissenschaftliche Erkenntnisse zurück und nähert sich somit aus einer Finanzperspektive dem Gedankengut des Marketings an.[300] Die in der traditionellen Finanzierungstheorie vorherrschende Annahme der rationalen Erwartungsbildung und der Erwartungsnutzenmaximierung wird unter Berücksichtigung von realistischeren Annahmen zum menschlichen Verhalten aufgegeben.[301] Dadurch erklären sich auch irrational anmutende Anlageentscheidungen. Die Auseinandersetzung mit Informal Private Debt aus dem Blickwinkel der Behavioral Finance bringt weiterführende Erkenntnisse zur Funktionsweise und zu gestalterischen Fragen der Vermarktung hervor. Darüber hinaus wird mit Hilfe der Behavioral Finance aber auch die Gefahr irrationalen Handelns bewusst gemacht, der insbesondere private Anleger im Rahmen von Anlageentscheidungen ausgesetzt sind. Nicht zuletzt liefert die Behavioral Finance in Anbetracht dieser Gefahr auch Ansatzpunkte zur Verbesserung der einschlägigen Anlegerschutzbestimmungen.

Die besondere Rolle der Reputation wird im Anschluss daran untersucht. Ausgangspunkt der Auseinandersetzung mit dem Konstrukt der Reputation bilden Defizite bei der Bereitstellung glaubwürdiger Informationen durch die Emittenten sowie das Fehlen wirksamer Kontroll-, Ein- und Mitwirkungsrechte oder Sicherungsinstrumente. In der traditionellen Finanzierungstheorie findet die Reputation als ökonomisches Kosten-Nutzen-Kalkül Eingang in die Betrachtung langfristiger Finanzierungsbeziehungen und wird im Wesentlichen innerhalb dieser untersucht. Eine hohe finanzspezifische Reputation ermöglicht dabei einen teilweisen Verzicht auf die Bereitstellung von Informationen sowie auf kostenträchtige Kontrollmechanismen und kann zu einer Reduzierung der Finanzierungskosten führen. Ist eine finanzspezifische Reputation des Emittenten nicht ersichtlich, stellt sich allerdings die Frage nach der Übertragbarkeit der Reputation auf Basis unternehmerischer Aktivitäten jenseits der Finanzierungsmärkte. Zu diesem Zweck wird der Reputation ein erweitertes Verständnis zugrunde gelegt, das in einem engen Verhältnis zur Unternehmensmarke (Corporate Brand) steht. Insofern lassen sich wiederum im Rückgriff auf die Marketingtheorie

300 Vgl. Kranz, Marcel (2004), S. 23.

301 Dies widerspricht dem in der traditionellen Finanzierungstheorie zugrunde gelegten Menschenbild des 'Homo oeconomicus'. Siehe dazu Abschnitt 4.3.

bzw. auf verhaltenswissenschaftliche Erkenntnisse der Behavioral Finance wertvolle Erkenntnisse hinsichtlich der Eignung für und Gestaltung von Informal Private Debt gewinnen.

Zur **marketingpolitischen Gestaltung und Nutzung von Informal Private Debt** wird auf das Instrumentarium des Marketings zurückgegriffen. In einem breiten Verständnis des Finanzierungsmarketings können alle Gestaltungsfragen im taktischen Finanzierungs-Marketingmix systematisiert werden. In Analogie zum Güter- bzw. Dienstleistungsmarketing stehen dazu die Instrumente der Produkt-, Preis-, Distributions- und Kommunikationspolitik zur Verfügung. Der Einsatz dieser Instrumente muss sich einerseits an den Bedürfnissen der privaten Anleger orientieren, um die vollständige Platzierung der Emission zu gewährleisten. Zum anderen muss sichergestellt werden, dass aus dem Direktvertrieb, der mit einem weitgehenden Verzicht auf die Vermarktung durch Finanzintermediäre verbunden ist, keine prohibitiv hohen Finanzierungskosten entstehen und die finanzwirtschaftlichen Ziele bestmöglich erfüllt werden. Die Nutzung von Informal Private Debt zur Steigerung der Kundenbindung als marketingpolitisches Ziel bildet den Abschluss der theoretischen Untersuchung. Hierbei steht im Mittelpunkt, welche Ansatzpunkte Informal Private Debt insbesondere durch den direkten Kontakt zwischen Unternehmen und privatem Anleger im Rahmen des Direktvertriebs bzw. der Finanzierungsbeziehung bietet und wie diese in der marketingpolitischen Gestaltung von Informal-Private-Debt-Transaktionen Berücksichtigung finden können.

So kann zusammenfassend konstatiert werden, dass Informal Private Debt auf mehreren Ebenen im **Spannungsfeld zwischen Finanzierung und Marketing** steht (siehe Abbildung 42). Erstens werden mit Informal Private Debt sowohl marketingpolitische als auch finanzwirtschaftliche Ziele verfolgt. Informal Private Debt steht damit in einer funktionalen Ebene im Spannungsfeld zwischen Marketing und Finanzierung. Zweitens gewinnen in der theoretischen Analyse ausgehend von der neoklassischen Finanzierungstheorie durch die sukzessive Einführung von realitätsnaheren Annahmen marketingtheoretische Erkenntnisse zur Überwindung von Marktfriktionen bei Informal-Private-Debt-Transaktionen zunehmend an Bedeutung. Drittens bietet die instrumentelle Sicht des Marketing mit dem Marketingmix ein Instrumentarium zur Systematisierung sowohl der finanzwirtschaftlichen als auch der marketingpolitischen Gestaltungsfragen, wobei diese in unterschiedlichem Ausmaß von finanzierungs- bzw. marketingtheoretischen Erkenntnissen geprägt sind.

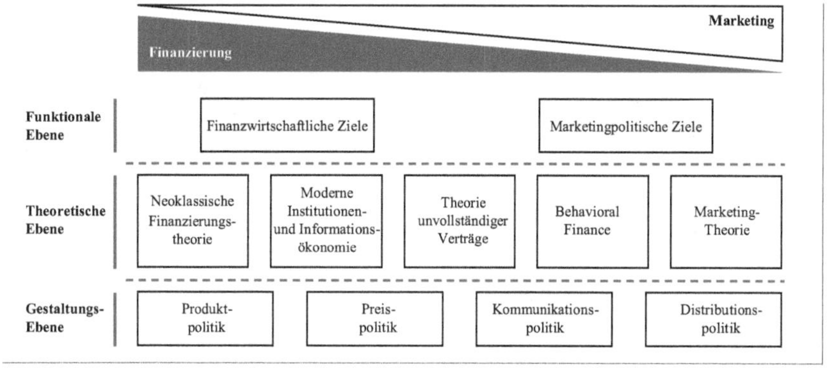

Abbildung 42: Informal Private Debt im Spannungsfeld zwischen Finanzierung und Marketing[302]

4.2 Informal Private Debt im Spiegel der traditionellen Finanzierungstheorie

Zunächst wird Informal Private Debt im Spiegel der traditionellen Finanzierungstheorie untersucht. Dazu wird zuerst kurz auf die neoklassische Finanzierungstheorie eingegangen, welche zwar selbst keinen Erklärungsgehalt für Informal Private Debt aufweist, aber eine Grundlage für die weitere theoretische Untersuchung bildet (Abschnitt 4.2.1). Auf dieser Basis werden die grundsätzlichen Problemstellungen der Forschungsrichtungen in der modernen Institutionen- und Informationsökonomie skizziert, die aus der Kritik der neoklassischen Theorie an der Annahme vollständiger und gleichverteilter Informationen sowie am Fehlen von Transaktionskosten resultieren. Den zentralen Bestandteil dieses Abschnitts bildet die Darstellung der Erklärungsansätze für Finanzintermediäre sowie der Erklärungsansätze, die sich mit dem Prozess der Disintermediation beschäftigen. Dadurch werden wesentliche Ansatzpunkte herausgearbeitet, die einen Wandel der und partiellen Verzicht auf Intermediationsleistungen ermöglichen bzw. befördern (Abschnitt 4.2.2). Mit der Theorie unvollständiger Verträge können dynamische Prozesse in Finanzierungsbeziehungen einbezogen werden. Unter Berücksichtigung dieser Aspekte und der aus ihnen resultierenden Anreizprobleme können wesentliche Determinanten von Finanzierungsverträgen, der Kapitalstruktur sowie der Art und Anzahl von Kapitalgebern erklärt werden (Abschnitt 4.2.3). In Abschnitt 4.2.4 wird der Erkenntnisgewinn aus der traditionellen Finanzierungstheorie gewürdigt.

302 Eigene Darstellung.

4.2.1 Neoklassische Finanzierungstheorie

Die neoklassische Finanzierungstheorie bildet mit der Betrachtung von Finanzierungsentscheidungen unter Unsicherheit den eigentlichen Ausgangspunkt der modernen Finanzierungstheorie.[303] In ihrem als Meilenstein zu bezeichnenden Artikel zeigen *Modigliani/Miller* 1958 unter sehr restriktiven Annahmen die Irrelevanz der Kapitalstruktur für den Marktwert eines Unternehmens.[304] Der Auswahl bestimmter Finanzierungsinstrumente kommt demnach ebenfalls keinerlei Bedeutung zu.[305] Wie im Falle des Irrelevanztheorems basieren die Ansätze der neoklassischen Finanzierungstheorie grundsätzlich auf der zentralen Annahme vollkommener Kapitalmärkte sowie auf weiteren modellspezifischen restriktiven Annahmen.[306]

Vollkommene Kapitalmärkte lassen sich durch das Fehlen von Transaktionskosten, die beliebige Teilbarkeit und Handelbarkeit von Finanzierungstiteln (nach Umfang, Höhe, zeitlicher Struktur und Risiko) und den unbeschränkten Zugang der Marktteilnehmer charakterisieren.[307] Auf einem vollkommenen Markt bilden alle Marktteilnehmer homogene Erwartungen, da sie ausschließlich ökonomisch rationale Präferenzen aufweisen und vollständig, gleichartig und kostenlos über alle am Markt verfügbaren Titel in ihrer Struktur und dem damit verbundenen Risiko informiert sind.[308] Die verfügbaren Finanzierungstitel können durch das Vorliegen eines perfekten Wettbewerbs zu einheitlichen Gleichgewichtspreisen ge- und verkauft werden. Preisliche Änderungen sind sofort allen Marktteilnehmern bekannt und verschwinden in einem unendlich schnellen Arbitrageprozess wie durch eine 'unsichtbare Hand', so dass die Marktteilnehmer nur als Mengenanpasser agieren können. Damit herrscht in der neoklassischen Modellwelt vollkommene Allokationseffizienz[309], in der das Kapital wie von selbst den direkten Weg zu seiner optimalen Verwendung findet.

---

303 Vgl. hier und im Folgenden Breuer, Wolfgang A. (1997), S. 608.

304 "[...] the market value of any firm is independent of its capital structure [...]. [...] cost of capital to any firm is completely independent of its capital structure [...]." Modigliani, Franco und Miller, Merton H. (1958), S. 268f.

305 "[...] the type of instrument used to finance an investment is irrelevant [...]." Modigliani, Franco und Miller, Merton H. (1958), S. 292.

306 Vgl. zu den Annahmen auch beispielhaft die Ausführungen zum Capital Asset Pricing Model (CAPM) als weiterem wesentlichen Vertreter der neoklassischen Finanzierungstheorie in Breuer, Wolfgang (1993), S. 55. Zur Erläuterung der Kapitalkostenermittlung mit dem CAPM vgl. Weber, Martin und Schiereck, Dirk (1993), S. 132-149.

307 Die Merkmale vollkommener Märkte basieren auf den Erkenntnissen/Annahmen klassischer bzw. neoklassischer Gleichgewichtsmodelle, auf die im Rahmen dieser Arbeit nicht eingegangen wird. Vgl. zu den wesentlichen Modellen z.B. von Daniels, Holger (2004), S. 63-67 und die darin enthaltenen Verweise.

308 Vgl. hier und im Folgenden Burchert, Heiko; Hering, Thomas, et al. (1998), S. 242, 246.

309 Vollkommene Allokationseffizienz bedeutet, dass eine Nutzenerhöhung weder durch Veränderung individueller Entscheidungen zwischen Konsum und Sparen (intertemporale Ressourcenallokation) noch

Für die Gültigkeit des Irrelevanztheorems von *Modigliani/Miller* müssen darüber hinaus weitere modellspezifische Annahmen gleichermaßen erfüllt sein. Zum einen wird die Möglichkeit zur Verschuldung zu einem risikofreien Zinssatz für Unternehmen und Anleger vorausgesetzt.[310] Des weiteren sind die Investitionspläne der Unternehmen, die homogenen Risikoklassen zugeordnet werden, exogen vorgegeben.[311] Zum anderen werden weder Insolvenzrisiken noch finanzierungsabhängige Steuern berücksichtigt.[312] Während ein hoher Verschuldungsgrad unter Vernachlässigung von Insolvenzkosten unter den gegebenen Annahmen weiterhin irrelevant erscheint, legt die Berücksichtigung der steuerlichen Abzugsfähigkeit von Zinsen eine vollständige Fremdfinanzierung nahe. Bereits *Modigliani/Miller* weisen 1963 selbst darauf hin, dass Fremdfinanzierung aus steuerlichen Gründen zwar in der Regel günstiger als Eigenfinanzierung sein wird. Dennoch raten die Autoren von einer vollständigen Fremdfinanzierung mit dem Hinweis auf die Erhaltung der Flexibilität bzw. der späteren Verschuldungsmöglichkeit und auf mögliche nicht betrachtete Dimensionen der Finanzierungsentscheidung ab.[313] Auch spätere Arbeiten der neoklassischen Finanzierungstheorie, welche mit der Berücksichtigung von Insolvenzkosten und Steuern ein Optimierungskalkül für den Verschuldungsgrad aufzeigen, liefern ebenfalls keine befriedigenden Ergebnisse hinsichtlich der Relevanz von Finanzierungsentscheidungen, zumal Insolvenzkosten keine signifikante Bedeutung für den Marktwert eines Unternehmens nachgewiesen wurde.[314]

Ohne auf die Annahmen der neoklassischen Ansätze an dieser Stelle näher einzugehen, scheint die Realität auf den Finanzierungsmärkten offensichtlich komplexere Strukturen aufzuweisen. Die Unvollkommenheiten und Unvollständigkeiten der realen Welt werden in der neoklassischen Theorie annahmegemäß ausgeschlossen, so dass ihr Erklärungsgehalt hinsichtlich der Existenz von Finanzinnovationen, der Funktionen von Finanzintermediären oder der Gestaltung von gesetzlichen Rahmenbedingungen als äußerst beschränkt anzusehen ist.[315] *Modigliani/Miller* selbst erkennen an, dass in der Realität die Bedingungen des perfekten Wettbewerbs und des einfachen Zugangs zum Kapitalmarkt nur für eine kleine Gruppe von Unternehmen auch nur annähernd gelten.[316] Die getroffenen Aussagen sollten deshalb nicht als endgültig und absolut verstanden werden, sondern vielmehr zu einer kritischen Auseinandersetzung mit den zugrunde liegenden Annahmen einladen, um

durch Umverteilung des verfügbaren Kapitals zwischen Investitionsalternativen (Kapitalallokation) erhöht werden kann. Zitiert nach Korte, Holger (2004), S. 10.

310 Vgl. Modigliani, Franco und Miller, Merton H. (1958), S. 268.

311 Vgl. Modigliani, Franco und Miller, Merton H. (1958), S. 266.

312 Vgl. hier und im Folgenden Modigliani, Franco und Miller, Merton H. (1958), S. 272f.

313 Vgl. Modigliani, Franco und Miller, Merton H. (1963), S. 442.

314 Zur Bedeutung der Insolvenzkosten bzw. zur Erläuterung der sog. Trade-off Theorie vgl. Kudla, Ralph (2005), S. 38-40 und die darin enthaltenen Verweise.

315 Vgl. Burchert, Heiko; Hering, Thomas, et al. (1998), S. 242 und die darin enthaltenen Verweise.

316 Vgl. hier und im Folgenden Modigliani, Franco und Miller, Merton H. (1958), S. 296.

Erkenntnisse größerer Realitätsnähe und Relevanz zu gewinnen. Dieser Einladung wird in den nächsten Abschnitten mit dem Ziel der theoretisch fundierten Bildung von Thesen zu Funktionen, Eignung und Gestaltung von Informal Private Debt gefolgt.

4.2.2 Moderne Institutionen- und Informationsökonomie

Die moderne Institutionen- und Informationsökonomie erklärt die Existenz und Wirkungsweise von finanziellen Institutionen und Finanzierungsinstrumenten.[317] Die auch als neoinstitutionalistischen Ansätze bekannten Theorien bauen auf den Erkenntnissen der neoklassischen Finanzierungstheorie auf, setzen aber hinsichtlich derer Annahmen an zwei Hauptkritikpunkten an: dem Fehlen von *Transaktionskosten* (1) sowie an der *Vollständigkeit* und *symmetrischen Verteilung von Informationen* zwischen Kapitalgebern und -nehmern (2). Erst die Berücksichtigung und Analyse der Kosten, die im Rahmen von Austauschbeziehungen entstehen, sowie der Anreizwirkungen, die sich aus (einseitig verteilten) Informationsdefiziten für die beteiligten Parteien ergeben, bietet Erklärungen für die Einschaltung von Finanzintermediären und für den Einfluss gesetzlicher Rahmenbedingungen auf die Unternehmensfinanzierung.[318] Deshalb werden zunächst kurz die Problemstellungen der wesentlichen Forschungsrichtungen der Institutionen- und Informationsökonomie skizziert, um im Anschluss daran näher auf die daraus entstandenen Erklärungsansätze für die Einschaltung von Finanzintermediären sowie für den Verzicht auf/Wandel von deren Leistungen einzugehen. Zu diesem Zweck werden auch neuere Erklärungsansätze herangezogen, welche sich explizit dieser unter Disintermediation bekannten Tendenz widmen.

Die **Transaktionskostentheorie** geht auf die grundlegende Erkenntnis zurück, dass Austauschbeziehungen auf einer vertraglichen Basis (Transaktionen) mit Kosten verbunden sind.[319] Im Mittelpunkt dieses Ansatzes steht die Frage, ob eine Transaktion über den Markt oder über eine Institution mit hierarchischer Ordnung (Unternehmen) kostengünstiger zu koordinieren ist.[320] Transaktionskosten entstehen bereits vor Vertragsabschluss in der Phase der Anbahnung und Vorbereitung (Informationskosten, Suche nach geeigneten Vertragspartnern) und in der Vereinbarungsphase (Verhandlungskosten, Vertragserstellung). Nach Vertragsabschluss entstehen Abwicklungskosten (Kosten des Leistungsaustausches), Überwachungskosten (Kontrolle der Einhaltung der Vertragsbestimmungen) sowie Anpas-

[317] Vgl. hier und im Folgenden Perridon, Louis und Steiner, Manfred (1999), S. 512.
[318] Vgl. auch Burchert, Heiko; Hering, Thomas, et al. (1998), S. 242.
[319] Vgl. Coase, R.H. (1937), S. 390 sowie Demsetz, Harold (1968), S. 33.

sungskosten (durch mögliche nachträgliche Vertragsmodifikationen).[321] Die Höhe der Transaktionskosten wird maßgeblich von den Informations- und Kommunikationsaktivitäten bestimmt, die in den einzelnen Phasen der Transaktion anfallen.[322] Die Ausprägung der Transaktionsdimensionen Faktorspezifität/strategische Bedeutung, Häufigkeit, Unsicherheit sowie die soziokulturelle und technische Atmosphäre determiniert wiederum Notwendigkeit und Kostenintensität dieser Aktivitäten.[323]

Als eine der wichtigsten Grundlagen für die Analyse der Anreizwirkungen aus der asymmetrischen Informationsverteilung zwischen Kapitalnehmern und -gebern gilt die **Property-Rights-Theorie**, die auf *Alchian* und *Demsetz* zurückgeht.[324] Güter und Unternehmen werden als (teilbare) Bündel von Eigentums-, Nutzungs- und Übertragungsrechten (Property Rights) charakterisiert.[325] Die Effizienzanalyse rechtlicher und institutioneller Regelungen steht im Mittelpunkt der Property-Rights-Theorie.[326]

Die **Agency-Theorie** beschäftigt sich mit der Delegation dieser Property Rights im Rahmen von Auftragsbeziehungen.[327] Finanzierungsbeziehungen werden in diesem Zusammenhang als Principal-Agent-Beziehung charakterisiert bspw. zwischen der Geschäftsführung (Agent) und externen Kapitalgebern (Principals), in welcher der Agent einen Informationsvorsprung besitzt.[328] Die Annahme asymmetrischer Informationsverteilung trägt der Beobachtung in der Realität Rechnung, dass die Geschäftsführung grundsätzlich über bessere Informationen über die Qualität des Unternehmens verfügt und externe Kapitalgeber Güte und Verhalten der Geschäftsführung nicht vollständig beobachten können. Für Agenten ergibt sich dadurch ein Handlungsspielraum, der im Streben nach persönlicher Nutzenmaximierung zu Ungunsten des Principals genutzt werden kann.[329] Unsicherheit über Qualität und Verhalten des Agenten werden aber vom rational handelnden Principal antizipiert und bei der Finanzierungsentscheidung bzw. der Vertragsgestaltung berücksichtigt, so dass ggf. eine für beide vorteilhafte Finanzierungsbeziehung erst gar nicht zustande kommt. In der finanziellen Agency-Theorie werden deshalb unterschiedliche Ausprägungen von Informationsasymmetrien bzw.

320 Vgl. Coase, R.H. (1937), S. 392 sowie Demsetz, Harold (1968), S. 33f.; Coase gilt als Begründer der Transaktionskostentheorie. Vgl. Trauten, Andreas (2004), S. 10.

321 Vgl. hier und im Folgenden Trauten, Andreas (2004), S. 10 sowie Perridon, Louis und Steiner, Manfred (1999), S. 513 und die darin enthaltenen Verweise.

322 Vgl. hier und im Folgenden auch Korte, Holger (2004)S. 12f. und die darin enthaltenen Verweise insbesondere zu den Beiträgen von Williamson, der wesentlich zur Operationalisierung der ursprünglichen Ideen von Coase beigetragen hat.

323 Vgl. Trauten, Andreas (2004), S. 10.

324 Vgl. Alchian, Armen A. und Demsetz, Harold (1973), S. 16-27.

325 Vgl. Alchian, Armen A. und Demsetz, Harold (1973), S. 17f.

326 Vgl. Perridon, Louis und Steiner, Manfred (1999), S. 513 sowie Alchian, Armen A. und Demsetz, Harold (1973), S. 22.

327 Vgl. Hannß, Josephin (1995), S. 185.

328 Vgl. Breid, Volker (1995), S. 823.

Verhaltensunsicherheiten untersucht, um daraus Rückschlüsse auf die anreizkompatible Gestaltung von Finanzierungsbeziehungen zu ziehen.[330]

Nach dem Zeitpunkt der Entstehung lassen sich verschiedene Typen von Informationsasymmetrien bilden, die allerdings in der Realität häufig gemeinsam auftreten und nicht überschneidungsfrei abzugrenzen sind. Vor dem Vertragsabschluss besteht von Seiten der potenziellen Kapitalgeber Unsicherheit über relevante Qualitätseigenschaften des kapitalsuchenden Unternehmens (*Hidden Characteristics*). Auf Grund des geringeren Informationsstandes über die Bonität des Unternehmens werden Kapitalgeber von einer durchschnittlichen Bonität des Unternehmens ausgehen, wobei dadurch für überdurchschnittlich gute Unternehmen ein Anreiz zum Marktaustritt mit der Folge sinkender durchschnittlicher Bonität der kapitalsuchenden Unternehmen besteht (*Adverse Selection*). Dies kann im Extremfall zum vollständigen Marktzusammenbruch führen.[331] Dem Problem der adversen Selektion kann das kapitalsuchende Unternehmen begegnen, indem es glaubwürdige Signale aussendet (*Signaling*[332]) oder mehrere Finanzierungsalternativen zur Auswahl anbietet (*Self Selection*[333]). Der Kapitalgeber kann auf der anderen Seite versuchen, sich Informationen über die Bonität des Unternehmens zu beschaffen (*Screening*).

Nach dem Vertragsabschluss besteht Unsicherheit über das Verhalten des Agenten, da sein Verhalten nicht (vollständig) beobachtbar ist und das Ergebnis seiner Leistung auch auf exogene Faktoren zurückzuführen ist (*Hidden Action*). Das Risiko der opportunistischen Nutzung dieses nicht durch den Principal beobachtbaren Handlungsspielraums zu seinem Nachteil wird als *Moral Hazard* bezeichnet. Moral Hazard kann von Seiten des Principals durch die Einführung von Anreizsystemen und der Überwachung/Verhaltenskontrolle vermindert werden (*Monitoring*).[334] Von Seiten des Agenten kann eine vertragliche Selbstbindung (z.B. Covenants) angeboten werden, die bestimmte Verhaltensweisen ausschließt (*Bonding*).

Die angesprochenen Maßnahmen zur Reduzierung der Informationsasymmetrien verursachen aber i.d.R. Kosten (Transaktionskosten), die mit zunehmendem Detaillierungsgrad der zugrunde liegenden Vereinbarung sowie mit zunehmender Anzahl der beteiligten Parteien steigen.[335] Auch bei optimalem Einsatz dieser Maßnahmen verbleibt ein Residualverlust, der aus suboptimalen Entscheidungen des Agenten im Vergleich zum Maximalnutzen des

329 Vgl. zu den grundlegenden Annahmen der Agency-Modelle Hannß, Josephin (1995), S. 185-191.
330 Vgl. Perridon, Louis und Steiner, Manfred (1999), S. 514.
331 Akerlof zeigt das Problem der Adverse Selection eindrucksvoll am Beispiel des Gebrauchtwagenmarkts auf. Vgl. Akerlof, George A. (1970), S. 488-500.
332 Vgl. Leland, Hayne E. und Pyle, David H. (1977), S. 371f.
333 Vgl. hier und im Folgenden Perridon, Louis und Steiner, Manfred (1999), S. 515.
334 Vgl. hier und im Folgenden Jensen, Michael C. und Meckling, William H. (1976), S. 308ff.
335 Vgl. Jensen, Michael C. und Meckling, William H. (1976), S. 308f. sowie 337f.

Principals bei symmetrischer Informationsverteilung entsteht. Die *Agency Costs* bestehen damit aus *Monitoring*, *Bonding Costs* und *Residual Loss*.[336]

Bereits in den grundlegenden Beiträgen zur Transaktionskostentheorie, zur Property-Rights-Theorie und zur Agency-Theorie sind erste Hinweise enthalten, die auf die Existenz von Finanzintermediären hindeuten. *Alchian/Demsetz (1973)* führen dazu aus, dass auf Grund von Unterschieden in der Erwartungshaltung von Investoren ggü. einem Unternehmen ein differenziertes Angebot verschiedener Finanzierungsinstrumente für Pessimisten und Optimisten nutzenmaximierend wirkt, da Transaktionskosten den Investor daran hindern, seiner individuellen Erwartungshaltung optimal durch den Handel von Finanzierungstiteln am Kapitalmarkt Rechnung zu tragen. In dieser Hinsicht könnte Finanzintermediären die Funktion zukommen, die ursprünglich durch das Unternehmen begebenen Finanzierungstitel in einen Mix umzuwandeln, welcher der Erwartungshaltung der Investoren entspricht.[337] *Jensen/Meckling (1976)* sehen eine Existenzberechtigung von Finanzintermediären in der spezialisierten Durchführung des Monitorings durch Institutionen, die darin komparative Vorteile aufweisen.[338] Sie negieren aber eine Existenzberechtigung von Wertpapieranalysten, die auf Basis öffentlich zugänglicher Informationen agieren, da die Suche nach unter- oder überbewerteten Titeln in gleicher Weise von Investoren selbst erfolgen könne. Auch *Akerlof* weist in seinem vielbeachteten Artikel bereits 1970 im Zusammenhang mit dem Problem der adversen Selektion darauf hin, dass Vertrauen als Voraussetzung wirtschaftlichen Handelns unter Unsicherheit eine wichtige Rolle spielt. In der vertrauensvollen Unterscheidung von guter und schlechter Qualität sieht *Akerlof* deshalb eine Existenzberechtigung spezialisierter ökonomischer Institutionen.[339]

Diese Hinweise sind lediglich als Vorläufer der **Erklärungsansätze für Finanzintermediäre** zu verstehen, welche die Funktionen von Finanzintermediären in Modelle fassen.[340] *Benston/Smith (1979)* erklären die Existenz von Finanzintermediären erstmals ausführlich mit ihrer transaktionskostensenkenden Wirkung für die Beteiligten.[341] Bei der Durchführung von Transaktionen weisen nach *Benston/Smith* Finanzintermediäre vor allem in drei Punkten Vorteile auf. Für die Marktteilnehmer verringern sich erstens die Kosten der Suche nach geeigneten Vertragspartnern, da Finanzintermediäre die Anzahl der Transaktionsbeziehungen senken.[342] Ein zweiter Vorteil besteht darin, dass Finanzintermediäre durch ihre

---

336 Vgl. Jensen, Michael C. und Meckling, William H. (1976), S. 308.
337 Vgl. Alchian, Armen A. und Demsetz, Harold (1973), S. 26.
338 Vgl. Jensen, Michael C. und Meckling, William H. (1976), S. 354.
339 Vgl. Akerlof, George A. (1970), S. 500.
340 Vgl. Breuer, Wolfgang (1993), S. 79.
341 Vgl. Benston, George J. und Smith, Clifford W. Jr. (1976), S. 215. Einen vergleichenden Überblick über die Anzahl der Transaktionsbeziehungen mit/ohne Intermediär bietet Breuer, Wolfgang (1993), S. 68.
342 Vgl. hier und im Folgenden Benston, George J. und Smith, Clifford W. Jr. (1976), S. 222.

Spezialisierung Skaleneffekte ("Economies of Scale") bei der Abwicklung der Transaktionen realisieren. Der dritte Vorteil besteht nach *Benston/Smith* in der kostengünstigeren Beschaffung vertraulicher Informationen, weil die vertrauliche Behandlung solcher Informationen durch einen Intermediär eher sichergestellt sei. Allerdings ist kritisch anzumerken, dass in diesem Ansatz nicht näher erläutert wird, worauf sich dieser Vertrauensvorschuss stützt. *Campell (1979)* verfeinert das Argument der vertraulichen Behandlung strategischer Informationen, indem er eine Fremdfinanzierung über wenige Großanleger (als Intermediäre) vorschlägt, um eine Gefährdung des Unternehmenserfolgs durch allgemeine Publizität zu verhindern.[343]

Allerdings ist kritisch anzumerken, dass die Mittelbeschaffung dieser Intermediäre ebenso wenig wie die Frage nach der Anreizkompatibilität der vertraulichen Behandlung der erhaltenen Information thematisiert wird.[344] Ähnliche Probleme wirft der Ansatz von *Fama (1985)* auf, der ebenfalls Kosteneinsparungen bei der Informationsbeschaffung und -verarbeitung durch Intermediäre anspricht.[345] Er kommt zum Schluss, dass auf Grund der periodischen Überprüfung eines Kreditnehmers durch Banken bei der Prolongation kurzfristiger Kredite andere Fremdkapitalgeber in den Genuss externer Effekte gelangen. Insbesondere sei es für kleine Unternehmen kostengünstiger, nur einen Kapitalgeber mit entsprechend großem Finanzierungsvolumen statt einer breiten Öffentlichkeit über entscheidungsrelevante Informationen in Kenntnis zu setzen. *Ross (1989)* begründet die Existenz von Investmentbanken mit ihrer Spezialisierung auf die Käufersuche mit Hilfe überlegener Transaktionstechnologien.[346]

Wie *Leland/Pyle (1977)* feststellen, können Transaktionskosten zwar auf die Existenz von Finanzintermediären hinweisen, "[...] but their magnitude does not in many cases appear sufficient to be the sole cause."[347] In ihrer Erklärung greifen die Autoren erstmals zur Erklärung von Finanzintermediären auf die aus der Agency-Theorie bekannten Problemstellungen zurück, insbesondere auf den einseitigen Informationsvorsprung über relevante Qualitätseigenschaften der Kapitalnehmer ggü. Kapitalgebern (ex ante Informationsasymmetrie/Hidden Characteristics).[348] Sie nehmen an, dass ein Finanzintermediär "Economies of Scale" bei der Informationsbeschaffung realisieren kann.[349] Um Nachteile aus der Informationsproduktion zu vermeiden, die durch den Charakter der Information als öffentlichem Gut entstehen, investiert der Finanzintermediär im Modell von

343 Vgl Campbell, Tim S. (1979), S. 920f.
344 Vgl. Breuer, Wolfgang (1993), S. 83f.
345 Vgl. Fama, Eugene F. (1985), S. 29ff.
346 Vgl. Ross, Stephan A. (1989), S. 550.
347 Leland, Hayne E. und Pyle, David H. (1977), S. 382f.
348 Vgl. Breuer, Wolfgang (1993), S. 141.
349 Vgl. hier und im Folgenden Leland, Hayne E. und Pyle, David H. (1977), S. 383f.

Leland/Pyle mit Hilfe der gewonnenen Information in Finanzierungstitel der kapitalsuchenden Unternehmen, aus denen er private Erträge erwirtschaften kann. Dem Problem der adversen Selektion beim Verkauf der Information wird dabei begegnet, indem der Finanzintermediär kostenverursachende Signale aussendet, welche über die Möglichkeit zur Differenzierung seine Glaubwürdigkeit sicherstellen. *Leland/Pyle* schließen ihre Ausführungen mit der Feststellung, dass sich für alle kapitalsuchenden Unternehmen mit Ausnahme derjenigen mit einem Risiko "at the bottom of the barrel" die Einschaltung eines informationseffizienten Finanzintermediärs lohnt.

In der vielbeachteten Arbeit von *Diamond (1984)* werden die Erkenntnisse der bislang dargestellten Ansätze aufgegriffen und erstmals in ein geschlossenes Modell zur Erklärung von Finanzintermediären gefasst.[350] Basierend auf dem Problem des Moral Hazard (ex post Informationsasymmetrie) trägt die Einschaltung eines Finanzintermediärs nach *Diamond* dazu bei, die Agency Costs in der Beziehung zwischen Kapitalgeber und Kapitalnehmer zu reduzieren, indem die Überwachung des Kapitalnehmers (Monitoring) an einen Finanzintermediär delegiert wird. So werden eine Vervielfachung des damit verbundenen Aufwands und mögliche Trittbrettfahrerprobleme ("Free-Rider-Problem") verhindert, die dazu führen, dass kein Kapitalgeber die wirksame Überwachung des Kapitalnehmers übernimmt.[351] Durch das "Delegated Monitoring" entstehen aber zusätzliche Anreizprobleme in der Beziehung zwischen Kapitalgebern und dem Finanzintermediär, so dass Finanzintermediation nur dann als effizient anzusehen ist, wenn netto eine Reduzierung der Agency Costs erreicht wird.

Der Netto-Vorteil aus dieser zweistufigen Principal-Agent-Beziehung wird im Wesentlichen durch eine Portfoliodiversifizierung des Finanzintermediärs erreicht. Von besonderer Bedeutung ist dabei, dass die Bank als einzige von den erwirtschafteten Erträgen aus dem Monitoring durch erhöhte risikoadjustierte Portfolioerträge profitiert. Die Erträge basieren damit auf einer Vielzahl spezifischer Investitionen, die auf Grund von Skaleneffekten zu vergleichsweise niedrigeren aggregierten Transaktionskosten erwirtschaftet werden – die daraus resultierende Anreizstruktur macht eine Kontrolle durch die Kapitalgeber des Finanzintermediärs unnötig.[352] Hinsichtlich möglicher Ansatzpunkte zum Verzicht auf die Einschaltung von Finanzintermediären sind dabei zwei Schlussfolgerungen von *Diamond* von wesentlicher Bedeutung:[353]

---

[350] Vgl. Diamond, Douglas W. (1984), S. 384.

[351] Vgl. hier und im Folgenden Diamond, Douglas W. (1984), S. 393.

[352] Vgl. zur formalen Ableitung Diamond, Douglas W. (1984), S. 395ff.

[353] Vgl. Diamond, Douglas W. (1984), S. 409f. sowie zu weiteren Implikationen der Ergebnisse Breuer, Wolfgang (1993), S. 144-148.

1. Die Refinanzierung einer diversifizierten Bank erfolgt in effizienter Form durch Einlagen (Fremdkapital), wobei die Einleger feste Zinszahlungen erhalten und den Finanzintermediär trotz eines tendenziell hohen Verschuldungsgrads nicht überwachen (müssen).
2. Die Kredite, die sich im Portfolio der Bank befinden, dürfen nicht handelbar sein, da bei der Veräußerung eines Kredites a) die Überwachungskosten (Monitoring Costs) dupliziert würden und b) zusätzlich wiederum das Problem der adversen Selektion auf Seiten potenzieller Käufer entstünde.

Zwar gibt es für sog. "Loan Sales" aus Sicht der Banken einige Motive hinsichtlich der Umgehung von Mindestreserve- und Kapitalvorschriften; der Anreiz zu ausreichendem Monitoring der Engagements sinkt aber proportional zum veräußerbaren Teil der Kredite.[354] Zum einen könnte dies dazu führen, dass potenzielle Käufer von Krediten diesen Fehlanreiz antizipieren und einen entsprechend geringeren Preis dafür zu bezahlen bereit sind, zum anderen könnte die Preisbereitschaft auf Seiten der Kreditnehmer für eine solche Vermittlungsleistung aber ebenfalls sinken.

Das Modell von *Diamond* erscheint eher für die Erklärung des klassischen Einlagen- und Kreditgeschäfts von Banken als für die Erklärung von Investmentbanken und Ratingagenturen als weiteren Finanzintermediären geeignet. Neben der Erzielung von Skaleneffekten bei der Transaktionsabwicklung von Wertpapieremissionen bzw. der Informationsproduktion, die bereits in früheren Ansätzen zur Erklärung herangezogen wurden, bleiben doch weiterhin Fragen der Glaubwürdigkeit der Informationen bzw. die Probleme des Moral Hazard und der adversen Selektion auf Seiten dieser Intermediäre unbeantwortet, da Investmentbanken und Ratingagenturen nicht in illiquide Titel (Kredite) auf Basis kostenträchtig erworbener Informationen investieren.[355] Die Agency Costs aus der Beziehung zwischen Intermediär und Investor könnten dazu führen, dass trotz geringerer Transaktionskosten auf Seiten des Intermediärs insgesamt keine Effizienzsteigerung erreicht würde. Dazu wird in der Literatur auf das Konstrukt der Reputation zurückgegriffen, das in mehrperiodischer Betrachtung dauerhafte Anreize zur Produktion glaubwürdiger Information bietet und zur Verminderung der Agency Costs beitragen kann.[356]

---

354 Vgl. hier und im Folgenden Hannß, Josephin (1995), S. 267.

355 Allerdings übernehmen Investmentbanken im Zuge der Fremdemission von Wertpapieren im Rahmen des 'Underwriting' auch Kredit- und Platzierungsrisiken, so dass in dieser Hinsicht ähnliche Anreize unterstellt werden können. Vgl. Boot, Arnoud W.A. (2000), S. 10.

356 Die Trennung von Kontroll- und Finanzierungsfunktion ist dann möglich, wenn die abgetrennte Kontrollfunktion kostengünstiger durchgeführt werden kann. Gegen Erhalt einer Gebühr könnten dann Ratingagenturen die Mittelverwendung von Unternehmen überwachen, ohne selbst Finanzierungsaufgaben wahrzunehmen, sofern durch ein Interesse am Reputationsaufbau und -erhalt von einem Anreiz zur

Neuere Erklärungsansätze stellen die Dauerhaftigkeit der Kreditbeziehungen zwischen Banken und Unternehmen im sog. "Relationship Lending" in den Mittelpunkt der Betrachtung.[357] Das "Relationship Lending" kann transaktionskostentheoretisch hergeleitet werden, indem mit steigender Häufigkeit der Finanzierungen mit derselben Bank die Kosten der Vertragsverhandlung und -gestaltung abnehmen.[358] Die Überwindung von Informationsasymmetrien spielt im "Relationship Lending" aber weiterhin die zentrale Rolle. Einen komparativen Vorteil erlangen Banken beim "Relationship Lending" durch den dauerhaften Zugang zu nicht öffentlich zugänglichen Informationen mittels vielfältiger Interaktionen mit demselben Kunden. Insbesondere die Bereitstellung von diversen anderen Dienstleistungen durch die Bank (z.B. Zahlungsverkehr, Cash Management) erhöht die Verfügbarkeit relevanter Informationen für die Kreditvergabe. Insofern profitieren Banken von einer intertemporalen Wiederverwertbarkeit von Informationen.

Allerdings wirkt sich eine hohe Wettbewerbsintensität auf den Finanzierungsmärkten einerseits zwischen Banken und andererseits zwischen Anleihe- und Kreditmarkt negativ auf die Vorteile des "Relationship Lending" aus.[359] Die Möglichkeit zur "Subventionierung" von Kreditnehmern am Anfang einer Finanzierungsbeziehung in Erwartung späterer Erträge nimmt ab, weil ein Wechsel des Kreditnehmers in der Zukunft wahrscheinlicher wird.[360] Die Möglichkeit der Wiederverwertbarkeit von Informationen nimmt ab, da Kreditnehmer einen höheren Anreiz zum Wechsel der Bank haben. Bei Antizipation einer kürzeren Beziehungsdauer nimmt der Wert kostenträchtig erworbener Informationen c.p. ab und bietet folglich einen Anreiz für Banken, auf diese Investition zu verzichten.

Wie bereits in Abschnitt 2.2 dargestellt, befindet sich das deutsche bankbasierte Finanzsystem im Wandel in Richtung eines marktbasierten Finanzsystems. Damit wird häufig der Prozess der **Disintermediation** in Verbindung gebracht, der in der Literatur anhand eines Stufenmodells diskutiert wird[361] (siehe Abbildung 43).

tatsächlichen Erfüllung dieser Funktion ausgegangen werden kann. Vgl. Breuer, Wolfgang (1995), S. 531; zu weiteren Ausführungen über die besondere Rolle der Reputation in der Finanzierung siehe Abschnitt 4.4.

357 Vgl. Boot, Arnoud W.A. (2000), S. 7-8 sowie S. 10-11 und die darin enthaltenen Verweise.

358 Vgl. Holland, John (1994), S. 378.

359 Vgl. Petersen, Mitchell A. und Rajan, Raghuram G. (1995), S. 408ff.

360 Vgl. Boot, Arnoud W.A. (2000), S. 18.

361 Vgl. hier und im Folgenden Paul, Stephan (1994), S. 52-55 und die darin enthaltenen Verweise.

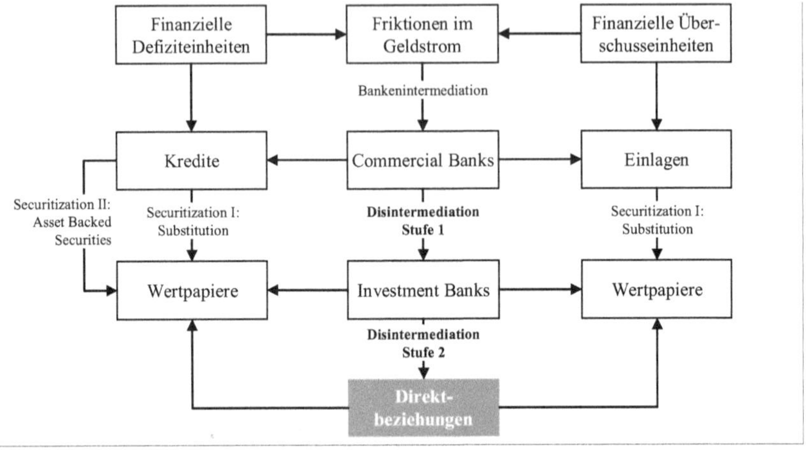

Abbildung 43: Entwicklungsstufen der Disintermediation[362]

In der ersten Stufe wird das klassische Kredit- und Einlagengeschäft der Banken zu Gunsten des Investmentbankings verdrängt. Die Ursache dafür liegt in einer Tendenz zur Verbriefung von Finanzierungen (Securitization). Damit würde sich die Intermediationsleistung schwerpunktmäßig auf das Emissionsgeschäft verlagern, da hierbei Buchfinanzierungen (und -anlagen) durch solche in Form von Wertpapieren ersetzt werden (Securitization I).[363] Eine zweite Erscheinungsform der Securitization liegt dann vor, wenn bereits bestehende Buchkredite in Wertpapiere verbrieft werden (Securitization II). In der zweiten Stufe würden die Marktteilnehmer selbst direkte Beziehungen untereinander aufbauen und auch auf Intermediationsleistungen im Rahmen des Emissionsgeschäfts verzichten. "Wertpapiere würden mittels 'Do-it-yourself-banking' von den Geldnachfragern unmittelbar bei den Geldanlegern placiert, so daß für Intermediäre kein Platz mehr bleibe."[364] Die zweite Stufe der Disintermediation würde damit einer neoklassischen Welt des vollkommenen Kapitalmarkts ähneln, in der Finanzintermediäre keine Existenzberechtigung haben.[365]

Die erste Stufe der Disintermediation wurde bereits vielfach empirisch nachgewiesen.[366] Allerdings wird dahingehend festgestellt, dass zwar die Bedeutung der klassischen Einlagen- und Kreditfinanzierung abgenommen hat, der Anteil des gesamten Finanzsektors an der volkswirtschaftlichen Gesamtleistung aber dadurch nicht gesunken ist. Vielmehr haben andere

---

362 Eigene Darstellung in Anlehnung an Paul, Stephan (1994), S. 233.
363 Vgl. ähnlich Eilenberger, Guido (1996b), S. 360f.
364 Paul, Stephan (1994), S. 55.
365 Vgl. Trauten, Andreas (2004), S. 8.
366 Vgl. beispielhaft Allen, Franklin und Santomero, Anthony M. (2001), S. 274ff.

Intermediäre wie Pensions- und Investmentfonds an Bedeutung gewonnen. Ebenso haben sich neue Märkte für Derivate herausgebildet, auf denen meist Intermediäre selbst zum Zwecke des aktiven Risikomanagements tätig werden. Hinsichtlich der zweiten Stufe der Disintermediation konnte bisher lediglich mit der zunehmenden Zahl von Direktplatzierungen – meist von erstklassigen Schuldnern mit stark standardisierten Papieren – eine Vorstufe beobachtet werden, wobei auch hier ein alternativer Intermediär (meist institutionelle Anleger auf der Käuferseite) zwischengeschaltet ist.[367]

Im Zusammenhang mit der Disintermediation kommt der rasanten Entwicklung in der Informations- und Kommunikationstechnologie eine besondere Bedeutung zu. Insbesondere haben die Erfindung der Internettechnologie und ihre Verbreitung dazu geführt, dass zu wesentlich niedrigeren Kosten Informationen mit größerer Reichhaltigkeit und Reichweite verbreitet werden können.[368] Dadurch wird eine erhebliche Reduzierung der Transaktionskosten, insbesondere der Such- und Informationskosten ermöglicht. So ist es möglich, größere Kreise privater Anleger auch auf dem Primärmarkt kostengünstig anzusprechen, mit Informationen zu versorgen und den Kontakt anzubahnen.[369] Ebenfalls kann der Einsatz moderner Informations- und Kommunikationssysteme die Abwicklungskosten erheblich reduzieren. Vor dem Hintergrund der technologiebedingten Reduzierung der Transaktionskosten treten Erklärungsansätze für Finanzintermediäre in den Hintergrund, die Finanzintermediären eine effizienzerhöhende Wirkung zuschreiben, wenn ihre transaktionskostensenkende Wirkung größer ist als die durch sie selbst verursachten Kosten.

Doch auch der Grad der Informationsasymmetrie zwischen Kapitalgebern und -nehmern hat zum einen durch die erweiterten Informations- und Kommunikationsmöglichkeiten, zum anderen durch eine stetige Verbesserung der gesetzlichen Rahmenbedingungen tendenziell abgenommen. In Bezug auf Informal Private Debt ist dahingehend insbesondere die Erweiterung und Konkretisierung der Prospektpflicht und -haftung im Rahmen des AnSVG zu nennen, deren Bestimmungen vor allem Niederschlag im WpPG, im VerkaufsprospektG sowie in den einschlägigen Rechtsverordnungen gefunden haben.[370]

Obwohl in den letzten zwei Jahrzehnten Transaktionskosten und Informationsasymmetrien erheblich reduziert wurden, haben Finanzintermediäre ihre volkswirtschaftliche Bedeutung insgesamt nicht eingebüßt.[371] *Allen/Santomero (1997)* kommen daher zum Schluss, dass der Fokus der bis dahin vorherrschenden Intermediationstheorie zu eng gefasst sei.[372] Sie betonen

367 Vgl. Paul, Stephan (1994), S. 107.
368 Vgl. Clemons, Eric K. und Hitt, Lorin M. (2000), S. 2.
369 Vgl. bspw. Korte, Holger (2004), S. 35 und die darin enthaltenen Verweise.
370 Vgl. dazu ausführlich Kapitel 2.2 sowie detailliert die darin genannten Gesetze und Verordnungen.
371 Vgl. Allen, Franklin und Santomero, Anthony M. (2001), S. 272.
372 Vgl. hier und im Folgenden Allen, Franklin und Santomero, Anthony M. (1997), S. 1461-1485.

die Risikomanagementfunktion von Finanzintermediären und sehen steigende Partizipationskosten als Schlüssel für die Erklärung moderner Intermediäre. Partizipationskosten entstehen aus der direkten Teilnahme an den Finanzmärkten.[373] Darunter werden neben Infomations- und Lernkosten auch Opportunitätskosten der Zeit, die Individuen durch die direkte Marktteilnahme verbringen, gezählt. Finanzinnovationen, die durch technologische Fortschritte entstanden sind und zu geringen Kosten gehandelt werden können, haben die Komplexität auf den Finanzmärkten erhöht, schaffen aber auch neue Betätigungsfelder für Banken. Infolge der zunehmenden Komplexität gewinnen solche Finanzintermediäre an Bedeutung, die Unternehmen und Investoren eine direkte Teilnahme an den Finanzmärkten ermöglichen. Insofern wird die Existenz dieser Intermediäre analog der transaktionskostentheoretischen Erklärungsansätzen mit ihrer partizipationskostensenkenden Wirkung begründet.

Mit der Disintermediation haben sich die Auswahlmöglichkeiten hinsichtlich verschiedenster Anlageprodukte vervielfacht.[374] Dadurch sehen sich insbesondere private Haushalte der wachsenden Verantwortung gegenüber, wichtige und ökonomisch komplexe finanzielle Entscheidungen unter Risiko zu treffen. In Anbetracht dessen, dass private Haushalte diese Entscheidungen in der Vergangenheit nicht treffen mussten und darin auch nicht ausgebildet wurden, wird bezweifelt, dass diese Entscheidungen auch in der Zukunft von ihnen selbst effizient getroffen werden. Während im Internet meist weitreichende Informationen über einzelne Anlageprodukte angeboten werden und in dieser Hinsicht die Transparenz verbessert wird, bestehen hinsichtlich der für private Haushalte bedeutende Anlagestrategien bspw. zur Altersvorsorge weiterhin erhebliche Defizite. Daher wird erwartet, dass in Zukunft die umfassende individuelle Anlageberatung als Betätigungsfeld für Finanzintermediäre an Bedeutung zunimmt.[375]

Im Zuge der Disintermediation wird außerdem eine starke Spezialisierung der Finanzintermediäre bzw. Disaggregation bisher integrierter Intermediationsleistungen erwartet, die einerseits aus der erweiterten IT-technischen Unterstützung beim direkten Austausch von Leistungen zwischen Marktteilnehmern und andererseits aus dem Problem des "Information Overload" resultiert.[376] So gewinnen sowohl für kapitalsuchende Unternehmen als auch für Investoren hochspezialisierte Zugangsintermediäre an Bedeutung, welche die Kosten (Transaktions- und Partizipationskosten) einer direkten Teilnahme auf den Finanzierungsmärkten senken können. Vor dem Hintergrund der dargestellten Entwicklungen wird ein

---

373 Vgl. auch Trauten, Andreas (2004), S. 12f.

374 Vgl. hier und im Folgenden Merton, Robert C. (2000), S. 8f.

375 Vgl. auch Clemons, Eric K. und Hitt, Lorin M. (2000), S. 36.

376 Vgl. dazu ausführlich von Daniels, Holger (2004), S. 69-76; eine detaillierte Analyse der darin angesprochenen Disintermediations- und Intermediationsthese bietet Küll, Oliver (2004), S. 28ff.

Paradigmenwechsel in der Intermediationstheorie gefordert. Während in den traditionellen Erklärungsansätzen Finanzintermediäre ersetzend zu marktlichen Beziehungen agieren, werden in jüngeren Beiträgen sowohl Komplementarität als auch Wettbewerb zwischen Märkten und (spezialisierten) Finanzintermediären betont.[377]

4.2.3 Theorie unvollständiger Verträge

Die im Rahmen der modernen Institutionen- und Informationsökonomie dargestellten Erklärungsansätze für die Einschaltung von Finanzintermediären stellen hauptsächlich deren effizienzsteigernde Wirkung bei der Minderung von Anreizproblemen aus der asymmetrischen Informationsverteilung (Moral Hazard/Adverse Selection) sowie bei der Reduzierung von Transaktions- bzw. Partizipationskosten in den Mittelpunkt. Neben den bisher dargestellten Intermediations- und Disintermediationsansätzen sind auf Basis der Agency-Theorie bzw. der asymmetrischen Informationsverteilung eine Vielzahl von Beiträgen entstanden, die sich mit potenziellen Determinanten der optimalen Kapitalstruktur von Unternehmen als einem Mix aus (exogen vorgegebenen) Eigen- und Fremdkapitaltiteln befassen.[378] Ein weiterer Forschungszweig der Agency-Theorie befasst sich der optimalen Gestaltung von Finanzierungsverträgen (Security-Design). Unter mehr oder weniger stark restriktiven Annahmen werden dabei im Wesentlichen Fremdkapitaltitel als optimale Verträge endogen abgeleitet.[379] Diesen Ansätzen liegt die gemeinsame Annahme vollständiger Verträge zugrunde. Neben mangelnder empirischer Bestätigung der theoretischen Implikationen steht vor allem diese Annahme in der Kritik.[380]

Die Theorie unvollständiger Verträge nimmt ihren Ausgangspunkt in der Beobachtung, dass Finanzierungsbeziehungen dynamischen Prozessen unterliegen.[381] Dies liegt zum einen daran, dass zu Anfang einer Finanzierungsbeziehung nicht alle Eventualitäten vorhergesehen und geplant werden können. Finanzierungsverträge bleiben dahingehend unvollständig, dass nicht jede denkbare Umweltentwicklung ex ante genau beschrieben und festgelegt werden kann, auch wenn zum Zeitpunkt des Vertragsabschlusses eine symmetrische Informationsverteilung zwischen den Vertragspartnern angenommen wird.

---

377 Vgl. dazu bspw. Oehler, Andreas (2003), S. 2-17.

378 Einen umfassenden Überblick bieten Harris, Milton und Raviv, Artur (1991), S. 297-355

379 Vgl. dazu und zu einem Überblick über die Modelle Allen, Franklin und Winton, Andrew (1995), S. 697 sowie Gale, Douglas und Hellwig, Martin (1985), S. 647-663.

380 Vgl. zu einem Überblick der Ansätze und zur Kritik Harris, Milton und Raviv, Artur (1991), S. 342 und S. 350f. sowie Allen, Franklin und Winton, Andrew (1995), S. 716. Die Kritik geht sogar soweit, dass unter Annahme vollständiger Verträge das Irrelevanztheorem von Modigliani/Miller weiterhin Gültigkeit besäße. Vgl. Zingales, Luigi (2000), S. 1631.

381 Vgl. hier und im Folgenden Hart, Oliver (2001), S. 1083f.

Des Weiteren wird davon ausgegangen, dass bestimmte Zustandsentwicklungen bzw. Informationen zwar ex post beobachtbar, aber nicht verifizierbar sind. Nicht verifizierbar bedeutet in diesem Zusammenhang, dass die Einflüsse, die zu einem beobachtbaren Zustand geführt haben, nicht durch externe Dritte (z.B. Gerichte) vollständig nachvollzogen werden können.[382] Nicht zuletzt bleiben Verträge durch eine mögliche Nachverhandlung zu einem späteren Zeitpunkt in der Zukunft unvollständig.[383] Dadurch entstehen diskretionäre Handlungsspielräume im Hinblick auf zukünftige Entscheidungen, so dass Unsicherheit über die Durchsetzbarkeit impliziter Ansprüche aus Finanzierungsverträgen besteht.[384] Zur Lösung dieser Probleme beschäftigt sich die Theorie unvollständiger Verträge vor allem mit der Allokation von Verfügungsrechten, d.h. mit der Übertragung von Entscheidungskompetenzen im Rahmen der Finanzierung und der daraus resultierenden Anreizwirkung.[385]

In dem wohl am meisten beachteten Beitrag dieser Forschungsrichtung zeigen *Aghion/Bolton (1992)* die Perspektive der Theorie unvollständiger Verträge auf.[386] Sie charakterisieren Finanzierungstitel vorwiegend anhand der damit verbundenen Entscheidungsgewalt. In ihrem Modell sucht ein Entrepreneur mit beschränkten finanziellen Ressourcen zusätzliche Mittel zur Durchführung eines Projekts von einem externen Investor.

Während der externe Kapitalgeber ausschließlich an monetären Rückflüssen aus der Investition interessiert ist, hängt der Nutzen des Entrepreneurs zusätzlich von der Realisierung nicht verifizierbarer "Private Benefits" (z.B. persönlicher Einsatz, Prestige) ab. Zur Lösung des potenziellen Interessenkonflikts, der nicht vollständig über vertragliche Vereinbarungen überwunden werden kann, werden Verfügungsrechte zustandsabhängig auf die beteiligten Parteien übertragen. Im Modell von *Aghion/Bolton* wird dazu die Nutzung von Fremdkapital mit Übertragung der Verfügungsrechte im Falle der Insolvenz als eine mögliche Variante zur Lösung dieses Konflikts vorgeschlagen.[387] Dadurch wird sichergestellt, dass der Entrepreneur die Entscheidungsgewalt nur solange behält, wie das Projekt positiv verläuft und Erträge erwirtschaftet werden. Bei negativem Verlauf geht die Entscheidungsgewalt über die Weiterführung des Projekts vollständig auf den Investor über, so dass für den Entrepreneur ein Anreiz entsteht, das Projekt positiv zu beeinflussen. Die effiziente Übertragung von Verfügungsrechten ("Governance Structure", "Control Arrangement") hängt im Wesentlichen von der Höhe der monetären Rückflüsse und der Höhe der "Private Benefits" ab. Über den potenziellen Verlust von "Private Benefits" ex post werden damit bereits bei

382 Vgl. hier und im Folgenden Hart, Oliver und Moore, John (1999), S. 124 und S. 134f.
383 Vgl. Allen, Franklin und Gale, Douglas (2001), S. 6.
384 Dieses Problem wird auch als Hold-Up bezeichnet. Vgl. Breid, Volker (1995), S. 824.
385 Vgl. Allen, Franklin und Winton, Andrew (1995), S. 704.
386 Vgl. hier und im Folgenden Aghion, Philippe und Bolton, Patrick (1992), S. 473-494.
387 Zu ähnlichen Ergebnissen kommen Zender, Jaime F. (1991), S. 1645-1663 sowie Harris, Milton und Raviv, Artur (1990), S. 321-349.

Vertragsabschluss (ex ante) Verhaltensanreize zur Nutzung des Entscheidungsspielraumes gesetzt. Damit wird die Perspektive der Theorie unvollständiger Verträge deutlich, welche die angemessene zustandsabhängige Kombination aus Risiko, effektiver Kontrolle und der Verteilung zukünftiger Cashflows als wesentliche Aufgabe der Finanzierung betrachtet.

In vielfältigen Beiträgen werden die Anreizwirkung aus der zustandsabhängigen Übertragung von Verfügungsrechten nicht nur innerhalb der Beziehung zwischen Kapitalgebern und Kapitalnehmern untersucht, sondern auch Beziehungen verschiedener Kapitalgeber untereinander analysiert. Dabei spielen Verhandlungsmacht und Entscheidungsprozesse im Rahmen möglicher Nachverhandlungen von Finanzierungsverträgen eine wesentliche Rolle. Da sich daraus äußerst hilfreiche Erkenntnisse hinsichtlich der **Determinanten zur optimalen Gestaltung der Fremdkapitalstruktur** nach Art und Anzahl der Finanzierungspartner gewinnen lassen, werden im Folgenden ausgewählte Ansätze bzw. Aspekte dieser Forschungsrichtung dargestellt.

Wie bereits angesprochen, bleiben Finanzierungsverträge durch die **Möglichkeit der Nachverhandlung** unvollständig. Die Nachverhandlungsoption kann bei Vertragsabschluss nie glaubwürdig ausgeschlossen werden, wenn sich nach Eintreten eines bestimmten Ereignisses/Zustands beide Vertragspartner durch eine Nachverhandlung besser stellen. Wird diese Option antizipiert, können vertraglich vereinbarte Anreize zur Bedienung der Ansprüche aus Finanzierungsverträgen abgeschwächt oder sogar pervertiert werden.[388] Die Möglichkeit, Finanzierungsverträge nachverhandeln zu können, hängt aber maßgeblich von der Anzahl der beteiligten Kapitalgeber ab.[389] Am Beispiel der Fremdkapitalfinanzierung über festverzinsliche Anleihen mit einem breit gestreuten Investorenkreis können diese Probleme verdeutlicht werden.

Können die festen Zins- und/oder Rückzahlungsverpflichtungen nicht vom emittierenden Unternehmen bedient werden, könnte durch die Nachverhandlung der Konditionen (z.B. über eine Herabsetzung des Zinskupons, Stundung der Zins- oder Rückzahlungsansprüche) möglicherweise eine Insolvenz abgewendet werden mit der Folge, dass die Anleihegläubiger einen größeren Teil ihrer Ansprüche erhalten. Zum einen ist der Prozess der Nachverhandlung (z.B. Einberufung einer Gläubigerversammlung) mit einer Vielzahl von Gläubigern sehr aufwändig und verursacht hohe Transaktionskosten, zum anderen sieht sich vor allem ein kooperativer Gläubiger mit einem kleinen Anteil am Gesamtvolumen einem Trittbrettfahrerproblem nicht kooperativer 'Klein'-Gläubiger gegenüber. Für diese besteht kein Anreiz, sich an der Nachverhandlung zu beteiligen, da im Falle der Kooperation deren

388 Vgl. Allen, Franklin und Gale, Douglas (2001), S. 6.

389 Vgl. hier und im Folgenden Berlin, Mitchell und Mester, Loretta J. (1992), S. 95f. sowie Hoshi, Takeo; Kashyap, Anil, et al. (1990), S. 68f.

persönlicher Beitrag nicht wesentlich zur Lösung des Problems beitrüge, allerdings anderen nicht kooperativen Gläubigern u.U. eine vollständige Bedienung der Ansprüche ermöglichte. Gemäß Schuldverschreibungsgesetz ist deshalb für solche Maßnahmen ein mehrheitlicher Beschluss notwendig.[390]

Im Vergleich zur Anleihefinanzierung mit einem breit gestreuten Publikum werden einer Fremdkapitalfinanzierung über wenige große Investoren (z.B. Banken, institutionelle Fremdkapitalgeber) dahingehend einige entscheidende Vorteile zugesprochen, dass die Transaktionskosten der Koordination wesentlich geringer sind und das Trittbrettfahrerproblem an Bedeutung verliert. Die Effektivität der Nachverhandlungen steigt mit einer Stärkung der Verhandlungsposition der Finanzierungspartner.[391] Diese ergibt sich u.a. aus einer vorrangigen Stellung bei der Bedienung der Ansprüche im Insolvenzfall. Da Banken durch die Stellung von Sicherheiten meist eine vorrangige Stellung eingeräumt wird, können sie als ungleich stärkere Verhandlungspartner andere nachrangige Gläubiger von der Teilnahme an Verhandlungen überzeugen. Da Banken im Vergleich zu Anleihegläubigern niedrigere Verhandlungs- und Durchsetzungskosten haben, sei dies effizient. Die Antizipation dieser Umstände erlaube daher eine Reduzierung der Fremdkapitalkosten durch die Bankkreditfinanzierung.

Dass *Sicherheiten* von Banken vorwiegend zum Zwecke der Stärkung der Verhandlungsposition eingesetzt werden, zeigen *Elsas/Krahnen (2000)* in einer empirischen Untersuchung von 200 Kreditakten.[392] Des Weiteren erhöht ihren Erkenntnissen zufolge die Stellung von Sicherheiten die Wahrscheinlichkeit, dass Banken an einer Verhandlungslösung teilnehmen. *Diamond (1993)* betont die Bedeutung der vorrangigen Stellung bzw. Besicherung der Banken darüber hinaus mit der hohen Informationssensitivität kurzfristigen Fremdkapitals.[393] Die vorrangige Stellung der Banken würde verhindern, dass Unternehmen bei schlechten Nachrichten zu schnell zur Insolvenz (diese setzt er gleich der Liquidation) geführt würden.

Die *Nachrangigkeit* des langfristigen Fremdkapitals (von einem breit gestreuten Publikum) würde damit auch die Verschuldungskapazität für kurzfristiges besichertes Fremdkapital (von Banken) erhöhen. Dies würde dafür sprechen, dass eine Fremdkapitalfinanzierung über Banken und über eine Vielzahl unbesicherter Kapitalgeber gleichermaßen erstrebenswert ist. Dies kann als ein Argument für die Komplementarität von der Anleihefinanzierung über eine

---

390 Mit 75% der auf der Gläubigerversammlung abgegebenen Stimmen und 50% des ausstehenden Anleihewerts. Vgl. § 11 Abs. 2 SchVG.

391 Vgl. hier und im Folgenden Welch, Ivo (1997), S. 1203-1236.

392 Vgl. Elsas, Ralf und Krahnen, Jan Pieter (2000), S. 1-33.

393 Vgl. hier und im Folgenden Diamond, Douglas W. (1993), S. 341-368.

Vielzahl von Gläubigern und der Kreditfinanzierung über Banken dienen.[394] Die vergleichsweise geringe Möglichkeit der Nachverhandlung mit einem breit gestreuten Publikum von Fremdkapitalgebern könnte dagegen ein Hauptindiz dafür sein, dass die Anleihefinanzierung (bisher) so wenig Anklang findet und lediglich in wenigen entwickelten Ländern zum Einsatz kommt, wenn auch weitaus weniger als die Kreditfinanzierung durch Banken.[395]

Durch ihre überlegene Verhandlungsposition werden der Finanzierung über Banken aber auch bedeutende Nachteile zugeschrieben. *Rajan (1992)* begründet eine starke Verhandlungsposition der Banken u.a. mit ihrer monopolartigen Informationsstellung über die Eigenschaften ihres Kreditnehmers, die diese sich im Laufe langfristiger Kundenbeziehungen aneignen.[396] Dies könne auch dazu führen, dass Banken bei ihren Kreditnehmern in Verhandlungen (z.B. bei anstehenden Prolongationen kurzfristiger Kredite) Zinssätze oberhalb des Wettbewerbsniveaus verlangen. Die Antizipation dieser Gefahr des "Lock-In"-Effekts bzw. der Abhängigkeit von Banken könnte Unternehmen davon abhalten, sich über Banken zu finanzieren.[397]

Der **Wert der Nachverhandlungsoption** hängt entscheidend von der *Bonität des Kreditnehmers* ab. Die optimale Fremdkapitalstruktur löst nach *Bolton/Scharfstein (1996)* den Trade-off zwischen dem Anreiz, eine Leistungsstörung zu vermeiden, und den möglichen Kosten einer unvermeidbaren Leistungsstörung.[398] In ihrem Modell erläutern sie diesen Trade-off an folgender Problemstellung: Zwei unterschiedliche Gründe könnten zu einer Leistungsstörung ("Default") bzw. zur Nichtbedienung der Fremdkapitalansprüche führen. Der erste Grund liege darin, dass nicht ausreichend liquide Mittel zur Bedienung der Ansprüche zur Verfügung stünden ("Liquidity Default"). Der zweite Grund liege darin, dass Manager Geld für sich abzweigten ("Strategic Default"). Falls es keine wirksamen Sanktionen gäbe, würden Firmen immer zum Strategic Default greifen. Kreditnehmer würden dieses Verhalten antizipieren und keine Bereitschaft zur Mittelbereitstellung zeigen. Fremdkapitalverträge verhinderten grundsätzlich den Anreiz zum Strategic Default, weil sie den Kreditnehmern zustandsabhängig ein Liquidationsrecht nach Eintreten des Defaults gewährten.

394 Weitere Argumente liefert ein Beitrag von Berglöf, Erik; Roland, Gerard, et al. (2000), S. 1-26.
395 Vgl. Shleifer, Andrei und Vishny, Robert W. (1997), S. 764.
396 Vgl. Rajan, Raghuram G. (1992), S. 1367-1400 und ähnlich Sharpe, Steven A. (1990), S. 1069-1087.
397 Vgl. Boot, Arnoud W.A. (2000), S. 17.
398 Vgl. hier und im Folgenden Bolton, Patrick und Scharfstein, David S. (1996), S. 2f.

Eine Fremdkapitalstruktur, die zu ineffizienten Nachverhandlungen führt, sei nun zielführend hinsichtlich der Anreizwirkung zur Vermeidung einer Leistungsstörung. Im Falle des Liquidity Defaults hingegen, d.h. bei Vorliegen einer unvermeidbaren Leistungsstörung, führten ineffiziente Verhandlungen zu hohen Kosten bzw. zu einem geringeren Liquidationswert, der zur Bedienung der Ansprüche dient. Durch die Gestaltung der Fremdkapitalstruktur (Anzahl der Kreditgeber, Besicherung, Stimmrechte) könne dieser Trade-off optimiert werden. Für Unternehmen niedriger Bonität sei der Wert der Nachverhandlungsoption hoch, da für sie die Maximierung des Liquidationswerts für den Fall des Liquidity Defaults einen höheren Stellenwert habe. Sie sollten sich daher idealerweise nur bei einem möglichst gut besicherten Kreditnehmer verschulden.[399] Unternehmen mit hoher Bonität dagegen sollten mit ihrer Fremdkapitalstruktur die Vermeidung des Strategic Default anstreben, d.h. sich bei einer großen Anzahl von gleichrangigen Kreditgebern verschulden.

Der Wert der Nachverhandlungsoption ist darüber hinaus abhängig vom Informationsgrad bzw. von der Fähigkeit des Kreditgebers, im Zuge der Verhandlungen 'richtige' Entscheidungen zu treffen. *Berlin/Mester (1992)* begründen dies mit der besseren Unterscheidungsmöglichkeit zwischen legitimen von illegitimen Anfragen zur Nachverhandlung.[400] Sie beziehen dazu in ihre Betrachtung *Covenants* ein. Covenants dienen der Reduzierung der aus der Agency-Theorie bekannten Konflikte, schränken aber die Flexibilität für unternehmerische Entscheidungen ein.[401] Werden sie gebrochen, muss von den Kreditgebern entschieden werden, ob über die Konditionen nachverhandelt wird oder die Kredite gekündigt werden und so möglicherweise eine Liquidation herbeigeführt wird. Je besser die "Monitoring-Technologie" des Kreditgebers bzw. sein Informationsstand ist, desto höher ist der Wert einer Nachverhandlung ex ante. Offensichtlich weisen dahingehend wiederum Banken und institutionelle Private-Debt-Investoren Vorteile im Vergleich zu einem breit gestreuten Publikum auf, das auf öffentlich zugängliche Informationen angewiesen ist. Aus diesem Grund können sehr restriktive Covenants auch nur dann zur Minderung der Agency Costs eingesetzt werden, wenn die Möglichkeit zu effektiven Nachverhandlungen besteht.

Die dargelegten theoretischen Erkenntnisse zu den Determinanten der optimalen Fremdkapitalstruktur konnten auch empirisch mit Studien in den USA gestützt werden. So zeigen bspw. *Denis/Mihov (2003)* in einer Untersuchung von 1.560 Fremdkapitalfinanzierungen, dass die Bonität des Unternehmens als primäre Determinante bei der Wahl

399 Vgl. auch Bolton, Patrick und Scharfstein, David S. (1996), S. 20. Dadurch sei sichergestellt, dass ein Verkauf der Vermögenswerte (Asset Deal) oder ggf. eine Restrukturierung effizient durchgeführt werden könne.

400 Vgl. hier und im Folgenden Berlin, Mitchell und Mester, Loretta J. (1992), S. 95-133.

401 Vgl. hierzu und im Folgenden auch die Ausführungen in Abschnitt 4.2.2.

der Fremdkapitalquelle anzusehen ist.[402] Unternehmen mit der höchsten Bonität bevorzugen vorwiegend die öffentliche Anleihefinanzierung. Unternehmen mit mittlerer Bonität wählen primär die Kreditfinanzierung über Banken, während Unternehmen mit geringer Bonität zur Finanzierung über institutionelle Private-Debt-Investoren tendieren.[403] Dies ist u.a. dadurch zu erklären, dass institutionelle Private-Debt-Investoren eine im Vergleich zu Banken höhere Flexibilität in Verhandlungen aufweisen.

Die Theorie unvollständiger Verträge liefert aber auch überzeugende Argumente für die Komplementarität von Eigenkapital- und Fremdkapitalfinanzierung. Beispielhaft soll dafür der Beitrag von *Dewatripont/Tirole (1994)* angeführt werden.[404] Sie leiten den Einsatz von Eigen- und Fremdkapital ab, indem sie die Kapitalstruktur als Disziplinierungsinstrument für Manager und als Anreizschema für die Eingriffe externer Investoren (Eigen- und Fremdkapitalgeber) verstehen. Für einen effektiven Eingriff durch Externe ist in ihrem Modell eine spezifische Korrelation zwischen Kontrollrechten und Cashflows notwendig, die mit entsprechenden Finanzierungsinstrumenten verbunden ist. Ein externer Eingriff in unternehmerische Entscheidungen ist nur dann sinnvoll, wenn die Wahrscheinlichkeit für ein suboptimales Verhalten hoch ist. Schlechte Performance wird dann mit einer hohen Wahrscheinlichkeit eines externen Eingriffs bestraft, während gute Performance mit einer geringeren Wahrscheinlichkeit des Eingriffs belohnt wird.

Der Einsatz von Fremdkapital ist aber grundsätzlich mit einer höheren Wahrscheinlichkeit des Eingriffs (z.B. durch Liquidation) belegt. Dies liegt daran, dass Fremdkapitalgeber nicht an den Wachstumschancen teilnehmen können und deshalb im Krisenfall eine geringere Bereitschaft zur partiellen Aufgabe ihrer Ansprüche haben. Sie fungieren in schlechten Zeiten als "Tough Prinicipal", während Eigenkapitalgeber in guten Zeiten als "Soft Principal" dienen. Die Kosten des Fremdkapitals liegen damit in einer exzessiven Einmischung, während die Eigenkapitalkosten in einer übermäßigen Passivität liegen. Junge Unternehmen, bei denen große Unsicherheit über den künftigen Unternehmenserfolg herrscht, die aber hohe Wachstumschancen versprechen, sind daher mit einem vergleichsweise hohen Eigenkapitalanteil zu finanzieren.

Ein Beitrag von *Vauhkonen* zeigt dahingehend die besonderen Vorteile von Venture-Capital-Firmen (im Folgenden VCs) für die Begleitung von Unternehmen über den Lebenszyklus auf. Dies wird mit der Fähigkeit von VCs begründet, verschiedene Kontrollmechanismen differenziert zustandsabhängig einzusetzen, mit Rechten an Cashflows zu kombinieren und

402 Vgl. Denis, David J. und Mihov, Vassil T. (2003), S. 3-28 und die darin enthaltenen Verweise.
403 Vgl. ebenda, S. 5f.
404 Vgl. hier und im Folgenden Dewatripont, Mathias und Tirole, Jean (1994), S. 1027-1054.

effektiv über diese zu verhandeln.[405] Mit einer Erweiterung des Modells von *Aghion/Bolton (1992)* kann die Teilbarkeit von Kontrollrechten in drei Stufen modelliert werden. Dadurch wird es möglich, die empirischen Ergebnisse von *Kaplan/Strömberg (2003)* modelltheoretisch zu systematisieren.[406] Diese haben 213 Venture-Capital-Finanzierungen untersucht und festgestellt, dass VCs besonders gut in der Lage sind, Cashflowrechte und verschiedenste Kontrollrechte (Stimmrechte, Aufsichtsratssitze, Liquidationsrechte etc.) miteinander zu kombinieren und an die dynamische Entwicklung des Unternehmens anzupassen. Sie zeigen, dass die Kombination dieser Rechte an beobachtbare Messgrößen für die finanzielle und nicht finanzielle Performance des Unternehmens gebunden wird. Grundsätzlich werden die Kontrollrechte so eingesetzt, dass bei schlechter Unternehmensperformance die VCs die volle Kontrolle erhalten und somit als "Tough Principal" agieren, während bei einer verbesserten Performance dem Unternehmer mehr Kontrollrechte gewährt werden, die VCs aber weiter an den positiven Cashflows partizipieren. Die Verhandlungsstärke zur Durchsetzung dieser Rechte wird durch Provisionsvereinbarungen abgesichert, die einen Wechsel des Finanzierungspartners erschweren.

4.2.4 Würdigung

Im Hinblick auf die **neoklassische Finanzierungstheorie** wird deutlich, dass unter der Annahme vollkommener Märkte Finanzintermediäre keine Existenzberechtigung haben. Dennoch wird anhand der Zugangsbeschränkungen für KMU, der Informations- und Transaktionskosten auf den Finanzierungsmärkten deutlich, dass diese Annahme in der Realität nicht haltbar ist.

Dahingegen zeigt die **moderne Institutionen- und Informationsökonomie** bei Vorliegen von Transaktionskosten und asymmetrischer Informationsverteilung, dass Banken sowohl für private Anleger als auch für kapitalsuchende Unternehmen eine effizienzsteigernde Wirkung entfalten können, da sie bei Auswahl (Screening) und Überwachung (Monitoring) der Kreditnehmer Effektivitäts- und Effizienzvorteile aufweisen und durch ein diversifiziertes Kreditportfolio die Anreizprobleme trotz der zweistufigen Principal-Agent-Beziehung (Anleger-Bank-Unternehmen) effizient steuern können. Technologiebedingt sinkende Transaktions- und Informationskosten befördern dahingegen tendenziell einen Verzicht auf die klassische Einlagen- und Kreditfinanzierung und ermöglichen eine direktere Finanzierung über Wertpapiere.

Die in Deutschland zu beobachtende zunehmende Handelbarkeit von Krediten könnte diese Entwicklung ebenso wie die steigende Wettbewerbsintensität im Kreditgeschäft und die neuen

[405] Vgl. Vauhkonen, Jukka (2003), S. 1-33.

Eigenkapitalvorschriften von Basel II fördern. Die zwei letztgenannten Faktoren reduzieren Möglichkeit und Anreiz zur anfänglichen 'Subventionierung' von Kreditnehmern im Rahmen des "Relationship Lending". Im Hinblick auf Informal Private Debt erleichtern sinkende Transaktions- und Informationskosten die Kontaktaufnahme mit einer Vielzahl privater Anleger und reduzieren die Kosten der Abwicklung einer Transaktion. Das Problem der asymmetrischen Informationsverteilung wird zwar durch erhöhte Informationspflichten im Rahmen der erweiterten Prospektpflicht abgemildert. Allerdings erschließt sich der Verzicht auf ein Rating dadurch nicht, da trotz tendenziell strengerer Publizitätspflichten am organisierten Kapitalmarkt auch dort ein Rating als notwendige Voraussetzung für eine erfolgreiche Platzierung gilt. Insofern ist davon auszugehen, dass weiterhin eine vergleichsweise hohe Qualitätsunsicherheit herrscht. Unter Berücksichtigung der Vielzahl bonitätsmäßiger Grenzanbieter auf dem Markt für Informal Private Debt besteht daher eine hohe Gefahr des Marktzusammenbruchs als "Market for Lemons".

Die im Zuge der Disintermediation beobachtete Spezialisierung und Disaggregation der Intermediationsleistungen kann anhand der empirischen Untersuchung für Informal Private Debt auf Seiten der kapitalsuchenden Unternehmen nachvollzogen werden. Durch die Inanspruchnahme von Rechts-, Steuer- und Emissions- bzw. Finanzierungsberatung in der Vorbereitung der Emissionen wird die Bedeutung spezialisierter Zugangsintermediäre deutlich. Ebenfalls ist in der Abwicklungsphase die Inanspruchnahme von Intermediationsleistungen für die Erfüllung der Zahlstellenfunktion und/oder der Mittelverwendungskontrolle zu beobachten. Während durch die Inanspruchnahme dieser Leistungen im Vergleich zur Fremdemission mit Hilfe einer Investmentbank und der anschließenden Börsennotierung eine Reduzierung der Transaktionskosten bei kleinen Emissionsvolumina prinzipiell möglich erscheint, scheint dies im Falle des zusätzlichen Fremdvertriebs über Finanzvertriebe und -vermittler ausgeschlossen.

Auf Seiten der Anleger wird allerdings auch im Falle des exklusiven Direktvertriebs auf die Leistungen von klassischen Finanzintermediären vollständig verzichtet. Auf Grund der vergleichsweise hohen Qualitäts- und Verhaltensunsicherheit bei Informal Private Debt kann bezweifelt werden, ob private Anleger trotz einer gewissen Professionalisierung durch die vermehrte direkte Partzipation am Kapitalmarkt in der Lage sind, eine effiziente Anlageentscheidung zu treffen. In besonderem Maße gilt dies für die Anlage in gewinn- und verlustabhängige Genussrechte, deren Einschätzung mit zusätzlicher Komplexität verbunden ist. Der Verdacht ineffizienter bzw. irrationaler Entscheidungsprozesse bei privaten Anlegern erhärtet sich im Hinblick auf die vergleichsweise niedrige Renditeforderung privater Anleger, die eine unzureichende Kompensation des aus der Qualitäts- und Verhaltensunsicherheit

---

[406] Vgl. hier und im Folgenden Kaplan, Steven N. und Strömberg, Per (2003), S. 281f.

resultierenden Risikos nahe legt, obwohl die Handelbarkeit dieser Titel im Vergleich zu börsennotierten Papieren stark eingeschränkt ist.

Durch die **Theorie unvollständiger Verträge** wird deutlich, welche finanzwirtschaftlichen Ziele und Funktionen durch Informal Private Debt aus Sicht der Emittenten erfüllt werden können. Darüber hinaus erlauben die theoretischen Ansätze Rückschlüsse auf die Wirkung wesentlicher Gestaltungsparameter. Nicht zuletzt werden erste Hinweise darauf gegeben, für welche Unternehmen aus finanzwirtschaftlichen Gesichtspunkten Informal Private Debt als Finanzierungsform in Frage kommt. Zunächst kann festgehalten werden, dass sich durch die Finanzierung über ein breit gestreutes Publikum evtl. notwendige Nachverhandlungen vergleichsweise schwierig gestalten.

Auf der anderen Seite kann die mangelnde Nachverhandlungsmöglichkeit auch als Schutz vor ungewollten Eingriffen durch die Kapitalgeber gelten. Die Funktion einer Reduzierung von "Lock-In"-Effekten bzw. der Abhängigkeit von Banken sowie eine Umgehung der erhöhten Transparenzanforderungen von Seiten der Banken kann dadurch verfolgt werden. Da aber effektive Nachverhandlungsmöglichkeiten von höherer Bedeutung für Unternehmen in der Krise sind, bietet sich eine Fremdkapitalfinanzierung über eine Vielzahl von Kapitalgebern nur für Unternehmen an, die ein geringes finanzielles und geschäftsspezifisches Risiko aufweisen. Informal Private Debt ist daher nur für Unternehmen hoher Bonität geeignet.

Allerdings muss hinsichtlich der Möglichkeit effektiver Nachverhandlungen von Finanzierungsverträgen mit Banken im Krisenfall grundsätzlich mit einer nachlassenden Verhandlungsbereitschaft im Zuge des Wandels der Finanzierungsmärkte gerechnet werden. Die Gründe dafür liegen neben der verschärften Wettbewerbssituation für die Banken, den neuen Eigenkapitalvorschriften von Basel II und der Aufgabe der konsensgetriebenen Haltung der Banken und den schlechten Erfahrungen von Banken bei der Finanzierung von Krisenunternehmen in der Vergangenheit auch an der zunehmenden Veräußerbarkeit von Distressed Loans.[407] Insofern steigt die relative Attraktivität der Finanzierung über eine Vielzahl von Fremdkapitalgebern auch für Unternehmen geringerer Bonität.

Für junge Unternehmen mit geringer Bonität, bei denen eine hohe Qualitäts- und Verhaltensunsicherheit vorliegt, besteht gemäß der Theorie unvollständiger Verträge ein Zwang zur Selbstfinanzierung (mit Eigenkapital) bzw. zur Einschaltung von Venture-Capital-Firmen. Die empirische Untersuchung der bisherigen Informal-Private-Debt-Emissionen hat

---

407 Vgl. Kudla, Ralph (2005), S. 165; zur Definition von Distressed Loans vgl. Richter, Nicholas (2006), S. 12f.; zu den Motiven der Banken zum Verkauf von Distressed Loans vgl. ausführlich ebenda, S. 18-23; zur bisherigen Veräußerungstätigkeit in Deutschland vgl. ebenda, S. 89-92.

allerdings gezeigt, dass auch junge Unternehmen geringer Bonität versuchen, sich mit Hilfe von gewinn- und verlustabhängigen Genussrechten zu finanzieren, da auch bei ungünstiger Unternehmensentwicklung kein Zwang zur Nachverhandlung der Konditionen besteht und so eine erhöhte unternehmerische Flexibilität möglich erscheint.

Allerdings bieten diese Finanzierungstitel der Vielzahl von Anlegern nur unzureichende Informations- und Kontrollrechte und keine Teilnahme am Liquidationserlös. Aus Sicht eines breit gestreuten Anlegerpublikums weisen diese Art von Genussrechten damit ein deutliches Missverhältnis in der zustandsabhängigen Kombination aus Risiko, effektiven Kontrollmechanismen und der Verteilung zukünftiger Cashflows auf. Die Ergebnisse der empirischen Untersuchung legen in Übereinstimmung mit den theoretischen Erkenntnissen nahe, dass dieser Versuch meist zum Scheitern verurteilt sein muss.

Für etablierte Unternehmen mit hoher Bonität können sich aber durch die Emission von festverzinslichen Anleihen grundsätzlich weitere Vorteile ergeben. Da die Stellung von Sicherheiten einer Überwachung (Monitoring) bedarf, die durch eine Vielzahl von Kapitalgebern nicht effektiv dargestellt werden kann, kommt dieser bei Informal Private Debt in Übereinstimmung mit den empirischen Ergebnissen eine untergeordnete Bedeutung zu.

Da die Nachrangigkeit des langfristigen Fremdkapitals über ein breit gestreutes Publikum die Verschuldungskapazität für kurzfristiges besichertes Fremdkapital von Banken erhöht, ist sie dagegen von hoher Bedeutung bei Informal-Private-Debt-Emissionen. Auch dies kann anhand der empirischen Ergebnisse untermauert werden. Der Einsatz von Covenants dient ebenso wie die Stellung von Sicherheiten zur Reduzierung der aus der Agency Theorie bekannten Konflikte und ermöglicht daher eine Reduzierung der Finanzierungskosten. Der Einsatz stark restriktiver Schutzklauseln setzt allerdings einen hohen Informationsstand der Kapitalgeber und die Möglichkeit effektiver Nachverhandlungen voraus, so dass sich bei Informal Private Debt lediglich weniger restriktive Negativerklärungen anbieten und diese auch zum Einsatz kommen.

Zusammenfassend kann hinsichtlich der finanzwirtschaftlichen Funktionen festgehalten werden, dass Informal Private Debt als mittel- bis langfristige Finanzierungsform in Betracht kommt, bei der die Unabhängigkeit von Banken und die Umgehung erhöhter Transparenzanforderungen im Mittelpunkt steht. Sie kann eine Erhöhung des Verschuldungsgrads ohne die Stellung von Sicherheiten ermöglichen. Dazu bieten sich ferner hinsichtlich der weiteren Gestaltungselemente die Nachrangigkeit der Finanzierungstitel und wenig restriktive Covenants an.

Allerdings erscheinen für diese Art der Finanzierung aus Sicht der traditionellen Finanzierungstheorie nur etablierte Unternehmen hoher Bonität mit einer Geschäftstätigkeit, welche die Erwirtschaftung ausreichender stabiler Cashflows zur Bedienung der Ansprüche erlaubt, als geeignet. Während gewinn- und verlustabhängige Genussrechte, die keinen Anteil am Liquidationserlös gewähren, aus Sicht der traditionellen Finanzierungstheorie als wenig erfolgversprechend betrachtet werden können, bietet sich mit festverzinslichen Schuldverschreibungen, die von Unternehmen hoher Bonität begeben werden, grundsätzlich die Möglichkeit einer angemessenen Kombination aus Risiko, Rendite und zustandsabhängigen Kontroll- und Verfügungsrechten.

Sinkende technologiebedingte Transaktions- und Informationskosten erklären den partiellen Verzicht auf die bisher aggregierten Intermediationsleistungen bzw. den Rückgriff auf spezialisierte Emissions- und Finanzierungsberater. Der Verzicht auf ein Rating sowie die vor diesem Hintergrund vergleichsweise niedrigen Renditeversprechen/-anforderungen erscheinen allerdings mit Hilfe der traditionellen Finanzierungstheorie angesichts der hohen Qualitätsunsicherheit nicht erklärbar.

4.3 Die Perspektive der Behavioral Finance

Die traditionelle Finanzierungstheorie basiert auf der Annahme, dass Akteure auf den Finanzierungsmärkten auf Basis verfügbarer Informationen rationale Erwartungen bilden und ihren Erwartungsnutzen maximieren. Einige Ergebnisse der empirischen Untersuchung der bisherigen Informal-Private-Debt-Emissionen legen aber ein irrational anmutendes Verhalten privater Anleger bei der Anlageentscheidung nahe, das mit den bisher erläuterten Theorien nicht erklärbar erscheint.[408] Zum einen werden verfügbare Informationen nicht rational verwendet, zum anderen werden in Anbetracht der hohen Qualitäts- und Verhaltensunsicherheit zu wenig (glaubwürdige) Informationen nachgefragt. Trotz des Totalverlustrisikos einer Anlage in Informal Private Debt wird von Seiten privater Anleger auf den Einsatz wirksamer Kontroll- und Sicherungsmechanismen ebenso wie auf eine Anlageberatung durch Banken verzichtet. Die vor diesem Hintergrund vergleichsweise geringen Renditeversprechen dagegen scheinen zumindest in einigen Fällen den Anforderungen

---

408 Als Beispiel dafür kann eine vollständig platzierte Anleihe eines Unternehmens angeführt werden, das sich nach eigenen Angaben mit der Projektentwicklung im Bereich der Windenergieerzeugung befasst. Die im Verkaufsprospekt abgedruckte Bilanz wurde vom Wirtschaftsprüfer nur eingeschränkt testiert, da Auslandsguthaben nicht nachgewiesen werden und die Werthaltigkeit von Vermögensgegenständen nicht ausreichend nachvollzogen werden konnten. Außerdem wurden im angegebenen Jahresabschluss Verluste und eine Eigenkapitalquote von 0,9% ausgewiesen. Des Weiteren finden sich im Lagebericht Hinweise auf eine angespannte Liquiditätslage. Außerdem wurde vor einer Anlage in Finanzierungstitel dieses Unternehmens von verschiedenen Seiten aus dem Kreis der Anlegerschützer explizit gewarnt. Über die bereits aus dem Verkaufsprospekt ersichtlichen Hinweise hinaus wurde auf laufende staatsanwaltschaftliche Ermittlungen gegen ein Vorstandsmitglied wegen des Verdachts auf Insolvenzverschleppung und Untreue aus dessen früherer beruflicher Tätigkeit in der Immobilienbranche hingewiesen. Vgl. dazu DIAS (2005), S. 5 sowie Kapitel 3.

privater Anleger zu genügen. Im Folgenden wird deshalb die Behavioral Finance als ein neuer finanzwissenschaftlicher Forschungszweig herangezogen, der ökonomische und verhaltenswissenschaftliche Erkenntnisse zusammenführt.[409]

4.3.1 Grundlagen der Behavioral Finance

Die Behavioral Finance nimmt bei ihrer Forschung zwei Perspektiven ein. Zum einen wird versucht, tatsächlich auftretende Anomalien auf den Finanzierungsmärkten mit neuen Theorien des Individualverhaltens zu erklären, die sich mit "traditionellen" Modellen oder Theorien nicht in Einklang bringen lassen.[410] Zum anderen werden Erkenntnisse über das menschliche Verhalten herangezogen, um deren Auswirkung auf das Marktgeschehen zu untersuchen, zu modellieren und damit vorhersagbar machen zu können.[411] Zentraler Ausgangspunkt dieser Forschungsrichtung ist das Verständnis, dass Marktteilnehmer nicht immer rational, sondern auf Grund emotionaler, psychischer und neuronaler Beschränkungen nur eingeschränkt rational handeln ("Bounded Rationality").[412]

Da das menschliche Gehirn durch die beschränkte Fähigkeit zur Informationsaufnahme, -verarbeitung und -speicherung gekennzeichnet ist, werden verkürzende kognitive Prozesse (Heuristiken) betrachtet, welche den Umgang mit komplexen Problemen handhabbar machen.[413] Dies widerspricht grundsätzlich dem Referenzmodell des Homo oeconomicus, der bei stabilen Präferenzen und rationalen Erwartungen ähnlich einem Superrechner alle verfügbaren Informationen optimal verarbeitet, um seinen Erwartungsnutzen zu maximieren.[414] Die Behavioral Finance ist deshalb aber keineswegs als Gegenentwurf zur traditionellen Finanzierungstheorie zu verstehen, sondern vielmehr als Ergänzung zu den grundsätzlich weiterhin gültigen Überlegungen der Finanzierungstheorie um realistischere Prämissen des menschlichen Verhaltens.[415] Die Anwendung der Erkenntnisse der Verhaltenswissenschaft erfordert die Berücksichtigung des Kontexts der jeweiligen Entscheidungssituation.[416] Dabei sind Informationsasymmetrien und Interessenkonflikte zwischen den beteiligten Parteien ebenso zu berücksichtigen wie in der Realität beobachtbare Verhaltensweisen.

---

409 Vgl. hier und im Folgenden Schäfer, Sue-Isabel und Vater, Hendrik (2002), S. 739 sowie Weber, Martin; Kramer, Ave Brit, et al. (2000), S. 312-313.

410 Vgl. Schäfer, Sue-Isabel und Vater, Hendrik (2002), S. 741; zur grundsätzlichen Kritik an behavioralen Modellen siehe Fama, Eugene F. (1997), S. 25.

411 Vgl. Weber, Martin; Kramer, Ave Brit, et al. (2000), S. 313.

412 Das Konzept der Bounded Rationality geht auf H.A. Simon zurück. Vgl. Roßbach, Peter (2001), S. 11.

413 Vgl. Jolls, Christine; Sunstein, Cass R., et al. (1998), S. 1477.

414 Vgl. Jolls, Christine; Sunstein, Cass R., et al. (1998), S. 1476.

415 Vgl. auch Jolls, Christine; Sunstein, Cass R., et al. (1998), S. 1474.

416 Vgl. Weber, Martin; Kramer, Ave Brit, et al. (2000), S. 313.

In Feldstudien und Experimenten der sozialpsychologischen Forschung wurde nachgewiesen, dass Menschen bei der Verwendung von Heuristiken systematische Fehler und Trugschlüsse unterlaufen. Insbesondere bei Entscheidungen hoher Komplexität und unter Unsicherheit führt die Anwendung von Heuristiken zu Verzerrungen bereits bei der Erwartungsbildung und infolge dessen zu irrationalen Fehleinschätzungen und fehlerhaften Entscheidungen.[417] Bei zufälligen Verhaltensabweichungen von der Rationalitätsannahme würde die Anwendung eines rationalen Modells weiterhin ausreichen, um allgemeingültige Aussagen über das Verhalten von Marktteilnehmern zu generieren.

Aber auch systematische Muster im Individualverhalten, die durch die Heterogenität der Marktteilnehmer begründet sind, müssen sich nicht zwangsläufig im Marktverhalten widerspiegeln, sofern sie sich gegenseitig aufheben oder durch Marktkräfte wieder verschwinden.[418] Im nächsten Abschnitt werden deshalb nur systematische und signifikante Verhaltensmuster von Marktteilnehmern skizziert, die von den innerhalb der traditionellen Finanzierungstheorie verwendeten Annahmen abweichen (Abschnitt 4.3.2).[419] Die Auswahl der wesentlichen Erkenntnisse aus der Behavioral Finance erfolgt anhand des Erklärungsgehalts im Hinblick auf die aufgeworfenen Fragestellungen, der anschließend in Abschnitt 4.3.3 gewürdigt wird.

4.3.2 Anlegerverhalten unter beschränkter subjektiver Rationalität

Im Folgenden werden einige wesentliche Erkenntnisse der Behavioral Finance dargestellt, die aus der beschränkten Rationalität des menschlichen Verhaltens resultieren. Die Darstellung erfolgt übersichtlich anhand des Prozesses einer Anlageentscheidung von der Informationssuche/-wahrnehmung über die Informationsverarbeitung bis hin zur Entscheidungsfindung, wobei die Effekte nicht unabhängig voneinander zu betrachten sind, sondern vielmehr aufeinander aufbauen und weitreichende Interdependenzen zeigen.[420]

---

417 Vgl. Guo, Zhaohui (2002), S. 32f.

418 Vgl. Roßbach, Peter (2001), S. 12 sowie Weber, Martin; Kramer, Ave Brit, et al. (2000), S. 313. Die Heterogenität von Entscheidungen determiniert sich bspw. durch sozioökonomische und demographische Variablen und die persönliche Situation des Entscheiders. Vgl. Schäfer, Sue-Isabel und Vater, Hendrik (2002), S. 741.

419 In diesem Zusammenhang wird auch von Verhaltensanomalien oder "Behavioral Biases" gesprochen. Vgl. Roßbach, Peter (2001), S. 12 sowie Guo, Zhaohui (2002), S. 62.

420 Vgl. Roßbach, Peter (2001), S. 12. Einen Überblick über die betrachteten Effekte bietet Abbildung 44.

Informationssuche/-wahrnehmung	Informationsverarbeitung	Entscheidung
• Selektive Wahrnehmung	• Mental Accounting	• Repräsentativität (Representativeness Bias)
• Verfügbarkeit (Availability Bias)	• Verankerungseffekt (Anchoring Bias)	• Selbstüberschätzung (Overconfidence)
• Framing	• Referenzpunkteffekt	• Kontrollillusion (Control Illusion)
• Subjektive Risikowahrnehmung	• Verlustaversion (Loss Aversion)	

Abbildung 44: Ausgewählte Verhaltensanomalien aus der Behavioral Finance[421]

In der Phase der **Informationssuche/-wahrnehmung** spielt die *selektive Wahrnehmung* eine wesentliche Rolle. Das Prinzip der selektiven Wahrnehmung basiert auf der Erkenntnis, dass die Informationswahrnehmung vom Vorwissen bzw. Erfahrungsschatz eines Anlegers abhängt.[422] Neue Informationen werden nicht unverfälscht und wertungsfrei bereits vorliegenden Informationen hinzugefügt, sondern werden abhängig von der subjektiven Erwartungshaltung – der Einstellung – ggü. diesen Informationen geprägt. Im Wunsch nach Stabilität und Kontinuität werden Informationen, die den Vorstellungen des Anlegers entsprechen, übergewichtet, während Informationen, die diesen Vorstellungen widersprechen, untergewichtet, verdrängt oder gar vollständig vernachlässigt werden.

Auf Grund der beschränkten Aufnahmefähigkeit des menschlichen Gehirns und dem Streben nach einem für eine Entscheidung ausreichenden Informationsstand ("Satisfying") unterliegen Anleger dem sog. *Availability Bias*.[423] Zur Komplexitätsreduzierung eines Entscheidungsproblem und zur Reduzierung der Kosten für die Informationsbeschaffung werden Verfügbarkeitsheuristiken angewendet.[424] Dabei wird Informationen, die einen hohen subjektiven Verfügbarkeitsgrad aufweisen, ein höherer Stellenwert beigemessen als anderen, die dem Anleger nicht präsent sind. Einprägsame, besonders auffällige und leicht verständliche Informationen sind für den Anleger kognitiv leicht verfügbar.[425] Mit der gezielten Steuerung der Aufmerksamkeit auf solche Informationen wird es dadurch möglich, die subjektive Einschätzung der Eintrittswahrscheinlichkeit für ein bestimmtes Ereignis zu beeinflussen. In der Überzeugung von Anlegern, dass Informationen über inländische Anlagen leichter verfügbar sind, werden diese auch in den Anlageportfolios tendenziell irrational hoch übergewichtet.[426]

---

421 Eigene Darstellung in Anlehnung an Roßbach, Peter (2001), S. 13f. sowie Guo, Zhaohui (2002), S. 62-76.
422 Vgl. Guo, Zhaohui (2002), S. 69.
423 Vgl. hier und im Folgenden Guo, Zhaohui (2002), S. 69f.
424 Die Anwendung von Heuristiken (vereinfachende Entscheidungsregeln) ist unter der Annahme beschränkter Aufnahme- und Verarbeitungsfähigkeit durchaus subjektiv rational. Vgl. Hauser, Mark Jason (2003), S. 98.
425 Vgl. Roßbach, Peter (2001), S. 13.
426 Dieser Effekt wird auch als Home Bias bezeichnet. Vgl. Schäfer, Sue-Isabel und Vater, Hendrik (2002), S. 746.

Einen ähnlichen Effekt hinsichtlich der Beeinflussbarkeit subjektiver Einschätzungen zeigt das *Framing*. Der Framing-Effekt basiert auf der Erkenntnis, dass die subjektive Gewichtung von Informationen vom Umfeld ihrer Wahrnehmung abhängt. Somit können Reihenfolge, Art und Darstellungsweise von Informationen eine Entscheidung beeinflussen.[427] Durch die Umformulierung eines Problems (z.B. Verlust als entgangener Gewinn, Risiko als Chance) und die bewusste Positionierung von Informationen in einem bestimmten Kontext wird es möglich, die "[...] Entscheidungen anderer in eine gewünschte Richtung zu lenken."[428]

Subjektive Risikowahrnehmung beschreibt den Umstand, dass unter Berücksichtigung der o.a. Effekte und Annahmen das tatsächliche objektive Risiko einer Anlagealternative dem subjektiv wahrgenommenen Risiko weicht.[429] Eine Anlageentscheidung ist abhängig von der persönlichen Risikoeinstellung, inwiefern eine riskante Alternative als Bedrohung oder Chance angesehen wird. Dabei neigen Anleger dazu, neuen Informationen zunächst wenig Beachtung zu schenken. Dieser auch als Konservatismus bekannte Effekt impliziert eine abnehmende Risikosensitivität bei länger anhaltenden Trends, d.h. eine Übergewichtung des Status quo.[430] Die Vernachlässigung neuer Informationen wird erst durch die mehrmalige Konfrontation mit ähnlichen Informationen abgelöst, was dann wiederum zu einer Übergewichtung dieser Information führen kann. Hinsichtlich der Risikowahrnehmung von Anlegern ist des Weiteren zu berücksichtigen, dass die Risikowahrnehmung länder- und kulturspezifische Unterschiede aufweist. Im Vergleich zu Asien und USA wurde gezeigt, dass in Deutschland Risiken stärker wahrgenommen werden, d.h. eine tendenziell niedrigere Risikoneigung (d.h. hohe Risikoaversion) vorherrscht.[431]

In der Phase der **Informationsverarbeitung** spielen einige Effekte eine bedeutende Rolle, die zu systematischen Verzerrungen bei der Bewertung von riskanten Alternativen auf Grund irrationaler Maßstäbe und Bewertungstechniken führen können. Mit *Mental Accounting* wird die Neigung zur mentalen Trennung bei der Bewertung von Alternativen beschrieben.[432] Zur Komplexitätsreduzierung werden für zusammenhängende, aber als unterschiedlich empfundenen Alternativtypen verschiedene gedankliche Konten gebildet, innerhalb derer eine

---

427 Vgl. Guo, Zhaohui (2002), S. 70.

428 In diesem Zusammenhang wird auch auf Splitting-Effekte hingewiesen, bei denen die Bündelung oder Aufspaltung von Informationen in Kategorien einen systematischen Einfluss auf Anlageentscheidungen haben. Vgl. Weber, Martin; Kramer, Ave Brit, et al. (2000), S. 316.

429 Vgl. hier und im Folgenden Schäfer, Sue-Isabel und Vater, Hendrik (2002), S. 743.

430 Vgl. hier und im Folgenden Hauser, Mark Jason (2003), S. 96.

431 Vgl. Weber, Martin; Kramer, Ave Brit, et al. (2000), S. 315 sowie Schäfer, Sue-Isabel und Vater, Hendrik (2002), S. 743 und die darin enthaltenen Verweise.

432 Vgl. Roßbach, Peter (2001), S. 13.

Optimierung erfolgt.[433] Als Folge dessen kann es für ökonomisch gleichwertige Alternativen zu einer individuell unterschiedlichen Bewertung kommen.

Anchoring bezeichnet eine Heuristik, durch die sich Anleger bei der Bildung von Schätzungen und Prognosen häufig zu stark an einem bestimmten Ausgangswert (Anker) orientieren.[434] Die Bewertung nachfolgender Informationen wird in Richtung dieses Ankers verzerrt. Im Gegensatz zu objektiven und informativen Richtwerten besteht die Gefahr einer Bewertungsverzerrung, falls diese Anker falsch gesetzt werden.[435] Die Anpassung der ursprünglichen Einschätzung an eine neue Informationslage wird dadurch systematisch verzögert.

Beim *Referenzpunkteffekt* werden Gewinne und Verluste nicht absolut betrachtet, sondern relativ anhand ihrer Abweichung von einem bestimmten Referenzwert bewertet.[436] Gleiche Veränderungen der Abweichungen werden in Abhängigkeit des Abstands zum gewählten Bezugspunkt als unterschiedlich bedeutsam empfunden. In diesem Zusammenhang wurde in empirischen Untersuchungen nachgewiesen, dass Verluste deutlich höher als Gewinne in gleicher Höhe bewertet werden.[437] Dieser als *Verlustaversion (Loss Aversion)* bekannte Effekt widerspricht der rationalen Entscheidungstheorie.[438]

In der "Prospect Theory", die als eine der wichtigsten Erklärungsansätze für das menschliche Entscheidungsverhalten unter Risiko gilt, bilden das Framing, der Referenzpunkteffekt und die Verlustaversion die zentralen Elemente.[439] In der Wertefunktion der "Prospect Theory" geht der Entscheider von einem durch die Präsentation des Entscheidungsproblems (Framing) beeinflussten subjektiven Referenzpunkt aus, von dem aus er Gewinne und Verluste relativ bewertet. Die unterschiedliche Bewertung von Gewinnen und Verlusten wird durch eine konkave Form der Wertefunktion im Gewinnbereich und durch eine konvexe Form im Verlustbereich modelliert (Verlustaversion).[440] Des Weiteren wird auf Basis experimenteller

433 Vgl. Guo, Zhaohui (2002), S. 71.

434 Vgl. hier und im Folgenden Hauser, Mark Jason (2003), S. 98.

435 Vgl. hier und im Folgenden Guo, Zhaohui (2002), S. 71f.

436 Vgl. hier und im Folgenden Roßbach, Peter (2001), S. 13.

437 Vgl. z.B. DeBondt, Werner F.M. und Thaler, Richard H. (1995), S. 390.

438 Vgl. Guo, Zhaohui (2002), S. 73.

439 Vgl. Schäfer, Sue-Isabel und Vater, Hendrik (2002), S. 742.

440 Vgl. Kahneman, Daniel und Tversky, Amos (1979), S. 279. Ein einfach nachvollziehbares Beispiel für Verlustaversion, Mental Accounting und Referenzpunkteffekt bietet eine empirische Studie über Taxifahrer in New York: Den Rahmen bildet eine fest vereinbarte Taximiete für jeweils zwölf Stunden pro Tag unabhängig von den Tageseinnahmen. Der Fahrer muss über seine tägliche Fahrzeit entscheiden. Während eine rationale Maximierungsstrategie impliziert, dass an guten Tagen (mit hohem Fahrgastaufkommen) länger als an schlechten Tagen (mit niedrigem Fahrgastaufkommen) gefahren wird, zeigt die Studie genau das gegenteilige Ergebnis: Die Fahrer hatten sich ein persönliches Einnahmeziel pro Tag (siehe Referenzpunkteffekt, Mental Accounting) gesetzt. Mindereinnahmen relativ zu diesem Ziel wurden als Verlust stärker empfunden als Mehreinnahmen (siehe Verlustaversion). Die Fahrer fuhren infolgedessen an guten Tagen kürzer als an schlechten Tagen. Vgl. Camerer, Colin et al. (1997) "Labor Supply of New York

Untersuchungen eine Gewichtungsfunktion für Wahrscheinlichkeiten einbezogen, die objektive Eintrittswahrscheinlichkeiten für Ereignisse in subjektiv bewertete Wahrscheinlich-keiten transformiert. Dadurch wird modelliert, dass extrem hohe objektive Wahrscheinlich-keiten näherungsweise als sicher angenommen (überschätzt) werden, während extrem niedrige objektive Wahrscheinlichkeiten näherungsweise als sicheres Nichtauftreten betrachtet (unterschätzt) werden.[441]

In der Phase der **Entscheidung** beschreibt die *Repräsentativität* die Neigung von Anlegern, auf Basis individueller Erfahrungen oder Ansichten bestimmte Merkmale eines Objekts unabhängig von ihrer tatsächlichen Relevanz als repräsentativ für eine bestimmte Kategorie (z.B. Risikoklasse von Unternehmen) zu erachten.[442] Mit Hilfe der Repräsentationsheuristik wird versucht, den für die Urteilsbildung und insbesondere für die Kategorisierung von Wahrscheinlichkeitsurteilen bedeutsamen Grad der Übereinstimmung des betrachteten Falls mit einer bestimmten Kategorie als Orientierungsgröße zu ermitteln.[443] Empirische Untersuchungen haben gezeigt, dass die Anwendung der Repräsentationsheuristik zu systematischen Fehlentscheidungen führen kann. Besonders interessant erscheint in diesem Zusammenhang die Erkenntnis, dass vorgegebene Wahrscheinlichkeiten vernachlässigt oder sogar vollständig ignoriert werden, sobald ein Informationselement als (vermeintlich) typisch für eine Kategorie, Gruppe oder Situation erachtet wird.

Als ein solches Informationselement kann bspw. die Zugehörigkeit eines Unternehmens zu einer renditestarken Wachstumsbranche in Frage kommen. Wenn die Zugehörigkeit zu dieser Branche als repräsentativ für hohes Wachstum/hohen Gewinn angenommen wird, werden u.U. andere Informationen ignoriert, die einer solchen Einschätzung entgegenstehen (z.B. hoher Verschuldungsgrad, angespannte Liquiditätslage). Durch punktuelle Erfahrungen, medienmäßige Begleitung sowie die Präsentationsform der Informationen können Anleger in einer als irrational zu erachtenden Anlageentscheidung bestärkt werden.[444] Ein weitere systematische Verzerrung der Entscheidungsfindung im Zusammenhang mit der Repräsentativität liegt in der Vernachlässigung des Umfangs von Stichproben. Dies führt dazu, dass Menschen vermeintliche Trends zu erkennen glauben, obwohl der wahre Prozess rein stochastisch ist.[445] Im Vergleich zu einer optimalen Verhaltensweise sammeln sie deshalb zu

City Cabdrivers: One Day at a Time", zitiert nach Mullainathan, Sendhil und Thaler, Richard H. (2000), S. 4.

441 Vgl. Kahneman, Daniel und Tversky, Amos (1979), S. 265f.

442 Vgl. Roßbach, Peter (2001), S. 14.

443 Vgl. hier und im Folgenden Guo, Zhaohui (2002), S. 66f.

444 Vgl. Guo, Zhaohui (2002), S. 67.

445 Dieses Prinzip wird auch als Gambler´s Fallacy bezeichnet. Vgl. hier und im Folgenden Hauser, Mark Jason (2003), S. 95f.

wenig Informationen und lernen zu schnell, weil sie glauben, dass auch eine kleine Stichprobe die Eigenschaften der Grundgesamtheit repräsentiert.

"Perhaps the most robust finding in the psychology of judgement is that people are overconfident."[446] Mit dieser markanten Aussage beschreiben *DeBondt* und *Thaler* die in vielen Studien nachgewiesene Neigung von Menschen zur Selbstüberschätzung bzw. zu übermäßigem Selbstvertrauen (*Overconfidence*).[447] Diese menschliche Neigung bezieht sich auf die Überschätzung der eigenen Fähigkeiten, der Verlässlichkeit eigener Erfahrungen und eigenen Wissens. Als Folge dessen werden eigene Prognosen und Schätzungen in ihrer Treffgenauigkeit überschätzt und häufig nur solche Informationen in die Entscheidungsfindung einbezogen, die eine vorgefasste Meinung bestätigen.[448] Bei einfachen Aufgaben, die wiederholt in einem stabilen Umfeld auftreten und für die ein schnelles und klares Feedback verfügbar ist, hat Selbstüberschätzung keinen wesentlichen Einfluss auf die Entscheidungsfindung.

Dagegen ist für Overconfidence im Kontext von Entscheidungen auf den Finanzierungsmärkten eine hohe Bedeutung nachgewiesen worden, da diese Entscheidungen auf Basis mehrdeutiger subjektiver Informationen beruhen, schwer zu kontrollieren sind und eine Rückmeldung zu Vorhersagen/Erwartungen erst mit einer großen zeitlichen Verzögerung oder überhaupt nicht verfügbar ist. Anfällig für Overconfidence sind besonders Menschen, die im Umgang mit komplexen Entscheidungsproblemen unerfahren sind, ihre Prognosen und Einschätzung nicht explizit mit Wahrscheinlichkeiten dokumentieren (können) und keine zeitnahe Rückmeldung zur Qualität ihrer Vorhersage bekommen.[449] Der Grad der Selbstüberschätzung korreliert ferner positiv mit der Anzahl der verfügbaren Informationen und mit dem Erfolg. Dies liegt zum einen daran, dass Anleger ihren informatorischen Nachteil ggü. dem zu finanzierenden Unternehmen nicht als solchen erkennen. Zum anderen neigen erfolgreiche Anleger dazu, den Erfolg ihrer Begabung zuzurechnen und nicht auch dem Glück oder Zufall.[450] Im umgekehrten Fall wird der Misserfolg aber tendenziell nicht vorhersehbaren äußeren Umständen zugerechnet, was auch darauf hindeutet, dass ein Lernen aus falschen Entscheidungen verhindert wird.[451]

Um die Darstellung der Erkenntnisse aus der Behavioral Finance abzuschließen, soll das Prinzip der *Kontrollillusion (Control Illusion)* im Anlegerverhalten skizziert werden, das in seiner Auswirkung große Ähnlichkeit zur Overconfidence aufweist. Das Prinzip der

---

446 DeBondt, Werner F.M. und Thaler, Richard H. (1995), S. 389.
447 Vgl. hier und im Folgenden Guo, Zhaohui (2002), S. 62ff. und die darin enthaltenen Verweise.
448 Vgl. auch Roßbach, Peter (2001), S. 14.
449 Vgl. Hauser, Mark Jason (2003), S. 92.
450 Vgl. Guo, Zhaohui (2002), S. 64.
451 Dieses Prinzip wird auch als kognitive Dissonanz bezeichnet. Vgl. Hauser, Mark Jason (2003), S. 85.

Kontrollillusion beruht auf der Erkenntnis, dass sich wahrgenommene subjektive Kontroll- bzw. Einflussmöglichkeiten positiv auf das Befinden des Entscheidungsträger bei unsicheren Situationen auswirken.[452] Falls Anleger die Möglichkeit der eigenen Einflussnahme auf bestimmte Zustände überschätzen, d.h. Kontrollmöglichkeiten subjektiv wahrnehmen, ohne dass diese Einfluss auf den Anlageerfolg haben, liegt eine Kontrollillusion vor. Eine weitere Verzerrung in der Erwartungsbildung und der Entscheidungsfindung kann die Folge sein.

4.3.3 Würdigung

Unter Berücksichtigung menschlicher Verhaltensweisen können die Erkenntnisse der traditionellen Finanzierungstheorie hinsichtlich der für die Anlageentscheidung relevanten Determinanten deutlich erweitert und relativiert werden. Zunächst hängt die Bereitschaft, sich mit Informal Private Debt als 'neuer' Anlagekategorie auseinanderzusetzen, mit der Einstellung zusammen, die private Anleger aus ihrer Erfahrung heraus bilden. Erfahrungen, die als besonders prägend empfunden werden und eine hohe Verfügbarkeit aufweisen, dominieren die entscheidende subjektive Risikowahrnehmung. Im Falle festverzinslicher und nicht börsennotierter Papiere könnte das fehlende Kursrisiko dadurch besonders prägend sein, dass eine Vielzahl privater Anleger in den letzten Jahren nachhaltig vor allem von kursrisikobehafteten Aktien als Anlagekategorie enttäuscht wurde.

Infolge einer kurzsichtigen Verlustaversion empfinden private Anleger Kursverluste stärker als Kursgewinne, so dass Kursschwankungen trotz einer mittelfristig erzielbaren positiven Rendite die subjektive Risikowahrnehmung negativ verzerren. Unabhängig davon, dass auch bei börsennotierten Anleihen das Kursrisiko lediglich bei einer Veräußerung vor Ende der Laufzeit objektiv eine Rolle spielt und dass Informal Private Debt nur deshalb keinem Kursrisiko unterliegt, da kein organisierter Sekundärmarkt besteht, könnte das fehlende Kursrisiko die subjektive Risikowahrnehmung irrational positiv beeinflussen.

Wird das fehlende Kursrisiko nun als vermeintlich repräsentatives Merkmal für eine sichere Anlage verstanden, führt dies zur Vernachlässigung anderer mit Informal Private Debt verbundener Risiken. Eine unter rationalen Gesichtspunkten zu geringe Nachfrage nach zur Einschätzung der objektiv entscheidenden künftigen Zahlungsfähigkeit und -willigkeit des Emittenten (Bonität) notwendigen Informationen kann die Folge sein. Das damit einhergehende Ausfallrisiko könnte auf Grund seiner im Vergleich zu Kursschwankungen geringeren Wahrscheinlichkeit außerdem unterschätzt werden. Wird im Falle einer positiven Anlageentscheidung diese Risikowahrnehmung durch regelmäßige Zinszahlungen in einer

[452] Vgl. hier und im Folgenden Guo, Zhaohui (2002), S. 70f.

hohen Frequenz verstärkt, kann dies auch zur Vernachlässigung einschlägiger Warnungen und Risikohinweise führen.

Im Sinne des Mental Accounting könnten diese Warnungen aber auch einem anderen 'mentalen Konto' zugerechnet werden, das als nicht repräsentativ für die getätigte Anlagekategorie verstanden wird. Die in Deutschland zu beobachtende zunehmende Renditeorientierung privater Anleger könnte in Anbetracht des historisch niedrigen allgemeinen Zinsniveaus die Nachfrage nach Informal Private Debt auch dadurch gesteigert haben, dass sich der Referenzpunkt in Form eines allgemeinen Renditeanspruchs für festverzinsliche (und subjektiv als sicher geltende) Anlageformen nach oben verschoben hat. Werden aber z.B. Bankeinlagen, die im Gegensatz zu Unternehmensanleihen der Einlagensicherung als wirksamem Schutz vor einem drohenden Totalverlustrisiko unterliegen, subjektiv demselben 'mentalen Konto' wie festverzinsliche Unternehmensanleihen zugerechnet, wird deutlich, dass die gewährte Rendite auf Bankeinlagen in negativer Abweichung von diesem individuellen Referenzpunkt nur als Verlust empfunden werden kann.

Mit Hilfe der Behavioral Finance wird nicht nur der Einfluss der Einstellung zu einer Anlagealternative, sondern auch die aktive Beeinflussbarkeit der subjektiven Einschätzung durch die Art der Informationsübermittlung deutlich. Nicht nur Anzahl und Güte der verfügbaren Informationen spielen somit eine Rolle, sondern auch Reihenfolge, Art und Darstellungsweise dieser Informationen bieten die Möglichkeit zur Beeinflussung der Anlageentscheidung. Werbemaßnahmen, Verkaufsgespräche und insbesondere Verkaufsprospekte können dadurch neben einer reinen Informations- und Anbahnungsfunktion das Verhalten privater Anleger einseitig beeinflussen, indem die Aufmerksamkeit gezielt auf positive Informationen gelenkt wird.

So werden leicht verständliche, einprägsame und positive Informationen, die in Verkaufsprospekten besonders hervorgehoben oder zu Beginn des Verkaufsprospekts präsentiert und illustriert werden, subjektiv höher gewichtet als komplexe, 'trockene' Informationen am Ende des Prospekts. Dies kann dazu führen, dass gesetzlich vorgeschriebene Pflichtangaben bei der Entscheidungsfindung vernachlässigt werden, insbesondere wenn sie einer durch 'blumige' Darstellungen vorgeprägten Einschätzung widersprechen. Widersprüchliche, irreführende oder unrichtige Angaben sind zwar grundsätzlich in Werbung und Prospekten verboten und können zu einem Versagen der erforderlichen Genehmigung des Prospekts bzw. zur Unterlassungsverfügung für

Werbemaßnahmen durch die BaFin führen und/oder persönliche Haftungsansprüche begründen.[453]

Allerdings kann bspw. die ausführliche Darstellung der positiven Aussichten der Branche, in der ein Emittent tätig ist, zu Beginn eines Verkaufsprospektes dazu führen, dass die Bonität betreffende ausführliche Pflichtangaben am Ende des Prospekts trotz des vorgeschriebenen Inhaltsverzeichnisses und eines separaten Abschnitts mit vielfältigen Risikohinweisen vernachlässigt werden.[454] In Anbetracht der Vielzahl von Informationen und der Komplexität der ökonomischen Zusammenhänge kann dies zu einer stark verzerrten Einschätzung insbesondere durch private Anleger führen, da sie im Vergleich zu institutionellen Investoren i.d.R. einen geringeren ökonomischen Bildungsgrad aufweisen und nur selten mit solchen Entscheidungen konfrontiert sind.[455]

Die unter diesen Voraussetzungen hohe Anfälligkeit zur Selbstüberschätzung wird noch durch die zunehmende direkte Betätigung privater Anleger auf organisierten Finanzierungsmärkten verstärkt. In Überschätzung ihres Informationsgrades und der Fähigkeit zur Risikoeinschätzung erklärt sich auch der Verzicht auf einen professionellen und verlässlichen Rat von Dritten. Ferner wird die Möglichkeit unterstrichen, die subjektive Risikowahrnehmung und damit die Renditeerwartung privater Anleger mit Pseudo-Kontrollmechanismen gezielt zu reduzieren. Als Beispiel für eine solche Kontrollillusion ist die vielfach zugesicherte Mittelverwendungskontrolle anzuführen, deren Wirksamkeit im Sinne einer effektiven Kontrolle in Anbetracht eines unbestimmten Emissionszwecks "im Rahmen der Geschäftstätigkeit" als äußerst begrenzt zu erachten ist.

Bezüglich der gesetzlichen Bestimmungen mit dem Ziel eines effektiven Anlegerschutzes ist deshalb zu fordern, dass zu Beginn eines Verkaufsprospekts auf das Totalverlustrisiko einer Anlage in Informal Private Debt in hervorgehobener Weise hingewiesen wird. Des Weiteren sollte darauf hingewiesen werden, dass zur Einschätzung des Totalverlustrisikos die Beurteilung der künftigen Zahlungsfähigkeit und Zahlungswilligkeit des Emittenten eine zentrale Rolle spielt, insbesondere vor dem Hintergrund der faktisch eingeschränkten Handelbarkeit der Finanzierungstitel und in Ermangelung staatlich geregelter Sicherungseinrichtungen. Die Vielfalt der unterschiedlichen vorgeschriebenen Risikohinweise dagegen vermindert tendenziell deren subjektive Wahrnehmung, so dass das Totalverlustrisiko als zentral zu erachtendes Risiko in den Hintergrund der subjektiven Wahrnehmung geraten kann. Da die subjektive Bonitätseinschätzung nicht durch unabhängige Dritte bspw. in Form eines

---

453 Vgl. dazu §§ 5ff. WpPG, §§ 8g ff. VerkaufsprospektG sowie zu Form und Inhalt insbesondere die VermVerkProspV.

454 Vgl. § 2ff. VermVerkProspV.

Ratings abgesichert wird, aber als ökonomisch hochkomplex gelten kann, ist ferner darauf hinzuweisen, dass nur private Anleger mit entsprechender ökonomischer Vorbildung als Informal-Private-Debt-Investoren geeignet sind.

4.4 Die besondere Rolle der Reputation

Reputation wird oftmals synonym mit Begriffen wie "guter Ruf" oder "persönliches Ansehen" verwendet. Beim Abschluss von Kreditverträgen zwischen Unternehmen und Banken oder anderen Gläubigern ist Reputation in ihrer speziellen Form der Kreditwürdigkeit von besonderer Bedeutung.[456] Die begriffliche Nähe zur Vertrauenswürdigkeit erschließt sich intuitiv, wenn man Kredit auf seinen lateinischen Ursprung (credere = glauben, vertrauen) zurückführt. Der Reputation kommt insofern eine besondere Rolle im Hinblick auf Informal-Private-Debt-Transaktionen zu, da private Anleger im Vertrauen auf die künftige Zahlungsfähigkeit, auf die Richtigkeit der bereitgestellten Informationen und auf den Willen zur Bedienung der Ansprüche Unternehmen Kapital überlassen – und dies trotz fehlenden Ratings, ohne eine inhaltliche Prüfung der Informationen durch unabhängige Dritte und ohne wirksame Kontroll- oder Sicherungsmechanismen. Bildung und Wirkung von Reputation werden zunächst im Verständnis der traditionellen Finanzierungstheorie untersucht (Abschnitt 4.4.1), um darauf aufbauend einem breiteren Verständnis folgend weitere Möglichkeiten zu deren Nutzung zu prüfen (Abschnitt 4.4.2). Der Erkenntnisgewinn wird Abschnitt 4.4.3 gewürdigt.

4.4.1 Reputation in der traditionellen Finanzierungstheorie

Auf das Konstrukt der Reputation wird in der traditionellen Finanzierungstheorie immer dann zurückgegriffen, wenn Unsicherheit auf Grund unvollständiger Informationen oder asymmetrischer Informationsverteilung herrscht, die Möglichkeit zur Wiederholung der betrachteten Situation besteht und ein spezifisches Verhalten in der Vergangenheit beobachtbar ist.[457] In diesen Situationen gibt es eine rationale Begründung dafür, zukünftiges Verhalten auf der Basis von Informationen über ein Verhalten in der Vergangenheit abzuschätzen.[458] Reputation lässt sich in diesem Zusammenhang umschreiben als Erwartung über unbekannte Eigenschaften oder Verhaltensweisen.[459] Voraussetzung dafür ist ein Lernprozess über einen gewissen Zeitraum, der es ermöglicht, vom Verhalten in der Vergangenheit auf unbekannte

455 Des Weiteren grenzen sich private Anleger durch eine mangelnde Zielorientierung und individuelle Entscheidungsprozesse von institutionellen Investoren ab. Vgl. Oehler, Andreas (1995), S. 5.

456 Vgl. Spremann, Klaus (1988), S. 613.

457 Vgl. Milgrom, Paul und Roberts, John (1982), S. 304; Kreps, David M. und Wilson, Robert (1982), S. 275.

458 Vgl. Milgrom, Paul und Roberts, John (1982), S. 302.

459 Vgl. ebenda, S. 283.

Eigenschaften oder Verhaltensweisen zu schließen. Reputation entfaltet ihre Wirkung, wenn eine Verhaltensänderung der Beeinflussung von beobachtbaren Informationen dient, auf deren Basis andere ihren Lernprozess stützen.[460]

Ein solches Verhalten kann in der Kreditbeziehung im Verzicht auf opportunistisches Verhalten beim kapitalsuchenden Unternehmen liegen. Dieser Verzicht äußert sich dann z.B. in der (durch den Kapitalgeber nicht beobachtbaren) Wahl risikoarmer Investitionsprojekte, die zu einer steigenden Wahrscheinlichkeit führt, künftigen Zins- und Tilgungsverpflichtungen nachkommen zu können.[461] Die Reputation eines kapitalsuchenden Unternehmens liegt dann in der Bedienung der Zins- und Tilgungsverpflichtungen von Krediten in der Vergangenheit.[462] Die so erworbene Reputation wirkt in ähnlicher Weise wie Garantien, Sicherheiten und die kostenträchtige Bereitstellung von Informationen (Signaling) transaktionskostensenkend.[463] Die Reputation rechtfertigt und fördert eine gewisse Erwartung, da sie nur durch ein bestimmtes Verhalten erreicht werden kann, das die Auswirkungen des Verhaltens (z.B. die künftige Zahlungsfähigkeit) kalkulierbar macht.[464]

Für ein kapitalsuchendes Unternehmen kann der Aufbau von Reputation in der Finanzierungsbeziehung aber nur vorteilhaft sein, wenn sie die Konditionen der künftigen Kreditaufnahme positiv beeinflusst.[465] Durch sein Verhalten erwirbt das kapitalsuchende Unternehmen dann mit der Bildung von Reputation abstraktes Kapital bzw. ein "Valuable Asset", das es versuchen wird, aufrechtzuerhalten.[466] Die Anreizwirkung der Reputation liegt in ihrem Sanktionspotenzial, bei Bekanntwerden eines Fehlverhaltens von künftigen Begünstigungen bei der Konditionengestaltung oder Kreditzusagen ausgeschlossen zu werden. Es handelt sich daher beim Aufbau von Reputation durch den Verzicht auf opportunistisches Verhalten keineswegs um "[...] ethisch-moralische Überlegungen [...], sondern um ein rein betriebswirtschaftliches Kosten-Nutzen-Kalkül."[467]

Diamond (1989) zeigt, dass Reputation bei neu gegründeten Unternehmen keinen ausreichenden Schutz vor opportunistischem Verhalten bietet.[468] Neu gegründete Unternehmen können keinen bzw. einen nur sehr kurzen "Track Record" vorweisen, währenddessen sie Kredite vertragsgemäß bedient haben. Auf Grund der hohen Qualitäts- und Verhaltensunsicherheit werden von diesen Unternehmen hohe Zinsen gefordert. Der Barwert

460 Vgl. Diamond, Douglas W. (1989), S. 829.
461 Vgl. Nippel, Peter (1992), S. 991.
462 Vgl. Nippel, Peter (1992), S. 1008.
463 Vgl. Spremann, Klaus (1988), S. 613.
464 Vgl. ebenda, S. 619f.
465 Vgl. Nippel, Peter (1992), S. 1008.
466 Vgl. Spremann, Klaus (1988), S. 620 und Diamond, Douglas W. (1989), S. 831.
467 Nippel, Peter (1992), S. 991.
468 Vgl. hier und im Folgenden Diamond, Douglas W. (1989), S. 858f.

aus den künftigen Einzahlungsüberschüssen durch die Bildung von Reputation, die aus einer Reduzierung der Kreditkonditionen (Zinssätze) in der Zukunft zu erwarten sind, wird deshalb entsprechend gering sein. Deshalb kann es sich für das Unternehmen lohnen, riskante Projekte durchzuführen, auch wenn durch einen Verzicht die Bildung von Reputation möglich wäre. Da die Wahl der Projekte aber annahmegemäß nicht beobachtbar ist, wird ein Teil der neu gegründeten Unternehmen auch trotz der Durchführung riskanter Projekte überleben und weiter Kredite bedienen können. Erst im Zeitablauf werden Unternehmen, die einen guten und langen "Track Record" vorweisen, von sinkenden Zinssätzen ausreichend profitieren. Da der Wert der Reputation dann c.p. steigt, werden etablierte Unternehmen auch immer stärker davor zurückschrecken, durch die Wahl riskanter Projekte ihre Reputation zu gefährden. Aus diesem Grund liegt es für junge Unternehmen nahe, sich über einen Finanzintermediär zu finanzieren, der diese Anreizproblematik durch Monitoring mildern kann. Hat sich das Unternehmen im Zeitablauf mit einem guten "Track Record" über die Bankfinanzierung etabliert, steigen Wert und Wirksamkeit der Reputation, so dass eine direkte Finanzierung über andere Kreditgeber in Frage kommt.[469]

Diamond (1991) zeigt anhand des Zusammenspiels von Monitoring und Reputation einen Lebenszyklus der Fremdkapitalfinanzierung über Finanzintermediäre auf.[470] Der Lebenszyklus basiert auf der Erkenntnis, dass Reputationseffekte im Zeitablauf die positiven Anreizeffekte des Monitorings überwiegen können, so dass Bedarf und Kosten der Überwachung im Zeitablauf abnehmen. Da das Monitoring im Sinne der kostenträchtigen Überwachung des Kreditnehmers am effizientesten von Finanzintermediären durchgeführt wird, sinkt dann im Umkehrschluss auch der Bedarf zur Einschaltung einer Bank.[471] Daraus ergeben sich nach *Diamond* einige wesentliche Implikationen für die Fremdkapitalfinanzierung: Kreditnehmer mit einem mittleren "Credit Rating"[472] werden sich über Banken finanzieren, wogegen sich Kreditnehmer mit einem sehr guten "Credit Rating" zu geringeren Kosten direkt bei anderen Kapitalgebern finanzieren können. Kreditnehmer werden versuchen, anfänglich mit Hilfe des Monitorings Reputation aufzubauen, um sich später direkt bei anderen Kapitalgebern kostengünstiger finanzieren zu können.

Der im Rahmen der Bankfinanzierung erworbene "Track Record" dient dann dazu, das zukünftige Verhalten der Kreditnehmer bei fehlender Überwachung zu prognostizieren.[473] Kreditnehmer mit einem sehr schlechten "Credit Rating" werden sich auch nicht über Banken

469 Vgl. auch Diamond, Douglas W. (1991), S. 691.
470 Vgl. Diamond, Douglas W. (1991), S. 690f.
471 Vgl. auch Breuer, Wolfgang (1995), S. 530f, der zu ähnlichen Schlussfolgerungen gelangt.
472 "Credit Rating" ist im Modell von Diamond gleichzusetzen mit der Reputation, die sich anhand eines guten "Track Records" (in der Anzahl der Perioden ohne Leistungsstörung bei der Bedienung der Fremdkapitalansprüche) zeigt.
473 Vgl. Diamond, Douglas W. (1991), S. 716.

finanzieren können, d.h., der Zugang zu externem Fremdkapital bleibt diesen Unternehmen i.d.R. verwehrt. Da diese Unternehmen nicht viel zu verlieren haben, böte auch das Monitoring keinen ausreichenden Anreiz zur Bedienung der Fremdkapitalansprüche. Aus Sicht des Finanzintermediärs lohnt es sich dann nicht, in die Kosten des Monitoring zu investieren. Das Modell von *Diamond (1991)* konnte auch bereits empirisch gestützt werden. Beispielsweise legen die Ergebnisse von *Denis/Mihov (2003)* nahe, dass Unternehmen von einer hohen Reputation im Sinne des "Track Records" profitieren, indem sie sich günstiger bei einem breit gestreuten Publikum verschulden und auf die Bankfinanzierung verzichten können.[474]

Hinsichtlich der Kreditnachfrage ergeben sich nach *Diamond* weitere Implikationen:[475] Die Nachfrage nach Bankkrediten steigt im Verhältnis zur direkten Finanzierung a) bei hohem Zinsniveau oder b) in Zeiten geringen Wirtschaftswachstums, da auch Unternehmen mit höherer Reputation dann ein Monitoring über Banken nachfragen. Wenn die Nachfrage nach Bankkrediten in Zeiten geringen Wirtschaftswachstums und damit bei sinkendem Barwert zukünftiger Gewinne steigt, können auch die Anforderungen der Banken an das "Credit Rating" ihrer Kunden gesteigert werden. Damit wird auch die sog. "Flight to Quality", d.h. eine Verknappung des Kreditangebots ("Credit Crunch"), erklärbar.[476]

So liefert das Modell von *Diamond* wiederum Hinweise auf die Komplementarität der Finanzierung über Banken und der Finanzierung über ein breit gestreutes Publikum auch für Unternehmen mit hoher Reputation, für die infolge externer Faktoren ein Rückgriff auf Banken sinnvoll sein kann. Der vertrauensvolle Umgang mit Banken stellt dann eine Art 'Versicherung' gegen solche Entwicklungen dar.[477]

In der Finanzierungstheorie wird auf die positive Anreizwirkung der Reputation in vielen weiteren Zusammenhängen zurückgegriffen. Beispielhaft sollen zwei weitere Anwendungen vorgestellt werden:

- Im Rahmen des "Relationship Lending" sind Banken daran interessiert, einen guten Ruf (Reputation) gegenüber ihren Kunden aufzubauen, um die Kosten des Wechsels der Geschäftverbindung möglichst hoch zu halten und damit die Wahrscheinlichkeit zu steigern, auf Basis der überlegenen Informationsstellung mittels der Verlängerung der Kundenbeziehung Gewinne zu erwirtschaften.[478]

---

474 Vgl. Denis, David J. und Mihov, Vassil T. (2003), S. 27.
475 Vgl. hier und im Folgenden Diamond, Douglas W. (1991), S. 691 und S. 716.
476 Vgl. Diamond, Douglas W. (1991), S. 714f.
477 Vgl. Paul, Stephan (2002), S. 52 sowie Seward, James K. (1990), S. 351-377.
478 Vgl. Sharpe, Steven A. (1990), S. 1069-1087.

- Ratingagenturen, die alternativ zu einer Bank als "Kontrollagent" eingeschaltet werden, nehmen ihre Aufgaben aus Interesse am Reputationsaufbau und -erhalt sorgfältig wahr.[479] Dieses Interesse begründet sich im Streben nach zukünftigen Gewinnen. Würde bekannt, dass sie ihre Kontrollaufgaben im Streben nach kurzfristiger Gewinnmaximierung nicht im Sinne der Investoren wahrgenommen haben, wäre die Aussagefähigkeit eines Ratings in der Zukunft in Frage gestellt. Damit entzöge sich eine Ratingagentur durch opportunistisches Verhalten ihrer Geschäftsgrundlage.

Die positive Anreizwirkung und das Interesse an der Bildung bzw. am Aufbau der Reputation – dem Verzicht auf die Nutzung eines opportunistischen Handlungsspielraums – ist aber grundsätzlich an folgende Bedingungen geknüpft. Reputation kann nur vor einem unbeschränkten[480] bzw. zumindest mehrperiodigen[481] Hintergrund wirken. Bei einem begrenzten Betrachtungshorizont kann es anfänglich rational begründbar sein, Reputation zu bilden, obwohl von einem 'Melken der Reputation' gegen Ende des betrachteten Zeitraums auszugehen ist. Ferner muss mit der Bildung von Reputation ein Interesse an der Steigerung künftiger Gewinne verbunden sein.

Auf Kreditbeziehungen bezogen bedeutet dies, dass von Seiten des kapitalsuchenden Unternehmens ein Interesse bestehen muss, sich auch zukünftig regelmäßig zu verschulden. Des Weiteren muss der "Track Record" den potenziellen Kreditgebern bekannt sein. Ist der "Track Record" des kapitalsuchenden Unternehmens nicht bekannt, können potenzielle Kreditgeber die Informationen auch nicht verwerten und ihre Konditionen darauf basierend anpassen. KMU haben in dieser Hinsicht das Problem, ein geeignetes "Medium" zur Verbreitung ihres guten Rufes zu finden, um diese Voraussetzung zu erfüllen, da die Wirtschaftspresse ihnen deutlich geringere Beachtung schenkt.[482] Außerdem müssen im Rahmen der kreditfinanzierten unternehmerischen Investitionstätigkeit zum Zeitpunkt der Fälligkeit nach Bedienung der Kreditansprüche positive Einzahlungsüberschüsse erwirtschaftet werden können. Besteht keine Aussicht darauf, dass die unternehmerische Tätigkeit zu Einzahlungen oberhalb der Zins- und Tilgungsverpflichtungen führt, ist die Bildung von Reputation ausgeschlossen.

Die einseitige Betrachtung der Bedienung der Zins- und Tilgungsverpflichtungen in der Vergangenheit als Basis für eine Kreditvergabe- bzw. Anlageentscheidung kann folglich zu

479 Vgl. Breuer, Wolfgang (1995), S. 531. Das Interesse am Aufbau bzw. Erhalt der Reputation wurde auch bereits empirisch nachgewiesen. Zur Bedeutung von "Bond Rating Agencies", zu den Interessenkonflikten und zu diesem Nachweis vgl. Covitz, Daniel M. und Harrison, Paul (2003)S. 2ff.

480 Vgl. Breuer, Wolfgang (1995), S. 518.

481 Vgl. hier und im Folgenden Nippel, Peter (1992), S. 991 sowie S. 1008.

482 Vgl. Paul, Stephan (2002), S. 54.

einer irrationalen Erwartungsbildung über die künftige Zahlungsfähigkeit und -willigkeit und damit zu falschen Anlageentscheidungen führen. In Vernachlässigung der Einschätzung der Gewinnaussichten bzw. der Erwirtschaftung ausreichender Cashflows aus der leistungswirtschaftlichen Aktivität des Unternehmens führt dieser einseitige Fokus zu einem illusionären Überoptimismus, der in Extremform eine sequentielle Verschuldung durch die Anwerbung immer neuer Gläubiger begünstigt, mit deren Kapital die Ansprüche der jeweiligen Alt-Gläubiger bedient werden. Dies führt zwangsläufig zur Illiquidität, wenn es nicht mehr gelingt, genügend 'frisches' Kapital von immer neuen Anlegern 'einzuwerben':

> "An alternative theory of how investors give their money to companies without receiving control rights in exchange appeals to excessive investor optimism. Investors get excited about companies, and hence finance them without thinking much about getting their money back, simply counting on short run share appreciation. An extreme version of this story is a Ponzi scheme, in which promoters raise external funds sequentially, and use the funds raised from later investors to pay off initial investors, thereby creating an illusion of high returns."[483]

4.4.2 Übertragbarkeit der Reputation

In der traditionellen Finanzierungstheorie wird die Bildung/Wirkung von Reputation ausschließlich innerhalb einer bestimmten Austauschbeziehung, insbesondere innerhalb der Finanzierungsbeziehung, betrachtet. Sie liefert eine rationale Begründung, die es unter gewissen Voraussetzungen erlaubt, teilweise auf die kostenträchtige Bereitstellung oder Beschaffung von Informationen (Signaling/Screening) bzw. auf die Überwachung/Kontrolle (Monitoring) zu verzichten. Die durch ein Verhalten in der Vergangenheit gebildete Reputation gibt einem kapitalsuchendes Unternehmen in der Finanzierungsbeziehung einen Anreiz zur Selbstbindung und ersetzt zum Teil auch kostenträchtige Maßnahmen des Bondings wie z.B. Covenants. Die Nutzung der Reputation durch Dritte ist nur dann möglich, wenn ein dauerhaft kapitalsuchendes Unternehmen (anfänglich) Reputation durch die Einschaltung eines Finanzintermediärs im Rahmen des "Delegated Monitoring" aufgebaut hat und ein einwandfreier "Track Record" der Finanzierung aus der Vergangenheit potenziellen anderen Kapitalgebern bekannt ist.

Unternehmen sind allerdings auf unterschiedlichen Märkten gleichzeitig aktiv. Vor diesem Hintergrund stellt sich die Frage, inwiefern sich dieser Umstand auf das Verständnis von Reputation und deren Aufbau-/Wirkungsmechanismus auswirkt. Die für eine positive Wirkung der Reputation notwendige Bedingung einer mehrperiodigen Betrachtung könnte vor

483 Shleifer, Andrei und Vishny, Robert W. (1997), S. 749.

diesem Hintergrund unter Umständen aufgegeben werden.[484] Für die Analyse der Reputationswirkung ist dazu allerdings ein erweitertes Verständnis notwendig. "*Unternehmensreputation* lässt sich als die *Summe der Wahrnehmungen und Einschätzungen aller relevanter Stakeholder* hinsichtlich der Leistungen, Produkte, Services, Personen, Organisation etc. eines Unternehmens und der sich hieraus jeweils ergebenden *Achtung* vor diesem Unternehmen interpretieren, in der sich zugleich ein allgemeines *Unterstützungspotenzial* manifestiert."[485]

Das Unterstützungspotenzial zeigt sich dabei in der Bereitschaft, Informationen über das Unternehmen aufzunehmen und ggf. wohlwollend zu interpretieren.[486] Damit spiegelt sich in einer starken Unternehmensreputation eine generelle Anziehungskraft wider, die in unterschiedlichen Verhaltenstendenzen je nach Art des jeweiligen Austauschpartners ihren Ausdruck findet (Bevorzugung der Produkte als Kunde, besondere Wertschätzung als Arbeitgeber oder Investor). Reputation entsteht diesem Verständnis folgend "[...] als mehr oder weniger deutlicher oder auch verzerrter Reflex auf alle unternehmerischen Handlungen [...]."[487] Unternehmensreputation ist damit auch als Menge sowohl ökonomischer als auch nicht ökonomischer Attribute zu verstehen, die einem Unternehmen auf Grund seiner Aktivitäten in der Vergangenheit zugesprochen werden.[488] Da Unternehmen mit unterschiedlichen Stakeholdern Kontaktpunkte aufweisen, bilden sie unterschiedliche Arten von Reputation aus, je nachdem, welche Attribute von den jeweiligen Stakeholdern berücksichtigt werden. Allerdings spielen bei unterschiedlichen Stakeholdern oftmals dieselben Attribute eine Rolle, gleichwohl diese unterschiedlich stark gewichtet werden. Zu den nicht ökonomischen Attributen zählen insbesondere die soziale und ökologische Verantwortung; in welchem Ausmaß diese aber die Unternehmensreputation beeinflussen, wird jedoch in empirischen Untersuchungen unterschiedlich hoch gewichtet und scheint von der Art der Befragten abzuhängen.[489]

Durch den wechselseitigen Einfluss, den die Einschätzung unternehmerischer Handlungen auf verschiedenen Märkten mit sich bringt (z.B. Produkt- oder Gütermarkt, Arbeitsmarkt, Finanzmarkt), kann Unternehmensreputation in ihrer Wirkung mit einem Magneten verglichen werden, der dem Unternehmen hilft, Ressourcen anzuziehen. Dadurch erleichtert eine positive Unternehmensreputation auch den Zugang zu Kapitalmärkten, zieht Investoren an und senkt die Kapitalkosten.[490] Zwischen der so verstandenen Unternehmensreputation und

484 Vgl. Nippel, Peter (1992), S. 990.
485 Wiedmann, Klaus-Peter und Wlash, Gianfranco (2003), S. 275.
486 Vgl. hier und im Folgenden Wiedmann, Klaus-Peter und Wlash, Gianfranco (2003), S. 275f.
487 Wiedmann, Klaus-Peter und Wlash, Gianfranco (2003), S. 276.
488 Vgl. hier und im Folgenden Caruana, Albert (1997), S. 110.
489 Vgl. Fryxell, Gerald E. und Wang, Jia (1994), S. 11-13.
490 Vgl. Fombrun, Charles und Shanley, Mark (1990), S. 233 sowie S. 255 und die darin enthaltenen Verweise.

dem Unternehmensergebnis konnte empirisch ein positiver Zusammenhang nachgewiesen werden.[491] Allerdings wurden hinsichtlich dieses Zusammenhangs auch sog. "Loop-Effekte" erkannt, da einerseits ein gutes finanzielles Leistungsvermögen die Bildung von Reputation unterstützt, andererseits aber eine positive Reputation wiederum zur Optimierung dieses Leistungsvermögens beiträgt. Dies kann auch als 'Henne-Ei-Problem' der Unternehmensreputation verstanden werden.[492]

Das erweiterte Verständnis der Reputation steht in einem engen Verhältnis zum "Corporate Image" bzw. zur Unternehmensmarke oder "Corporate Brand" und wird teilweise synonym verwendet.[493] Auf Grund der weitreichenden begrifflichen Überschneidung soll in dieser Arbeit auf eine ausführliche Auseinandersetzung mit diesen Begrifflichkeiten verzichtet werden; dem "Corporate Branding" wird aber im Sinne einer zielorientierten Markenführung eine aktive Rolle in der längerfristig orientierten Akzentuierung der "Corporate Images" ggü. unterschiedlichen Stakeholdern zugestanden.[494] Die Unternehmensmarke kann grundsätzlich eine Informations- und Risikofunktion (derivative Funktion) sowie eine ideelle Funktion (direkte Funktion) entfalten.[495] Die Informationsfunktion erfüllt eine Unternehmensmarke, wenn sie dem individuellen Bedürfnis nach einer Reduzierung des kognitiven Aufwands im Rahmen einer Entscheidung dient, d.h. als Information berücksichtigt wird und eine vereinfachende Wirkung entfaltet.[496] Die Risikofunktion erfüllt eine Unternehmensmarke, wenn sie die individuelle Gefahr einer Fehlentscheidung, d.h. das wahrgenommene subjektive Risiko, reduziert.[497] Eine Unternehmensmarke kann eine ideelle Funktion erfüllen, indem sie ein spezifisches nicht materielles Bedürfnis nach Prestige, Selbstbestätigung o.ä. befriedigt und damit ideellen Nutzen stiftet.

Im Sinne der Behavioral Finance bildet die Unternehmensmarke in ihrer Funktionsweise einen Anker.[498] Empirisch konnte die Relevanz der Unternehmensmarke für Auswahlentscheidungen von (potenziellen) Kapitalgebern, insbesondere für private Anleger in ihrer

---

491 Vgl. hier und im Folgenden Fombrun, Charles J. und Riesl, Cees B.M. van (2003), S. 297 sowie Wiedmann, Klaus-Peter und Wlash, Gianfranco (2003), S. 282f. und die darin enthaltenen Verweise.

492 "Good name is to strong financial performance as chicken to egg. It's not always clear which begets which, but it's awfully hard to have one without the other." Fisher, A.B. (1996), S. 90, zitiert nach Wiedmann, Klaus-Peter und Wlash, Gianfranco (2003), S. 282.

493 Vgl. Caruana, Albert (1997), S. 110.

494 Eine ausführliche Auseinandersetzung mit den unterschiedlich verwendeten Begrifflichkeiten "Corporate Image", "Corporate Identity", "Corporate Reputation" und "Corporate Brand" erscheint im Hinblick auf die Ziele dieser Untersuchung nicht angemessen, da die Reputationsforschung in enger Beziehung zu den Forschungsarbeiten zur Unternehmensmarke gesehen werden kann. Vgl. zur begrifflichen Abgrenzung ausführlich Kranz, Marcel (2004), S. 11-20; zu einem Literaturüberblick vgl. insbesondere Abbildung 2, S. 16.

495 Vgl. hier und im Folgenden Kranz, Marcel (2004), S. 44-46.

496 Vgl. Kranz, Marcel (2004), S. 54f. und die darin enthaltenen Verweise.

497 Vgl. Kranz, Marcel (2004), S. 59ff. und die darin enthaltenen Verweise.

498 Vgl. Kranz, Marcel (2004), S. 93.

Informations- und Risikofunktion nachgewiesen werden.[499] Allerdings weist die Unternehmensmarke für Kapitalgeber im Verhältnis zu anderen Stakeholdern wie z.B. Kunden vergleichsweise geringe Relevanz auf. Der ideelle Nutzen einer Unternehmensmarke spielt für private, nicht aber für institutionelle Investoren eine Rolle, da privaten Anlegern auch ein Prestigemotiv bei Anlageentscheidungen zugesprochen wird.[500]

Grundsätzlich wirkt sich demnach eine positive Unternehmensreputation im Sinne einer positiv belegten Unternehmensmarke, die u.a. aus Aktivitäten eines Unternehmens auf anderen Märkten herrührt, in Finanzierungsbeziehungen positiv aus.[501] Sie kann auf Grund ihrer vergleichsweise niedrigen Relevanz zwar nicht als auf Finanzierungsbeziehungen vollständig übertragbar, aber zumindest nutzbar gelten. Inwiefern die Wechselwirkungen zwischen Aktivitäten eines Unternehmens auf verschiedenen Märkten eine besondere Relevanz für Informal Private Debt aufweisen, wird im Folgenden untersucht.

Zunächst werden zu diesem Zweck Finanzierungstitel anhand ihrer wesentlichen Eigenschaften in die Gütersystematik eingeordnet. Finanzierungstitel sind Rechtstitel, die auf vertraglicher Basis vor allem Anwartschaften auf zukünftige unsichere Zahlungen verbriefen.[502] Sie sind insoweit als Kontraktgüter zu verstehen, als dass sie im Moment des Kaufes nur in einem Leistungsversprechen bestehen, nach Vertragsabschluss endogene und exogene Risiken bestehen, ein hohes Maß an Vertrauen zwischen den Vertragspartnern voraussetzen und der Vertrag als Instrument zur Leistungssteuerung und Risikoallokation wesentliche Produkteigenschaft ist.[503] Durch die Immaterialität und Komplexität der Finanzierungstitel, die neben Zahlungsanwartschaften auch Kontroll- und Verfügungsrechte regeln (sog. Leistungsbündel), orientieren sich Nachfrager neben den Eigenschaften der Leistung selbst als Surrogat u.a. an der Reputation des Anbieters.[504]

---

499 Vgl. hier und im Folgenden Kranz, Marcel (2004), S. 182f.

500 Vgl. Kranz, Marcel (2004), S. 109 und die darin enthaltenen Verweise. Neben den konkreten Anlagemerkmalen Rentabilität, Sicherheit und Liquidität ("magisches Dreieck") zeigen Untersuchungen für private Anleger im Wesentlichen Vorsorge-, Konsum- und Vermögensmotive auf. Bei Auswahl bestimmter Anlageformen dienen diese Motive der Gewichtung der o.a. Anlagemerkmale. So gewinnt hinsichtlich des Vorsorgemotivs die Sicherheit einer Anlage an Bedeutung, während die Liquidität zur Bedienung des Konsummotivs, die Rentabilität dagegen hinsichtlich des Vermögensmotivs eine hervorgehobene Bedeutung erlangen. Vgl. Stüfe, Karin (1999), S. 9f. sowie Oehler, Andreas (1995), S. 91f.

501 "Das Konzept der wertorientierten Markenführung [...] bildet die Brücke zwischen Konsumentenmärkten und dem Kapitalmarkt [...]." Benkenstein, Martin und Stephan, Anja (2005), S. 260. Vgl. zur Beziehung zwischen Markenpolitik und Finanzierung ebenda S. 260f.

502 Vgl. Abschnitt 2.1.

503 Vgl. Engelhardt, Werner H.; Kleinaltenkamp, Michael, et al. (1993), S. 410 und die darin enthaltenen Verweise.

504 Vgl. Engelhardt, Werner H.; Kleinaltenkamp, Michael, et al. (1993), S. 419f. und die darin enthaltenen Verweise sowie Paul, Stephan (1994), S. 50.

Auf Grund der bereits beschriebenen Qualitäts- und Verhaltensunsicherheit können Finanzierungstitel als Vertrauensgut gekennzeichnet werden.[505] Eine Qualitätsbewertung von Vertrauensgütern durch den Nachfrager (privater Anleger) kann selbst nach dem Kauf (der positiven Anlageentscheidung) nicht abschließend erfolgen, weil opportunistisches Verhalten auch ex post nicht vollständig aufgedeckt werden kann.[506] Die Reputation allein reicht zur Unterdrückung von opportunistischem Handeln nur dann aus, wenn das Verhalten des Vertragspartners (d.h. des kapitalsuchenden Unternehmens) nicht egoistisch motiviert ist. Nur in diesem Fall könnte vollständig auf andere Kontroll- und Sicherungsmechanismen verzichtet werden, wovon aber grundsätzlich nicht auszugehen ist.

Reputation bildet sich aus verfügbaren Informationen, die entweder von Unternehmen selbst, von den Medien oder von anderen Institutionen (z.B. Banken, Analysten, Ratingagenturen) stammen.[507] Von der höheren Verfügbarkeit von Informationen können tendenziell größere Unternehmen bei der Bildung von Reputation überproportional profitieren, weil sie eine höhere Vertrautheit mit deren Aktivitäten bewirkt.[508] Erfahrungen selbst stellen aber auch eine Informationsquelle dar, seien es direkte persönliche Erfahrungen oder mittels Mund-zu-Mund-Propaganda bzw. über die Medien übertragene Erfahrungen.[509] In Abhängigkeit der Informationsquelle und nach Art des beim Unternehmen vermuteten Verhaltensmotivs können somit vier Reputationsarten unterschieden werden:[510]

Der *generelle Ruf* entsteht auf Basis öffentlich zugänglicher Informationen und gibt Auskunft über die Vertrauenswürdigkeit, d.h. die generelle Bereitschaft eines Unternehmens, sich an vereinbarte 'Spielregeln' zu halten. Dabei wird ein nicht egoistisches Verhaltensmotiv vermutet (Reputationsart 1). Die *generelle Erfahrung* entsteht auf Basis privater (nicht öffentlich zugänglicher) Informationen und gibt ebenfalls Auskunft über die Vertrauenswürdigkeit (Reputationsart 2). Der *spezifische Ruf* entsteht zwar auf Basis öffentlich zugänglicher Informationen, gibt aber Auskunft über eine situationsspezifische Kooperationsbereitschaft (Reputationsart 3). Grundsätzlich wird zwar ein egoistisches Verhaltensmotiv vermutet, in der spezifischen Situation aber wird bei einem guten spezifischen Ruf mit einem Verzicht auf opportunistisches Handeln gerechnet. Die *spezifische Erfahrung* entsteht auf

505 Vgl. hier und im Folgenden Vogt, Jörg (1997), S. 136f.

506 Die Möglichkeit der Qualitätsbewertung dient dabei als Abgrenzungskriterium zu Such- und Erfahrungsgütern. Bei Suchgütern ist eine subjektive Qualitätsbewertung bereits vor dem Kauf möglich, während dies bei Erfahrungsgütern in effizienter Weise erst nach dem Kauf möglich ist. Obwohl Finanzierungstitel auch eine Reihe von Such- und Erfahrungseigenschaften aufweisen, können diese zu den Vertrauensgütern gezählt werden. Vgl. dazu Vogt, Jörg (1997), S. 135f. und die darin enthaltenen Verweise.

507 Vgl. Fombrun, Charles und Shanley, Mark (1990), S. 234.

508 Dies kann anhand der aus der Behavioral Finance bekannten Verfügbarkeitsheuristik verdeutlicht werden. Vgl. Fombrun, Charles und Shanley, Mark (1990), S. 240 und 251 sowie die Ausführungen in Abschnitt 4.3.2.

509 Vgl. Caruana, Albert (1997), S. 110.

Basis privater Informationen und gibt ebenfalls Auskunft über die situationsspezifische Kooperationsbereitschaft (Reputationsart 4).

Die spezifischen Reputationsarten sind für die Erwartungsbildung bei gleichen oder ähnlichen Transaktionen höher zu bewerten, denn sie geben Auskunft über die situationsspezifische Kooperationsbereitschaft. Dagegen sind bei einmaligen oder neuen Transaktionssituationen die generellen Reputationsarten höher zu bewerten, da sie Auskunft über die Vertrauenswürdigkeit geben, also auf ein grundsätzlich nicht egoistisches Verhaltensmotiv hindeuten.[511] Informationen, die auf persönlicher Erfahrung beruhen, werden prinzipiell höher bewertet als öffentlich zugängliche Informationen. Sie gewähren dem Entscheidungsträger sowohl bei ähnlichen als auch bei einmaligen Transaktionen einen höheren Nutzen bei der Erwartungsbildung.[512] In Bezug auf Transaktionen mit Vertrauensgütern sind Informationen über die Vertrauenswürdigkeit für die Erwartungsbildung unbedingt erforderlich, insbesondere im Falle erst- oder einmaliger Transaktionen, weil sie u.a. Auskunft über den Leistungswillen des Transaktionspartners geben.[513]

Für Informal-Private-Debt-Transaktionen ergeben sich daraus interessante Schlussfolgerungen. Hat ein Unternehmen bereits mehrfach Informal-Private-Debt-Emissionen durchgeführt und ordnungsgemäß bedient, kann es sich bei den beteiligten privaten Anlegern dadurch Reputation im Sinne einer spezifischen Erfahrung aufgebaut haben. Die Verbreitung dieser spezifischen Erfahrungen der Anleger wirkt sich positiv auf weitere Transaktionen dieser Art aus. Allerdings gibt diese spezifische Reputation keine Auskunft über die Vertrauenswürdigkeit des Emittenten, die für Finanzierungstitel in ihrer Eigenschaft als Vertrauensgüter unabdingbar ist. Wird diese vernachlässigt, wird eine Verschuldung nach dem Prinzip eines Schneeballsystems ermöglicht.[514]

In Anbetracht privater Anleger als definitorischer Zielgruppe lassen sich noch weitere Erkenntnisse gewinnen. Private Anleger können mit Emittenten bereits vor einer Informal-Private-Debt-Emission potenziell als Kunde persönliche Erfahrungen gemacht haben. Hinsichtlich der Transaktionen auf dem Gütermarkt kann sich der Emittent eine Reputation im Sinne spezifischer Erfahrungen aufgebaut haben. Beispielsweise können Kunden ein als gut empfundenes Preis-/Leistungsverhältnis oder eine gute Qualität der Produkte dieses Anbieters als Information über die (spezifische) Kooperationsbereitschaft deuten. Sie haben bezüglich dieser Produkte 'gute Erfahrungen' gemacht. Für finanzielle Transaktionen haben

510 Vgl. hier und im Folgenden Vogt, Jörg (1997), S. 146.
511 Vgl. Vogt, Jörg (1997), S. 151.
512 Vgl. Vogt, Jörg (1997), S. 153.
513 Vgl. Vogt, Jörg (1997), S. 156f.
514 Vgl. dazu und zu den Folgen die Ausführungen am Ende des letzten Abschnitts (4.4.1) sowie zu konkreten Beispielen Preißler, Steffen (2006).

diese Erfahrungen den Charakter der generellen Erfahrung. Private Anleger könnten ihre Erwartungshaltung hinsichtlich dieser Art von Transaktionen dadurch positiv verändern, dass sie eine grundsätzliche Vertrauenswürdigkeit des Unternehmens vermuten.

Die persönliche Erfahrung wirkt dabei als Informationsquelle stärker als öffentlich zugängliche Informationen über das Verhalten des Anbieters sowohl auf dem Güter- als auch auf dem Finanzmarkt. Deshalb liegt es nahe, dass Emittenten aus der Konsumgüterbranche besonders von der Erfahrung ihrer Kunden in ihrer Eigenschaft als potenzielle Anleger profitieren. Insofern scheint die Nutzung der am Gütermarkt erworbenen Reputation auch auf dem Finanzmarkt im Hinblick auf Informal Private Debt insbesondere für Emittenten aus der Konsumgüterbranche möglich.[515]

Betrachtet man die Vertrauenswürdigkeit, d.h. ein vermutetes generell nicht egoistisch motiviertes Verhalten, als notwendige Voraussetzung für den Erwerb eines Vertrauensgutes, lassen sich in Verbindung mit den Erkenntnissen der Behavioral Finance weitere Schlüsse ziehen. Wird der Geschäftszweck des Unternehmens generell mit einem nicht egoistisch motivierten Verhalten assoziiert, kann dies zu einer individuell hohen Vertrauenswürdigkeit des Unternehmens führen. Dies könnte unter Berücksichtigung der Repräsentationsheuristik durchaus denkbar sein.[516] In dieser Hinsicht würden Unternehmen mit einem ethisch-moralisch 'guten' Geschäftszweck besonders von ihrer Reputation auf dem Gütermarkt profitieren. Dafür könnten insbesondere Unternehmen in Betracht kommen, die mit Umweltschutz oder Entwicklungshilfe als Zeichen ihrer ökologischen bzw. sozialen Orientierung in Verbindung gebracht werden. In diesen Fällen erlangt das für private Anleger relevante Prestigemotiv besondere Bedeutung. Diese Interpretationen lassen sich auch unabhängig von Informal-Private-Debt-Emissionen durch die empirische Erkenntnis stützen, dass "Feelings for Firm's Products and Services" und "Reputation of Firm" zu den sechs wichtigsten Faktoren bei einer Anlageentscheidung gezählt werden.[517]

4.4.3 Würdigung

Die hohe Reputation eines Unternehmens dient grundsätzlich als partielles Substitut für die kostenträchtige Informationsbereitstellung sowie für den Einsatz von Kontroll- und Sicherungsmechanismen im Rahmen einer Finanzierungsbeziehung und kann damit eine Senkung der Finanzierungskosten ermöglichen. Im Verständnis der traditionellen Finanzierungstheorie erfordert die Bildung und Wirkung der Reputation einen einwandfreien

---

515 Analog lassen sich für alle Unternehmen branchenunabhängig Ansatzpunkte zur Nutzung der persönlichen Erfahrung in der Erwartungsbildung im Hinblick auf Mitarbeiter als potenzielle Nachfrager ableiten.

516 Vgl. dazu auch die Ausführungen in Abschnitt 4.3.2.

und bekannten "Track Record" über einen längeren Zeitraum hinsichtlich der Bedienung von Finanzierungsverpflichtungen in der Vergangenheit. Des Weiteren sind ein Gewinnstreben und positive Gewinnaussichten in der Zukunft zwingend erforderlich.

Bei Informal Private Debt können diese Bedingungen auf Grund des fehlenden Ratings nicht als bekannt vorausgesetzt werden. Dies gilt insbesondere für junge Unternehmen, die keine oder eine nur sehr kurze Finanzierungshistorie aufweisen, und für KMU, die eingeschränkten Publizitätspflichten unterliegen. Da für junge Unternehmen auf Grund der grundsätzlich hohen Unsicherheit auch kein Anreiz zur Bildung von Reputation besteht, sind sie zur Sicherstellung der Finanzierung auf einen hohen Grad der Selbstfinanzierung bzw. auf den effektiven Einsatz von Kontroll- und Sicherungsmechanismen durch Finanzintermediäre angewiesen. Sie sind daher für Informal-Private-Debt-Emissionen vollkommen ungeeignet.

Für KMU mit einer langen Firmenhistorie könnte die Finanzierung über eine Bank als Signal für eine positive finanzspezifische Reputation dienen. Sie können durch diese überwachte Finanzierung einerseits dokumentieren, dass ihnen der Zugang zu externen Finanzierungsquellen auf Grund ausreichend hoher Bonität nicht grundsätzlich verwehrt bleibt. Zum anderen ersetzt die effektive Überwachung des Unternehmens durch eine Bank zumindest teilweise die nur ineffizient darstellbare Überwachung des Unternehmens durch ein breit gestreutes Anlegerpublikum im Falle einer Finanzierung über Informal Private Debt.

Bestehende Bankverbindlichkeiten können daher als Mindestanforderung an die Eignung für Informal Private Debt verstanden werden, da Bankkredite im Gegensatz zu Informal Private Debt i.d.R. kurzfristig, besichert und mit außerordentlichen Kündigungsrechten im Falle einer wesentlichen Verschlechterung der wirtschaftlichen Lage verbunden sind. Der Bonitätseinschätzung durch den Anleger kommt aber nach wie vor eine hohe Bedeutung zu. Bei Verzicht auf ein Rating besteht außerdem weiterhin insbesondere für KMU das Problem, einen eventuell guten finanziellen Ruf beim Anlegerpublikum bekannt und damit im Sinne der finanziellen Reputation nutzbar zu machen.

Während Reputation in der traditionellen Finanzierungstheorie ausschließlich vor dem Hintergrund mehrperiodischer Beziehungen auf den Finanzierungsmärkten Anwendung findet, lässt eine erweiterte marketingorientierte Perspektive auch Ansatzpunkte zur Nutzung der auf anderen Märkten erworbenen Reputation in Finanzierungsbeziehungen zu.[518] Das erweiterte Verständnis der Reputation in enger Verbindung zur Unternehmensmarke trägt der

[517] In einer Studie von Nagy/Obenberger entfielen 40,6% bzw. 36,1% der Nennungen auf die o.a. Kriterien für die Anlageentscheidung. Vgl. Nagy, Robert A. und Obenberger, Robert W. (1994), S. 66.

[518] Mit Ausnahme von Beiträgen, welche sich mit den Konsequenzen des Finanzmanagements auf die Reputation am Gütermarkt beschäftigen. Vgl. dazu beispielhaft Maksimovic, Vojislav und Titman, Sheridan (1991), S. 175-200.

Kritik Rechnung, dass in der traditionellen Finanzierungstheorie ein finanziell guter Ruf gleichbedeutend mit Begriffen wie Bonität bzw. Kreditwürdigkeit gebraucht wird.[519] Durch die Charakterisierung von Finanzierungstiteln als Kontrakt- bzw. Vertrauensgüter kommt der Reputation eines kapitalsuchenden Unternehmens als Surrogat für die Bewertung der Produkteigenschaften eine besondere Rolle zu. Allerdings weisen Großunternehmen auch im erweiterten Verständnis der Unternehmensreputation ggü. KMU Vorteile hinsichtlich ihres Bekanntheitsgrads auf Grund ihrer höheren (Medien-)Präsenz auf.

Bereits in der Würdigung der Erkenntnisse aus der Behavioral Finance wurde deutlich, dass der Ruf einer Branche, zu der sich ein Emittent als zugehörig darstellt, eine Anlageentscheidung für Informal Private Debt positiv beeinflussen kann.[520] In besonderer Weise dürften Unternehmen aus Branchen, die einen hohen Bezug zu ökologischer und sozialer Verantwortung aufweisen, profitieren. Zum einen können sie damit rechnen, dass ihnen ein generell höheres Vertrauen entgegengebracht wird, zum anderen bedienen sie das Prestigemotiv privater Anleger besonders gut. Als Beispiel dafür kommen Emittenten aus dem Bereich der erneuerbaren Energien sowie aus dem Bereich der Entwicklungshilfe in Betracht. Allerdings ist darauf hinzuweisen, dass diese Erwartungshaltung eine subjektiv verzerrte Wahrnehmung des objektiven Risikos widerspiegelt, insbesondere wenn die aus der traditionellen Finanzierungstheorie bekannten Voraussetzungen zur Reputationsbildung nicht erfüllt sind.

Unternehmen aus der Konsumgüterbranche können als Emittenten von Informal Private Debt in besonderer Weise von ihrer Reputation am Gütermarkt profitieren, da ihre Kundschaft mit deren Produkten/Dienstleistungen in ihrer Eigenschaft als potenzielle private Anleger bereits persönliche Erfahrungen gemacht hat. Für nachhaltig profitable, etablierte Unternehmen der Konsumgüterbranche, deren Produkt- und Unternehmensmarke eine besonders hohe Kompatibilität mit den Anforderungen privater Anleger an Anlageprodukte aufweist, könnte diese Reputation für eine vollständige Platzierbarkeit der vergleichsweise kleinen Emissionsvolumina ausreichen, wie einige Beispiele aus der empirischen Untersuchung zeigen. Die Wechselwirkungen zwischen Güter- und Finanzmarkt rechtfertigen insoweit auch eine positiv verzerrte Erwartung hinsichtlich der Vertrauenswürdigkeit, als dass auf Seiten der Emittenten bei Bekanntwerden eines Fehlverhaltens mit einer Beschädigung der Unternehmens- bzw. Produktmarke gerechnet werden muss. Für diese Unternehmen kann die Marke einen partiellen Verzicht auf die zusätzliche Bereitstellung glaubwürdiger Informationen und damit u.U. sogar auf ein Rating ermöglichen. In Anbetracht vergleichsweise kleiner Emissionsvolumina und unter Berücksichtigung von Erfahrungen als bedeutender

519 Vgl. Paul, Stephan (1994), S. 40.
520 Vgl. Abschnitt 4.3.3.

Informationsquelle für private Anleger scheint Informal Private Debt unter diesen Umständen trotz der geringeren Verfügbarkeit öffentlich zugänglicher glaubwürdiger Informationen über den Emittenten im Vergleich zu Großunternehmen auch für KMU erfolgreich beim Anlegerpublikum platzierbar zu sein.

4.5 Marketingpolitische Gestaltung und Nutzung von Informal Private Debt

In Abschnitt 4.5.1 werden die bisherigen Erkenntnisse zur Gestaltung von Informal Private Debt mit Hilfe des Marketinginstrumentariums systematisch zusammengeführt und insbesondere hinsichtlich der Preis-, Kommunikations- und Distributionspolitik erweitert. Dazu wird zunächst kurz auf den Begriff des Finanzierungsmarketings eingegangen, um dessen Verwendung im Sinne dieser Arbeit zu verdeutlichen. In Abschnitt 4.5.2 werden Ansatzpunkte zur Nutzung von Informal Private Debt zu einer Steigerung der Kundenbindung erörtert, die neben den finanzwirtschaftlichen Zielen als marketingpolitisches Ziel von Seiten einiger Emittenten explizit verfolgt wird. Die um die instrumentelle Sicht der Marketingtheorie erweiterten Erkenntnisse werden in Abschnitt 4.5.3 gewürdigt.

4.5.1 Gestaltung von Informal Private Debt im Rahmen des Finanzierungsmarketings

Der **Begriff des Finanzierungs- bzw. Finanzmarketings** wurde erst seit Anfang der achtziger Jahre des letzten Jahrhunderts in die Literatur eingeführt und maßgeblich von *Süchting* geprägt.[521] Nach *Süchting* kann unter Finanzmarketing "[...] der an den Bedürfnissen der Kapitalgeber orientierte, zielgerichtete Einsatz des finanzpolitischen Instrumentariums zur Überwindung der zwischen Kapitalnachfrage und Kapitalangebot bestehenden Marktwiderstände."[522] verstanden werden. In der als überschaubar zu bezeichnenden Anzahl wissenschaftlicher Beiträge wird der Begriff des Finanzierungsmarketings allerdings unterschiedlich abgegrenzt.[523] Zum einen werden unter Finanzierungsmarketing in einem engen Begriffsverständnis lediglich kommunikationspolitische Maßnahmen in der Beziehung zwischen Unternehmen und Investoren bzw. Finanzintermediären subsumiert und sind je nach betrachteter Investorengruppe auch unter Begriffen wie Investor oder Creditor Relations bekannt. Zum anderen wird das Finanzierungsmarketing entweder als spezielle Form des Beschaffungs- oder des Absatzmarketings charakterisiert.[524] Je nach Sichtweise wird der Schwerpunkt auf die Beschaffung von Kapital/Liquidität als notwendiger Voraussetzung für das unternehmerische Handeln oder auf den Absatz von Geldanlagemöglichkeiten in Form

521 Vgl. Klein, Sebastian (1996), S. 8.
522 Süchting, Joachim (1980), S. 218.
523 Vgl. hier und im Folgenden Weidekind, Sabine-Sofie (1994), S. 7ff. und die darin enthaltenen Verweise.
524 Eine weitere Unterscheidung wird bspw. im Hinblick auf die Art der Finanzierungstitel zwischen Eigenkapital- und Fremdkapitalmarketing getroffen. Vgl. Klein, Sebastian (1996), S. 14.

von Finanzierungstiteln gelegt. Die grundsätzliche Sichtweise des Marketings spiegelt sich im Finanzierungsmarketing in der Orientierung an den Bedürfnissen der Kapitalgeber wider. Werden neben dem Wissen über die Bedürfnis- und Entscheidungsstruktur der Kapitalgeber als Voraussetzungen wettbewerbspolitische Aspekte betont, können unter Finanzierungsmarketing "[...] alle Aktivitäten verstanden (werden, Anm. des Verf.) [...], die dazu dienen mehr und besseres Wissen über die Geldgeber und die Geldaufnahmemöglichkeiten als die Konkurrenz zu erlangen, dem Geldgeber dementsprechend bessere Geldanlageprodukte als die Mitbewerber anbieten zu können und ihn davon auch zu überzeugen."[525] Zusammenfassend beinhaltet das Finanzierungsmarketing einem breiten Begriffsverständnis folgend "[...] sämtliche Aktivitäten eines Unternehmens, die darauf gerichtet sind, derzeitige und potenzielle Kapitalgeber dahin gehend zu beeinflussen, der Unternehmung erstmals oder weiterhin Kapital zur Verfügung zu stellen."[526]

Ohne die begriffliche Diskussion weiter zu vertiefen, wird dem Finanzierungsmarketing zur Gestaltung von Informal Private Debt ein breites Verständnis zugrunde gelegt, das sich hinsichtlich des finanzpolitischen Instrumentariums aller vier grundsätzlichen Elemente des taktischen Marketingmix bedient: der Produkt-, Preis- Distributions- und Kommunikationspolitik.[527] Hinsichtlich der Gestaltungsmerkmale von Informal Private Debt in der Produktpolitik wird weitestgehend auf die Erkenntnisse der traditionellen Finanzierungstheorie zurückgegriffen. Für die Gestaltung der Preispolitik werden u.a. marketingtheoretische Erkenntnisse bezüglich der Signalwirkung des Preises berücksichtigt. In der Kommunikationspolitik finden insbesondere die Erkenntnisse aus der Behavioral Finance bzw. die besondere Rolle der Reputation Berücksichtigung mit dem Ziel einer effektiven Kommunikation im Sinne einer positiven Verhaltensbeeinflussung der Zielgruppe der privaten Anleger.[528] Die Betrachtung der Distributionspolitik beschränkt sich im Wesentlichen auf Gestaltungsparameter und Voraussetzungen des Direktvertriebs als charakteristisches Merkmal von Informal Private Debt, berücksichtigt aber auch den erforderlichen Leistungsaustausch im Rahmen der Transaktionen.

Da die Gestaltung des Finanzierungsmarketings zielgerichtet im Sinne eines Beitrags zur Erreichung der Unternehmensziele erfolgen sollte, ist zunächst eine Gewichtung der finanzwirtschaftlichen Ziele unter der grundsätzlichen Annahme eines Gewinn- und Rentabilitätsstrebens vorzunehmen. Ohne auf die Liquidität, Sicherheit und Unabhängigkeit

525 Weidekind, Sabine-Sofie (1994), S. 9.
526 Becker, Fred G. (1994), S. 295.
527 Vgl. dazu auch Klein, Sebastian (1996), S. 10f. und die darin enthaltenen Verweise sowie Simon, Herrmann; Ebel, Bernhard, et al. (2002), S. 117.

als finanzwirtschaftliche Subziele im Einzelnen einzugehen, kann aus dem bisherigen Verlauf der Untersuchung folgende **finanzwirtschaftliche Zielsetzung für Informal-Private-Debt-Transaktionen** abgeleitet werden:[529] Zielsetzung ist die Deckung eines mittel- bis langfristigen Finanzierungsbedarfs von bis zu 40 Mio. EUR zur Sicherung ausreichender Liquidität, die eine Steigerung der Unabhängigkeit insoweit maximiert, als dass sie dem Gewinn- und Rentabilitätsstreben durch prohibitiv hohe Gesamtkosten der Finanzierung nicht entgegensteht.[530] Die hohe Bedeutung des Unabhängigkeitsstrebens konkretisiert sich bei Informal Private Debt in der Vermeidung vergleichsweise hoher Publizitätserfordernisse, durch den Ausschluss von Ein- und Mitwirkungsrechten und der Teilnahme am Liquidationserlös (und damit an Steigerungen des Unternehmenswerts) sowie durch eine Vielzahl privater Anleger als Kapitalgeber. Das Ziel der Vermeidung prohibitiv hoher Gesamtkosten der Finanzierung bezieht sich sowohl auf die expliziten Finanzierungskosten, die sich aus dem Renditeversprechen ergeben, als auch auf die Transaktionskosten in allen Phasen der Transaktion, die dem Emittenten intern oder durch die Inanspruchnahme von Fremdleistungen entstehen (implizite Finanzierungskosten).

Die Erfüllung dieses Ziels ist neben der vollständigen Platzierung der Emission daher wesentlich von der Kostenersparnis abhängig, die bei der Durchführung der Transaktion durch den Verzicht auf die Leistungen von Investmentbanken und im Verzicht auf ein Börsenlisting/Rating realisiert wird. Durch die Annahme dieser Zielsetzung bei der Gestaltung von Informal Private Debt werden solche Emittenten von der Betrachtung ausgeschlossen, die unabhängig vom Gewinnstreben versuchen, möglichst viel Kapital in krimineller Absicht unter Inkaufnahme prohibitiv hoher Finanzierungskosten 'einzuwerben'.

Die **Produktpolitik** umfasst alle Entscheidungstatbestände, die auf die marktgerechte Gestaltung der Fremdkapitaltitel des Unternehmens im Sinne einer Orientierung an den Bedürfnissen der Kapitalgeber unter Verfolgung der finanzwirtschaftlichen Ziele gerichtet sind.[531] Dazu stehen drei produktpolitische Gestaltungsebenen zur Verfügung: Die Gestaltung des *Leistungskerns/der Produktsubstanz* (1), die Gestaltung der *Produkt(ver)packung* (2) sowie die *Markierung* (3).[532] Zum *Leistungskern* (1) der betrachteten Finanzierungstitel gehören neben der Art und Frequenz der Vergütungs- und Rückzahlungsansprüche, dem Emissionskurs und der Laufzeit auch die Gewährung von Kontroll-, Sicherungs-,

528 Vgl. dazu auch Simon, Herrmann; Ebel, Bernhard, et al. (2002), S. 121.

529 Zum Zielsystem des Fremdkapitalmarketings vgl. ausführlich Klein, Sebastian (1996), S. 239-263 und die darin enthaltenen Verweise sowie Abbildung 11 auf S. 264.

530 Die Ermittlung des mittel- bis langfristigen Finanzierungsbedarfs wird im Rahmen dieser Untersuchung nicht thematisiert, sondern als gegeben und bekannt angenommen. Zu Fragen der Finanzbedarfsermittlung wird auf die einschlägige Literatur verwiesen.

531 Vgl. Klein, Sebastian (1996), S. 332.

532 Vgl. Klein, Sebastian (1996), S. 334 und die darin enthaltenen Verweise.

Veräußerungs- bzw. Kündigungsrechten. Wie die Ergebnisse der empirischen Untersuchung der bisherigen Informal-Private-Debt-Emissionen zeigen, scheinen Finanzierungstitel mit einem festen Zins- und Rückzahlungsanspruch nach einer bestimmten Laufzeit, die zu pari begeben werden, im Vergleich zu gewinn- und verlustabhängigen Genussrechten deutlich besser die Bedürfnisse privater Anleger zu treffen. Für diese Fremdkapitaltitel mit einem unbedingten Rückzahlungsanspruch ist für Nichtbanken eine Verbriefung in Inhaber- oder Orderschuldverschreibungen gesetzlich vorgeschrieben.[533] Klarheit, Einfachheit, Verständlichkeit und Stabilität der Vergütungsansprüche verbunden mit einem festen Rückzahlungsanspruch spielen in Anbetracht der Zielgruppe der privaten Anleger dafür eine entscheidende Rolle. Da die Möglichkeiten zur wirksamen Wahrnehmung von Kontroll- und Sicherungsrechten durch private Anleger vergleichsweise beschränkt sind, spielen diese dagegen eine untergeordnete Rolle.

Bei fester Laufzeit und bei gleichzeitigem Ausschluss vorzeitiger Kündigungsrechte durch den Gläubiger ist die Gewährung weitreichender Informationsrechte während der Laufzeit insoweit nicht erforderlich, als dass eine darauf basierende mögliche Veräußerungsentscheidung durch die fehlende Einbeziehung in einen Sekundärmarkt stark eingeschränkt oder grundsätzlich ausgeschlossen ist. In Kombination mit vorzeitigen Kündigungsrechten könnten regelmäßige Informationen allerdings Wettbewerbsvorteile begründen und das Vertrauen in die Anlage erhöhen. Zwar besteht bei Gewährung eines vorzeitigen ordentlichen Kündigungsrechts die Gefahr, dass dem Emittenten mittel- bis langfristig vorgesehene Finanzierungsmittel vorzeitig entzogen werden. Bei ausreichendem Renditeabstand zu relevant empfundenen Anlagealternativen und bei stabiler wirtschaftlicher Lage ist dieses Risiko aus Sicht des Emittenten aber auf Grund der Renditeorientierung privater Anleger als begrenzt zu erachten. Unterjährige Zinszahlungen (halb- oder vierteljährlich) könnten dieses Risiko weiter reduzieren, da dadurch Anleger in ihrer Anlageentscheidung bestärkt werden.

Die nachrangige Bedienung der Ansprüche der Informal-Private-Debt-Gläubiger ist aus Emittentensicht zum Schutz der Ansprüche der Alt-Gläubiger und zur Erhöhung der Verschuldungskapazität gleichermaßen von Bedeutung. Die Nachrangigkeit der Ansprüche liegt auch insoweit im Interesse der Informal-Private-Debt-Gläubiger, als dadurch eine wirksamere Überwachung des Emittenten durch Banken als Alt-Gläubiger begünstigt wird. Da mit Informal Private Debt lediglich ein mittel- bis langfristiger Finanzierungsbedarf gedeckt werden kann, ist darüber hinaus die Deckung saisonaler oder kurzfristiger Liquiditätsbedarfe durch Banken erstrebenswert. Aus Sicht der Anleger erhöht sie in dieser

[533] Ansonsten stellt die Emission ein Bankgeschäft im Sinne des Kreditwesengesetzes dar: "[...] Bankgeschäfte sind 1. die Annahme fremder Gelder als Einlagen oder anderer unbedingt rückzahlbarer Gelder des

Hinsicht die Sicherheit der Forderung, aus Sicht des Emittenten vergrößert sich die Flexibilität. Der für die nachrangige Bedienung der Ansprüche im Insolvenzfall geforderte Renditeaufschlag könnte deshalb von eher geringem Ausmaß sein. Daher kommt eine Nachrangigkeitsvereinbarung im Gegensatz zur Variabilisierung der Vergütungsansprüche über eine Gewinn- und Verlustabhängigkeit eher als mezzanine Komponente von Informal Private Debt in Betracht.

Hinsichtlich der Gestaltung der *Produkt(ver)packung* (2) ist auf Grund der Immaterialität der mit den Finanzierungstiteln verbundenen Rechte nicht die Umhüllung des physischen Leistungskerns zu verstehen.[534] Vielmehr sind Fragen der Stückelung bzw. der Höhe des Mindestzeichnungsbetrags sowie der Ausstellung effektiver Urkunden angesprochen. Bei der Festlegung der Stückelung und des Mindestzeichnungsbetrags besteht insbesondere im Hinblick auf private Anleger ein Trade-off zwischen der Attraktivität für kleinere Anlagebeträge und den Abwicklungskosten, die durch eine kleine Stückelung bzw. einen kleinen Mindestzeichnungsbetrag entstehen.

Wie die empirische Untersuchung der Informal-Private-Debt-Emissionen zeigt, werden die meisten Emissionen mit einer Stückelung von 1.000 EUR begeben, die gleichzeitig auch den Mindestzeichnungsbetrag darstellt. Daher wird in Anbetracht der Emissionsvolumina von mehrheitlich kleiner 10 Mio. EUR und bis zu 40 Mio. EUR von dieser Größenordnung als Richtwert zur Optimierung dieses Trade-offs ausgegangen. Die Ausstellung effektiver Urkunden bietet zwar mit der Möglichkeit der Abbildung von Firmenlogos evtl. einen Ansatzpunkt zur Betonung der Unternehmensreputation und zur Bedienung des Prestigemotivs; der in dieser Hinsicht relativ geringe zu erwartende Nutzen rechtfertigt aber nicht die Zusatzkosten der Abwicklung (Druck, Versand, Einlösung von effektiven Zinskupons) aus einer primär finanzwirtschaftlichen Zielsetzung heraus, wie die Mehrzahl der bekanntermaßen vollständig platzierten Informal-Private-Debt-Emissionen mit der Ausstellung von Globalurkunden zum Zwecke der Girosammelverwahrung zeigt.

Wesentliche Gestaltungsparameter der *Markierung* (3) sind die Namensgebung sowie die Zuordnung zu einer Produkt- bzw. Anlagekategorie.[535] Die Namensgebung fördert den Reputationstransfer zwischen Güter- und Finanzierungsmarkt insofern, als dass der Name des Finanzierungstitels die subjektive Wahrnehmung bestimmter positiv belegter Attribute des Unternehmens verstärken kann. Als Beispiel dazu kann die Emission der Klett-Unternehmensgruppe aus dem Jahr 2005 mit dem Namen 'Bildungs-Wertpapier' ebenso

Publikums, sofern der Rückzahlungsanspruch nicht in Inhaber- oder Orderschuldverschreibungen verbrieft wird, ohne Rücksicht darauf, ob Zinsen vergütet werden (Einlagengeschäft) [...]." § 1 Abs. 1 KWG.

534 Vgl. hier und im Folgenden Klein, Sebastian (1996), S. 352f.

535 Vgl. hier und im Folgenden Klein, Sebastian (1996), S. 353-355.

angeführt werden wie die als 'Solar-Anleihe' oder 'Jubiläumsanleihe' benannten Emissionen.[536] In den ersten beiden Fällen deutet der Name auf einen ethisch-moralisch förderungswürdigen Geschäftszweck hin, während im Falle der Jubiläumsanleihe besonders auf die langjährige Firmenhistorie abgestellt wird. Mit der Zuordnung zu einer Produktkategorie kann ebenso die subjektive Wahrnehmung positiv empfundener produktspezifischer Attribute positiv beeinflusst werden. Mit der Kategorisierung als 'Festzinspapier' werden Kontinuität und Stabilität der Zinszahlungen und die damit assoziierte Sicherheit betont.

In Abgrenzung zur Produktpolitik umfasst die **Preispolitik** alle Entscheidungstatbestände, die unmittelbaren Einfluss auf die Höhe der versprochenen Effektivverzinsung[537] haben.[538] Die Bestimmung der Höhe der Effektivverzinsung wird in Abgrenzung zur Produktpolitik zum zentralen Entscheidungstatbestand der Preispolitik.[539] Grundsätzlich bestimmt sich die Höhe der geforderten Effektivverzinsung auf organisierten Fremdkapitalmärkten anhand der Risikoprämie, die zusätzlich zum risikolosen Marktzinssatz gefordert wird. Auf Grund des fehlenden Ratings und der mangelnden Transparenz ist bei Informal Private Debt die Festlegung der Effektivverzinsung anhand von am Markt befindlichen Finanzierungstiteln mit vergleichbarer Ausstattung und vergleichbarem Risiko erschwert (konkurrenzorientierte Preisbestimmung). Sie dient aber als Richtwert nicht nur für das emittentenspezifische Bonitätsrisiko, sondern auch für die Prämie zur Kompensation der faktisch eingeschränkten Sekundärmarktliquidität von Informal Private Debt. Obwohl die konkurrenzorientierte Preisfestlegung durch die Imitation bestehender Finanzierungstitel mit einigen Unsicherheiten behaftet ist, weist sie im Vergleich zur alternativen investorenorientierten Preisfestlegung durch direkte Befragungen potenzieller Anleger hinsichtlich des damit verbundenen Aufwands einen wesentlichen Vorteil auf.[540] Da der Preis wegen der Immaterialität von Finanzierungstiteln auch als wesentlicher Qualitätsindikator aus Sicht der Anleger fungiert, ist die Festsetzung einer zu hohen Effektivverzinsung in mehrfacher Weise problematisch.[541]

Diese Problematik wird noch dadurch verstärkt, dass eine objektive Risikoeinschätzung des Bonitätsrisikos durch private Anleger in Anbetracht eines fehlenden Ratings stark erschwert

536 Vgl. dazu beispielhaft o.V. (2005g).

537 Da sich die Effektivverzinsung lediglich auf 'reine' Fremdkapitaltitel bezieht, werden implizit in den Ausführungen zur Preispolitik gewinn- und verlustabhängige Genussrechte vernachlässigt. Dies erscheint dem Verfasser im Hinblick auf die mangelnde Eignung dieser Titel zur Befriedigung der Bedürfnisse privater Anleger vertretbar.

538 Vgl. hier und im Folgenden Klein, Sebastian (1996), S. 373ff.

539 Zu der Problematik der Abgrenzung zwischen Produkt- und Preispolitik vgl. auch Weidekind, Sabine-Sofie (1994), S. 181f.

540 Vgl. dazu auch Schöning, Stephan; Nolting, Roger-David, et al. (2004), S. 30.

541 Dies kann auch mit einer Charakterisierung von Finanzierungstiteln als Kontrakt- oder Vertrauensgüter begründet werden. Vgl. dazu auch Engelhardt, Werner H.; Kleinaltenkamp, Michael, et al. (1993), S. 419.

ist. Einerseits erhöht eine zu hohe Effektivverzinsung in unangemessener Weise die expliziten Finanzierungskosten für den Emittenten, andererseits könnte das für private Anleger entscheidende subjektiv wahrgenommene Risiko auf Grund der Signalwirkung des Preises sich negativ auf deren Kaufbereitschaft auswirken. In dieser Hinsicht spielen unterstützende Maßnahmen der Produkt-, Kommunikations- und Distributionspolitik zur Senkung des subjektiv wahrgenommenen Risikos eine wesentliche Rolle. Zur Preisfestsetzung erscheint allerdings dennoch zumindest bei der erstmaligen Emission die Inanspruchnahme spezialisierter Emissionsberater erforderlich, die auf Grund ihrer Erfahrung aus der Begleitung anderer möglichst vollständig platzierter Emissionen Vorteile bei der Festlegung einer marktgerechten Effektivverzinsung aufweisen.

Unter die **Kommunikationspolitik** fallen grundsätzlich alle Maßnahmen, welche auf die Gestaltung der Informationsübermittlung von Unternehmen an die Nachfrager zum Zwecke einer den Unternehmenszielen dienlichen Verhaltenssteuerung gerichtet sind.[542] Als Informationsnachfrager beim Fremdkapitalmarketing kommen grundsätzlich alle aktuellen und potenziellen Fremdkapitalgeber in Betracht. Für die Planung der Kommunikationspolitik ist zunächst eine Auswahl der Zielgruppen zu treffen, da sie wesentlichen Einfluss auf die kommunikationspolitische Gestaltung hat.[543] Neben der definitorischen Zielgruppe der privaten Anleger sind bei einer Informal-Private-Debt-Transaktion die Bedürfnisse der Banken als Alt-Gläubiger besonders zu berücksichtigen. Die Ziele der Kommunikationspolitik können anhand ihrer Funktionen in zwei Komponenten zerlegt werden: die Bekanntmachungsfunktion und die Verhaltensbeeinflussungsfunktion. Die Banken als Alt-Gläubiger sind über eine bevorstehende Informal-Private-Debt-Transaktion in der Weise zu informieren, dass das von ihnen gewünschte Verhalten der Aufrechterhaltung ihrer Finanzierung(-sbereitschaft) als wesentliche Voraussetzung sichergestellt wird. Dazu bieten sich in Anbetracht der vergleichsweise kleinen Zahl von Kommunikationsempfängern persönliche Gespräche an. Die finanztitelbezogenen Bedingungen, welche auf den Schutz der Alt-Gläubiger gerichtet sind, sollten den inhaltlichen Schwerpunkt darstellen (z.B. Nachrangigkeit, fehlende/zweitrangige Besicherung).

Die Kommunikationspolitik zielt im Hinblick auf die Zielgruppe der privaten Anleger auf eine Erhöhung der Kauf- bzw. Wiederkaufbereitschaft ab.[544] Für Informal Private Debt wird

---

542 Vgl. hier und im Folgenden Klein, Sebastian (1996), S. 417-432.

543 Vgl. hier und im Folgenden auch Weidekind, Sabine-Sofie (1994), S. 275-300.

544 In der Marketingtheorie werden dabei die folgenden Kaufbereitschaftsstadien unterschieden, die ein Produkt beim potenziellen Käufer gemäß des "Hierarchy-of-Effects"-Modells (sog. AIDA-Modell) durchlaufen muss: Die Kenntnisnahme (Attention) als kognitives Stadium, das Interesse (Interest) und der Besitzwunsch (Desire) als affektives Stadium und der Kauf (Action) als Handlungsstadium. Daraus lassen

im Rahmen der Kommunikationspolitik nicht auf institutionelle Informationsmittler der organisierten Finanzmärkte (z.B. Ratingagenturen, Investmentbanken, Analysten, Anlageberater) zurückgegriffen, so dass deren transaktionskostensenkende bzw. qualitätszertifizierende Wirkung nicht genutzt werden kann. Die kommunikationspolitischen Maßnahmen sind vollständig in Eigenregie zu initiieren, zu erstellen bzw. zu koordinieren.

Des Weiteren sind die umfangreichen einschlägigen gesetzlichen Bestimmungen zur finanzmarktbezogenen Kommunikation bei Informal Private Debt zu beachten. Bereits bei der Werbung für ein Öffentliches Angebot von Informal Private Debt ist darauf hinzuweisen, dass ein Prospekt veröffentlicht wurde oder zur Veröffentlichung ansteht und wo die Anleger ihn erhalten können.[545] Irreführende oder widersprüchliche Angaben in der Werbung insbesondere zum Umfang der formalen Prüfung des Prospekts durch die BaFin können zu einer Untersagung derselben führen.[546] Für das Öffentliche Angebot als Mitteilung an das Publikum unter Angabe der Zeichnungsmöglichkeit/-modalitäten ist eine vorherige Hinterlegung des Prospekts bei und Genehmigung durch die BaFin, eine Veröffentlichung/ Bekanntmachung in einem überregionalen Börsenpflichtblatt bzw. eine kostenlose Bereitstellung des Prospekts erforderlich.[547] Bezüglich der Darstellungsform und des Inhalts des Prospekts sind je nach produktpolitischer Gestaltung die umfangreichen Mindestanforderungen entweder aus dem WpPG oder dem VerkaufsprospektG sowie aus den zugehörigen Rechtsverordnungen zu beachten.[548]

Dennoch bietet bereits der Prospekt Gestaltungsspielräume zur positiven Verhaltensbeeinflussung der Anleger hinsichtlich der über die Pflichtangaben hinausgehenden Kommunikationsinhalte, der kreativen Umsetzung und der Art der Bereitstellung. Die Nutzung von Reputationseffekten steht bei der Darstellung der emittentenbezogenen Informationen zur Vermeidung übermäßiger Publizität in Bezug auf Form und Inhalt im Vordergrund, soweit sie den gesetzlichen Anforderungen nicht entgegensteht. Als Beispiel dafür können die (Re-)Positionierung des Unternehmens in Richtung einer attraktiven Branche und die Illustration der Branchenentwicklung, die Darlegung einer einwandfreien Finanzierungshistorie, ein besonderes soziales oder ökologisches Engagement u.v.m.

sich phasenspezifisch die Kommunikationsziele Bekanntheit, positive Beeinflussung der Einstellung sowie Erzeugung einer Kaufhandlung ableiten. Vgl. Simon, Herrmann; Ebel, Bernhard, et al. (2002), S. 123 sowie Weidekind, Sabine-Sofie (1994), S. 281 und die darin enthaltenen Verweise.

545 Vgl. § 15 WpPG.

546 Vgl. § 8j VerkaufsprospG.

547 Vgl. zum Begriff des Öffentlichen Angebots § 2 Nr. 4 WpPG; zu den Voraussetzungen vgl. ausführlich §§ 13ff. WpPG, §§ 8i ff. VerkaufsprospektG sowie die zugehörigen Rechtsverordnungen.

548 Vgl. dazu ausführlich §§ 5ff WpPG, §§ 8ff. VerkaufsprospektG sowie die zugehörigen Rechtsverordnungen.

dienen.[549] Bei den finanztitelbezogenen Informationen sollten sicherheits- und rentabilitätsrelevante Wettbewerbsvorteile zu relevant empfundenen Anlagealternativen betont werden (z.B. feste Zins- und Rückzahlungsansprüche, Begründung eines Renditevorteils durch Weitergabe von Kosteneinsparungen der fehlenden Börsenzulassung, des Ratings, der Gebühren einer Investmentbank).

Sowohl die Gestaltung als auch die Art der Bereitstellung der Prospekte beeinflussen die impliziten Finanzierungskosten, so dass ein Trade-off zwischen den damit erzielbaren Effekte und dem dafür erforderlichen Mehraufwand zu berücksichtigen ist. Zwar können die Imitation von Inhalten und gestalterischen Elementen sowie die Möglichkeit der Online-Bereitstellung (Downloadmöglichkeit des Prospekts von der Homepage des Emittenten) als Ansatzpunkte zur kostengünstigen Erstellung/Veröffentlichung des Prospekts dienen; der Einsatz spezialisierter Layoutberater sowie die Inanspruchnahme von spezialisierten Rechtsanwälten und Steuerberatern erscheinen aber zumindest bei der erstmaligen Emission unabdingbar.[550]

Neben der Erfüllung der gesetzlichen Anforderungen steht die kostengünstige und glaubwürdige Übermittlung der zentralen Wettbewerbsvorteile des Finanzierungstitels bzw. des Emittenten an eine ausreichende Zahl privater Anleger im Mittelpunkt der Informationsübermittlung.[551] Wesentliche Entscheidungstatbestände dazu liegen neben Form und Inhalt vor allem in der Wahl geeigneter Kommunikationswege und -instrumente.[552] Zunächst liegt dahingehend die Nutzung bereits vorhandener direkter Kunden- oder Mitarbeiterkontakte nahe. Zum einen können durch eine direkte Kommunikation Streuverluste vermieden werden, zum anderen kann am ehesten ein Reputationstransfereffekt von der leistungswirtschaftlichen Tätigkeit des Emittenten erwartet werden. Als direktes Kommunikationsinstrument kommt zunächst der persönliche Verkauf in Betracht.[553] Als weitere direkte Form der Kommunikation bietet sich die Werbung per Direct Mailing in elektronischer oder schriftlicher Form insbesondere für Unternehmen an, deren Produkte selbst im Direktvertrieb abgesetzt werden. Als Beispiel dafür können die vollständig platzierten Emissionen von kommunalen oder regionalen Energie- und Wasserversorgern angeführt werden, welche sogar teilweise den Investorenkreis auf ihre Kunden beschränkt haben.

549 Vgl. dazu auch Simon, Herrmann; Ebel, Bernhard, et al. (2002), S. 122 sowie hier und im Folgenden die relevanten Ausführungen in den Abschnitten 4.3 und 4.4.

550 Vgl. Schöning, Stephan; Nolting, Roger-David, et al. (2004), S. 30.

551 Damit wird in der Kommunikationspolitik neben der reinen Informationsfunktion der Bedeutung bei der Überzeugung der Kunden (bzw. Anleger) von den Wettbewerbsvorteilen der angebotenen Leistung und damit der Verhaltenssteuerungsfunktion Rechnung getragen. Vgl. Benkenstein, Martin (2002), S. 218.

552 Vgl. Klein, Sebastian (1996), S. 419.

553 Der persönliche Verkauf wird auf Grund der Überschneidung von kommunikativen und vertrieblichen Elementen im Rahmen der Distributionspolitik näher erläutert. Vgl. zur Zurechnungsproblematik auch Weidekind, Sabine-Sofie (1994), S. 296f. sowie Klein, Sebastian (1996), S. 428.

Sind diese Kontakte nicht in ausreichendem Maße vorhanden, können zusätzlich zu unternehmenseigenen direkten Medien unternehmensfremde indirekte und unpersönliche Kommunikationsinstrumente genutzt werden. Dazu bietet sich ein multimediales Konzept an, bei dem Print- und Onlinemedien gleichermaßen zum Einsatz kommen. Zum einen können diese Medien wechselweise als Werbeträger und Informations-Link genutzt werden und so Kostenvorteile bei der Zielgruppenansprache begründen.[554] Zum anderen verspricht eine Ansprache von zumindest teilweise online-orientierten privaten Anlegern eine höhere Bereitschaft, Anlageprodukte auch ohne die Einschaltung von Anlageberatern (Banken) zu erwerben.[555] So können die Emittenten von der lukrativen Zielgruppe der sog. "Mischstrategen" profitieren, die sich sowohl über Online- und Printmedien informieren als auch fallweise auf eine Anlageberatung verzichten und mit einem Anteil von über 50% die größte Gruppe unter den privaten Anlegern in Deutschland darstellen.[556]

Um Streuverluste auf Grund des "Information Overload" hinsichtlich der Vielfalt beworbener Geldanlageprodukte zu begrenzen, können KMU gezielt durch Finanzanzeigen oder redaktionelle Beiträge an ihre (regionale) Bekanntheit anknüpfen.[557] Insbesondere bietet sich diese Art der Kommunikation für Konsumgüterhersteller von Markenartikeln an, die selbst keinen direkten Kontakt zu Endkunden haben, aber von der am Gütermarkt erworbenen Reputation im Sinne einer generellen Erfahrung profitieren.[558] Unternehmen, mit deren Geschäftszweck eine besondere ökologische oder soziale Orientierung assoziiert wird, können Streuverluste in der Werbung durch die Platzierung von Anzeigen in Printmedien und das Setzen von Internet-Links in Foren mit derselben Orientierung eingrenzen.

Sind keine der bisher genannten Bedingungen erfüllt, muss bei der Kommunikation auf Massenmedien zurückgegriffen werden, die ausreichend Platz bieten, sowohl die finanztitel- als auch die emittentenspezifischen Wettbewerbsvorteile zu präsentieren und sich von unseriösen Emittenten und Angeboten glaubwürdig abzugrenzen. Bei einer breit gestreuten Werbung bspw. durch Postwurfsendungen ist allerdings mit vergleichsweise hohen Kosten zur Erstellung/Distribution und hohen Streuverlusten zu rechnen.[559] Die Möglichkeiten zur Nutzung von Reputationstransfereffekten sind ebenso eingegrenzt, so dass mit einer vergleichsweise geringen Werbeeffizienz gerechnet werden muss.

554 Vgl. Stüfe, Karin (1999), S. 170.

555 Eine hohe Online-Orientierung geht mit einer mangelnden Delegationsbereitschaft von Anlageentscheidungen einher. Vgl. dazu ausführlich Stüfe, Karin (1999), S. 154ff.

556 Vgl. Stüfe, Karin (1999), S. 170.

557 Regional bekannte KMU können so vom 'Home Bias' der Anleger besonders profitieren. Vgl. dazu auch Abschnitt 4.3.2.

558 Vgl. dazu auch Abschnitt 4.4.2.

559 Vgl. hier und im Folgenden auch Schöning, Stephan; Nolting, Roger-David, et al. (2004), S. 20.

Auf Grund der Erklärungsbedürftigkeit der Finanzierungstitel insbesondere für private Anleger sind entsprechende Kapazitäten zur Abwicklung von Kundenanfragen bereitzustellen. Zwar kann mit dem Verweis auf FAQ-Rubriken (Frequently Asked Questions) im Internet das Aufkommen reduziert werden, jedoch sind eigene Call-Center und Kapazitäten zur Beantwortung von schriftlichen oder elektronischen Anfragen vorzuhalten, deren Kosten als implizite Finanzierungskosten berücksichtigt werden müssen. Die bisher dargestellten emissionsbezogenen Maßnahmen der Kommunikationspolitik können Unterstützung durch eine breit angelegte Öffentlichkeitsarbeit erfahren, die auf eine Steigerung der Bekanntheit und der Vertrauenswürdigkeit des Emittenten abzielt.[560]

Die **Distributionspolitik** umfasst allgemein alle Entscheidungstatbestände und Aktivitäten eines Unternehmens, die sich auf die Überbrückung der räumlichen und zeitlichen Distanz zwischen Hersteller und (End-)Nachfrager beim Güter- bzw. Leistungsaustausch beziehen.[561] Dazu ist ein System von Güterübertragungswegen – das Distributionssystem – erforderlich, das sich hinsichtlich seiner Funktionen in zwei Subsysteme unterteilen lässt: das *akquisitorische* und das *logistische Distributionssystem*.

Das *akquisitorische Distributionssystem* zielt bei Informal Private Debt auf den Vertrieb, d.h. auf die rechtliche Übertragung der Finanzierungstitel, ab (Erwerb, Zeichnung). Da bei Informal Private Debt definitorisch die Absatzform des Direktvertriebs gewählt wird, beschränken sich die Gestaltungsparameter grundsätzlich auf die zusätzliche Einschaltung von Fremdvertrieben sowie auf organisatorische Fragen des Direktvertriebs.[562] Allerdings zeigt die empirische Untersuchung, dass sich die zusätzliche Einschaltung von Fremdvertrieben nicht mit der Zielsetzung der Vermeidung prohibitiv hoher Emissionskosten vereinbaren lässt, da sich nach den bislang erarbeiteten Erkenntnissen auch der Versuch einer verschleierten (partiellen) Abwälzung der Vertriebskosten auf die privaten Anleger mit Hilfe eines Agios als wenig erfolgversprechend erwiesen hat.[563] Daher beziehen sich die folgenden Ausführungen lediglich auf die organisatorische Gestaltung des exklusiven Direktvertriebs, der definitionsgemäß in direktem Kontakt zwischen Emittent und Anleger, also durch die Nutzung eigener Ressourcen des Emittenten erfolgt.

Aus Kostengesichtspunkten liegt es nahe, bereits vorhandene vertriebliche Ressourcen aus der leistungswirtschaftlichen Tätigkeit des Emittenten für den Direktvertrieb der Finanzierungstitel zu nutzen. Dabei sind allerdings die besonderen Eigenschaften der

560 Vgl. dazu ausführlich Weidekind, Sabine-Sofie (1994), S. 302ff.
561 Vgl. hier und im Folgenden Klein, Sebastian (1996), S. 396ff.
562 Vgl. zur Definition von Informal Private Debt Abschnitt 2.1.
563 Vgl. dazu auch Abschnitt 3.3.

Finanzierungstitel aus Produktsicht sowie die besonderen Eigenschaften privater Anleger aus Nachfragersicht zu berücksichtigen. Im Gegensatz zu Individualfinanzierungen werden die vertrieblichen Aufgaben durch die Standardisierung der Finanzierungsbedingungen und die gesetzlichen Bestimmungen der Prospektpflicht erleichtert. Diese sollen auf den Abschluss des Finanzierungsvertrags abzielen, dessen Bedingungen bereits im Voraus festgelegt sind. Dazu ist es unbedingt erforderlich, die Höhe des Zeichnungsbetrags festzulegen sowie die für die Abwicklungsphase erforderlichen Daten zu erfassen; ggf. ist zusätzlich eine Auswahl der optionalen Bedingungen zu treffen. Im Hinblick auf private Anleger als Zielgruppe spielt der persönliche Verkauf eine zentrale Rolle, der durch die direkte und zweiseitige Kommunikation erlaubt, Rückfragen direkt zu beantworten und die Komplexität der Anlageentscheidung durch verständliche Erläuterungen zu reduzieren.[564] Außerdem hat die persönliche Vertrauenswürdigkeit des Verkäufers insbesondere im Hinblick auf private Anleger auf Grund des individuellen Entscheidungsprozesses und unter Berücksichtigung der Vertrauenseigenschaften der Finanzierungstitel einen hohen Einfluss auf die Anlagebereitschaft.

Verfügt ein Emittent bereits aus seiner leistungswirtschaftlichen Tätigkeit über ein dezentrales stationäres oder mobiles Direktvertriebssystem, das einen direkten Kontakt zu privaten Endkunden ohne die Zwischenschaltung von Absatzmittlern ermöglicht (eigene Shops, Außendienst), kann er für den Direktvertrieb der Finanzierungstitel auf die vorhandene Infrastruktur sowie auf das Verkaufspersonal zurückgreifen. Die persönliche Verkaufskompetenz des Personals kann genutzt werden, so dass lediglich die fachliche Kompetenz durch Schulungen und unterstützende Verkaufsunterlagen herzustellen ist. So können eventuelle Rückfragen unmittelbar und persönlich beantwortet werden. Im mobilen Vertrieb über Außendienstmitarbeiter sind allerdings die gesetzlichen Bestimmungen zu Haustürgeschäften zu beachten.[565]

Verfügt ein Emittent über ein zentrales Vertriebssystem aus seiner leistungswirtschaftlichen Tätigkeit, können ebenfalls die vorhandenen vertrieblichen Ressourcen für den Direktvertrieb der Finanzierungstitel genutzt werden. Hierbei bietet sich vor allem die Nutzung vorhandener Call-Center-Kapazitäten zur Durchführung persönlicher Verkaufsgespräche an. Ebenso können vertriebliche Kapazitäten (Backoffices) zur Beantwortung von individuellen schriftlichen oder elektronischen Anfragen (über Brief, E-Mail, interaktive Elemente auf der

[564] Vgl. hier und im Folgenden Weidekind, Sabine-Sofie (1994), S. 297f.; zu den wesentlichen Verhaltensunterschieden zwischen institutionellen Investoren und privaten Anlegern vgl. auch Oehler, Andreas (1995), S. 5.

[565] Vgl. §§ 312, 312a BGB.

Homepage) genutzt werden.[566] Erfolgt die Entgegennahme der Zeichnungsanträge bzw. der Vertragsabschluss ohne die gleichzeitige körperliche Anwesenheit der Vertragsparteien unter Zuhilfenahme von Fernkommunikationsmitteln, sind zusätzlich die gesetzlichen Regelungen zu Fernabsatzverträgen zu beachten.[567]

In Anbetracht relativ kleiner Emissionsvolumina könnte die Leistungsfähigkeit der eigenen leistungswirtschaftlichen Vertriebsorganisation insbesondere für KMU ausreichen, um mit überschaubarem Zusatzaufwand zur Herstellung der fachlichen Kompetenz und unter Nutzung moderner IuK-Anwendungen und der persönlichen Kompetenz des Verkaufspersonals die akquisitorische Distribution von Informal-Private-Debt-Emissionen zu übernehmen. Sind die vertrieblichen Ressourcen aus der leistungswirtschaftlichen Tätigkeit des Emittenten allerdings (noch) nicht vorhanden oder reicht deren Leistungsfähigkeit nicht aus, müssten zusätzliche eigene vertriebliche Ressourcen aufgebaut werden. Ohne die Nutzung von Verbundeffekten zwischen dem leistungs- und finanzwirtschaftlichem Vertrieb ist allerdings zu erwarten, dass der Aufbau eigener vertrieblicher Ressourcen zur Durchführung von Informal-Private-Debt-Transaktionen sich mindestens so ungünstig wie die Einschaltung von Fremdvertrieben im Hinblick auf die impliziten Finanzierungskosten darstellt.[568] Die Nutzung eigener vertrieblicher Ressourcen kann damit als unbedingte Voraussetzung für eine erfolgreiche Gestaltung von Informal Private Debt erachtet werden.

Das *logistische Distributionssystem* zielt auf die physische Übertragung der Finanzierungstitel bzw. der damit verbundenen Leistungen ab. Da die mit den Finanzierungstiteln verbundenen Informationspflichten und -erfordernisse bereits im Zuge der Kommunikationspolitik bzw. im Rahmen der Gestaltung des akquisitorischen Distributionssystems erläutert wurden, beziehen sich die folgenden Ausführungen im Wesentlichen auf den monetären Leistungsaustausch, d.h. die Zahlungsabwicklung bei der Entgegennahme des Zeichnungsbetrags sowie bei der Erbringung von Vergütungs- und Rückzahlungsansprüchen. Werden die Finanzierungstitel verbrieft, sind auch Verwahrung bzw. Übertragung der Urkunden im Rahmen der logistischen Distribution zu leisten.

Bei der Ausstellung effektiver Urkunden mit dem Anspruch auf Auslieferung muss der postalische Versand zum Anleger ebenso wie die Einlösung von Kupons für die Leistung der Vergütungs- und Rückzahlungsansprüche sichergestellt werden. Bei der Ausstellung einer

566 Zum parallelen Einsatz von Telefon und Internet im Direktvertrieb von Finanzdienstleistungen vgl. auch Roemer, Mark (1998), S. 296ff.

567 Vgl. zur Begriffsbestimmung von Fernabsatzverträgen und den damit verbundenen Rechtsfolgen insbesondere im Hinblick auf das Widerrufsrecht sowie auf die erforderlichen Belehrungen §§ 312b ff. BGB sowie die BGB-InfoV.

568 Der Aufbau eigener Vertriebsressourcen ist sogar noch ungünstiger, wenn die Gewinnmarge des zusätzlich eingeschalteten Fremdvertriebs die erzielbaren Skaleneffekte bei der Erbringung der Vertriebsleistung nicht überwiegt.

Globalurkunde bietet sich die Lagerung bei einer Wertpapiersammelbank zum Zwecke der Girosammelverwahrung an. Ferner müssen bei der logistischen Abwicklung der Informal-Private-Debt-Transaktionen die steuerlichen Bestimmungen bei der Leistung der Vergütungsansprüche berücksichtigt werden. Zinsabschlag- oder Kapitalertragsteuern müssen einbehalten und abgeführt werden, sofern keine Nichtveranlagungsbescheinigungen bzw. Freistellungsaufträge vorgelegt werden. Diese setzen eine individualisierte Datenadministration voraus. Als Voraussetzung für die Erfüllbarkeit der logistischen Distributionsaufgaben sind daher bereits im Zuge der akquisitorischen Distribution die erforderlichen Adress-, Kontendaten u.Ä. zu erfassen. Diese Daten sind während der Haltedauer durch das logistische Distributionssystem zu pflegen.

Während die akquisitorische Distribution zur optimalen Nutzung der vorhandenen Vertriebsressourcen sowohl dezentral als auch zentral organisierbar ist, kann der Koordinations- und Abwicklungsaufwand des logistischen Distributionssystems (d.h. die Zahlstellenfunktion) nur durch die Bündelung der Aufgaben in einer zentralen Stelle bzw. durch eine datentechnische Vernetzung erbracht werden. Mit dem Einsatz moderner Software zur Adress-, Konten- und Zahlungsverwaltung ist der mit der Distributionslogistik von Finanzierungstiteln verbundene Aufwand insbesondere bei Verzicht auf die Ausstellung effektiver Urkunden und bei Papieren mit festen Zinszahlungs- und Rückzahlungsterminen im Hinblick auf die gesamten impliziten Finanzierungskosten relativ gering einzuschätzen. Trotzdem wird gemäß der empirischen Untersuchung bei Schuldverschreibungsemissionen mehrheitlich ein Kreditinstitut als Zahlstelle eingeschaltet.[569]

Die erzielbaren Skaleneffekte bei der Bank als Zahlstelle können auf Grund des insgesamt geringen Kostenniveaus nicht ausschlaggebend sein; vielmehr bietet sich dadurch die Möglichkeit zu einem Reputationstransfer.[570] Zum einen ist von einer Signalwirkung hinsichtlich der Abwicklungssicherheit auszugehen, zum anderen könnten private Anleger die Beteiligung einer Bank auch ohne die Übernahme von Finanzierungsrisiken als positives Signal für die Bonität des Emittenten werten. Ob diese Erwartung berechtigt sind, hängt maßgeblich von der Reputation der eingeschalteten Bank selbst ab. Abhängig von der Gefahr eines möglichen Reputationsverlustes der Bank bspw. im Falle einer Insolvenz des Emittenten wird diese je nach Geschäftsschwerpunkt unterschiedlich hohe Mindeststandards hinsichtlich der Bonität des Emittenten einfordern.

569 Vgl. dazu Abschnitt 3.2.4.
570 Vgl. dazu auch Abschnitt 3.2.4.

4.5.2 Nutzung von Informal Private Debt im Rahmen des Kundenbindungsmanagements

Im Rahmen der empirischen Untersuchung der bisherigen Informal-Private-Debt-Emissionen hat sich gezeigt, dass einige Emittenten sich von der Durchführung von Informal-Private-Debt-Transaktionen eine Steigerung der Kundenbindung erwarten.[571] Daher wird im Folgenden untersucht, inwiefern Informal Private Debt im Rahmen des Kundenbindungsmanagements genutzt werden kann. Zunächst sollen dazu die Begriffe Kundenbindung bzw. Kundenbindungsmanagement definiert werden, um im Anschluss daran die Instrumente des Kundenbindungsmanagements vorzustellen. Darauf aufbauend soll untersucht werden, inwiefern Informal Private Debt Ansatzpunkte zu einer Steigerung der Kundenbindung bietet bzw. wie diese bei der marketingpolitischen Gestaltung berücksichtigt werden können.

"Kundenbindung umfasst sämtliche Maßnahmen eines Unternehmens, die darauf abzielen, sowohl die Verhaltensabsichten als auch das tatsächliche Verhalten eines Kunden gegenüber einem Anbieter oder dessen Leistungen positiv zu gestalten, um die Beziehung zu diesem Kunden für die Zukunft zu stabilisieren bzw. auszuweiten."[572] Mit dieser **Definition** von Kundenbindung ist die positive Beeinflussung sowohl des faktischen Verhaltens als auch der Verhaltensabsicht von Kunden angesprochen, die folgende Aspekte beinhaltet: Wiederkauf, Cross Buying, Weiterempfehlung und Preiserhöhungsakzeptanz.[573]

Das Kundenbindungsmanagement bezieht sich auf den gesamten Managementprozess der Kundenbindungsmaßnahmen.[574] Dieser Prozess wird in Abgrenzung zur Kundenakquisition nur auf bestehende Kunden angewendet "[...] mit dem Ziel, dass diese Kunden auch in Zukunft die Geschäftsbeziehung aufrechterhalten oder intensiver pflegen."[575] Dieses Verständnis von Kundenbindungsmanagement, das auf den Ausbau und Erhalt bestehender Kundenbeziehungen gerichtet ist, wird den folgenden Ausführungen zugrunde gelegt, wobei lediglich eine instrumentelle Perspektive eingenommen wird. Hinsichtlich der Lebenszyklusphasen der Kundenbeziehung beziehen sich die folgenden Ausführungen lediglich auf die Kundenbindung i.e.S.; das Kundenbindungsmanagement zielt damit auf Stammkunden in der Wachstums- und Reifephase ab. Die Problemstellungen der Kundenakquisition (Anbahnungs- und Sozialisationsphase) sowie der Kundenrückgewinnung (Gefährdungs-, Auflösungs- oder Abstinenzphase) werden ausgeschlossen.[576]

---

571 Vgl. dazu beispielhaft Kehmeier, Reinhard (2002).
572 Homburg, Christian und Bruhn, Manfred (2005), S. 8.
573 Vgl. Homburg, Christian und Bruhn, Manfred (2005), S. 9. Siehe dazu auch Abbildung 45
574 Der Managementprozess beinhaltet die Phasen "[...] systematische Analyse, Planung, Durchführung sowie Kontrolle [...]." Homburg, Christian und Bruhn, Manfred (2005), S. 8.
575 Homburg, Christian und Bruhn, Manfred (2005), S. 8.
576 Vgl. Bruhn, Manfred (2001), S. 48f.

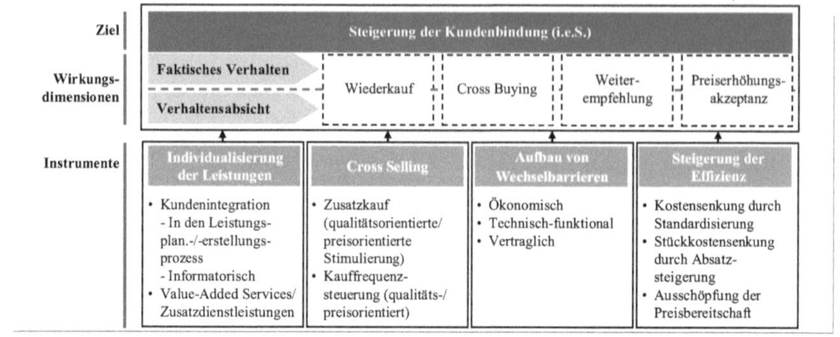

Abbildung 45: Ziel, Wirkungsdimensionen und Instrumente des Kundenbindungsmanagements[577]

Als **Instrumente des Kundenbindungsmanagements** stehen die Individualisierung der Leistungen, das Cross Selling, der Aufbau von Wechselbarrieren sowie eine Steigerung der Effizienz zur Verfügung.[578] Die *Individualisierung der Leistungen* zielt darauf ab, durch die Bereitstellung eines kundenindividualisierten Leistungsangebots die langfristige Attraktivität der Leistung für den Kunden zu erhöhen. Dazu muss eine (eingangs) standardisierte Leistung an die spezifischen Kundenbedürfnisse angepasst werden.[579] Durch eine *Integration des Kunden* in den Leistungsplanungs- und -erstellungsprozess kann der Kunde selbst auf die Konfiguration der Leistungen/Produkte Einfluss nehmen und diese an seine Bedürfnisse anpassen. Damit kann insoweit eine informatorische Kundenintegration einhergehen, als dass der Kunde Markt- und Prozessinformationen erhält.[580] Die Erfahrungen des Kunden im Zuge der Integration dienen gleichzeitig als Informationsquelle für den Leistungswillen und die Leistungsfähigkeit des Unternehmens.[581] Die Bereitstellung von *Value-Added Services* – von sekundären, mit dem Produkt verbundenen Dienstleistungen – führt zu einer weiteren Individualisierung der Leistungen.[582] Dazu sollten die angebotenen Zusatzleistungen in einem Bedarfs- oder Verwendungsverbund bzw. in einem Einkaufs- oder Beschaffungsverbund

577 Eigene Darstellung in Anlehnung an Bruhn, Manfred (2001), S. 154-160 sowie Homburg, Christian und Bruhn, Manfred (2005), S. 9.

578 Siehe Abbildung 45.

579 Vgl. hier und im Folgenden Bruhn, Manfred (2001), S. 154-156.

580 Vgl. Kleinaltenkamp, Michael (2005), S. 369f.

581 Vgl. Kleinaltenkamp, Michael (2005), S. 372.

582 Vgl. hier und im Folgenden Beutin, Nikolas (2005), S. 300f. sowie Bruhn, Manfred (2001), S. 156f.

stehen.[583] Solche Leistungen können in Form von Informations- und Beratungsleistungen, logistischen (z.B. Abhol-, Bringservice), betriebswirtschaftlichen (z.B. Finanzierung über Ratenkauf) oder Bequemlichkeitsdienstleistungen (z.B. Einpackservice, monatliche Kundenkontoabrechnung) angeboten werden.[584]

Unter *Cross Selling* werden konkrete Maßnahmen verstanden, die den Kunden zur Inanspruchnahme weiterer Leistungen des Unternehmens stimulieren sollen.[585] Cross Selling i.e.S. bezieht sich dabei auf den Kauf zusätzlicher Produkte (Cross Buying), während i.w.S. auch die Kauffrequenzsteuerung (Wiederkauf) angesprochen ist.[586] Des Weiteren wird zwischen qualitätsorientiertem und preisorientiertem Cross Selling unterschieden. Beim qualitätsorientierten Cross Selling werden dem Kunden im Rahmen einer Angebotsprogrammerweiterung/Leistungsverbesserung bedarfsgerechte Leistungen angeboten, mit deren Hilfe die Nachfrage auf den betreffenden Anbieter gelenkt werden bzw. beim jeweiligen Anbieter gesteigert werden soll. Das preisorientierte Cross Selling zielt auf die Gewährung von Preisvorteilen ab, die bei einem Zusatz- bzw. Wiederkauf entstehen. Dazu stehen vor allem die preispolitischen Maßnahmen des Mehrproduktpricing (Bündelung/Koppelung) oder die Gewährung von mengenabhängigen Rabatten zur Verfügung.[587]

Während die Individualisierung der Leistungen sowie das Cross Selling auf die Ausweitung der Geschäftsbeziehung in der Wachstumsphase abzielen, soll durch den *Aufbau von Wechselbarrieren* die Kundenbeziehung zeitlich in der Reifephase ausgedehnt werden, so dass der Kunde an das Unternehmen gebunden[588] wird und Umsätze/Gewinne mit dem Kunden über den entsprechenden Zeitraum gesichert werden.[589] Ökonomische Wechselbarrieren zielen darauf ab, den Wechsel des Anbieters betriebswirtschaftlich unvorteilhaft zu machen. Beispielhaft können dazu zeitabhängige Rabatte oder Boni (z.B. Treuerabatte, Kundenkarten mit Rabatt-/Bonusfunktion) sowie Preisgarantien (z.B. Tiefpreisgarantie) eingesetzt werden.[590] Technisch-funktionale Wechselbarrieren können durch die Verbindung von Kern- mit Zusatzleistungen errichtet werden. Während eine Einschränkung der

---

583 D.h., es muss ein komplementäres Ge-/Verbrauchsverhältnis zwischen den Produkten/Leistungen bestehen oder eine Konzentration der Beschaffung dieser Produkte/Leistungen auf einen Anbieter ermöglicht werden. Vgl. Beutin, Nikolas (2005), S. 301.

584 Vgl. Beutin, Nikolas (2005), S. 303-306.

585 Vgl. Bruhn, Manfred (2001), S. 154.

586 Vgl. hier und im Folgenden Bruhn, Manfred (2001), S. 158-160.

587 Beispielhafte Maßnahmen des Mehrproduktpricing im Rahmen des Cross Selling sind die Preisbündelung (Paketpreise) oder die Koppelung mit Komplementärprodukten (z.B. Drucker/Tinte). Vgl. dazu ausführlich Simon, Hermann; Tacke, Georg, et al. (2005), S. 348f. sowie S. 351f.

588 In diesem Zusammenhang ist zwischen Verbundenheit als freiwilliger Bindung und Gebundenheit als zwanghafter Bindung zu unterscheiden. Die Gebundenheit geht im Gegensatz zur Verbundenheit mit einer erhöhten Wechselbereitschaft des Kunden einher, sobald sich die Möglichkeit dazu ergibt. Vgl. dazu am Beispiel von Energieversorgern Michel, Stephanie (2004), S. 69f. und die darin enthaltenen Verweise.

589 Vgl. hier und im Folgenden Bruhn, Manfred (2001), S. 160f.

technischen Kompatibilität mit Wettbewerberprodukten als produktpolitische Maßnahme in Frage kommt, können auch z.B. die exklusive Nutzung von Informationsdiensten oder die exklusive Nutzung bestimmter Distributionskanäle als Maßnahmen der Kommunikations- bzw. Distributionspolitik technisch-funktionale Wechselbarrieren darstellen. Vertragliche Wechselbarrieren binden die Kunden im Rahmen von Verträgen an das Unternehmen. Als Beispiele dafür können Mindestlaufzeiten von Dienstleistungsverträgen oder Mindestabnahmemengen angeführt werden. Die Errichtung vertraglicher Wechselbarrieren ist nicht nur direkt über Kernprodukte/-leistungen möglich, sondern auch durch die Erbringung kostenpflichtiger Zusatzleistungen.[591]

Ein weiteres Instrument des Kundenbindungsmanagements in der Reifephase stellt die *Steigerung der Effizienz* dar. "Durch die Erfahrungen mit dem Kunden, der nun die entsprechenden Leistungen zum wiederholten Male in ähnlicher Weise nutzt, können im Unternehmen Transaktionskosten eingespart werden. Um diese Kostensenkungspotenziale zu realisieren, müssen in dieser Phase Maßnahmen eingesetzt werden, mit denen die Erfahrungen mit dem Kunden derart genutzt werden können, dass sich die Transaktionen mit dem Kunden aus Unternehmenssicht vereinfachen."[592] Die Realisierung der Kostensenkungspotenziale kann durch Standardisierung erfolgen. Die Standardisierung bezieht sich nicht nur auf produktpolitische Maßnahmen der Streichung unwichtiger Leistungselemente.[593] In der Kommunikationspolitik steht zur Standardisierung bspw. die Fokussierung der Kommunikation auf kostengünstige Online-Medien zur Verfügung. Ebenso können die Preis- und Distributionspolitik mit einer Preisfindungsstandardisierung oder der Festlegung auf einen Distributionskanal standardisiert werden. Eine weitere Steigerung der Effizienz ist durch eine Absatzsteigerung zu erzielen, da mit der Erzielung von Skaleneffekten die Stückkosten reduziert werden können. Durch die Erfahrung mit dem Kunden kann letztendlich seine Preisbereitschaft bis zur Grenze der Abwanderungsbereitschaft ausgeschöpft werden.

Für die **Nutzung von Informal Private Debt im Rahmen des Kundenbindungsmanagements** werden im Folgenden einige Ansatzpunkte gezeigt. Da sich die Maßnahmen des Kundenbindungsmanagements im engeren Sinne nur an Kunden des Unternehmens richten, müssen in Anbetracht der Informal-Private-Debt-Investorenzielgruppe als

[590] Vgl. dazu auch Simon, Hermann; Tacke, Georg, et al. (2005), S. 350 und 355f.

[591] Während bspw. die Mindestlaufzeit der Mitgliedschaft in einem Fitnessclub eine unmittelbare vertragliche Wechselbarriere hinsichtlich der Kernleistung darstellt, kann beim Autokauf über die Vereinbarung eines zusätzlichen Leasingvertrages eine mittelbare vertragliche Wechselbarriere geschaffen werden. Vgl. dazu auch Bruhn, Manfred (2001), S. 161.

[592] Bruhn, Manfred (2001), S. 160.

[593] Vgl. hier und im Folgenden Bruhn, Manfred (2001), S. 162f.

Voraussetzung private Anleger gleichzeitig als Kunden des Unternehmens auftreten. Deshalb kommen dafür grundsätzlich nur solche Unternehmen in Frage, deren Produkte/Leistungen eine Nutzung durch private Endverbraucher ermöglichen.[594] Für diese Unternehmen wird geprüft, inwiefern Informal Private Debt als Kundenbindungsinstrument eingesetzt werden kann.

Zunächst sollen die Möglichkeiten zur *Individualisierung der Leistungen* durch Informal Private Debt anhand der Kundenintegration bzw. der Bereitstellung von Value-Added Services dargestellt werden. Während die Integration in den Leistungsplanungs- bzw. -erstellungsprozess nur in einem sehr weiten Verständnis durch die Einbindung in die Finanzierung als unterstützende Funktion im Wertschöpfungsprozess denkbar erscheint, so kann die damit einhergehende informatorische Integration des Kunden für das Kundenbindungsmanagement instrumentalisiert werden. Einerseits kann der private Anleger gezielt über das Spektrum der leistungswirtschaftlichen Tätigkeit des Emittenten durch kommunikationspolitische Maßnahmen während der gesamten Laufzeit informiert werden. Andererseits sammelt er während der Haltedauer der Finanzierungstitel anhand der Bedienung der Vergütungs- und Rückzahlungsansprüche Erfahrungen hinsichtlich des Leistungswillens und der Leistungsfähigkeit des Unternehmens, auf deren Basis der Emittent Reputation im Sinne einer generellen Erfahrung bei Kunden aufbauen kann. Diese Gelegenheit kann durch die Einladung zu Betriebsbesichtigungen oder ähnlichen Veranstaltungen noch verstärkt werden. Hinsichtlich der Bereitstellung von Value-Added Services können den Anlegern aus Sicht der leistungswirtschaftlichen Geschäftstätigkeit mit den Kernprodukten verbundene Zusatzleistungen angeboten werden. In ihrer Wirkung stellen sie einerseits einen zusätzlichen Kaufanreiz für den Erwerb der Finanzierungstitel dar. Werden diese exklusiv privaten Anlegern gewährt, können diese Zusatzleistungen andererseits auch im Rahmen des Kundenbindungsmanagements als ökonomische Wechselbarriere fungieren.

Die zusätzlichen Kontaktpunkte zum sowie die persönlichen Daten des Kunden, die das Unternehmen im Rahmen einer Informal-Private-Debt-Transaktion erwirbt, bilden den Ausgangspunkt für die Nutzung im Rahmen des *Cross Selling*. Sind die Daten des privaten Anlegers bereits in einer Kundendatenbank hinterlegt, können dem privaten Anleger gezielt im Rahmen der finanzwirtschaftlichen Kommunikation noch nicht genutzte Produkte/Leistungen oder 'Alt-Produkte' bspw. mit besonderen Preisvorteilen angeboten werden (z.B. als personalisierte Beilage zu einer Quartalsinformationsbroschüre). Verfügt das Unternehmen nicht über aussagekräftige Daten zur Kaufverhaltenshistorie des privaten Anlegers in seiner Eigenschaft als Kunde, können dennoch Neu-/Folgeprodukte mit Qualitäts-

[594] Vgl. dazu auch die Ausführungen zur Branchenabgrenzung in Abschnitt 3.2.3.

oder Preisvorteil in standardisierten Anlegerinformationsmedien (z.B. E-Newsletter) angeboten werden.

Hinsichtlich der Nutzung von Informal Private Debt im Sinne von *Wechselbarrieren* wurde bereits der Aspekt der Exklusivität bei der Gewährung von Value-Added Services angesprochen. Weitere ökonomische Wechselbarrieren können mit Hilfe von Informal Private Debt mit der Gewährung von Exklusivrabatten für Anleger auf Kernprodukte des Unternehmens errichtet werden. Je nach Ausgestaltung der ökonomischen Wechselbarrieren können sie wechselseitig zur Bindung der privaten Anleger in ihrer Investorenfunktion, d.h. zur Kapitalgeberbindung vor allem als (Wieder-)Kaufanreiz für Finanzierungstitel des Unternehmens, und/oder in ihrer Eigenschaft als Kunde dienen. Als Beispiel ist eine Beschränkung des Leistungsangebots auf Informal-Private-Debt-Anleger für besonders gefragte Teile des Sortiments denkbar. In ähnlicher Weise ist die Nutzung von Informal Private Debt auch hinsichtlich der technisch-funktionalen Wechselbarrieren durch die Einrichtung eines Exklusivzugangs für Anleger zu gefragten Informationsdiensten oder Distributionskanälen möglich. Im Sinne einer vertraglichen Wechselbarriere kommt Informal Private Debt allerdings besondere Bedeutung zu. Zum einen liegt dies an der vertraglichen bzw. faktischen Bindung des Anlegers an das Unternehmen in seiner Eigenschaft als Investor über die gesamte (Mindest-)Laufzeit der Finanzierungstitel, während derer er in seiner Eigenschaft als Kunde marketingpolitisch gezielt bearbeitet werden kann.

Zum anderen zeigen vier Beispiele aus der empirischen Untersuchung der bisherigen Informal-Private-Debt-Emissionen mit der optionalen bzw. zusätzlichen Gewährung von Naturalzinsen bzw. Naturalanteilen an den Vergütungsansprüchen auf, wie leistungswirtschaftliche Elemente Eingang in die Anleihe-/Genussrechtsbedingungen als vertraglicher Grundlage der Finanzierungsbeziehung finden können.[595] Bei zwei Emissionen wird optional ein nominal höherer Prozentsatz vom Zeichnungsbetrag als Vergütungsanspruch in Produkten/Leistungen des Unternehmens anstatt des monetären Vergütungsanspruchs angeboten, wogegen bei einer Emission zusätzlich (optional) ein Produktpaket des Unternehmens angeboten wird. Allerdings besteht bei dieser Ausgestaltung die Gefahr von Substitutionseffekten, wenn Kunden den Kauf der entsprechenden Produkte des Unternehmens durch eine Anlage in Informal Private Debt ersetzen und infolgedessen die Produkte über ihren Vergütungsanspruch beziehen. Bei einer der erfassten Emissionen mit Naturalanteilen wird diese Gefahr umgangen, indem die optional wählbaren Naturalzinsen in Form von Leistungen eines Drittunternehmens erbracht werden. Da diese Leistungen im

595 Vgl. hier und im Folgenden auch Abschnitt 3.2.2.

Gebrauchs- bzw. Verwendungsverbund mit der Kernleistung des Unternehmens stehen, bekommen sie dadurch auch den Charakter von Value-Added Services.[596]

Während die bislang vorgestellten Ansatzpunkte zur Nutzung von Informal Private Debt im Rahmen des Kundenbindungsmanagements meist mit (zusätzlichen Opportunitäts-)Kosten im Sinne impliziter Finanzierungskosten verbunden sind, kann Informal Private Debt vor allem durch Standardisierungsmaßnahmen zu einer *Steigerung der Effizienz* der Kundenbeziehung beitragen. Zwar bietet Informal Private Debt wenig Ansatzpunkte zur Standardisierung des Leistungsprogramms; im Hinblick auf die Fokussierung/Standardisierung der kommunikations- und distributionspolitischen Maßnahmen stellt sich die Situation aber positiver dar. Die für die marketingpolitische Gestaltung von Informal Private Debt erforderlichen Kommunikations- und (akquisitorischen) Distributionsinstrumente können gleichzeitig im Rahmen des Kundenbindungsmanagements genutzt werden. Durch die gemeinsame Nutzung möglichst kostengünstiger und effektiver Kanäle/Instrumente ist daher eine Realisierung von synergetischen Kostensenkungspotenzialen in der Kunden-/ Anlegerbearbeitung möglich.

Zusammenfassend kann festgehalten werden, dass Informal Private Debt auch zur Erreichung des marketingpolitischen Ziels einer Steigerung der Kundenbindung beitragen kann. Eine Identität zwischen privaten Anlegern und Kunden des Unternehmens bildet dafür eine zentrale Voraussetzung. Unter Berücksichtigung der Reputationstransfereffekte, die im Sinne einer wechselseitig generellen Erfahrung genutzt werden können, bilden Kunden des Unternehmens auch aus einer rein finanzwirtschaftlichen Zielsetzung heraus eine besonders relevante Zielgruppe für Informal-Private-Debt-Emissionen. Allerdings unterliegt die Emissionsreichweite dann einer vom Umfang dieses Kundenkreises abhängigen Beschränkung. Obwohl die besondere Berücksichtigung von Elementen des Kundenbindungsmanagements in der marketingpolitischen Gestaltung von Informal Private Debt teilweise auf das gleichlaufende Ziel der Kunden- und Kapitalgeberbindung gerichtet ist, sind die finanzwirtschaftlichen Ziele und das Ziel einer gesteigerten Kundenbindung unterschiedlich gewichtet. Zur Steigerung der Kundenbindung mit Informal Private Debt ist davon auszugehen, dass zumindest die Kommunikationsaktivitäten im Vergleich zu einer rein finanzwirtschaftlichen Zielsetzung deutlich und gezielt ausgeweitet werden müssen, so dass auch bei Realisierung der Synergiepotenziale mit zusätzlichen impliziten Finanzierungskosten bei der Planung und Durchführung der Informal-Private-Debt-Transaktion zu rechnen ist.

596 Im konkreten Fall hat ein Hotel- und Gastronomiebetrieb festverzinsliche Genussrechte emittiert, die optional mit einem sog. 'Wohlfühlzins' ausgestattet sind. Bei Inanspruchnahme des jährlichen Wahlrechts zum Bezug dieses 'Wohlfühlzinses' erhält der Anleger den Gegenwert in Wellness-Anwendungen eines ortsansässigen Drittunternehmens. Vgl. auch Abschnitt 3.2.2.

4.5.3 Würdigung

Im Rahmen der Systematisierung und Erweiterung der bisherigen theoretischen und empirischen Erkenntnisse in Bezug auf die marketingpolitische Gestaltung und Nutzung konnte mit Hilfe einer vorwiegend instrumentellen Sicht der Marketingtheorie gezeigt werden, dass Informal Private Debt unter bestimmten Bedingungen grundsätzlich zwei betriebswirtschaftliche **Funktionen** erfüllen kann: die primäre *Finanzierungsfunktion (1)* und die sekundäre derivative, absatz-/marketingpolitisch geprägte *Kundenbindungsfunktion (2)*. Die *Kundenbindungsfunktion* ist als sekundär und derivativ zu bezeichnen, da für das ausschließliche Ziel einer gesteigerten Kundenbindung das Instrumentarium des Kundenbindungsmanagements auch unabhängig von finanzpolitischen Maßnahmen eingesetzt werden könnte. Außerdem besteht durch die unterschiedliche Ausprägung der Gestaltungsparameter zumindest partiell ein Konflikt zwischen den finanzwirtschaftlichen Zielen und dem Ziel der Kundenbindung. Bezüglich der *Finanzierungsfunktion* ist davon auszugehen, dass Informal Private Debt aus Sicht des Emittenten nur für Unternehmen mit einem mittel- bis langfristigen Finanzierungsbedarf bis zu 40 Mio. EUR vorteilhaft sein kann, wenn das Ziel einer erhöhten Unabhängigkeit von Kapitalgebern durch eine Diversifizierung der Unternehmensfinanzierung einen hohen Stellenwert hat. Entscheidend für die Vorteilhaftigkeit von Informal Private Debt als Finanzierungsinstrument ist dabei einerseits, welche unternehmensspezifischen Voraussetzungen einen Verzicht auf Banken als Kreditgeber trotz vergleichsweise kleiner Finanzierungsvolumina rechtfertigen. In Anbetracht der im Vergleich zu börsennotierten und i.d.R. im Rahmen einer Fremdemission platzierten Papieren kleinen Emissionsvolumina wurde gezeigt, unter welchen Voraussetzungen ein Verzicht auf die Einschaltung von Banken als Emissionsintermediären bzw. ein Verzicht auf ein Börsenlisting gerechtfertigt sein kann.

Durch die Untersuchung der marketingpolitischen Entscheidungstatbestände bei der Planung und Durchführung einer Informal-Private-Debt-Transaktion wurden dahingehend wesentliche Voraussetzungen betreffend der in- und extern vorhandenen Ressourcen erarbeitet, auf die zurückgegriffen werden können muss, um die o.a. Funktionen erfüllen bzw. zu deren Erfüllung in betriebswirtschaftlich sinnvoller Weise beitragen zu können. Daraus sind weitere Einschränkungen hinsichtlich der **Eignung** von Unternehmen für Informal Private Debt abzuleiten. Die Einschränkungen hinsichtlich der internen Ressourcen betreffen neben den vorgängig dargestellten Kriterien vor allem den unternehmenseigenen Zugang zu einer ausreichenden Zahl privater Anleger, bei denen die Finanzierungstitel definitorisch zumindest teilweise im Direktvertrieb platziert werden sollen. Dazu ist sowohl aus Kostengründen als auch zur Nutzung von Reputationstransfereffekten ein Rückgriff auf die leistungswirtschaftliche Vertriebsorganisation notwendig. Die Reichweite der bestehenden Vertriebsorganisation bestimmt wesentlich die Höhe des platzierbaren Emissionsvolumens, da sich der Aufbau zusätzlicher eigener Vertriebskapazitäten genauso wie die Einschaltung von Fremdvertrieben aus Gründen prohibitiv hoher Emissionskosten verbietet.

Mit Blick auf die externen Ressourcen geraten private Anleger als relevante Zielgruppe in den Mittelpunkt, die durch den Emittenten direkt angesprochen werden können (Kunden) bzw. die bereits Erfahrungen durch den Kauf der Produkte des emittierenden Unternehmens gesammelt haben. Besondere Eignung für Informal Private Debt weisen daher etablierte und zumindest regional bekannte Unternehmen auf, deren Produkte/Leistungen von privaten Endverbrauchern genutzt werden können (Konsumgüterbranche i.w.S.) und die dem emittierenden Unternehmen auch durch die Kunden zugerechnet werden können (Markenartikel). Des Weiteren muss der unmittelbare oder mittelbare Kunden- bzw. Nutzerkreis a) eine Mindestgröße und b) einen generell hohen Anlagebedarf aufweisen. Daher erscheinen etablierte Unternehmen der Konsumgüterbranche, deren (Marken-)Produkte als Exklusiv- oder Luxusgüter charakterisiert werden können, als besonders für Informal Private Debt geeignet.

Im Rahmen des Finanzierungsmarketingmix muss die Ausprägung der Parameter zur **Gestaltung** der Transaktion der Gewichtung der finanzwirtschaftlichen Ziele und des Kundenbindungsziels insbesondere in der Produkt- und Kommunikationspolitik angepasst werden. Für die produktpolitischen Entscheidungstatbestände betrifft dies bei der Gestaltung des Leistungskerns vor allem die Art der Vergütungsansprüche (monetär/in Naturalien). Zwar kann die Naturalzinsoption auch als Kaufanreiz für den Erwerb der Finanzierungstitel verstanden werden. Allerdings ist dieser Kaufanreiz in seiner Wirkung auf (potenzielle) Kunden beschränkt, für die der Bezug der Naturalvergütung mit einem höheren individuellen Nutzen verbunden ist und damit zur Kundenbindung beitragen kann. Auf Grund des erforderlichen nominalen Renditeabstands zwischen der monetären und der Naturalvergütung schränkt dieser Kaufanreiz die Reichweite der Emission auf diesen Anlegerkreis ein. Des Weiteren ist von der Gewichtung der Ziele innerhalb der produktpolitischen Gestaltung die Art der Verbriefung betroffen. Während aus einer rein finanzwirtschaftlichen Zielsetzung die Ausstellung effektiver Urkunden und Kupons nicht zweckmäßig erscheint, ergeben sich dadurch in Richtung einer angestrebten Kundenbindung Ansatzpunkte für die Kundenintegration sowie für weitere Kommunikationsmaßnahmen im Rahmen des Kundenbindungsmanagements. Mit der Ausstellung effektiver Urkunden werden auch das Aufgabenspektrum, der Aufwand und die Fertigungstiefe im logistischen Distributionssystem durch den damit verbundenen physischen Austausch der Leistungen determiniert. Die im Vergleich zur Verbriefung in Globalurkunden erhöhten impliziten Finanzierungskosten stehen im Konflikt mit der finanzwirtschaftlichen Zielsetzung.

Die Maßnahmen der Kommunikationspolitik sind bei einer hohen Gewichtung des Kundenbindungsziels im Vergleich zu einer rein finanzwirtschaftlichen Zielsetzung deutlich auszuweiten. Insbesondere kommt kommunikationspolitischen Maßnahmen während der Laufzeit der Finanzierungstitel eine weitaus höhere Bedeutung zu. Inwiefern sich diese Zusatzaktivitäten in erhöhten impliziten Finanzierungskosten niederschlagen, hängt im Wesentlichen vom Virtualisierungsgrad ab, d.h., inwiefern vergleichsweise kostengünstige elektronische Kommunikationsmedien eingesetzt werden (können). Des Weiteren ist unter Kostengesichtspunkten aus einer Gesamtunternehmenssicht entscheidend, inwiefern die sonstigen Kommunikationsaktivitäten im Rahmen des Kundenbindungsmanagements reduziert bzw. auf Instrumente/Medien der Finanzkommunikation konzentriert werden können.

Trotz restriktiver Voraussetzungen hinsichtlich der Eignung von Unternehmen erscheint bei der marketingpolitischen Gestaltung von Informal Private Debt der Rückgriff auf Fremdleistungen mit Ausnahme der akquisitorischen Distribution erforderlich. Allerdings ist einerseits der Umfang der erforderlichen Fremdleistungen im Vergleich zu börsennotierten und im Rahmen einer Fremdemission platzierten Finanzierungstitel vergleichsweise gering, da bspw. keine Zulassung zum organisierten Markt beantragt werden muss und die damit einhergehenden Publizitätspflichten umgangen werden können.

Andererseits erlaubt Informal Private Debt durch den Einsatz moderner IuK-Technologie eine Aufspaltung der aggregierten Leistungen der Investmentbanken bei der Emissionsbegleitung börsennotierter Anleihen und Genussrechte in Übereinstimmung mit den Disintermediationsansätzen der traditionellen Finanzierungstheorie. Die in der Anbahnungs- und Vereinbarungsphase der Transaktion zumindest bei einer erstmaligen Emission einzuschaltenden Emissions- und Finanzierungsberater, Rechtsanwälte und Steuerberater können als spezialisierte Zugangsintermediäre verstanden werden. Durch Imitation erfolgreicher Emissionen anderer Emittenten bzw. durch den Aufbau von eigenem Know-how aus der Emissionstätigkeit kann auch der Fremdbezug dieser Leistungen reduziert werden, so dass kein Abhängigkeitsverhältnis zu den Dienstleistern entsteht. Die Inanspruchnahme spezialisierter Intermediationsleistungen in der Abwicklungsphase der Transaktion, d.h. im Rahmen der logistischen Distribution (dem Leistungsaustausch), ist dagegen abhängig von der produktpolitischen Gestaltung hinsichtlich der Standardisierung sowie der Art der Vergütungsansprüche.

Bei in Wertpapieren verbrieften Emissionen mit ausschließlich monetärem Vergütungsanspruch bietet sich die Girosammelverwahrung an, so dass mit der Darstellung der Zahlstellenfunktion durch Banken einerseits eine Signalwirkung hinsichtlich der Abwicklungssicherheit erreicht werden kann und die steuergesetzlichen Bestimmungen effizient umgesetzt werden können. Bei nicht verbrieften Emissionen mit Naturalanteilen im

Vergütungsanspruch wird die Einschaltung einer Bank in der Abwicklungsphase auf Grund der Erfordernisse hinsichtlich der physischen Logistik kaum möglich sein, so dass evtl. Rechtsanwälte, Wirtschaftsprüfer oder Steuerberater als Treuhänder Abwicklungssicherheit gewährleisten können.

4.6 Bildung der Thesen zu Funktionen, Eignung und Gestaltung

Im Folgenden werden die im bisherigen Verlauf der Arbeit entwickelten wesentlichen Erkenntnisse thesenartig zusammengefasst. Die Thesen geben Antwort auf die zentralen Forschungsfragen zu Funktionen, Eignung und Gestaltung von Informal Private Debt, bleiben aber insoweit vorläufig, als dass sie im Anschluss in ihrem konkreten Anwendungszusammenhang im Rahmen der Einzelfallstudie erweitert, verfeinert oder ggf. verworfen werden. Zunächst werden die Thesen zu den betriebswirtschaftlichen **Funktionen von Informal Private Debt** zusammenfassend dargestellt:

These I: Informal Private Debt erfüllt aus Unternehmenssicht eine *primäre Finanzierungsfunktion* und eine *derivative Kundenbindungsfunktion.*

These II: Informal Private Debt ermöglicht hinsichtlich der *primären Finanzierungsfunktion* eine Diversifizierung der mittel- bis langfristigen Unternehmensfinanzierung für Finanzierungsvolumina bis zu 40 Mio. EUR, da die Abhängigkeit ggü. Finanzintermediären und/oder Fremdkapitalgebern reduziert sowie der Verschuldungsgrad (die Verschuldungskapazität) gesteigert werden kann, ohne gesellschaftertypische Ein- und Mitwirkungsrechte, eine Beteiligung am Unternehmenswert oder dingliche Sicherheiten zu gewähren. Informal Private Debt nimmt deshalb eine Finanzierungsfunktion für Unternehmen wahr, deren Möglichkeiten zur Beteiligungsfinanzierung, zur Sicherheitenstellung und zur Erfüllung der durch den Wandel der Finanzierungsmärkte induzierten erhöhten Transparenz-/Publizitätsanforderungen oder der höheren Renditeforderungen alternativer Fremdkapital- und Mezzanine-Finanzierungen begrenzt sind oder die diese Möglichkeiten und Anforderungen ablehnen.

These III: Informal Private Debt bietet hinsichtlich der *derivativen Kundenbindungsfunktion* vielfältige Ansatzpunkte zur Nutzung als Kundenbindungsinstrument. Je nach Gewichtung der derivativen Kundenbindungsfunktion kann sich ein Zielkonflikt zur primären Finanzierungsfunktion ergeben, da die erforderlichen Anpassungen im Finanzierungsmarketingmix tendenziell mit erhöhten impliziten Finanzierungskosten und einer Beschränkung der

Emissionsreichweite auf den bestehenden Kundenstamm einhergehen.

In Bezug auf die **Eignung von Unternehmen für Informal Private Debt** lassen sich darüber hinaus zusammenfassend folgende restriktive Bedingungen festhalten:

These IV: *Generelle Eignung* für Informal Private Debt weisen etablierte, profitabel wachsende Unternehmen mit einem geringen finanziellen und geschäftsspezifischen Risiko auf, die in der Lage sind, ausreichend hohe und nachhaltig stabile Cashflows zur Einlösung des Renditeversprechens bereitzustellen. Das Bestehen von Bankverbindlichkeiten ist als weitere Voraussetzung für die Eignung von Unternehmen zu erachten, da sie als partielles Substitut für die eingeschränkte Überwachung des Emittenten durch ein breit gestreutes Anlegerpublikum und als Abgrenzungsmerkmal ggü. Anbietern mit prohibitiv schwacher Bonität ohne sonstigen Fremdkapitalzugang dienen.

These V: *Besondere Eignung* für Informal Private Debt weisen zumindest regional bekannte KMU und größere Unternehmen auf, die einen unternehmenseigenen Zugang zu einer ausreichend großen Zahl zahlungskräftiger privater Anleger haben, die dem Unternehmen ein hohes Maß an Vertrauen entgegenbringen. Unternehmen mit einer stark positiv aufgeladenen Unternehmens- oder Produktmarke aus der Konsumgüterbranche (i.w.S.) sind unter Berücksichtigung persönlicher Erfahrungen als bedeutender Informationsquelle privater Anleger aus ihrer Eigenschaft als potenzieller Kunde besonders geeignet und rechtfertigen auf Grund der Wechselwirkungen zwischen Güter- und Finanzmarktreputation ein höheres Maß an Vertrauen. Ökologisch und sozial orientierte Unternehmen profitieren von einem generell höheren Vertrauen als verzerrtem Reflex auf ihre leistungswirtschaftliche Geschäftstätigkeit und bedienen in besonderer Weise das Prestigemotiv privater Anleger.

Die Erkenntnisse zur **Eignung von Anlegern für Informal Private Debt** werden in These VI zusammengefasst:

These VI: Informal Private Debt ist als Anlageform geeignet für eigenständige, vermögende, erfahrene, ökonomisch gebildete, online-orientierte und risikobereite private Anleger mit einem mittel- bis langfristigen Anlagehorizont, die mit der Anlage vorwiegend Vermögens- und Prestigemotive verfolgen und die Informal Private Debt auf Grund des als nachteilig empfundenen Kursrisikos sonstiger festverzinslicher Anlageformen mit einem objektiv ähnlich hohen Risiko-/Renditeprofil präferieren. Besondere Eignung für Informal Private Debt weisen private Anleger auf, die zusätzlich zum finanziellen einen nicht finanziellen Nutzen aus der direkten Beziehung mit dem Emittenten in Zusammenhang mit dessen leistungswirtschaftlicher Geschäftstätigkeit ziehen.

Die Thesen zur **marketingpolitischen Gestaltung von Informal Private Debt** werden zunächst aus einer rein finanzwirtschaftlichen Zielsetzung heraus anhand der produkt-, preis-, kommunikations- und distributionspolitischen Maßnahmen zusammenfassend dargestellt:

These VII: Zur *produktpolitischen Gestaltung* von Informal Private Debt ist aus einer finanzwirtschaftlichen Zielsetzung heraus die Emission festverzinslicher Inhaberschuldverschreibungen in einer Stückelung von 1.000 EUR zu empfehlen, die in Globalurkunden mit anschließender Girosammelverwahrung verbrieft werden. Als mezzanine Komponenten bieten sich ausschließlich Nachrangigkeit bzw. zweitrangige Besicherung an. Wettbewerbsvorteile können durch die Kombination unterjähriger Zinszahlungen mit vorzeitigen ordentlichen Kündigungsrechten für die Gläubiger erzielt werden. Mit dem Branding der Emission besteht die Möglichkeit, sicherheits- und vertrauensrelevante unternehmens- oder finanztitelspezifische Wettbewerbsvorteile zu verdeutlichen.

These VIII: Zur *preispolitischen Gestaltung* von Informal Private Debt ist bei fehlendem Rating als glaubwürdigem Vergleichsmaßstab für das Rendite-/Risikoverhältnis unter Berücksichtigung der Signalwirkung des Preises bezüglich der Sicherheit der Anlage eine Effektivverzinsung leicht über börsennotierten Unternehmensanleihen mit Rating im Investmentgrade-Bereich und vergleichbarer Laufzeit zu empfehlen, wobei der Renditeabstand kommunikationspolitisch mit der Kostenersparnis durch den exklusiven Direktvertrieb unter Verzicht auf die Vertriebsleistung von Fremdvertrieben/Investmentbanken zu begründen ist.

These IX: Die *kommunikationspolitische Gestaltung* von Informal Private Debt zielt auf die Erhöhung der Anlagebereitschaft privater Anleger primär unter Nutzung der finanziellen und generellen Unternehmensreputation ab. Mit Hilfe einer multimedialen Kommunikationsstrategie, die an vorhandene Kontakte zu potenziellen privaten Anlegern ebenso wie an die (regionale) Bekanntheit anknüpft und die Beantwortung von Rückfragen erlaubt, sind die zentralen produkt- und unternehmensspezifischen Wettbewerbsvorteile wirksam zu transportieren. Die gesetzlichen Vorschriften insbesondere im Rahmen der Prospektpflicht sind einzuhalten, wobei der kreativen Gestaltung des Verkaufsprospekts eine zentrale kommunikationspolitische Rolle zukommt. Zur Aufrechterhaltung der Finanzierung(-sbereitschaft) sind die Alt-Gläubiger durch persönliche Gespräche in die produktpolitische Gestaltung von Informal Private Debt mit einzubeziehen.

These X: Die *distributionspolitische Gestaltung* von Informal Private Debt teilt sich in die Gestaltung des akquisitorischen (Vertrieb) und des logistischen Distributionssystems (Abwicklung) auf. Zur Vermeidung prohibitiv hoher Vertriebskosten ist der exklusive Direktvertrieb vollständig in Eigenregie durch die synergetische Nutzung der vorhandenen leistungswirtschaftlichen Vertriebsorganisation zu gewährleisten. Zusätzlich muss die erforderliche Fachkompetenz zum Vertrieb von Informal Private Debt aufgebaut werden. Für die zahlungs- und kapitalertragsteuertechnische Abwicklung der Transaktion empfiehlt sich die Bündelung der Aufgaben an einer zentralen Stelle mit vollständiger datentechnischer Vernetzung zum Vertrieb.

Im Hinblick auf die Notwendigkeit der **Inanspruchnahme von Intermediationsleistungen** im Zuge des Investmentprozesses einer Informal-Private-Debt-Transaktion ist festzuhalten:

These XI: Informal Private Debt ermöglicht bei Nutzung moderner IuK-Technologie den *Verzicht auf die aggregierten Leistungen von Investmentbanken* im Zuge des Investmentprozesses, erfordert aber dennoch die Fremdleistungen spezialisierter Zugangsintermediäre mit Ausnahme des Vertriebs. Die Möglichkeit zur Imitation erfolgreich platzierter Emissionen begünstigt zwar einen Verzicht auch auf diese Leistungen. Zumindest bei der erstmaligen Emission empfiehlt sich dennoch die Inanspruchnahme spezialisierter Finanzierungs-, Rechts- und Steuerberatung in der Planungs- und Vorbereitungsphase. In der Abwicklungsphase ist die Einschaltung einer Bank als Zahlstelle generell zur Reduzierung der Abwicklungsunsicherheit und zur Nutzung von Reputationstransfereffekten zu empfehlen.

Abschließend werden mit These XII die **Auswirkungen einer hohen Gewichtung der derivativen Kundenbindungsfunktion** auf die bisher aus einer rein finanzwirtschaftlichen Zielsetzung heraus entwickelten Gestaltungsempfehlungen (siehe Thesen VII-XI) zusammengefasst:

These XII: *Bei hoher Gewichtung des Ziels der Steigerung der Kundenbindung* sind im Vergleich zu einer rein finanzwirtschaftlichen Zielsetzung zumindest die kommunikationspolitischen Maßnahmen während der Laufzeit deutlich auszuweiten sowie auf die informatorische Integration und das Cross Selling auszurichten. Der synergetische Einsatz möglichst elektronischer Kommunikationsinstrumente für die Finanzmarkt- und Kundenkommunikation ermöglicht aus Gesamtunternehmenssicht die Hebung von Effizienzsteigerungspotenzialen. Die Einräumung der Exklusivität für private Anleger beim Zugang zu attraktiven Leistungsangeboten und Distributionskanälen dient dem Aufbau von ökonomischen/technisch-funktionalen Wechselbarrieren. Durch die Gewährung einer nominal höheren Naturalzinsoption mit Value-Added Services von Drittunternehmen kann eine vertragliche Wechselbarriere aufgebaut werden, die zwar Umsatzsubstitutionseffekte vermeidet, aber dennoch durch den erforderlichen Renditeabstand zwischen Natural- und monetärem Zins die Reichweite der Emission tendenziell auf Kunden/Teile des Kundenstamms beschränkt.

5 Einzelfallstudie: Informal Private Debt bei ZIMBO

"Im Unterschied zu breit angelegten Stichprobenuntersuchungen, die tendenziell *viele* Untersuchungsobjekte ausschnitthaft betrachten (*extensive Forschung*), wird in der Einzelfallstudie die Komplexität eines Falles möglichst umfassend und detailliert erfasst (*intensive Forschung*)."[597] Im Sinne der intensiven Forschung wird Informal Private Debt in diesem Kapitel am Fall ZIMBO untersucht. Um die Komplexität des Falles handhabbar und nachvollziehbar zu machen, werden im folgenden Abschnitt zunächst die einzelnen Vorgehensschritte bei der Auswahl, Datensammlung und Analyse im Rahmen der Einzelfallstudie erläutert (Abschnitt 5.1). Die Ergebnisse der Fallstudie werden in Abschnitt 5.2 dargelegt und anschließend im Hinblick auf die vorläufig gebildeten Thesen zu Funktionen, Eignung und Gestaltung von Informal Private Debt gewürdigt (Abschnitt 5.3). Neben der detaillierten und umfassenden Darstellung des Falles ZIMBO wird mit der Einzelfallstudie das zentrale Ziel verfolgt, die vorläufig gebildeten Thesen zu Funktionen, Eignung und Gestaltung von Informal Private Debt zu verfeinern, zu erweitern oder ggf. zu verwerfen.

5.1 Methodische Vorbemerkungen

Der **Auswahl der Fallstudie** kommt im Rahmen des explorativen Fallstudienansatzes eine wesentliche Bedeutung zu, da sie die Breite des Forschungsspektrums festlegt und über die Beobachtbarkeit des betrachteten Untersuchungsgegenstands entscheidet. Daher erfolgt die Auswahl nicht nach dem Zufallsprinzip, sondern wird vom Forscher theoriegeleitet und bewusst anhand bestimmter Kriterien getroffen. Für die Einzelfallstudie werden die Informal-Private-Debt-Emissionen, die mit der Marke ZIMBO in Verbindung gebracht werden, betrachtet. Dafür ist zunächst ausschlaggebend, dass unter der Marke ZIMBO bereits zwei unterschiedlich ausgestattete Informal-Private-Debt-Emissionen aus den Jahren 2003 und 2005 mittels Öffentlichem Angebot im exklusiven Direktvertrieb platziert worden sind.

Während die Emission 2003 vollständig platziert wurde, wurde die Emission 2005 vor Erreichen der vollständigen Platzierung geschlossen.[598] Insofern erlaubt der Fall ZIMBO die Untersuchung unterschiedlicher Emissionen von Informal Private Debt über einen längeren Zeitraum. Des Weiteren plant die ZIMBO-Unternehmensgruppe eine weitere Emission von Informal Private Debt für das Jahr 2008, deren Untersuchung Rückschlüsse auf die zukünftige Entwicklung des noch jungen Marktes für Informal Private Debt verspricht.

---

597 Bortz, Jürgen und Döring, Nicola (2003), S. 323.

598 Vgl. Cünnen, Andrea (2005b) sowie Beier, Martin (2006), S. c04.

Als erstes 'mittelständisches' Unternehmen der Nahrungs- und Genussmittelbranche, das eine Informal-Private-Debt-Emission platziert hat, steht der Fleisch- und Wurstwarenhersteller ZIMBO im Untersuchungsfokus dieser Arbeit in Abgrenzung zu Emittenten aus dem finanziellen Nichtbankensektor.[599] Mit der vollständig platzierten Emission 2003 diente ZIMBO bereits anderen KMU derselben Branche als Referenzmodell und nimmt dahingehend eine Vorreiterstellung ein.[600] ZIMBO wurde darüber hinaus als "Best Practise" in der Kategorie "Finanzierung" in der Studie "Siegerstrategien im deutschen Mittelstand" vorgestellt.[601] Insofern wird mit der Auswahl des Falles ZIMBO das Ziel verfolgt, die relevanten Aspekte an einem Fall aufzuzeigen, den bereits andere KMU außerhalb des finanziellen Nichtbankensektors als Vorbild heranzogen haben.

Nicht zuletzt spielt die Zugänglichkeit zu Daten eine wesentliche Rolle bei der Auswahl der Fallstudie. Vor dem Hintergrund der Datenerhebung zur Erstellung des "Markt"-Überblicks über bisherige Informal-Private-Debt-Transaktionen gewinnt dieses Auswahlkriterium in dieser Arbeit besondere Bedeutung.[602] Dahingehend ist es dem Verfasser gelungen, neben den beiden Verkaufsprospekten für die bereits getätigten Emissionen von ZIMBO mehr als 30 relevante Berichte aus unterschiedlichen Medien sowie Unternehmensmeldungen, oftmals mit wörtlichen Zitaten der beteiligten Akteure, in die Untersuchung einzubeziehen. Grundsätzlich stellen Dokumente eine wichtige Erkenntnisquelle dar. Sie bieten den Vorteil, dass sie exakt formuliert sind und meist einen gewissen Zeitraum, mehrere Ereignisse oder Situationen abdecken. Allerdings ist sich der Verfasser bewusst, dass sie hinsichtlich ihrer Zielsetzung und des Adressatenkreises vom Zweck der Fallstudie abweichen können.[603] Zusätzlich zu diesen Dokumenten konnte ein persönliches Interview mit Herrn Peter A. Rucker im Rahmen der Einzelfallstudie geführt werden, der neben seiner Funktion als Beirat der RZ-Zimmermann GmbH & Co. Holding KG auf Beraterseite als Projektleiter bei beiden bereits begebenen Emissionen unter der Marke ZIMBO fungierte.[604]

Das **Vorgehen bei Datensammlung** und **Analyse** orientiert sich im Wesentlichen an den von *Yin* vorgeschlagenen Prinzipien, möglichst verschiedene Datenquellen zu nutzen, diese in einer Datenbank zu hinterlegen und die Ergebnisse im Sinne einer logischen Beweiskette

599 Vgl. o.V. (2003d) sowie hier und im Folgenden o.V. (2005h), S. 3.

600 So ließ sich die Halloren Schokoladenfabrik GmbH in Halle von ZIMBO inspirieren und gründete nach eigener vollständig platzierten Informal-Private-Debt-Emission 2004 eine Finanzdienstleistungsgesellschaft, die wiederum die Pauly Biskuit AG in Dessau bei einer Informal-Private-Debt-Emission im Jahr 2005 beriet. Vgl. Rettig, Daniel (2006) sowie Ulrich, Corinne (2006), S. 14f.

601 Vgl. Ernst&Young und F.A.Z.-Institut (2005), S. 44f.

602 Vgl. Abschnitt 3.1.

603 Vgl. Yin, Robert K. (2003), S. 87.

604 Zu den Daten des Interviews siehe Anhang 1.

darzustellen.[605] Die Verwendung mehrerer Datenquellen erfolgt nicht zum Selbstzweck, sondern ermöglicht zum einen die Entwicklung eines umfassenden Gesamtbildes, zum anderen aber auch die Darstellung unterschiedlichster Perspektiven und Deutungen des gesamten Geschehens im Sinne der Triangulation. Insofern werden mehrere Messgrößen zur Erfassung des Untersuchungsgegenstands herangezogen, um die Konstruktvalidität der empirischen Untersuchung zu erhöhen. Die 'Rohdaten' werden vollständig in einer Datenbank hinterlegt. Dazu zählen neben der wörtlichen Transkription des Interviews alle Dokumente, welche die Basis für die Interpretationen bilden. Die eigenen Interpretationen des Verfassers werden im Sinne einer dichten Beweisführung jeweils mit diesen Quellen belegt. Datenerhebung und Analyse werden parallel durchgeführt, um in einem iterativen Prozess möglichst zu tiefgreifenden und umfassenden Erkenntnissen zu gelangen.

Durch die Wahl der Interviewpartner wurde zunächst beabsichtigt, einen möglichst breiten Einblick in alle relevanten Aspekte aus unterschiedlichen Perspektiven zu erlangen. Geplant waren deshalb Interviews mit der Geschäftsführung der emittierenden Gesellschaften sowie Führungskräften aus den Bereichen Marketing, Öffentlichkeitsarbeit und Finanzen. Des Weiteren waren Interviews mit den maßgeblich beteiligten Dienstleistungsunternehmen (insbesondere der Bankhaus Reuschel & Co. KG in ihrer Funktion als Zahlstelle) und einzelnen Anlegern geplant. Trotz eines zeitlichen Vorlaufs von ein bis mehr als zwei Monaten wurden die jeweiligen Anfragen unter Angabe von terminlichen Gründen mit Ausnahme des erfolgten Interviews abgelehnt.[606]
Als Interviewtechnik für das durchgeführte Interview wurde mit dem Leitfaden-Interview eine semistandardisierte Form verwendet. Der Leitfaden wurde theoriegeleitet unter Einschluss der gebildeten Thesen entwickelt, um möglichst viele relevante Aspekte abzudecken.[607] Durch die semistandardisierte Form des Interviews konnte das persönliche Gespräch zum einen auf die relevanten Forschungsaspekte fokussiert, zum anderen aber die Replizierbarkeit der Untersuchung durch die Standardisierung erhöht werden. Des Weiteren ergab sich durch das Leitfaden-Interview die Chance, spontan aus der Interviewsituation heraus neue Fragen einzubeziehen und bei der Auswertung zu berücksichtigen, die bei der Konzeption des Leitfadens nicht antizipiert wurden.[608] Durch das Fehlen von Antwortalternativen und die Offenheit der Fragen wurde der Interviewte in die Lage versetzt, seine subjektiven

605 Vgl. hier und im Folgenden Yin, Robert K. (2003), S. 97ff.
606 Auf Grund terminlicher Restriktionen seitens der ZIMBO Familie Zimmermann Immobilien GmbH & Co. KG konnte ebenfalls im Jahr 2006 eine Fallstudie im Rahmen einer Diplomarbeit "[...] nicht im geplanten, sondern nur in stark gekürztem Umfang und lediglich im Anhang realisiert werden." König, Christian A. (2006), S. XVI.
607 Zum Interviewleitfaden siehe Anhang 2.
608 Vgl. Bortz, Jürgen und Döring, Nicola (2003), S. 315.

Perspektiven und Deutungen offenzulegen und selbst Zusammenhänge zu entwickeln.[609] Das Interview wurde aufgezeichnet und wörtlich transkribiert. Die wörtliche Transkription wurde zur kommunikativen Validierung dem Interviewpartner erneut vorgelegt und von ihm genehmigt; zur argumentativen Validierung wurden die Interviewergebnisse mit anderen öffentlich zugänglichen Quellen verglichen.[610] Im Rahmen der Ergebnisdarstellung werden dazu Ergänzungen und gegensätzliche Positionen aus der jeweiligen Perspektive der Quellen expliziert.

5.2 Ergebnisse der Fallstudie

Die Ergebnisse der Fallstudie werden primär in chronologischer Ordnung dargestellt. Zunächst werden in Abschnitt 5.2.1 die Ausgangssituation der ZIMBO-Unternehmensgruppe vor der Erstemission von Informal Private Debt im Jahr 2003 sowie die Ziele bei der Erstemission dargestellt. In Abschnitt 5.2.2 folgt die detaillierte Darstellung der Emission aus dem Jahr 2003. Im Rahmen der Darstellung der Emission aus dem Jahr 2005 werden die Unterschiede zur Emission 2003 in Gestaltung und Investmentprozess sowie bezüglich der beteiligten Akteure aufgezeigt (Abschnitt 5.2.3). Damit wird zum einen verdeutlicht, wie sich die unterschiedliche Zielsetzung der Emission in Gestaltung und Platzierungserfolg niedergeschlagen hat. Zum anderen lässt ein Vergleich der Verkaufsprospekte der Emissionen 2003 und 2005 Rückschlüsse auf die Auswirkungen der gesetzlichen Änderungen der Prospektpflicht zu, da die Emission 2005 im Gegensatz zur Emission 2003 nach Inkrafttreten des AnSVG erfolgte. Der Blick auf die geplante Emission im Jahr 2008 rundet die Fallstudienergebnisse ab und gibt u.a. Hinweise auf aktuelle Entwicklungstendenzen (Abschnitt 5.2.4).

5.2.1 Ausgangssituation und Ziele bei der Erstemission

Im Jahr 2003 lässt sich die **Ausgangssituation der ZIMBO-Unternehmensgruppe** wie folgt charakterisieren: Die ZIMBO-Unternehmensgruppe wurde von Max Zimmermann am 14.01.1953 als Fleischwaren-Großhandel in Witten/Ruhr begründet.[611] "Das Familienunternehmen Zimbo hat sich in 50 Jahren vom Ein-Mann-Betrieb zu einer europaweit ausgerichteten Unternehmensgruppe entwickelt, die sich heute in Deutschland als Marktführer für selbstbedienungsverpackte Wurstwaren bezeichnet."[612] Nach einer expansiven Geschäftsentwicklung und dem Umzug nach Bochum wurde mit Gesellschaftsvertrag vom 30.03.1982 die RZ-Zimmermann GmbH & Co. Holding KG als Dachgesellschaft des

609 Vgl. Mayring, Philipp (1990), S. 47.
610 Zur kommunikativen/argumentativen Validierung vgl. Bortz, Jürgen und Döring, Nicola (2003), S. 328.
611 Vgl KG, RZ-Zimmermann GmbH & Co. Holding (2003), S. 6.
612 o.V. (2003d).

Konzerns gegründet, welche die Geschäftsanteile der operativen Gesellschaften hält, Eigentümerin von Software ist und die Produkt- und Systemforschung sowie deren Entwicklung und Marktpflege koordiniert.[613] Das Kommanditkapital der Holding wird per 15.09.2003 von Reinhold Zimmermann, Sohn des Unternehmensgründers, zu 90% und von der Alfons Brüggen GmbH & Co. KG, Lingen, zu 10% gehalten.[614] Reinhold Zimmermann und Alfons Brüggen sind neben ihrer Gesellschafterfunktion als die beiden einzigen einzeln vertretungsberechtigten Mitglieder des Vorstands als geschäftsführendes Organ der Holding tätig.[615]

Die ZIMBO-Unternehmensgruppe beschäftigt 2003 insgesamt 3.144 Mitarbeiter und betreibt sieben Produktionsbetriebe, wovon sich fünf in Deutschland und jeweils einer in Frankreich und Ungarn befinden.[616] Presseangaben zufolge betrug der Gruppenumsatz im Jahr 2002 592 Mio. EUR, nach 559 Mio. EUR im Jahr 2001; für das Jahr 2003 wurde ein Umsatz von 605 Mio. EUR geplant.[617] Mutmaßlich stellen die Umsatzangaben den unkonsolidierten Gruppenumsatz dar. Zu dieser Einschätzung kommt der Verfasser, da nach Angaben von Peter A. Rucker der (konsolidierte) Gruppenumsatz seit 2003 in einer Größenordnung von ca. 350 Mio. EUR nach Abzug aller Innenumsätze anzusiedeln ist, was auch ungefähr der Größenordnung nach Angabe von Willi Denecke, Mitglied des Vorstands der Holding, mit 395 Mio. EUR für 2003 entspräche.[618] Die Umsatzentwicklung liegt im Oktober 2003 allerdings "[...] aufgrund rohstoffbedingter Preisreduzierungen 3,7% unter Plan."[619] Der Gesamtumsatz wird rund zur Hälfte mit SB-Produkten für den Lebensmitteleinzelhandel (LEH) erwirtschaftet; zur anderen Hälfte stammt er aus dem Großverbraucher- und Filialgeschäft.[620]

Die über 25 operativen und Verwaltungs-Gesellschaften der ZIMBO-Unternehmensgruppe in den Sparten Herstellung, Systemvertrieb, Einzelhandel und Dienstleistungen werden im Jahr 2003 als direkte oder indirekte Beteiligungen der Holding geführt.[621] Die Struktur der Gruppe kann daher zu diesem Zeitpunkt als komplex bezeichnet werden.[622]

613 Vgl. KG, RZ-Zimmermann GmbH & Co. Holding (2003), S. 6.
614 Vgl. Weber, Stefan (2003) sowie Abbildung 46.
615 Vgl. KG, RZ-Zimmermann GmbH & Co. Holding (2003), S. 7.
616 Vgl. o.V. (2003g).
617 Vgl. o.V. (2003g) sowie o.V. (2003e).
618 Vgl. Anhang 1 sowie Denecke, Willi (2004), S. 5.
619 KG, RZ-Zimmermann GmbH & Co. Holding (2003), S. 8.
620 Vgl. o.V. (2003g).
621 Vgl. KG, RZ-Zimmermann GmbH & Co. Holding (2003), S. 7 sowie S. 42.
622 Vgl. o.V. (2006c); zur gesellschaftsrechtlichen Struktur siehe Abbildung 46.

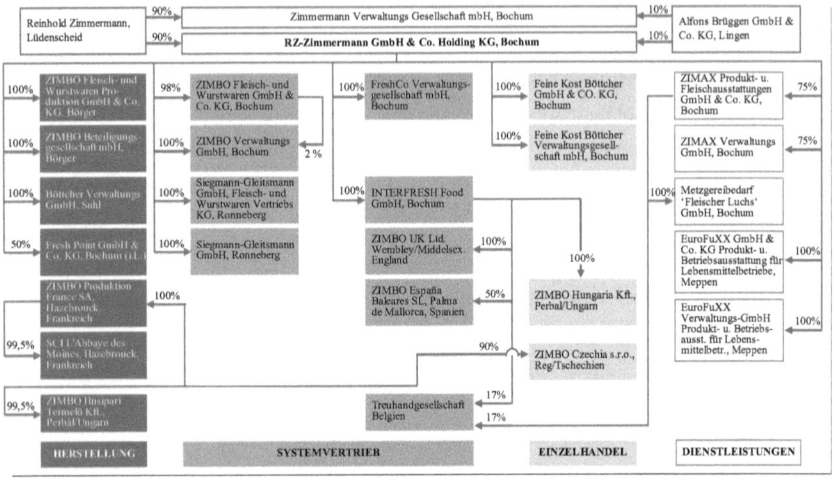

Abbildung 46: Gesellschaftsrechtliche Struktur der ZIMBO-Unternehmensgruppe im Jahr 2003[623]

Seit 1991 hat die ZIMBO-Unternehmensgruppe ihre Geschäftsaktivitäten hauptsächlich nach Ostdeutschland und Osteuropa ausgedehnt. Im Jahr 1991 wurde sowohl ein neuer Herstellungsbetrieb in Suhl, Thüringen, gegründet als auch ein Shop-in-Shop-System in Ungarn unter der Marke Árpád installiert.[624] Das Shop-in-Shop-System Novak folgt 1994 für Tschechien, gefolgt von einem Herstellungsbetrieb in Perbál, Ungarn. Im Jahr 2004 gibt es 66 Fleischfachgeschäfte unter dem Namen Novak mit insgesamt rund 800 Fachkräften; in Ungarn 25 Fachgeschäfte unter dem Namen Árpád.[625] Die Eröffnung weiterer Verkaufsstellen sei geplant.[626] Im Jahr 2001 schlug sich die Expansion in einem Investitionsvolumen von 3,9 Mio. EUR nieder, gefolgt von rund 7,2 Mio. EUR im Jahr 2002.[627] Für das Jahr 2003 divergieren die Angaben zu den Investitionen zwischen rund fünf und rund sieben Mio. EUR.[628] Mit der EU-Erweiterung richte sich der Blick von ZIMBO in den nächsten Jahren weiter Richtung Osteuropa.[629] In Prag, Krakau sowie 'irgendwo in Schlesien' wolle Reinhold Zimmermann weitere Betriebe aufbauen; das dafür notwendige Investitionsvolumen beziffere

623 Eigene Darstellung in Anlehnung an KG, RZ-Zimmermann GmbH & Co. Holding (2003), S. 7.
624 Vgl. KG, RZ-Zimmermann GmbH & Co. Holding (2003), S. 17.
625 Vgl. o.V. (2004e).
626 Vgl. o.V. (2003g).
627 Vgl. ebenda.
628 Vgl. o.V. (2003g) sowie KG, RZ-Zimmermann GmbH & Co. Holding (2003), S. 14 und Denecke, Willi (2004), S. 5.
629 Vgl. Weber, Stefan (2003).

er auf rund 50 Millionen Euro.[630] So werden auch die Investitionsvorhaben der Unternehmensgruppe für die Zukunft im Verkaufsprospekt mit der Gründung neuer Vertriebszentren in Osteuropa und der Erschließung neuer Herstellungsstandorte benannt.[631] Weitere Investitionsschwerpunkte bilden die Stärkung und der Ausbau der Marke ZIMBO, die auf das Telegrammkürzel von "Zimmermann Bochum" zurückgeht, insbesondere im LEH.[632]

Presseangaben zufolge, die sich auf Angaben des Unternehmens beziehen, schlägt sich das Wachstum auch in den Ergebnissen der Unternehmensgruppe positiv nieder.[633] So wurde 2002 ein Jahresüberschuss nach Steuern von rund 3,8 Mio. EUR in der Gruppe erwirtschaftet – 2003 wurden rund 4 Mio. EUR geplant. Im Jahr 2002 schätzt der Verfasser die Umsatzrendite nach Steuern auf Basis der Angaben zum konsolidierten Gruppenumsatz auf rund 1%.[634] In der Holding wird für 2001 ein Jahresüberschuss nach Steuern von rund 0,2 Mio. EUR ausgewiesen, gefolgt von 1,7 Mio. EUR 2002.[635] Bezüglich der Eigenkapitalentwicklung wurde eine Erhöhung des Kommanditkapitals der Holding um insgesamt 21,4 Mio. EUR auf 24 Mio. EUR am 5.3.2003 in das Handelsregister eingetragen, die aus einer Umgliederung von Rücklagen im Jahr 2002 resultiert.[636] Das Eigenkapital der Holding beträgt 2001 und 2002 insgesamt 24,6 Mio. EUR, was einer Eigenkapitalquote von rund 43% für 2002 bzw. 48% für 2001 entspricht.[637] Die Eigenkapitalquote bzw. der Verschuldungsgrad im Konzern ist dem Verfasser allerdings nicht bekannt, da weder in den Verkaufsprospekten der beiden Informal-Private-Debt-Emissionen noch in der Presse oder in Unternehmensmeldungen Angaben dazu verfügbar sind. Für das Jahr 2003 wird die ZIMBO-Unternehmensgruppe zusammenfassend als profitables, nicht börsennotiertes Familienunternehmen der Fleisch- und Wurstwarenbranche mit einer fünfzigjährigen Firmengeschichte charakterisiert, das "[...] Expansionen voran getrieben, [...] gute Erträge erwirtschaftet hat und diese Erträge letztendlich auch immer wieder in die Firma gesteckt hat [...]."[638]

630 Vgl. ebenda.
631 Vgl. KG, RZ-Zimmermann GmbH & Co. Holding (2003), S. 11.
632 Vgl. ebenda, S. 10f.
633 Vgl. hier und im Folgenden o.V. (2003g).
634 Im Verkaufsprospekt 2003 sind keine Angaben zu den Umsätzen der Gruppe ersichtlich. Lediglich auf die Einsehbarkeit des Konzernabschlusses 2002 bei der Holding wird verwiesen. Vgl. KG, RZ-Zimmermann GmbH & Co. Holding (2003), S. 41. Nach Absage der persönlichen Interviews wurde von der Einsehung des Konzernabschlusses durch den Verfasser abgesehen.
635 Vgl. KG, RZ-Zimmermann GmbH & Co. Holding (2003), S. 36.
636 Vgl. ebenda, S. 32 sowie S. 35.
637 Vgl. ebenda, S. 35.
638 Anhang 1. Zur Thesaurierung versteuerter Gewinne bzw. zur Solidität der Eigenkapitalausstattung vgl. auch Ernst&Young und F.A.Z.-Institut (2005), S. 45.

"Vom bekannten Namen und dem Ruf des seriösen Mittelständlers profitierte [...]."[639] ZIMBO bei der Emission 2003. Deshalb wird im Folgenden dargestellt, welche Anhaltspunkte auf die **Reputation der ZIMBO-Unternehmensgruppe** und deren Bildung/Nutzung – sowohl der *finanzspezifischen* als auch der *Reputation aus der leistungswirtschaftlichen Geschäftstätigkeit* – hindeuten.

Zunächst wird dazu auf die *finanzspezifische Reputation* eingegangen, obwohl man den Namen ZIMBO vor allem von der Wursttheke im Supermarkt kenne und das Unternehmen am Anleihemarkt dagegen erst seit 2003 bekannt sei.[640] "Das notwendige Fremdkapital besorgte sich Zimbo lange Jahre über den klassischen Bankkredit."[641] Bestehende Bankverbindlichkeiten sind in der Bilanz der RZ-Zimmermann GmbH & Co. Holding KG ersichtlich: Zwar bilden im uneingeschränkt testierten Jahresabschluss die Verbindlichkeiten ggü. verbundenen Unternehmen mit rund 70% den größten Anteil der Verbindlichkeiten.[642] Weitere 23% der Gesamtverbindlichkeiten der Holding bestehen zum 31.12.2002 aber ggü. Kreditinstituten. Von den Bankverbindlichkeiten von insgesamt 7,2 Mio. EUR sind zu diesem Zeitpunkt 5,2 Mio. EUR kurzfristig (bis zu einem Jahr Restlaufzeit); weitere rund 1,5 Mio. EUR mittelfristig (>1 Jahr bis <5 Jahre) sowie rund 0,6 Mio. EUR mit über fünf Jahren Restlaufzeit langfristig.[643]

Im Vergleich zum 31.12.2001 wurden die Bankverbindlichkeiten in der Holding allerdings um rund 1,0 Mio. EUR reduziert. Dies kann möglicherweise ein Hinweis darauf sein, dass die Banken ihr Kreditengagement im Jahr 2002 reduzierten. Peter A. Rucker führte dazu aus, dass die Fleisch- und Wurstwarenbranche insgesamt im Rating der Banken gleich nach der Baubranche käme und daher von Seiten der Banken äußerste Zurückhaltung bei der Finanzierung geherrscht habe.[644] Weitere wesentliche Fremdkapitalgeber außer Banken und verbundenen Unternehmen sind mit Ausnahme von Lieferanten (anhand der Verbindlichkeiten aus Lieferungen und Leistungen) nicht ersichtlich.

Bezüglich der finanzspezifischen Reputation wies Reinhold Zimmermann 2003 Presseangaben zufolge darauf hin, dass das Unternehmen auf der Bonitätsskala der Auskunftei Creditreform mit 141 Punkten bewertet sei, was der Note 'sehr gut' entspreche.[645] Allerdings ist darauf hinzuweisen, dass diese Einstufung nur Auskunft über die aktuelle Liquiditätssituation einer bestimmten Gesellschaft gibt, mit einer langfristigen Bonitätseinstufung durch

639 Cünnen, Andrea (2005b).
640 Vgl. o.V. (2006c).
641 Ernst&Young und F.A.Z.-Institut (2005), S. 45.
642 Vgl. hier und im Folgenden KG, RZ-Zimmermann GmbH & Co. Holding (2003), S. 35 sowie zu den Bestätigungsvermerken S. 33 und S. 43.
643 Abweichung der Teilbeträge von der Gesamtsumme rundungsbedingt.
644 Vgl. Anhang 1.
645 Vgl. o.V. (2003g).

eine Ratingagentur dagegen "[...] nichts zu tun."[646] hat. Die Stiftung Warentest betonte, dass die Bewertung von Creditreform nichts über die Zahlungsfähigkeit in der Zukunft aussage.[647] Deshalb wurden bereits zwei andere Emittenten von Informal Private Debt für den Verweis auf die Bonitätseinstufung von Creditreform vom Bundesverband der Verbraucherzentralen bzw. von Creditreform selbst abgemahnt.[648]

Zur *Unternehmensreputation* bei privaten Endverbrauchern, die aus der leistungswirtschaftlichen Geschäftstätigkeit herrührt, sind vielfältige Hinweise zu finden. Dieser wird in Form der Marke ZIMBO auch eine hohe Bedeutung für die erfolgreiche Platzierung der Informal-Private-Debt-Emission zugesprochen. Günter Jucho, ehemaliger geschäftsführender Gesellschafter der Jucho & Partner Unternehmensberatung GmbH, sieht im "[...] überwältigenden Erfolg für Zimbo [...] auch einen Beleg für das Vertrauen, das deutsche Markenhersteller genießen."[649] In derselben Pressemeldung der Beratungsgesellschaft wird er mit folgenden Worten zitiert: "Die starke Marke hat eindeutig zu dem ausgezeichneten Ergebnis beigetragen."[650]

Die Marke ZIMBO wurde bereits im Jahr 2000 durch eine Werbekampagne neu positioniert und über TV-Spots mit der Frage "Was ist Zimbo?" bekannt gemacht.[651] Im Jahr 2003 konzentrierte die Unternehmensgruppe die Investitionsschwerpunkte auf die Marke ZIMBO.[652] Anlässlich des fünfzigjährigen Firmenjubiläums wurde im Frühjahr 2003 eine ausschließlich auf den Endverbraucher ausgerichtete Werbekampagne durchgeführt.[653] Unter Bezugnahme auf Reinhold Zimmermann wurden Presseangaben zufolge im Jahr 2003 Produktzugaben im Wert von 1,2 Mio. EUR als Dank an die Endverbraucher verschenkt.[654] Neben weiteren Sympathiewerten hätte diese Werbekampagne erhebliche Absatzsteigerungen und Marktanteile gebracht, so dass ZIMBO im Jahr 2003 mit zu den beliebtesten Fleischwarenmarken Deutschlands gehöre und einen Bekanntheitsgrad von knapp 60% aufgewiesen hätte.[655] Nach Messungen der Gesellschaft für Konsumforschung (GfK) sei ZIMBO Marktführer für selbstbedienungsverpackte Wurst in Deutschland.[656] Insgesamt führt ZIMBO Presseangaben zufolge 25 Warenzeichen unter der Dachmarke ZIMBO und hat

646 Cünnen, Andrea (2005b).
647 Vgl. o.V. (2004c).
648 Vgl. Stocker, Frank (2004) sowie Cünnen, Andrea (2005b).
649 o.V. (2003c).
650 o.V. (2003c).
651 Vgl. Größer, Thilo (2006) sowie KG, RZ-Zimmermann GmbH & Co. Holding (2003), S. 10.
652 Vgl. KG, RZ-Zimmermann GmbH & Co. Holding (2003), S. 8.
653 Vgl. ebenda, S. 8.
654 Vgl. o.V. (2003e).
655 Vgl. KG, RZ-Zimmermann GmbH & Co. Holding (2003), S. 8.
656 Vgl. o.V. (2006h); Weber, Stefan (2003) sowie KG, RZ-Zimmermann GmbH & Co. Holding (2003), S. 10.

35.000 Stammkunden.[657] Der Stärkung der Marke werde nach Angaben des damaligen Vorstands für das Ressort Personal & Öffentlichkeitsarbeit, Willi Denecke, weiterhin ein hoher Stellenwert eingeräumt.[658]

Bezüglich des Qualitätsanspruchs der Produkte würden nach Denecke höchste Ansprüche an die Produktsicherheit gestellt, denen ZIMBO durch ein professionelles Qualitätsmanagement gerecht würde.[659] Vielfältige Zertifizierungen der Herstellungsbetriebe (ISO-Norm, Prüfzeichen für Qualität und Sicherheit QS, International-Food-Standard IFS) sowie die Prüfung von Zulieferbetrieben sollen den hohen Qualitätsstandard sicherstellen.[660] 2004 schnitten zwei Wurstsorten der Marke ZIMBO in einem Test der Stiftung Warentest mit der Note 'gut' ab.[661] Den Fokus auf die Herstellung regionaler Spezialitäten nach Originalrezepten und die regionale Verbundenheit mit den Ursprungsregionen im In- und Ausland unterstrich ZIMBO mit einer Werbekampagne, die attraktive Landschaftsmotive auf den unternehmenseigenen 250 LKWs zeigte.[662] Für das Bestreben, dem Endverbraucher emotional Lust auf Wurst zu machen, erhielt ZIMBO bereits 1999 und 2002 die Auszeichnung "Oskar für den Mittelstand".[663]

Die Unternehmensphilosophie wird mit Slogans wie "Echt schmeckt's am besten" und "Gegessen wird immer" transportiert.[664] Die Unternehmerpersönlichkeit Reinhold Zimmermann steht mit seiner Liebe zu Fleischwurst für diese Markenaussagen.[665] Ferner betonte er einem Zitat in der Presse zufolge den Familiencharakter der ZIMBO-Unternehmensgruppe: "Wir als Familie kennen das Unternehmen und geben die Richtung vor."[666] So wird Reinhold Zimmermann beschrieben "[...] als erfolgreicher deutscher Mittelständler, wie er im Buche steht: bodenständig, dabei aber neuen Ideen gegenüber stets aufgeschlossen."[667] Soziale unternehmerische Verantwortung zeigt ZIMBO seit Jahren durch Sponsoring-Aktivitäten im Sportbereich, darunter bei bundesweit bekannten Fußball- und Eishockeyvereinen aus Nordrhein-Westfalen.[668] Im Jahr 2002 zeigte die ZIMBO-Unternehmensgruppe des Weiteren soziales Engagement, indem sie in Zusammenarbeit mit

657 Vgl. o.V. (2006h).
658 Vgl. o.V. (2003f).
659 Vgl. ebenda.
660 Vgl. KG, RZ-Zimmermann GmbH & Co. Holding (2003), S. 12.
661 Vgl. o.V. (2004b).
662 Vgl. o.V. (2006h).
663 Vgl. ebenda.
664 Vgl. Weber, Stefan (2003) sowie KG, RZ-Zimmermann GmbH & Co. Holding (2003), S. 10 und S. 12.
665 Vgl. Weber, Stefan (2003).
666 o.V. (2003e).
667 o.V. (2006h).
668 Vgl. DEG (2006).

der Johanniter Unfallhilfe 2 t Wurstwaren und verschiedene Convenience-Artikel in die von der sog. Jahrhundertflut betroffenen Gebiete in Ostdeutschland lieferte.[669]

Im nächsten Schritt werden die **Ziele der ZIMBO-Unternehmensgruppe** dargelegt, die mit der Erstemission von Informal Private Debt im Jahr 2003 verfolgt wurden, um angesichts der bereits dargelegten Unternehmenssituation die unternehmensspezifische Motivlage und die Hintergründe der Emission zu beleuchten. Für die erste Informal-Private-Debt-Emission gibt Peter A. Rucker als Hauptgrund an, "[...] dass das Unternehmen Finanzierungsmittel brauchte, um die Expansion – die notwendige Expansion in den Osten – vornehmen zu können."[670] Laut Presseberichten sollte unter Bezugnahme auf Unternehmensangaben mit dem Anleiheerlös ein Herstellungsbetrieb in Polen mit einer Investitionssumme von sechs bis sieben Mio. EUR finanziert sowie in etwa der gleiche Betrag für eine weitere geplante Produktionsstätte in Ostdeutschland verwendet werden.[671] "Wir haben uns für die Unternehmensanleihe entschieden, damit wir unsere Marktposition ausbauen und im Zuge der Osterweiterung weiter wachsen können.", so Reinhold Zimmermann gemäß einem anderen Presseartikel.[672]

Hinsichtlich des Ziels dieser Wachstumsfinanzierung stellt sich allerdings die Frage, warum die ZIMBO-Unternehmensgruppe dazu nicht "wie üblich" zur Hausbank ging, um einen Kredit zu beantragen, sondern eine Anleihe auflegte.[673] Presseangaben zufolge hatte ZIMBO die Aufnahme eines Kredits in Erwägung gezogen; letztendlich hätte aber der Wunsch überwogen, sich von den Banken unabhängiger zu machen.[674] Peter A. Rucker sieht dagegen die Überlegungen zu einer von den Banken unabhängigen Finanzierung maßgeblich im Zusammenhang mit der äußersten Zurückhaltung der Banken bei der Finanzierung 'mittelständischer' Unternehmen – insbesondere in der Fleisch- und Wurstbranche.[675] Dahingehend führte auch Reinhold Zimmermann die rückläufige Bereitschaft der Banken zur Begleitung der Expansionspläne ihrer Firmenkunden an.[676] Ferner verlautbarte Zimmermann in der Presse, dass viele Banken in den letzten Jahren in der Finanzierung des 'Mittelstands' immer weniger ihr Haupttätigkeitsfeld bzw. ihre Perspektiven gesehen hätten.[677] Willi Denecke und Reinhold Zimmermann wurden einhellig in der Presse mit der Klage darüber zitiert, dass die Ansprechpartner bei den Banken ständig wechselten, während man sich früher

669 Vgl. o.V. (2002b).
670 Anhang 1.
671 Vgl. Hoffmann, Kurt (2004) sowie o.V. (2005h), S. 3.
672 Zitiert nach o.V. (2003g).
673 Vgl. o.V. (2006h).
674 Vgl. ebenda.
675 Vgl. Anhang 1.
676 Vgl. Weber, Stefan (2003).
677 Vgl. Schulze, Jörg-Martin (2005), S. 79 sowie Stocker, Frank (2004).

persönlich gekannt hätte.[678] Außerdem wurde verlautbart, dass Entscheidungen nur noch auf der Grundlage von Papieren getroffen worden seien, dass nur noch die nackten Zahlen wichtig gewesen seien, weniger die Perspektive des Unternehmens, seine Ausrichtung und die dahinter stehenden Personen.[679] Denecke wies darüber hinaus auf eine "veränderte Risikobearbeitung" bei den Banken hin.[680]

Von Unternehmensseite wurde darüber hinaus auf die fehlende Notwendigkeit zur Stellung von Sicherheiten hingewiesen.[681] Willi Denecke stellte dazu plakativ heraus: "Wir haften mit unserem guten Namen und blockieren keine Sicherheiten."[682] Der Aufnahme weiterer Gesellschafter stünde Reinhold Zimmermann ablehnend gegenüber; einen Börsengang würde er selbst in einem freundlicheren Kapitalmarktumfeld nicht in Betracht ziehen.[683] Dann sei man nicht mehr "Herr im Haus", wird er weiter zitiert.[684] Im Hinblick auf die Einschaltung von Investmentbanken oder Ratingagenturen verweise Reinhold Zimmermann auf Kosten von einigen hunderttausend EUR p.a. sowie auf Vertriebskosten i.H.v. 2,5 bis 5%.[685] "Da zahlen wir lieber eine höhere Verzinsung.", wird Zimmermann weiter zitiert.[686] Außerdem müsse man ZIMBO die Funktionsweise des Vertriebs nicht erklären.[687]

Als weitere Gründe für die Emission 2003 werden von Willi Denecke "das Selbstbewusstsein einer starken Marke", "zweistellige Wachstumschancen im Wurst-SB-Markt", ein "Bekanntheitsgrad von über 60%" sowie die Chancen angeführt, "[...] eine große Anzahl Endverbraucher als Anleger zu gewinnen."[688] Der persönliche Kontakt zu den Anlegern, das Wissen um ihre Anlage-Motivation sowie die persönliche Betreuung der Anleger durch ZIMBO stellt er als weitere Vorteile der Emission 2003 heraus.[689] Laut Peter A. Rucker spielte aber eine etwaige Steigerung der Kundenbindung durch die Informal-Private-Debt-Transaktion keine Rolle: "Eindeutig war der Anstoß für diese Finanzierungsform die finanztechnische Seite."[690]

---

678 Vgl. o.V. (2006h) sowie Hoffmann, Kurt (2004).
679 Vgl. Hoffmann, Kurt (2004).
680 Vgl. Denecke, Willi (2004), S. 6.
681 Vgl. o.V. (2005h), S. 3.
682 Denecke, Willi (2004), S. 10.
683 Vgl. Weber, Stefan (2003).
684 Vgl. ebenda.
685 Vgl. o.V. (2006h); zu Unternehmensangaben über die Höhe der Vertriebskosten vgl. auch Stocker, Frank (2004).
686 Zitiert nach o.V. (2006h).
687 Vgl. ebenda.
688 Denecke, Willi (2004), S. 8. Vgl. dazu auch o.V. (2005h), S. 3
689 Vgl. Denecke, Willi (2004), S. 10.
690 Anhang 1.

5.2.2 Die Emission 2003

"Von Kreativität [...] (zeugt, Anm. des Verf.) [...] neben dem ungewöhnlichen Weg über die Anleihe auch die Art und Weise, wie die Papiere auf den Markt gebracht werden."[691] Deshalb wird in diesem Abschnitt zunächst die Ausprägung der marketingpolitischen Gestaltungselemente sowie deren jeweiliger Gestaltungshintergrund dargestellt. Dabei werden auch – soweit dem Verfasser bekannt – die eingeschalteten Dienstleistungsunternehmen, die bei der Transaktion unterstützt haben, und deren jeweilige Rolle im Investmentprozess eingeschlossen. Das Bild wird mit der Darstellung der bereits erfolgten bzw. voraussichtlichen wesentlichen Schritte im zeitlichen Ablauf der Transaktion von der Vorplanungsphase im Jahr 2003 bis zur voraussichtlichen Rückzahlung im Jahr 2008 abgerundet. Die marketingpolitische Gestaltung der Informal-Private-Debt-Transaktion wird im Folgenden anhand des Finanzierungsmarketingmix aufgezeigt.

Zuerst wird dazu die **produktpolitische Gestaltung** dargelegt. Als erstes Element der produktpolitischen Gestaltung wird die Ausprägung der Gestaltungsparameter hinsichtlich des *Leistungskerns*/ der *Produktsubstanz* der emittierten Finanzierungstitel skizziert. Das nominale Emissionsvolumen dieser Anleihe beträgt insgesamt 15 Mio. EUR, das im Zeitraum von 1.10.2003 bis 30.09.2008 mit einem festen Prozentsatz vom Nennbetrag, fällig jeweils nachträglich am 30.09. eines jeden Jahres, verzinst wird.[692] Die Anleihe ist mit einer festen Laufzeit bis zum 30.09.2008 (fünf Jahre) ausgestattet, verbrieft die unbedingte Rückzahlung zum Nennbetrag und wurde zu 100% des Nennbetrags zzgl. der fälligen Stückzinsen ab dem 30.10.2003 öffentlich angeboten. Die nachträgliche jährliche Zinszahlung wurde nach Angaben von Peter A. Rucker gewählt, um im Vergleich zu einer unterjährigen Zinszahlung Kosten (Abwicklungskosten, vergleichsweise höhere Effektivverzinsung) zu senken.[693]

Die Finanzierungstitel lauten auf den Inhaber und sind frei übertragbar, werden aber an keinem öffentlichen Markt gehandelt.[694] Die Anleihe ist nicht besichert. Während sich die Emittentin ein vorzeitiges ordentliches Kündigungsrecht, das mindestes sechs Monate vor dem nächsten Zinsfälligkeitstermin schriftlich anzukündigen ist, einräumt, wird den Gläubigern lediglich ein außerordentliches Kündigungsrecht im Falle eines Zahlungsverzugs von mindestens 30 Tagen oder im Falle der Insolvenz gewährt.[695] Gleichrangigkeit wird den Gläubigern aber mit allen anderen nicht besicherten und nicht nachrangigen derzeitigen und

691 o.V. (2006h).
692 Vgl. hier und im Folgenden KG, RZ-Zimmermann GmbH & Co. Holding (2003), S. 24ff.
693 Vgl. Anhang 1.
694 Vgl. KG, RZ-Zimmermann GmbH & Co. Holding (2003), S. 21.
695 Vgl. ebenda, S. 24 und 27.

zukünftigen Verbindlichkeiten der Emittentin zugesichert.[696] Des Weiteren verpflichtet sich die Emittentin in einer Negativerklärung, während der Laufzeit der Anleihe keine weiteren Schuldverschreibungen mit anderen Bedingungen zu begeben. Eine Erhöhung des Verschuldungsgrads über gleichartige Schuldverschreibungen sowie über andere Finanzierungsinstrumente ist dagegen nicht ausgeschlossen. Außerdem besteht diese Verpflichtung nicht für die gesamte ZIMBO-Unternehmensgruppe, sondern lediglich für die RZ-Zimmermann GmbH & Co. Holding KG, die als emittierende Gesellschaft auftritt.

Daher sind die Finanzierungstitel als reine Fremdkapitaltitel ohne mezzanine Komponenten zu bezeichnen. Da der Netto-Erlös der Anleihe darüber hinaus "[...] im Rahmen der Geschäftszwecke der Anleiheschulderin verwendet [...] (würde, Anm. des Verf.)"[697], sind die für diese Emission gewährten Covenants aus Sicht des Verfassers als wenig restriktiv zu erachten. Bezüglich des Verwendungszwecks des Netto-Anleihe-Erlöses werden die Stärkung und der Ausbau der Marke, die Wachstumsfinanzierung sowie die Tilgung von sonstigen Verbindlichkeiten explizit im Verkaufsprospekt erwähnt.[698] Außer den gesetzlich vorgeschriebenen Informationsrechten (i.W. aus dem Verkaufsprospekt) werden den Gläubigern keinerlei Informations- und Kontrollrechte während der Laufzeit gewährt. Hinsichtlich der Gestaltung des Leistungskerns der Finanzierungstitel werden damit aus Sicht des Verfassers alle produktspezifischen Möglichkeiten zur Vermeidung von Publizitäterfordernissen und zur Sicherung der unternehmerischen Flexibilität genutzt, die Informal Private Debt in der Form reiner Fremdkapitaltitel bietet.

Als zweites Element der produktpolitischen Gestaltung wird die *Produkt(ver)packung* der Emission 2003 dargelegt: Das nominale Emissionsvolumen ist in 15.000 Inhaber-Teilschuldverschreibungen mit einem Nennwert von jeweils 1.000 EUR eingeteilt, die in einer bogenlosen Globalurkunde verbrieft und bei der Clearstream Banking AG, Frankfurt am Main, hinterlegt sind.[699] Mit einer Stückelung bzw. einem Mindestzeichnungsbetrag von 1.000 EUR wurde gezielt ein breites Spektrum von privaten (Klein-)Anlegern angesprochen.[700] Die Verbriefung in einer Globalurkunde, die zum Zwecke der Girosammelverwahrung hinterlegt wird, wurde aus abwicklungstechnischen Gründen der Ausstellung von effektiven Urkunden und Zinsscheinen vorgezogen. Aus Sicht von Peter A. Rucker sei die Ausstellung effektiver Urkunden "[...] nicht mehr marktgerecht."[701]

---

696 Vgl. hier und im Folgenden ebenda, S. 27.
697 KG, RZ-Zimmermann GmbH & Co. Holding (2003), S. 19.
698 Vgl. KG, RZ-Zimmermann GmbH & Co. Holding (2003), S. 19.
699 Vgl. KG, RZ-Zimmermann GmbH & Co. Holding (2003), S. 18.
700 Vgl. Preißler, Steffen (2006) sowie Anhang 1.
701 Anhang 1.

Im Hinblick auf den dritten produktpolitischen Gestaltungsparameter – die *Markierung* der Finanzierungstitel – wird bei dieser Emission eine Zuordnung zu den Produktkategorien "Unternehmensanleihe" und "Inhaber-Teilschuldverschreibung" gleichermaßen vorgenommen.[702] Die Zuordnung wird in der Weise genutzt, dass am Anfang des Verkaufsprospekts im ersten Abschnitt "1.1 Begriffserklärung" folgende Vorteile von Inhaber-Teilschuldverschreibungen hervorgehoben werden: "attraktive Festverzinsung", "lukrative Rendite während der gesamten Laufzeit", "kein Kursrisiko, da Rückzahlung zum Nennbetrag am Ende der Laufzeit", "jederzeit verfügbar, da Inhaberpapier" und "keine Haftung für Verbindlichkeiten der Gesellschaft". Aus Sicht des Verfassers wird dadurch, ohne an dieser Stelle weiter der kommunikationspolitischen Gestaltung der Transaktion vorgreifen zu wollen, die subjektive Wahrnehmung als positiv empfundener produktspezifischer Attribute in Anbetracht der fehlenden Einbeziehung in den Handel an einem organisierten Markt gezielt zu beeinflussen versucht.

Im Folgenden wird die **preispolitische Gestaltung** der Emission 2003 dargelegt. Die Inhaber-Teilschuldverschreibungen gewähren einen festen, nachträglich zahlbaren Zinsanspruch von 7% p.a. vom Nennbetrag.[703] Da je nach Erwerbszeitpunkt Stückzinsen in unterschiedlicher Höhe als zusätzlicher Kapitaleinsatz über den Nennbetrag hinaus fällig werden, liegt die Effektivverzinsung mehr oder weniger deutlich unterhalb der gewährten 7% p.a.. Dies ist bei dieser Emission bei einem Erwerb zum Zeitpunkt des Öffentlichen Angebots am 30.10.2003 bereits der Fall, da die Zinslaufzeit seit 1.10.2003 läuft. Die folgenden Ausführungen beziehen sich deshalb auf die Festlegung der Nominalverzinsung.

Nach Angaben von Peter A. Rucker wurde die Höhe des Zinsanspruchs primär anhand der Zinsmarktlage zum Zeitpunkt der Emission bestimmt.[704] Erst in zweiter Linie spielten Bonität, Laufzeit, Gleich- oder Nachrangigkeit des Kapitals und die Besicherung eine Rolle.[705] Je nach Laufzeit würde generell ein Renditeaufschlag von drei bis vier Prozentpunkten ggü. Bundesanleihen gewährt.[706] In der Presse wird Peter A. Rucker allerdings im Jahr 2006 dahingehend zitiert, dass "[...] in der Regel [...] Firmen beim Zins einen Aufschlag

702 Vgl. hier und im Folgenden KG, RZ-Zimmermann GmbH & Co. Holding (2003), S. 4.
703 Vgl. KG, RZ-Zimmermann GmbH & Co. Holding (2003), S. 24.
704 Vgl. Anhang 1.
705 Aus diesem Grund wurde nach seinen Angaben auch die Informal-Private-Debt-Emission des Klettverlags im Jahr 2005 trotz unterschiedlicher Bonität und Unternehmensbekanntheit mit nahezu identischer Ausstattung ebenfalls mit sieben Prozent p.a. verzinst. Vgl. Anhang 1.
706 Vgl. Anhang 1.

von zwei bis zweieinhalb Prozentpunkten gegenüber Bundesanleihen [...] (zahlen, Anm. des Verf.)."[707]

Während börsennotierte Unternehmensanleihen nach Peter A. Rucker nicht als Vergleichsmaßstab herangezogen worden wären, hätte als Maßstab für die Festlegung einer marktgerechten Verzinsung ausschließlich die Lage am öffentlichen Zinsmarkt gedient – allerdings inkl. staatlicher Papiere "[...] aus Russland oder woher auch immer [...]."[708] Im Vergleich zu börsennotierten Schuldverschreibungen mit einem Rating im A-Bereich stufte Peter A. Rucker generell das Rating von Anleihen, die mit Unterstützung seiner Beratungsgesellschaft begeben würden, im BBB-Bereich (Investmentgrade) ein.[709] Diese Ratingeinstufung bei Inhaberschuldverschreibungen vorausgesetzt, schätzte er den Rendite-aufschlag im Vergleich zu börsennotierten Anleihen von Großunternehmen auf etwa drei Prozentpunkte.[710] Die Stiftung Warentest verlautbarte in der Presse, dass die Angemessenheit des Rendite-/Risikoverhältnisses mangels Rating einer international anerkannten Ratingagentur kaum zu beurteilen sei.[711] Die preispolitische Gestaltung der ZIMBO-Emission 2003 kann anhand von Abbildung 47 anschaulich nachvollzogen werden.[712]

Die Kleinen bringen mehr

Anleihen mittelständische Unternehmen

Unternehmen	Fälligkeit	Vol. in Mio. Euro	Rendite in %
Zimbo Wurstwaren	2008	15	7,00²⁾
PCC¹⁾ Chemiehandel	2010	20	7,00
DM Beteiligungen Immobilien	2010	20	6,85
Pauly Backwaren	2011	10	7,25
Franke & Will Sportwagen	2010	2	7,25
Halloren Süßwaren	2009	12	7,00
Wohnungbauges. Leipzig West Immob.	2010	80	6,75
Boetzelen¹⁾ Immobilien	2015	20	6,00

1) Börsennotiert. 2) Ausverkauft.

Abbildung 47: Renditevergleich ausgewählter "Anleihen mittelständischer Unternehmen" mit "Anleihen von Großunternehmen"[713]

707 Preißler, Steffen (2006).
708 Anhang 1.
709 Vgl. hier und im Folgenden Anhang 1.
710 Vgl. Anhang 1.
711 Vgl. o.V. (2004c).
712 Siehe dazu auch Abbildung 5.
713 Unverändert übernommen aus o.V. (2005e), S. 19.

Die **kommunikationspolitische Gestaltung** der ZIMBO-Emission 2003 wird zunächst im Hinblick auf die Hausbanken (Alt-Gläubiger) als Kommunikationsempfänger untersucht. Dazu steht dem Verfasser lediglich ein Statement von Reinhold Zimmermann zur Verfügung, der auf die Frage nach den Hausbanken folgendermaßen antwortete: "Wir haben sie frühzeitig informiert, und sie standen unserem Projekt positiv gegenüber."[714] Außerdem wird die Notwendigkeit einer Information der Alt-Gläubiger durch den Emittenten von Peter A. Rucker generell zum Zwecke der Aufrechterhaltung der Finanzierungsbereitschaft bestätigt – eine Einbindung der Alt-Gläubiger bei der Gestaltung einer Informal-Private-Debt-Transaktion schließt er allerdings in diesem Zusammenhang aus.[715]

Zur Kommunikation an die Zielgruppe der privaten Anleger werden zuerst diejenigen Maßnahmen erläutert, die hinsichtlich der *Erstellung, Gestaltung, Bekanntmachung und Veröffentlichung des Verkaufsprospekts* ergriffen wurden. Dazu ist anzumerken, dass die ZIMBO-Emission 2003 der Prospektpflicht nach alter Rechtslage unterliegt, die zum 30.06.2005 durch das AnSVG geändert wurde. Der Verkaufsprospekt wurde mit Unterstützung der Jucho & Partner Unternehmensberatung GmbH (im Folgenden Jucho & Partner) und der Rechtsanwaltskanzlei Knauthe Eggers konzipiert, die ebenfalls mit der Einholung der Genehmigung der BaFin betraut waren.[716] Dazu führten Jucho & Partner und Knauthe Eggers eine Due Diligence durch.

Jucho & Partner ist eine auf den Mittelstand ausgerichtete Unternehmensberatung mit Spezialisierung auf das Finanzierungsgeschäft, M&A sowie Sanierung und Restrukturierung, die 1992 gegründet wurde. Nach dem Aussscheiden von Günter Jucho aus der Partnerschaft der Gesellschaft firmiert die Unternehmensberatung mittlerweile unter RHL Rucker Heddergott Louis & Kollegen Unternehmensberatung GmbH.[717] Die Rechtsanwaltskanzlei Knauthe Eggers hat bundesweit 150 Mitarbeiter und "[...] sieht sich als Pionier bei der Entwicklung außerbörslicher Firmenanleihen."[718] Die grafische Konzeption und Gestaltung wurde von 1+1eleven, Ulrike Adler und Andreas Leve übernommen; der Druck des Prospekts erfolgte durch Wirtz Druck.[719]

Der Verkaufsprospekt besteht insgesamt aus 43 Seiten und enthält zusätzlich drei Beilagen: eine "Kurzübersicht für die Abwicklung Ihres Kaufvertrages", eine "Tabelle für die Berechnung der Einzahlungsbeträge" sowie den "Wertpapier-Kaufantrag".[720] Im Anschluss an

---

714 Zitiert nach Ernst&Young und F.A.Z.-Institut (2005), S. 45.
715 Vgl. Anhang 1.
716 Vgl. hier und im Folgenden o.V. (2006f); o.V. (2003c) sowie Schwaldt, Norbert (2005).
717 Vgl. Anhang 1.
718 Schwaldt, Norbert (2005).
719 Vgl. KG, RZ-Zimmermann GmbH & Co. Holding (2003), "Impressum".
720 Vgl. hier und im Folgenden KG, RZ-Zimmermann GmbH & Co. Holding (2003), S. 1-43 sowie die o.a. Beilagen.

das Inhaltsverzeichnis ist er in die sechs folgenden Kapitel gegliedert: "Begriffserklärung und Handhabung" (1), "Angaben zur Anleiheschuldnerin" (2), "Allgemeine Informationen" (3), "Anleihebedingungen" (4), "Vollständigkeitserklärung und Angabenvorbehalte" (5) sowie den "Anhang" (6). Wie bereits erläutert, werden im ersten Kapitel die Vorteile einer Inhaber-Teilschuldverschreibung betont.[721]

In den "Angaben zur Anleiheschuldnerin" (2) werden neben der gesellschaftsrechtlichen Einbindung der emittierenden Gesellschaft (Holding) in die ZIMBO-Unternehmensgruppe, deren Organen und den Kapital- und Eigentümerverhältnissen vor allem die fünfzigjährige Geschichte der ZIMBO-Unternehmensgruppe, die Produkt-/Unternehmensmarken und ihr Bekanntheitsgrad, die Unternehmensphilosophie und die strategische Ausrichtung erläutert.[722] Neben dem Anhang bildet dieses Kapitel mit einem Seitenanteil von rund 30% den Schwerpunkt des Verkaufsprospekts. Die Darstellung wird durch Farbfotos von Firmenimmobilien, Produkt-Originalverpackungen, vom Firmengründer, durch Portraitfotos der Vorstandsmitglieder, von Mitarbeitern und idyllischen Landschaftsmotiven im Hintergrund illustriert. Der Abdruck der Fotos von Firmenimmobilien setzt sich auch in den Folgekapiteln mindestens einmal pro Doppelseite bis zum Anhang fort. Die Meilensteine der Unternehmensentwicklung werden jeweils auf den Seiten für die Kapitelüberschriften expliziert; die geografische Ausdehnung der Unternehmensgruppe wird dazu jeweils auf einer europäischen Landkarte hervorgehoben. Historische oder zukunftsbezogene Finanzinformationen auf Konzernebene wie z.B. die Umsatzentwicklung, die Eigenkapitalquote oder Daten zur Entwicklung der Fleisch- und Wurstwarenbranche über einen längeren Zeitraum sind nicht ersichtlich. Lediglich wenige Eckdaten zu Investitionsvolumina, zu den Ergebnissen 2002 und 2003 sowie zu einer negativen Planabweichung des Gruppenumsatzes in den ersten drei Quartalen 2003 finden Erwähnung.

Im Kapitel "Allgemeine Informationen" (3) werden neben Informationen zu Abwicklungs- und steuerlichen Aspekten die Verwendung des Anleihe-Erlöses sowie die Risikohinweise dargestellt.[723] Die Risikohinweise enthalten Informationen über die Ausschließlichkeit der gewährten Gläubigerrechte (keine Stimmrechte, Geschäftsführungsbefugnisse, Mitsprache- oder Teilnahmerechte), das Fehlen eines öffentlichen Markts, das Bonitätsrisiko sowie das Inflations-, Insolvenz-, Steuer- und Rechtsrisiko. Des Weiteren wird auf die fehlende Abhängigkeit von Patenten und Lizenzen sowie auf mögliche außergewöhnliche Ereignisse hingewiesen. Insgesamt nimmt die Darstellung der Risikohinweise nach Abzug der nicht

---

721 Siehe Absatz zur produktpolitischen Gestaltung (Markierung) in diesem Abschnitt.

722 Vgl. KG, RZ-Zimmermann GmbH & Co. Holding (2003), S. 5-16.

723 Vgl. KG, RZ-Zimmermann GmbH & Co. Holding (2003), S. 17-22.

beschriebenen Flächen rund eine Seite (2% vom Gesamtumfang) ungefähr in der Mitte des Verkaufsprospekts ein.

Den Anleihebedingungen (4) und der Vollständigkeitserklärung inkl. Angabenvorbehalten (5) werden insgesamt acht Seiten (20% vom Gesamtumfang) eingeräumt.[724] Im Anhang (6) werden ein Handelsregisterauszug der Emittentin vom 15.09.2003, der Jahresabschluss 2002 der Emittentin mit uneingeschränktem Bestätigungsvermerk der Ernst & Young AG und Anhang, allerdings ohne Lagebericht, abgedruckt.[725] Dieses letzte Kapitel, das mit 13 Seiten einen Anteil von rund 30% am gesamten Verkaufsprospekt aufweist, wird nicht durch Fotos illustiert. Peter A. Rucker räumt der kreativen Gestaltung des Verkaufsprospekts generell einen geringen Stellenwert in der kommunikationspolitischen Gestaltung von Informal Private Debt ein, obwohl die Erstellung und Veröffentlichung allein aus gesetzlichen Gründen erforderlich sei.[726] Dazu führt er aus: "Ich würde sagen, – aber das ist meine persönliche Meinung – dass viele den Prospekt nicht vollständig lesen, sondern nur auf das Wesentliche eingehen und sagen: Aha, das ist das Unternehmen, dem bringe ich Vertrauen entgegen!"[727]

ZIMBO reichte den Verkaufsprospekt am 9.10.2003 bei der BaFin ein und gab ihn am 22.10.2003 zum Druck frei.[728] Nach Bekanntgabe bzw. Ankündigung am 28.10.2003 im Handelsblatt als Börsenpflichtblatt folgte am 30.10.2003 erstmals das Öffentliche Angebot.[729] Bezüglich der Art der Bereitstellung des Prospekts richtete ZIMBO neben der kostenlosen Pflichtbereitstellung bei der Emittentin sowohl eine Downloadmöglichkeit auf der Homepage der Emittentin ein und bot den postalischen Versand an.[730] Peter A. Rucker schätzte den Anteil der Nutzer der Downloadmöglichkeit auf rund ein Drittel. Ein größerer Stellenwert in der kommunikationspolitischen Gestaltung von Informal Private Debt käme seiner Meinung aber nach der Werbung zu, die im Folgenden näher erläutert wird.

Für die *Werbung* schaltete ZIMBO ab 30.10.2003 Presseinserate in der Tagespresse und in Anlegerfachmagazinen (FOCUS-Money) mit einer Gesamtauflage von rund 6,8 Mio. Stück.[731] Neben Anzeigen in regionalen Tageszeitungen im näheren Umfeld des Firmensitzes wie der WAZ, den Ruhr-Nachrichten, dem Weser-Kurier und den Lüdenscheider Nachrichten wurde auch in überregionalen Tageszeitungen, u.a. dem Handelsblatt, der Zeitung Die Welt und der Frankfurter Allgemeinen Zeitung, geworben.[732] Die Inserate, zumeist auf den

---

724 Vgl. ebenda, S. 23-30.
725 Vgl. ebenda, S. 31-43.
726 Vgl. Anhang 1.
727 Anhang 1.
728 Vgl. Denecke, Willi (2004), S.13.
729 Vgl. ebenda, S.13.
730 Vgl. hier und im Folgenden Anhang 1.
731 Vgl. Denecke, Willi (2004), S. 13 sowie S. 15.
732 Vgl. ebenda, S.15.

Titelseiten platziert, waren überschrieben mit "Direktverkauf Unternehmensanleihe". Die Zinsangabe p.a. mit "7%" wurde in der größten Schriftgröße präsentiert.[733] Diese Hervorhebung ist vor dem Hintergrund der Einschätzung von Peter A. Rucker insoweit nachvollziebar, dass private Anleger eine höhere Rendite als "maßgebliches Ziel" bei der Anlage in Informal Private Debt anstrebten.[734] Als weitere finanztitelspezifische Werbeargumente dienten die "Einlage ab 1.000 EUR", der "Festzins 7% ohne Kursrisiko", die "Zinszahlung jährlich", die "Laufzeit 5 Jahre" und der "Ausgabekurs 100%".[735] Obwohl das fehlende Kursrisiko laut Peter A. Rucker eine untergeordnete Rolle bei der Anlageentscheidung privater Anleger spiele, legt die Werbung mit der Aussage "ohne Kursrisiko" den Schluss nahe, dass damit eine positive Wirkung beim Publikum erzielt werden kann.[736] Als unternehmensspezifische Werbeargumente dienten das Markenzeichen ZIMBO sowie der Verweis "Seit 50 Jahren Erfolg mit Fleisch- und Wurstwaren."; des Weiteren zeigte ZIMBO die Telefonnummer der Info-Hotline, die Homepage sowie E-Mail-, Fax- und Postadresse der Emittentin.[737] Bezüglich sonstiger Werbeinhalte verlautbarte die Presse, dass ZIMBO auf die Einstufung bei Creditreform verwiesen hätte.[738] Als weitere Werbemittel kamen Postwurfsendungen im engeren Umfeld des Hauptsitzes in Bochum zum Einsatz sowie die Ausstrahlung von Radio-Spots.[739]

Innerhalb der Zielgruppenansprache der privaten Anleger wurde keine spezifische Auswahl mit Ausnahme des regionalen Umfelds als Fokus getroffen, sondern der "Massenkunde" angesprochen.[740] "Es hat sich gezeigt, dass generell das Umfeld des Unternehmens stärker in Anspruch genommen werden kann und auch Interesse zeigt."[741] Eine Direktansprache von Kunden der ZIMBO-Unternehmensgruppe unterblieb aber nach Angaben von Peter A. Rucker.[742]

733 Vgl. ebenda, S.15.
734 Vgl. Anhang 1.
735 Vgl. Denecke, Willi (2004), S.15.
736 Vgl. Anhang 1.
737 Vgl. Denecke, Willi (2004), S. 15.
738 Vgl. o.V. (2004c).
739 Vgl. Anhang 1.
740 Vgl. ebenda.
741 Anhang 1.
742 Vgl. Anhang 1.

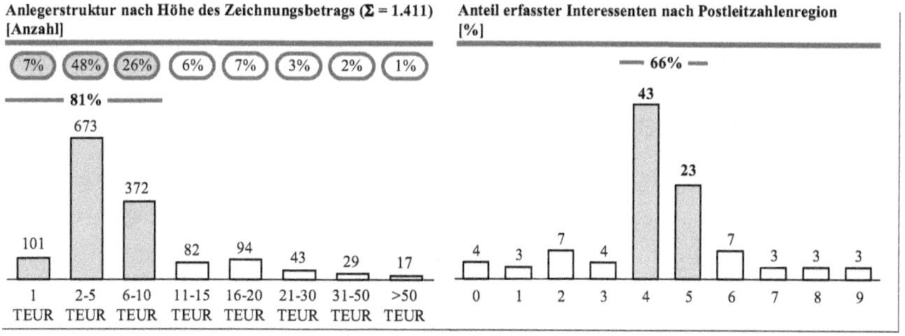

Abbildung 48: Anleger- und Interessentenstruktur der ZIMBO-Emission 2003[743]

Diese Einschätzung bestätigt sich mit Blick auf die Interessentenstruktur, die sich zu rund zwei Dritteln aus dem direkten regionalen Umfeld des Bochumer Hauptsitzes (Postleitzahlenbereiche 4 und 5) zusammensetzt.[744] Die Zielgruppe der privaten Anleger wird anhand der Anlegerstruktur deutlich. So zeichneten mehr als 80% der Anleger ein Volumen von bis zu 10 TEUR. Allerdings zeichneten auch sieben Anleger Inhaber-Teilschuldverschreibungen mit einem Nennbetrag von jeweils mehr als 100 TEUR.[745] Nach Angaben von Peter A. Rucker bilde die Anlegerstruktur einen Querschnitt über alle Bildungs- und Einkommensschichten ab.[746]

Zu Fragen der Emission, zur Abwicklung und zum Unternehmen richtete ZIMBO eine gesonderte Rubrik auf der Homepage im Internet ein. Darin wurde u.a. eine FAQ-Rubrik gezeigt.[747] Finanzinformationen sind auf der Homepage allerdings nicht zu finden. Für individuelle Rückfragen per Telefon und E-Mail wurde eine Info-Hotline über das firmeneigene Call-Center sowie ein E-Mail-Center eingerichtet.[748] Dafür stellte ZIMBO nach Presseangaben ZIMBO neun Mitarbeiter aus dem Verkaufsinnendienst, einem Call-Center in der Bochumer Zentrale, die sonst Wurstbestellungen annähmen und Kundenkontakte pflegten, ab.[749] Diesen Schritt begründete Willi Denecke Presseangaben zufolge mit folgenden Worten: "Das sind gute Wurstverkäufer, die können am Telefon Vertrauen aufbauen.", "Kein Finanzberater kann das Unternehmen so gut darstellen und verkaufen wie die eigenen Mitarbeiter." sowie "Wer bis gestern Thüringer Zungenwurst und Knusperschinken verkauft

743 Eigene Darstellung. Vgl. Denecke, Willi (2004), S. 19f.
744 Zur Anleger- und Interessentenstruktur siehe Abbildung 48.
745 Vgl. Denecke, Willi (2004), S. 19.
746 Vgl. Anhang 1.
747 Siehe dazu analog Anhang 3 (Die am häufigsten gestellten Fragen zur ZIMBO-Emission 2005).
748 Vgl. o.V. (2003d) sowie Großer, Thilo (2006).
749 Vgl. Großer, Thilo (2006) und ähnlich o.V. (2003g).

hat, soll ab morgen Anleihen verkaufen."[750] Dazu wurden die Mitarbeiter vom 23.10.2003 bis 28.10.2003 u.a. mit Unterstützung von Jucho & Partner anhand des Verkaufsprospekts und anhand von Fragenkatalogen geschult.[751] Ab 30.10.2003 beantworteten die Mitarbeiter bis zu 500 Anrufe und 100 E-Mail-Anfragen pro Tag.[752]

Die emissionsspezifische Kommunikation wurde von Maßnahmen der *Öffentlichkeitsarbeit*, die sich vorwiegend in redaktionellen Beiträgen in der Tagespresse widerspiegeln, begleitet. Am 29.10.2003 fand dazu eine Pressekonferenz statt.[753] Darin wurden u.a. die leistungswirtschaftliche Geschäftstätigkeit der ZIMBO-Unternehmensgruppe, die Motivation für die Emission und die Art der Vermarktung/Abwicklung dargelegt.[754] Ferner begründete ZIMBO die Höhe der Verzinsung mit der Kostenersparnis, die durch den Verzicht auf Ratingagenturen, Investmentbanken und sonstige Vertriebsorganisationen, also durch den exklusiven Direktvertrieb, ermöglicht würde.[755] Mutmaßlich nahm ZIMBO auch an speziellen Anlegermessen teil, wie aus einer Beilage zum Verkaufsprospekt ersichtlich wird.[756]

Die *Kommunikation an die Anleger während der Laufzeit* erfolgt über einen Anlegerbrief, der dreimal pro Jahr verschickt wird und Informationen über die aktuelle Firmenentwicklung "allgemeiner Natur" ohne bilanzielle Daten enthält.[757] Des Weiteren werden Geburtstagskarten sowie Weihnachtsgeschenke (Wurst) mit dem Ziel der Vertrauensbestätigung an die Anleger verschickt. Willi Denecke verlautbarte dazu in der Presse: "Wir müssen das Vertrauen, das uns die Anleger entgegengebracht haben, immer wieder bestätigen.", sowie "Wir müssen immer wieder kommunizieren: Macht euch keine Sorgen."[758]

Die **distributionspolitische Gestaltung** der Emission 2003 wird im Folgenden näher erläutert. Zunächst wird die Gestaltung des *akquisitorischen Distributionssystems*, des Vertriebs, dargestellt. Der Vertrieb erfolgte vollständig in Eigenregie der ZIMBO-Unternehmensgruppe durch – wie bereits bei der kommunikationspolitischen Gestaltung erwähnt – neun Mitarbeiter aus dem Verkaufsinnendienst hauptsächlich in fernmündlichen Gesprächen.[759] Die Ausnahme bilden einem Pressezitat von Willi Denecke zufolge drei

750 Zitiert nach Großer, Thilo (2006).
751 Vgl. Denecke, Willi (2004), S. 13 sowie o.V. (2003c).
752 Vgl. Großer, Thilo (2006).
753 Vgl. Denecke, Willi (2004), S. 14.
754 Vgl. beispielhaft Denecke, Willi (2004), S. 14 sowie die Verweise in Abschnitt 5.2.1.
755 Vgl. beispielhaft Schwaldt, Norbert (2005).
756 Im "Wertpapier-Kaufantrag" kann die Frage "Wie sind Sie auf uns aufmerksam geworden?" auch mit der Kategorie "Messestand auf der Messe ___" beantwortet werden. Vgl. KG, RZ-Zimmermann GmbH & Co. Holding (2003), "Wertpapier-Kaufantrag".
757 Vgl. Anhang 1 sowie Großer, Thilo (2006).
758 Zitiert nach Großer, Thilo (2006).
759 Vgl. dazu auch o.V. (2003g).

Anleger, die persönlich gekommen seien und Bares auf den Tisch gelegt hätten.[760] Im persönlichen Verkaufsgespräch wurden Namen, Anschrift, Telefonnummer und Geburtsdatum der Interessenten in einer Datenbank online erfasst und taggleich der Verkaufsprospekt inkl. Wertpapier-Kaufantrag und Widerrufsbelehrung verschickt.[761] Jeder zweite Kaufantrag sei recht schnell unterschrieben zurück gekommen und an die Zahlstelle weitergeleitet worden.[762] Zur Erfassung der Daten wurde eine von der Bankhaus Reuschel & Co. KG gemeinsam mit Jucho & Partner und der Böker-Gruppe, München, entwickelte Abwicklungssoftware – das sog. 'Unternehmensanleiheportal' – verwendet.[763] Insgesamt zeichneten 1.411 Anleger zwischen dem 30.10.2003 und dem 19.05.2004 das nominale Gesamtvolumen von 15 Mio. EUR, wobei nach teilweise divergierenden Angaben zum Platzierungsverlauf bereits über 10 Mio. EUR nach den ersten zwei Monaten verkauft wurden.[764]

Ausschlaggebend für den Verzicht auf die Einschaltung von Finanzvertrieben oder sonstigen Vermittlungsorganisationen waren nach Angabe von Peter A. Rucker hohe Vertriebskosten, die vergleichsweise geringe Authentizität und die Wahrnehmung von Fremdvertrieben als "eher unseriös".[765] Die Stiftung Warentest wies in diesem Zusammenhang darauf hin, dass durch den Direktverkauf keine Kauf- und Verkaufsspesen anfielen.[766] Zwar konnten im Rahmen dieser Fallstudie die internen Kosten des Direktvertriebs nicht ermittelt werden; dennoch untermauern die Angaben zur Höhe der (externen) Vertriebskosten bei zusätzlicher Einschaltung von Finanzvertrieben mit mehrheitlich zwischen 12 und 25% das Kostenargument.[767]

Zur *logistischen Distribution*, d.h. der zahlungs- und steuertechnischen Abwicklung, organisierte Jucho & Partner die Bankhaus Reuschel & Co. KG (im Folgenden Bankhaus Reuschel), die am 15.10.2003 die Zahlstellenfunktion übernahm.[768] Das Bankhaus Reuschel, das mehrheitlich zum Allianz-Konzern gehört, sähe sich der Presse zufolge als Partner des Mittelstands im Geschäftsfeld für direkt platzierte Kapitalmarktinstrumente und besitze den höchsten CCP-Status (Central Counterparty for Equities) bei der Deutsche Börse Clearing AG.[769]

760 Vgl. Großer, Thilo (2006).
761 Vgl. ebenda.
762 Vgl. ebenda.
763 Vgl. o.V. (2006f).
764 Vgl. Abbildung 49 und die darin enthaltenen Verweise.
765 Vgl. Anhang 1.
766 Vgl. o.V. (2004c).
767 Vgl. Anhang 1; Schwaldt, Norbert (2005) sowie Abbildung 41.
768 Vgl. o.V. (2003c) sowie Denecke, Willi (2004), S. 13.
769 Vgl. o.V. (2006f).

Die komplette Wertpapierabwicklung einschließlich der Zins- und Tilgungszahlungen erfolgte unter Regie des Bankhauses Reuschel.[770] Nach Weiterleitung der Kaufanträge durch den unternehmenseigenen Vertrieb glich das Bankhaus Reuschel jeweils die Kaufanträge mit den eingegangenen Zeichnungsbeträgen auf dem firmeneigenen Konto ab.[771] Dafür nutze das Bankhaus Reuschel ebenfalls die Abwicklungssoftware 'Unternehmensanleiheportal'.[772] Nach Prüfung der Kaufanträge wurde vom Bankhaus Reuschel per Post eine Einzahlungsbestätigung an die Anleger versandt, "[...] obwohl dies gar nicht nötig [...] (gewesen, Anm. des Verf.) [...] wäre."[773], wie Willi Denecke zitiert wird.

Grund für den postalischen Versand der Einzahlungsbestätigungen sei die vielfache Nachfrage der Anleger nach einem Papier mit Unterschrift gewesen.[774] Die gezeichneten Wertpapiere übertrug das Bankhaus Reuschel über ein globales Lagerstellennetz auf die jeweiligen Depots der Anleger und verschickte die Wertpapier-Abrechnungen bzw. Depotmitteilungen.[775] Der Abzug der ZASt bzw. die Verwaltung von Freistellungs- oder Nichtveranlagungsbescheinigungen erfolgt durch die jeweilige Depotbank der Anleger.[776]

Zur Höhe **Emissions- und Abwicklungskosten** der ZIMBO-Emission 2003 liegt dem Verfasser lediglich eine Meldung unter Bezugnahme auf Unternehmensangaben vor, in der eine Größenordnung von 0,5% p.a. im Verhältnis zum nominalen Emissionsvolumen genannt wird.[777] Dies entspräche rund 375 TEUR bzw. 2,5% über die gesamte Laufzeit. Reinhold Zimmermann bescheinigte "der Aktion" einer Studie zufolge vollen Erfolg, wenngleich die Kosten etwas höher als bei einem Bankkredit lägen.[778] Grund für die erhöhten Kosten sei das fehlende Rating.[779]

Abbildung 49 zeigt den **Investmentprozess** der ZIMBO-Emission 2003 im Überblick. Voraussichtlich läuft die Informal-Private-Debt-Transaktion aus 2003 bis zum Ende der Laufzeit am 30.09.2008. Der Beginn des Investmentprozesses kann aus Sicht des Verfassers nicht genau bestimmt werden, da keine Informationen über den zeitlichen Verlauf der Investitions- und Finanzplanung vorliegen. Ebenso bleibt ungewiss, ob bereits im Vorfeld der

770 Vgl. ebenda.
771 Vgl. Großer, Thilo (2006).
772 Vgl. o.V. (2006f).
773 Zitiert nach Großer, Thilo (2006).
774 Vgl. Großer, Thilo (2006).
775 Vgl. o.V. (2006f).
776 Vgl. Anhang 1.
777 Vgl. o.V. (2005h), S. 3.
778 Vgl. Ernst&Young und F.A.Z.-Institut (2005), S. 45.
779 Vgl. ebenda, S. 45.

Emission zielgerichtet die Maßnahmen der Öffentlichkeitsarbeit – z.B. im Rahmen des fünfzigjährigen Firmenjubiläums – verstärkt wurden und daher zum Investmentprozess gezählt werden müssten. Denn der Bekanntheitsgrad der ZIMBO-Unternehmensgruppe gilt sowohl aus Sicht von Willi Denecke als Vertreter der Unternehmensleitung als auch aus Sicht von Peter A. Rucker und Christian Heddergott (beide Partner von Jucho & Partner) als wesentlicher unternehmensspezifischer Erfolgsfaktor für die Platzierung der Emission im exklusiven Direktvertrieb.[780]

Phasen	Vorplanungphase	Konzeptions- und Vorbereitungsphase	Anbahnungs- und Vertriebsphase	Abwicklungsphase
	5./6.9.2003	15.10.2003	28.10.2003	19.5.2004 bis voraus. 30.9.2008
Dauer	*Nicht verfügbar*	*Rund 2 Monate*	*Rund 7 Monate*	*Vorauss. rund 60 Monate*
Aktivitäten & Beteiligte	• (Begehung des 50-jährigen Firmenjubiläums mit großen Endverbraucheraktionen im Frühjahr 2003) • (Finanz- und Investitionsplanung) • **Frühzeitige Information der Hausbanken**	• "**Startschuss**" Inhaberteilschuldverschreibung am 5./6.9.2003 • **Emissionskonzeption** und **Prospektgestaltung** bis 8.10.2003 – Rechtlich (*Knauthe Eggers*) – Wirtschaftlich (*Jucho & Partner*) – Prospektkonzeption/-gestaltung (*1+1eleven, Ulrike Adler, Andrea Leve*) • **Hinterlegung Verkaufsprospekt** bei der BaFin am 9.10.2003 • **Übernahme** der **Zahlstellenfunktion** (*Bankhaus Reuschel*) ab 15.10.2003 • Bekanntgabe der Wertpapier-Kenn-Nr. am 21. 10.2003 • **Druckfreigabe Verkaufsprospekt** am 22.10.2003 , Druck durch *Wirtz Druck* • **Auswahl** und **Schulung Vertriebsmitarbeiter** (u.a. *Jucho & Partner*) – 23.10. Unternehmensgruppe – 24.10. Software (Datenbank) – 27.10. Praxiswissen Inhaberschuldverschreibung – 28.10. Telefontraining	• **Bekanntgabe öffentliches Angebot** im Handelsblatt am 28.10.2003 • **Pressekonferenz** am 20.10.2003 • **Öffentliches Angebot/ Werbung** vorw. per Anzeigen (Presse, Radio) und Postwurfsendungen ab 30.10.2003 • **Vertrieb** der Inhaberteilschuldverschreibung (*ZIMBO*) – Internet, Call-Center (Information/Verkauf) – Bereitstellung/Versand des Verkaufsprospektes – Entgegennahme und Weiterleitung der Wertpapierkaufanträge an die Zahlstelle • Kumuliertes **Platzierungsvolumen im Zeitablauf**: – 5,0 Mio. EUR bis 5.11.2003 (33%) – 7,5 Mio. EUR bis Anfang 12/2003 (50%) – Über 10,0 Mio. EUR bis Anfang 01/2004 (66%) – 12,0 Mio. EUR bis Anfang 3/2004 (80%) – 15,0 Mio. EUR bis 19.5.2004 (100%)	• **Hinterlegung** der **Globalurkunde** bei der *Clearstream Banking AG* • **Darstellung** der **Zahlstellenfunktion** durch das *Bankhaus Reuschel* – Online-Erfassung, Prüfung, Verwaltung der Zeichnungen (Software der *Böker-Gruppe*) – Entgegennahme der Zeichnungsbeträge (inkl. Stückzinsen) – Weiterleitung der Zeichnungsbeträge an Ermittlerin – Versand der Einzahlungsbestätigungen an die Anleger – Depotübertragung – Auslösung der Zinszahlungen – (Auslösung der Rückzahlungen) • Evtl. **Einbehaltung/ Abführung von ZASt** durch die *jeweilige Depotbank* • **Anlegerbetreuung** – 3 x p.a. Versand "Anlegerinformationsbrief" – Versand "Geburtstagskarten" – Versand "Weihnachtsgeschenke" • **PR wie Interviews etc.** (*ZIMBO*)

Abbildung 49: Investmentprozess der ZIMBO-Emission 2003 und Rolle der beteiligten Dienstleistungsunternehmen[781]

[780] Vgl. Denecke, Willi (2004), S. 8; Mangasarian, Leon (2005); Preißler, Steffen (2006); o.V. (2003c) sowie Anhang 1.

[781] Eigene Darstellung. Vgl. Anhang 1; Denecke, Willi (2004), S. 13 und S. 16; o.V. (2003c); o.V. (2006h); Stocker, Frank (2004); Hoffmann, Kurt (2004); o.V. (2006f); KG, RZ-Zimmermann GmbH & Co. Holding

Als weitere generelle Anforderungen für eine erfolgreiche Informal-Private-Debt-Emission sähe Christian Heddergott die Profitabilität der Unternehmen sowie die Expansionsfinanzierung als Verwendungszweck in Abgrenzung zur Tilgung sonstiger Verbindlichkeiten.[782] Nach Einschätzung von Peter A. Rucker sollten die Firmen ferner über einen Umsatz von mindestens 25 Mio. EUR p.a., ein hervorragendes Controlling und eine gute Öffentlichkeitsarbeit verfügen.[783] Für Karlheinz Knauthe von der Rechtsanwaltskanzlei Knauthe Eggers stünden grundsätzlich Produkte, Marktposition, Strategie, solides Eigenkapital und das Management als Auswahlkriterien für potenzielle Kandidaten im Vordergrund.[784] Allerdings räume er ein, dass man sich irren könne; Verluste hätten einen Imageschaden für Knauthe Eggers zur Folge.[785]

5.2.3 Die Emission 2005

Zunächst werden die wesentlichen **Veränderungen der Ausgangslage** in der ZIMBO-Unternehmensgruppe seit 2003 kurz erläutert, um die für die Emission 2005 notwendigen Hintergrundinformationen darzulegen. Im Jahr 2004 lag der konsolidierte Umsatz der ZIMBO-Unternehmensgruppe bei rund 372 Mio. EUR.[786] Gegenüber den Umsatzangaben von Willi Denecke für 2003 von 395 Mio. EUR entspricht dies einem Rückgang von rund 6%.[787] Im ersten Halbjahr 2004 wurde bereits ein Umsatzminus von 5,4% verzeichnet.[788] Im dritten Quartal 2004, wird Denecke weiter zitiert, sei es noch etwas schlechter gelaufen, bedingt durch die hohen Rohstoffpreise: "Wir hoffen auf die zweite Preiserhöhung Anfang November, die jetzt auf der Agenda steht."[789]

Diese Hoffung wurde aus Sicht des Verfassers nicht erfüllt, da für das erste Halbjahr 2005 ein weiterer Umsatzrückgang um 4% ggü. Vorjahr gemeldet wurde.[790] Dieser weitere Umsatzrückgang wurde von Denecke mit der Trennung von ertragsschwachen Kunden begründet; als Beispiel für ertragsschwache Kunden gab er Discounter an.[791] Einer Pressemeldung aus dem Jahr 2006 zufolge sei ZIMBO bei Aldi und Lidl als Lebensmittel-Discounter sowie bei allen großen Einzelhändlern gelistet.[792] Das Bruttoergebnis der Gruppe

(2003), S. 18, das "Impressum", die beigelegte "Kurzübersicht für die Abwicklung ihres Kaufvertrages" sowie den "Wertpapier-Kaufantrag".

782 Vgl. Mangasarian, Leon (2005).
783 Vgl. Preißler, Steffen (2006).
784 Vgl Schwaldt, Norbert (2005).
785 Vgl. ebenda.
786 Vgl. Ernst&Young und F.A.Z.-Institut (2005), S. 44.
787 Vgl. Denecke, Willi (2004), S. 5.
788 Vgl. o.V. (2004d).
789 Zitiert nach o.V. (2004d).
790 Vgl. ire (2005), S. 20.
791 Vgl. ebenda, S. 20.
792 Vgl. Großer, Thilo (2006).

auf EBITDA-Ebene ging dennoch im ersten Halbjahr 2005 mit 5,5 Mio. EUR um rund 27% ggü. 7,5 Mio. EUR im Vorjahreszeitraum zurück.[793]

Bereits am 29. Oktober 2004 wurden Pläne bekannt, dass sich die ZIMBO-Unternehmensgruppe eine neue Struktur verordne.[794] Im Rahmen der Neustrukturierung wurde neben der Zusammenlegung von bestehenden Gesellschaften bzw. Geschäftsbereichen auch ein Stellenabbau geplant. Des Weiteren wurden Wechsel im Management vorgenommen. Willi Denecke, bislang Vorstand für Personal & Öffentlichkeitsarbeit, sowie Werner Poelker (Finanzen & Controlling) schieden aus der Holding aus und übernahmen die Geschäftsführung der Zimbo Fleisch- und Wurstwaren GmbH & Co. KG, in der alle Vetriebsgeschäftsbereiche, Herstellungsbetriebe und eine Beschaffungsgesellschaft gebündelt wurden. Friedrich R. Berlemann, bislang Vorstand für Marketing & Vertrieb Großverbraucher, schied ganz aus dem Unternehmen aus. Als neuer Finanzvorstand der Holding wurde Manfred Dahmen engagiert. Lediglich Reinhold Zimmermann und Alfons Brüggen blieben unverändert im Vorstand der RZ-Zimmermann GmbH & Co. Holding KG.

Darüber hinaus wurden die Logistikaktivititäen der ZIMBO-Unternehmensgruppe zum 1.1.2005 in den am 2.12.2004 neu gegründeten Teilkonzern Logistik3000 ausgegliedert, der sich mit 97,8% mehrheitlich im Besitz der RZ-Zimmermann GmbH & Co. Holding KG befindet.[795] Die übrigen 2,2% hält Marian Chrzanowski als einer der Geschäftsführer der Logistik3000. Das Eigenkapital der Logistik3000 betrug zum 30.06.2005 rund 1,2 Mio. EUR, was einer Eigenkapitalquote von 27,6% entsprach.[796] Im ersten Halbjahr 2005 erwirtschaftete die Logistik3000 einen positiven Jahresüberschuss von rund 153 TEUR bei einem Umsatz von 8,2 Mio. EUR; aus laufender Geschäftstätigkeit wurde ein negativer Cashflow von -153 TEUR erzielt.[797]

Allerdings wird im Verkaufsprospekt für die Emission 2005 darauf hingewiesen, dass die angegebenen Kennzahlen nur begrenzte Aussagefähigkeit wegen der kurzen Periode seit Aufnahme der Geschäftstätigkeit besäßen.[798] Als Grund für die Auslagerung der Logistikaktivitäten wurden die wachstumsbedingte Konzentration auf das Kerngeschäft sowie steigende Logistikkosten in der ZIMBO-Unternehmensgruppe angegeben.[799] Damit sichere sich die ZIMBO-Unternehmensgruppe Presseangaben zufolge weiteren unternehmerischen

793 Vgl. ire (2005), S. 20.
794 Vgl. hier und im Folgenden o.V. (2004d).
795 Vgl. hier und im Folgenden KG, ZIMBO Familie Zimmermann Immobilien GmbH & Co. (2005), S. 8f. und S. 62ff.
796 Allerdings waren davon 110 TEUR zum Zeitpunkt der Emission noch nicht eingezahlt. Vgl. KG, ZIMBO Familie Zimmermann Immobilien GmbH & Co. (2005), S. 65.
797 Vgl. KG, ZIMBO Familie Zimmermann Immobilien GmbH & Co. (2005), S. 66 und S. 98.
798 Vgl. ebenda, S. 66.
799 Vgl. KG, ZIMBO Familie Zimmermann Immobilien GmbH & Co. (2005), S. 59.

Freiraum.[800] "Die Tochtergesellschaft organisiert die gesamte Logistik und Lagerung für die Zimbo-Gruppe, soll aber auch ein Drittkundengeschäft aufbauen."[801], wird Willi Denecke zitiert, der dieser Tochtergesellschaft hohes Wachstumspotenzial zuschreibe.

Das Drittkundengeschäft machte zum Zeitpunkt der Emission rund 20% des Umsatzes aus, sollte aber gemäß Verkaufsprospekt bis 2008 auf ungefähr 35% erhöht werden.[802] Die Logistik3000 beschäftigte nach Presseangaben 260 Mitarbeiter an 12 Standorten und sollte 2005 einen Umsatz i.H.v. 18 Mio. EUR erzielen, der bis 2008 auf 30 Mio. EUR gesteigert werden sollte.[803]

Als jüngste eigenständige Tochter der Gruppe ist nun die ZIMBO Familie Zimmermann Immobilien GmbH & Co. KG mit Gesellschaftsvertrag vom 9.9.2005 gegründet worden.[804] Diese Gesellschaft, die als Emittentin der Emission 2005 auftritt, ist eine Immobilienobjektgesellschaft, die zum Zwecke des Erwerbs und der Vermietung einer Logistikimmobilie in München-Unterschleißheim errichtet wurde.[805] Die Logistikimmobilie wurde von der Emittentin durch notariell bekundeten Kaufvertrag vom 26.9.2005 von der Eigentümerin Logistikpark Unterschleißheim GmbH & Co. KG erworben.[806] Die Logistikpark Unterschleißheim GmbH & Co. KG betrieb die Logistikimmobilie vor dem Verkauf bereits 20 Jahre lang.[807] Diese Gesellschaft war bis zum Ausstieg des Logistikpartners zu 55% an der Logistikimmobilie beteiligt und übernahm danach auch die übrigen Anteile an der Logistikimmobilie.[808] Zum Zeitpunkt der Verkaufsprospekterstellung am 20.10.2005 war die Logistikimmobilie zu etwa 25% an die Logistik3000 vermietet, während weitere 55% an Dritte vermietet waren; die übrigen 20% der Fläche standen zu diesem Zeitpunkt leer.[809]

Wirtschaftliche Eigentümerin der Verkäuferin Logistikpark Unterschleißheim GmbH & Co. KG ist Barbara Zimmermann, die Ehefrau von Reinhold Zimmermann.[810] Ebenso ist Barbara Zimmermann wirtschaftliche Eigentümerin der Käuferin ZIMBO Familie Zimmermann GmbH & Co. KG, so dass sich durch den Verkauf der Logistikimmobilie an den wirtschaftlichen Eigentumsverhältnissen nichts ändert.[811] Obwohl die Firma der neu gegründeten Immobilienobjektgesellschaft "ZIMBO Familie Zimmermann GmbH & Co. KG" (im

---

800 Vgl. Lange, Kai (2006).
801 Zitiert nach Lange, Kai (2006).
802 Vgl. KG, ZIMBO Familie Zimmermann Immobilien GmbH & Co. (2005), S. 61.
803 Vgl. o.V. (2005i).
804 Vgl. Lange, Kai (2006) sowie KG, ZIMBO Familie Zimmermann Immobilien GmbH & Co. (2005), S. 40.
805 Vgl. KG, ZIMBO Familie Zimmermann Immobilien GmbH & Co. (2005), S. 40.
806 Vgl. ebenda, S. 41.
807 Vgl. König, Christian A. (2006), S. XVIII.
808 Vgl. ebenda, S. XVIII.
809 Vgl. KG, ZIMBO Familie Zimmermann Immobilien GmbH & Co. (2005), S. 57 und S. 108.
810 Siehe hier und im Folgenden Abbildung 50.
811 Vgl. KG, ZIMBO Familie Zimmermann Immobilien GmbH & Co. (2005), S. 22.

Folgenden Emittentin) das Markenzeichen der ZIMBO-Unternehmensgruppe beinhaltet, gehört sie gesellschaftsrechtlich nicht zur Unternehmensgruppe "[...] und haftet für Verbindlichkeiten nur mit 125 TEUR."[812]

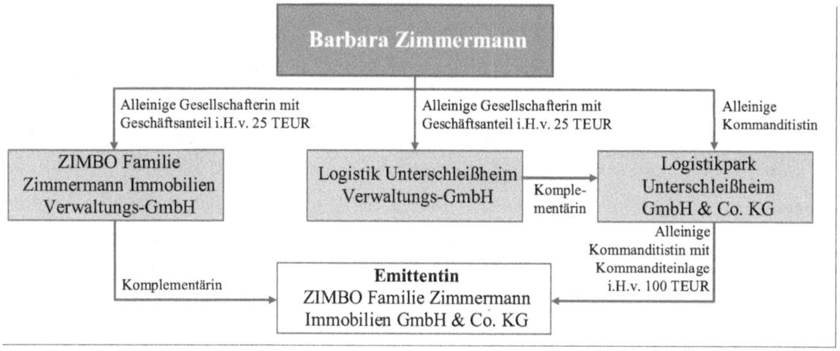

Abbildung 50: Gesellschaftsrechtliche Struktur der ZIMBO Familie Zimmermann Immobilien GmbH & Co. KG zum Zeitpunkt der Emission 2005[813]

Zielsetzung der Emission 2005 war die Finanzierung eines Anteiles am Kaufpreis für die Logistikimmobilie über 6,4 Mio. EUR sowie die Finanzierung von Erneuerungs- und Erweiterungsinvestitionen über insgesamt 3,6 Mio. EUR durch die Emittentin.[814] Als Motiv für die Emission 2005 gab Peter A. Rucker an, dass man die Logistikimmobilie, die von der Familie Zimmermann gekauft worden wäre, nicht in die Unternehmensgruppe einbringen wollte, um "vollkommene Unabhängigkeit" zu gewährleisten.[815]

Aus Sicht des Verfassers erschließt sich vor diesem und vor dem Hintergrund der erfolgreichen Platzierung der Emission 2003 das vorrangige Motiv, die leistungswirtschaftliche und finanzspezifische Reputation der ZIMBO-Unternehmensgruppe zu nutzen, um die Finanzierung einer ausschließlich im wirtschaftlichen Eigentum von Barbara Zimmermann befindlichen Logistikimmobilie teilweise auf ein breit gestreutes Publikum von Fremdkapitalgebern zu übertragen. Vor dem Hintergrund des Geschäftsverlaufs der ZIMBO-Unternehmensgruppe könnte aus Sicht des Verfasser auch das Streben nach einem Zufluss von Barmitteln in die Familiensphäre der Mehrheitseigentümer der ZIMBO-Unternehmensgruppe eine Rolle bei der Entscheidung zu dieser Transaktion gespielt haben.

---

812 o.V. (2006c). Siehe dazu auch Abbildung 50.

813 Eigene Darstellung in Anlehnung an KG, ZIMBO Familie Zimmermann Immobilien GmbH & Co. (2005), S. 52.

814 Vgl. KG, ZIMBO Familie Zimmermann Immobilien GmbH & Co. (2005), S. 24 sowie Lange, Kai (2006).

815 Vgl. Anhang 1.

Zur Darstellung der wirtschaftlichen Tragfähigkeit dieses Vorhabens schloss die Emittentin mit der von Reinhold Zimmermann kontrollierten Logistik3000 am 28.9.2005 einen Generalmietvertrag ab, in den wiederum die Drittmietverhältnisse der bisherigen Eigentümerin Logistikpark Unterschleißheim GmbH & Co. KG per 1.11.2005 mit eingehen sollten.[816] Auf den Kaufpreis der Logistikimmobilie von insgesamt rund 20,1 Mio. EUR sollte die Übernahme eines erstrangig besicherten Darlehens der Eurohypo AG über rund 13,7 Mio. EUR angerechnet werden; der Restkaufpreis von rund 6,4 Mio. EUR sollte durch die Platzierung der Emission 2005 bestritten werden und war erst nach vollständiger Platzierung des nominalen Emissionsvolumens i.H.v. 10 Mio. EUR fällig.[817] Aus den Mieteinnahmen des Generalmietvertrags an die Logistik3000 sollten die Zins- und Tilgungsansprüche für das annuitätische Eurohypo-Darlehen sowie die Zinsansprüche für die Informal-Private-Debt-Emission 2005 bedient werden.[818] Die Rückzahlung der Informal-Private-Debt-Emission sollte möglichst durch eine Umschuldung am Ende der Laufzeit gewährleistet werden.[819]

Damit verfehlt die Emittentin gemäß den unternehmenseigenen Planungen nach Einschätzung des Verfassers eine wesentliche generelle Eignungsvoraussetzung für Informal-Private-Debt-Emittenten, die auch von Peter A. Rucker maßgeblich in der Fähigkeit zur Erzielung ausreichend hoher Cashflows zur Bedienung von Zins- und Rückzahlungsansprüchen gesehen wird.[820] Allerdings bezieht sich die Einschätzung des Verfassers in Bezug auf die ZIMBO-Emission 2005 nur auf die geplanten Cashflows aus der Vermietungstätigkeit, nicht aber auf einen eventuellen Verkauf des Objekts zum Ende der Laufzeit.

Willi Denecke, der u.a. als Geschäftsführer der Emittentin fungiert, wurde folgendermaßen im Gespräch mit manager-magazin.de zitiert: "Wir haben uns entschlossen, unser Finanzierungskonzept auf ein Dreisäulen-Modell umzustellen: Zu der klassischen Bankenfinanzierung kommen die Säulen Eigenkapital sowie Unternehmensanleihen/ Genussscheindarlehen hinzu. [...] Diesen Weg der Kapitalbeschaffung werden wir weiterhin verfolgen."[821] Des Weiteren wurde in der Presse verlautbart, dass ZIMBO nicht nur in den Markt für Lebensmittellogistik, sondern auch in den für Lebensmittellogistik-Immobilien strebe.[822] Für Denecke sei die neue Immobilie nur der erste Baustein dieser Strategie: "Wir

816 Vgl. KG, ZIMBO Familie Zimmermann Immobilien GmbH & Co. (2005), S. 43 und S. 57.
817 Vgl. ebenda, S. 41.
818 Vgl. ebenda, S. 55.
819 Vgl. ebenda, S. 17.
820 Vgl. KG, ZIMBO Familie Zimmermann Immobilien GmbH & Co. (2005), S. 84f. sowie Anhang 1.
821 Zitiert nach Lange, Kai (2006).
822 Vgl. Großer, Thilo (2006).

wollen an allen wichtigen Logistikstandorten mit solchen Zentren vertreten sein."[823], wird Denecke weiter zitiert. Finanziert werden solle der Plan durch weitere Anleihen.[824]

Wie sich diese Zielsetzungen in der **marketingpolitischen Gestaltung der Emission 2005** niedergeschlagen haben, wird im Folgenden untersucht. Um Wiederholungen zu vermeiden und den Rahmen dieser Fallstudie nicht zu sprengen, beschränkt sich der Verfasser im Wesentlichen auf die unterschiedliche Ausprägung der Gestaltungsparameter im Vergleich zur Emission 2003.

Als erstes wird zu diesem Zweck die **produktpolitische Gestaltung** der Informal-Private-Debt-Transaktion erläutert. Der *Leistungskern* der emittierten Finanzierungstitel ist folgendermaßen zu skizzieren: Das nominale Emissionsvolumen beträgt insgesamt 10 Mio. EUR, das im Zeitraum vom 1.11.2005 bis 31.10.2015 mit einem festen Prozentsatz vom Nennbetrag, jeweils nachträglich zum 1.11. eines jeden Jahres, verzinst wird.[825] Die Anleihe ist mit einer festen Laufzeit bis zum 31.10.2005 (10 Jahre) ausgestattet, verbrieft die unbedingte Rückzahlung zum Nennbetrag und wird zu 100% des Nennbetrags zzgl. Stückzinsen im Zeitraum vom 4.11.2005 bis 01.09.2006 öffentlich in der Bundesrepublik Deutschland von der ZIMBO Familie Zimmermann Immobilien GmbH & Co. KG als Emittentin angeboten. Wesentliche Unterschiede zur ZIMBO-Emission 2003 bilden bisher das nominale Emissionsvolumen von 10 Mio. EUR (ggü. 15 Mio. EUR 2003) sowie die begrenzte Angebotsfrist von 11 Monaten. Die terminliche Begrenzung ist nach Einschätzung des Verfassers erforderlich, da eine Rückabwicklungsklausel im o.a. Grundstückskaufvertrag zwischen der Logistikpark Unterschleißheim GmbH & Co. KG und der Emittentin u.a. für den Fall vereinbart wurde, dass die Emittentin die Anleihe nicht bis zum 1.9.2006 vollständig platziert hat.[826]

Des Weiteren unterscheidet sich der Leistungskern der ZIMBO-Emission 2005 wesentlich durch die Art der Besicherung und den Rang des Kapitals im Insolvenzfall. Die Anleihe wird durch eine verzinsliche Briefgrundschuld über 10 Mio. EUR treuhänderisch besichert, die im zweiten Rang hinter der erstrangigen Grundschuld der Eurohypo AG i.H.v. 14 Mio. EUR im Grundbuch eingetragen ist.[827] Obwohl in den Anleihebedingungen Gleichrangigkeit mit

823 Zitiert nach Großer, Thilo (2006).
824 Vgl. Großer, Thilo (2006).
825 Vgl. hier und im Folgenden KG, ZIMBO Familie Zimmermann Immobilien GmbH & Co. (2005), S. 26ff.
826 Vgl. KG, ZIMBO Familie Zimmermann Immobilien GmbH & Co. (2005), S. 41.
827 Vgl. hier und im Folgenden auch KG, ZIMBO Familie Zimmermann Immobilien GmbH & Co. (2005), S. 29 und S. 72ff.

ungesicherten Gläubigern im Übrigen gewährt wird, ist das Kapital dennoch als nachrangig und zweitrangig besichert zu charakterisieren. Die Begebung weiterer Schuldverschreibungen behält sich die Emittentin während der Laufzeit vollständig vor. Das in den Bedingungen festgelegte ordentliche Kündigungsrecht für die Emittentin muss lediglich zwei Wochen vor dem Rückzahlungstermin bekannt gegeben werden (ggü. sechs Monaten bei der ZIMBO-Emission 2003). Der Verwendungszweck des Emissionserlöses ist im Gegensatz zur ZIMBO-Emission 2003 dagegen mit der Zahlung des Restbarkaufpreises für die Logistikimmobilie i.H.v. 6,4 Mio. EUR sowie Erneuerungs-, Erweiterungs- und nutzwerterhöhende Maßnahmen festgelegt und bezieht sich auf den Brutto-Erlös.[828] Die Emissionskosten sollen von der Logistikpark Unterschleißheim GmbH & Co. KG als Kommandistin der Emittentin getragen werden. Nach Einschätzung des Verfassers erlangt die ZIMBO-Emission 2005 durch die Gestaltung des Leistungskerns mezzaninen Charakter mit dem Ziel, die Verschuldungskapazität bzw. den Verschuldungsgrad der emittierenden Objektgesellschaft über die bestehende Bankverbindlichkeit hinaus zu erhöhen.[829]

Bezüglich der *Produkt(ver)packung* als zweitem Element der produktpolitischen Gestaltung, d.h. der Verbriefung der Emission in einer bogenlosen Globalurkunde eingeteilt in Inhaber-Teilschuldverschreibungen mit einer Stückelung von 1.000 EUR, sind keine Unterschiede zur ZIMBO-Emission 2003 ersichtlich. Ebenso sind keine wesentlichen Unterschiede hinsichtlich der *Markierung* im Vergleich zur ZIMBO-Emission 2003 festzustellen.[830] Dennoch ist anzumerken, dass die Firma der Emittentin das Markenzeichen der ZIMBO-Unternehmensgruppe beinhaltet, ohne aber gesellschaftsrechtlicher Bestandteil dieses Konzerns zu sein. Deshalb drängt sich dem Verfasser der Schluss auf, dass die Firmierung der Emittentin mit der Intention erfolgte, von einem Reputationstransfer aus der ZIMBO-Unternehmensgruppe zu profitieren, d.h., sowohl die Reputation aus der leistungswirtschaftlichen Geschäftstätigkeit als auch die finanz- und Informal-Private-Debt-spezifische Reputation aus der pünktlichen Bedienung der Emission 2003 zu 'melken'.

Im Vergleich der **preispolitischen Gestaltung** der ZIMBO-Emission 2005 mit der Emission von 2003 fällt mit 6% p.a. eine um einen Prozentpunkt verminderte jährliche Nominalverzinsung auf. Die Höhe der Verzinsung wird in Anbetracht der doppelt so hohen Laufzeit im Vergleich zur ZIMBO-Emission 2003 in einem Presseartikel als "mager wie Putensalami" bezeichnet.[831] Während das Rendite-/Risikoverhältnis der ZIMBO-Emission

828 Vgl. hier und im Folgenden KG, ZIMBO Familie Zimmermann Immobilien GmbH & Co. (2005), S. 24.
829 Vgl. dazu auch König, Christian A. (2006), S. XIX.
830 Siehe dazu auch Abschnitt 5.2.2.
831 Vgl. o.V. (2005b), S. 25.

2003 angesichts der Risiken – kein Rating, kein Börsenhandel, keine Pflichtmitteilungen – als angemessen zu erachten sei, bleibe die Platzierbarkeit dieser Emission abzuwarten.[832] Einem weiteren Presseartikel zufolge sei die Risikostruktur der Anleihe mit einem geschlossenen Immobilienfonds vergleichbar und hebe sich mit einer Rendite knapp unterhalb geschlossener Immobilienfonds kaum von vergleichbaren Angeboten ab.[833] Peter A. Rucker begründete die unterschiedlich hohe Nominalverzinsung mit dem Finanzierungshintergrund (Immobilien- ggü. Unternehmensfinanzierung).[834] "Da meint man, dass eine höhere Sicherheit gegeben ist. Deswegen auch die Unterschiede bei Laufzeit und Verzinsung."[835], verlautbarte er dazu im persönlichen Interview. Aus Sicht des Verfassers widerspricht diese Einschätzung der Aussage von Peter A. Rucker, dass ausschließlich zinsmarktpolitische Gesichtspunkte, weniger aber Bonität, Laufzeit und Besicherung u.Ä. für die Festlegung einer marktgerechten Rendite für Informal Private Debt in Form von Inhaberschuldverschreibungen eine Rolle spielten.[836]

Die Ausführungen zur **kommunikationspolitischen Gestaltung** der ZIMBO-Emission 2005 beschränken sich nahezu ausschließlich auf vergleichende Aussagen hinsichtlich der Gestaltung des Verkaufsprospekts für die ZIMBO-Emission 2003. Damit wird vorrangig das Ziel verfolgt, die Auswirkungen des AnSVG bezüglich der Prospektpflicht aufzuzeigen. Des Weiteren erlaubt die Untersuchung der über die Pflichtangaben hinausgehenden Inhalte und deren Darstellungsweise im Prospekt Rückschlüsse auf den Gestaltungsspielraum, der zur Erhöhung der Anlagebereitschaft genutzt werden kann.

Zunächst zeigt der Vergleich des Gesamtumfangs der beiden Verkaufsprospekte bereits einen deutlichen Unterschied. Während der Verkaufsprospekt der ZIMBO-Emission 2003 – von den Beilagen abgesehen – 43 Seiten enthält, besteht der Verkaufsprospekt für die ZIMBO-Emission 2005 aus 112 Seiten.[837] Dies entspricht einer Steigerung um rund 160%. Allerdings ist dieser Unterschied nicht allein auf die Erweiterung der Pflichtangaben zurückzuführen. Vielmehr kommt darin auch die vergleichsweise hohe Komplexität der ZIMBO-Emission 2005 sowohl hinsichtlich der Anzahl unmittelbar und mittelbar beteiligter Gesellschaften als auch hinsichtlich der Art der Finanzierungskonstruktion und seiner vertraglichen Umsetzung zum Ausdruck.

832 Vgl. ebenda, S. 25
833 Vgl. o.V. (2006c).
834 Vgl. Anhang 1.
835 Anhang 1.
836 Vgl. Anhang 1.
837 Vgl. KG, RZ-Zimmermann GmbH & Co. Holding (2003), S. 1-43 sowie KG, ZIMBO Familie Zimmermann Immobilien GmbH & Co. (2005), S. 1-112.

So wird dem Verkaufsprospekt für die ZIMBO-Emission 2005 in einem Presseartikel zugestanden, dass er die Anlagerisiken klarlege, obgleich sich die Rechtsverhältnisse nicht leicht durchschauen ließen.[838] Eine verschachtelte Firmenstruktur könne aber generell ein Warnzeichen sein.[839] Dem Kapitel "Risikofaktoren", das als zweites Kapitel abgedruckt ist, werden im Verkaufsprospekt für die ZIMBO-Emission 2005 insgesamt 10 Seiten gewidmet.[840] Diese sind allerdings mit farbigen Boden- und Luftaufnahmen des Flughafens München sowie von einigen Sehenswürdigkeiten in München angereichert. Doch auch in der "Zusammenfassung des Prospekts" als erstem Kapitel sind zwei vollständig mit Text beschriebene Seiten mit Risikofaktoren abgedruckt.[841] Weitere Risikohinweise bspw. zu den vielfältigen möglichen Interessenkonflikten sind daneben immer wieder in den anderen Kapiteln des Verkaufsprospekts zu finden.[842] Berücksichtigt man lediglich den Umfang der Risikohinweise in den Kapiteln "Zusammenfassung des Prospekts" sowie "Risikofaktoren", beträgt dieser rund 12 Seiten, was einem Anteil von rund 11% entspricht (ggü. rund 2% im Verkaufsprospekt 2003). Peter A. Rucker hob hervor, dass spätestens mit den gesetzlichen Änderungen der Prospektpflicht zum 30.06.2005 den Risikohinweisen ein großer Abschnitt gewidmet werden müsse.[843]

Der Vergleich der Prospektinhalte zeigt, dass für die ZIMBO-Emission 2005 im Unterschied zu 2003 auch zukunftsbezogene finanzielle Daten präsentiert werden. So wird neben der Eröffnungsbilanz der Emittentin auch eine detaillierte Rentabilitäts- und Liquiditätsprognose bis zum Ende der Laufzeit der Emission gezeigt.[844] Des Weiteren ist nach Einschätzung des Verfassers auffällig, dass der Abschnitt "Begriffserklärungen", in dem zu Beginn des Verkaufsprospekts für die ZIMBO-Emission 2003 als Vorteile von Inhaber-Teilschuldverschreibungen u.a. das fehlende Kursrisiko, die jederzeitige Verfügbarkeit oder "keine Haftung für Verbindlichkeiten der Gesellschaft" betont wurden, im Verkaufsprospekt für die Emission 2005 nicht mehr zu finden ist.[845]

Dies wird vom Verfasser neben der mittlerweile gesetzlich vorgeschriebenen Zusammenfassung des Prospekts als erstem Kapitel auch als Hinweis für die Verschärfung der Aufsichtstätigkeit der BaFin im Rahmen der formalen Prospektprüfung verstanden. Diese Einschätzung wird durch Peter A. Rucker insofern untermauert, dass nach seinen Angaben die BaFin im Genehmigungsverfahren sowohl die Gewichtung der Inhalte als auch die Art der

---

838 Vgl. o.V. (2006c).
839 Vgl. Preißler, Steffen (2006).
840 Vgl. hier und im Folgenden KG, ZIMBO Familie Zimmermann Immobilien GmbH & Co. (2005), S. 13-22.
841 Vgl. KG, ZIMBO Familie Zimmermann Immobilien GmbH & Co. (2005), S. 11-12.
842 Vgl. KG, ZIMBO Familie Zimmermann Immobilien GmbH & Co. (2005), S. 35f.
843 Vgl. Anhang 1.
844 Vgl. KG, ZIMBO Familie Zimmermann Immobilien GmbH & Co. (2005), S. 78-93.
845 Vgl. dazu auch Abschnitt 5.2.2.

Darstellungsweise untersuche.[846] Aus einem aktuellen Fall berichtete er: "Also sie achten schon sehr genau darauf, ich hätte beinahe gesagt, sie achten auf jedes Komma. Auch auf die Hervorhebung einzelner Sätze."[847] Obwohl auch im Verkaufsprospekt der ZIMBO-Emission 2005 eine Vielzahl von Fotos der Logistikimmobilie, der Flotte der Logistik3000 sowie von Produkten und Markenzeichen der ZIMBO-Unternehmensgruppe abgebildet ist, berichtete Peter A. Rucker aus seiner aktuellen Beratungstätigkeit von äußerster Sensibilität der BaFin beim Anbringen von Bildern zur werblichen Hervorhebung.[848]

Dennoch bleiben nach Einschätzung des Verfassers gestalterische Spielräume zur positiven Beeinflussung der Anlagebereitschaft des angesprochenen Publikums auch bei der Gestaltung des Verkaufsprospekts. Als Beispiel dafür kann die unterschiedliche Präsentation der Branchenentwicklung, zu der sich der Emittent als zugehörig darstellt, angeführt werden. Im Verkaufsprospekt der RZ-Zimmermann GmbH & Co. KG von 2003 wird auf die Darstellung der Entwicklung der Fleisch- und Wurstbranche vollständig verzichtet. Im Verkaufsprospekt zur ZIMBO-Emission 2005 dagegen wird die aktuelle Situation und positive Entwicklung des Logistik- sowie des Logistikimmobilienmarkts gezeigt.[849]

Daraus schließt der Verfasser, dass die Darstellung der Branchenentwicklung sowie die Positionierung des Emittenten innerhalb einer Branche in Abhängigkeit der Branchenattraktivität im Verkaufsprospekt zur werblichen Hervorhebung genutzt werden kann und wird. Zumal Deutschland mit einem Volumen von 166 Mrd. EUR bereits als größter Logistikmarkt Europas gehandelt wird, der weiterhin von der EU-Erweiterung profitiere.[850] Hinsichtlich der kommunikationspolitischen Gestaltung teilte Peter A. Rucker diese Auffassung: "Wenn eine Branche gut ist [...], dann wird man das sicher in den Vordergrund stellen und wird sagen, dass es Zukunft hat, andererseits muss man eben sehen, wie die entsprechende Branche tatsächlich eingestellt ist."[851]

Die Einschätzung des Verfassers wird durch die weitere kommunikationspolitische Gestaltung der ZIMBO-Emission 2005 bspw. auf der Homepage untermauert. So wird zum Zeitpunkt der Emission auf einer eigens eingerichteten Rubrik der Homepage der ZIMBO-Unternehmensgruppe (www.zimbo.de) auf die positive Marktdynamik der Logistik- und Logistikimmobilienbranche in Deutschland verwiesen, die das "Unternehmer-Ehepaar Zimmermann" mit der Gründung der Immobilienobjektgesellschaft nutzen wolle.[852] Ferner

846 Vgl. Anhang 1.
847 Anhang 1.
848 Vgl. Anhang 1.
849 Vgl. KG, ZIMBO Familie Zimmermann Immobilien GmbH & Co. (2005), S. 44f.
850 Vgl. Lange, Kai (2006).
851 Anhang 1.
852 Vgl. hier und im Folgenden ZIMBO (2005) sowie Anhang 3.

wird darauf hingewiesen, dass die ZIMBO-Unternehmensgruppe mehr als 50 Jahre Erfahrungen im Transport und in der Lagerung gekühlter Lebensmittel habe. Auch in der Öffentlichkeitsarbeit für diese Emission wird auf die Branchenentwicklung abgestellt: "Zimbo ist mit Logistik groß geworden."[853], wird Denecke in der Presse zitiert. Weiterhin würde er meinen, dass sich mit dem Versprechen von Geld allein bei der Zielgruppe kein Appetit rege:[854] "Um eine Unternehmensanleihe zu verkaufen, braucht man unbedingt eine gute Story."[855]

Auf die weitere kommunikationspolitische Gestaltung der ZIMBO-Emission 2005 wird weitestgehend verzichtet, da sie im Wesentlichen analog der Gestaltung im Jahr 2003 erfolgte.[856] Allerdings sollen zwei weitere Unterschiede nicht unerwähnt bleiben: Presseangaben zufolge wurde die Emission 2005 zum einen sowohl institutionellen als auch privaten Anlegern angeboten.[857] Zum anderen erfolgte hinsichtlich der Kommunikation an die Alt-Gläubiger nicht nur wie im Jahr 2003 eine frühzeitige Information im Vorfeld der Emission. Für die erforderliche Aufrechterhaltung des bestehenden erstrangig besicherten Darlehens befand sich die Emittentin bei der Emission 2005 noch zum Zeitpunkt der Verkaufsprospekterstellung in Verhandlungen mit der Eurohypo AG als finanzierender Bank.[858] Ziel der Verhandlungen war die Einschränkung der zusätzlich zu einer erstrangigen Grundschuld zu Gunsten der Bank bestehenden stillen Zession der Einnahmen aus dem Generalmietvertrag an die Logistik3000.[859] Dazu wird im Verkaufsprospekt vom 20.10.2005 verlautbart: "Die formelle Zustimmung der Eurohypo AG steht noch aus."[860]

Im Hinblick auf die Darstellung der **distributionspolitischen Gestaltung** der ZIMBO-Emission 2005 beschränkt sich der Verfasser auf die zur Abwicklung der logistischen Distribution zusätzlich eingeschalteten Dienstleistungsunternehmen und deren jeweilige Rolle im Vergleich zur ZIMBO-Emission 2003. Grund dafür ist eine ansonsten analoge Gestaltung von Vertrieb und Abwicklung.[861] Der Abschnitt wird mit der Darlegung der Erkenntnisse über den Platzierungserfolg der ZIMBO-Emission 2005 abgeschlossen.

Als Treuhänder für die Entgegennahme, Verwaltung und eventuelle Verwertung der zweitrangigen Grundschuld über 10 Mio. EUR wurde der Rechtsanwalt Alexander Struß

853 Zitiert nach Großer, Thilo (2006).
854 Vgl. Großer, Thilo (2006).
855 Zitiert nach Großer, Thilo (2006).
856 Vgl. dazu beispielhaft König, Christian A. (2006), S. XX; o.V. (2005b), S. 25 sowie ire (2005), S. 20.
857 Vgl. Lange, Kai (2006).
858 Vgl. hier und im Folgenden KG, ZIMBO Familie Zimmermann Immobilien GmbH & Co. (2005), S. 55.
859 Vgl. ebenda, S. 55.
860 KG, ZIMBO Familie Zimmermann Immobilien GmbH & Co. (2005), S. 55.
861 Vgl. dazu Großer, Thilo (2006); Lange, Kai (2006) sowie König, Christian A. (2006), S. XX.

beauftragt, dessen Geschäfssitz mit derselben Adresse wie der Geschäftssitz der RHL Rucker Heddergott Louis & Kollegen Unternehmensberatung GmbH (vormals Jucho & Partner) angegeben wird.[862] Nach Einschätzung des Verfasser kann dies als Hinweis für die Zugehörigkeit des Rechtsanwalts zum Netzwerk der Unternehmensberatung dienen. Der Treuhänder erhält von der Emittentin dafür eine Vergütung von 10 TEUR p.a.; im Verwertungsfall wird eine Verwertungsvergütung über 3% des Erlöses aus der zweitrangigen Grundschuld gewährt.[863] Der Kaufvertrag über die Logistikimmobilie sowie die Bestellung der zweitrangigen Grundschuld wurde von Karlheinz Lenkaitis in Bochum notariell beurkundet.[864] Lenkaitis war im Jahr 2003 neben seiner Tätigkeit als Notar auch als Beirat für die RZ-Zimmermann GmbH & Holding KG tätig.[865]

Im Unterschied zur ZIMBO-Emission 2003, bei der die Ernst & Young AG als Abschlussprüfer der Holding der ZIMBO-Unternehmensgruppe fungierte, wurde die "wbs Wilhelm Braune GmbH Wirtschaftsprüfungsgesellschaft Steuerberatungsgesellschaft" mit der Erstellung der Eröffnungsbilanz sowie der Prüfung der Rentabilitäts- und Liquiditätsprognose der ZIMBO Familie Zimmermann Immobilien GmbH & Co. KG ebenso wie mit der Prüfung des Halbjahresabschlusses der Logistik3000 zum 30.6.2005 beauftragt.[866] Mögliche Gründe für den Wechsel des Wirtschaftsprüfers sind in den öffentlich zugänglichen Datenquellen ebenso wenig zu finden wie der Hinweis auf mögliche Interessenkonflikte durch die vielfältigen Beauftragungsverhältnisse im Rahmen der Transaktion. Bis auf die o.a. Kostenangaben sind dem Verfasser die internen und externen Emissionskosten u.a. aus der Einschaltung dieser Dienstleistungsunternehmen nicht bekannt.

Zum tatsächlich platzierten Emissionsvolumen der ZIMBO-Emission 2005 liegt dem Verfasser nur eine Pressemeldung vom 29.11.2006 vor, die im Folgenden auszugsweise im Wortlaut zitiert wird:

> "Die Zimbo-Fleischwarenfabrik aus Bochum hat schon [...] die Zurückhaltung der Anleger zu spüren bekommen: Sechs Prozent Zinsen für die eigentlich gut abgesicherte Immobilien-Anleihe bis 2015 waren den Investoren einfach zu wenig. Zimbo musste die Anleihe schließen, bevor die gewünschten zehn Mill. Euro eingesammelt waren."[867]

862 Vgl. KG, ZIMBO Familie Zimmermann Immobilien GmbH & Co. (2005), S. 72ff. sowie Anhang 1.
863 Vgl. KG, ZIMBO Familie Zimmermann Immobilien GmbH & Co. (2005), S. 76.
864 Vgl. ebenda, S. 72.
865 Vgl. KG, RZ-Zimmermann GmbH & Co. Holding (2003), S. 7.
866 Vgl. KG, ZIMBO Familie Zimmermann Immobilien GmbH & Co. (2005), S. 78-93 sowie KG, RZ-Zimmermann GmbH & Co. Holding (2003), S. 43.
867 Beier, Martin (2006), S. c04.

Bezüglich des mangelnden Platzierungserfolgs der ZIMBO-Emission 2005 ging der Verfasser bis nach der Durchführung des persönlichen Interviews mit Peter A. Rucker auf Grund einer anderen Pressemeldung davon aus, dass auch diese Emission innerhalb weniger Monate vollständig platziert worden wäre.[868] Diese persönliche Fehleinschätzung beruhte auf einer für den Verfasser missverständlichen Pressemeldung vom 26.7.2006, in der Manfred Dahmen mit den Worten zitiert wird, dass die letzte Emission nach sechs Monaten untergebracht worden sei.[869] Als Hinweis auf den mangelnden Platzierungserfolg kann aus Sicht des Verfassers auch folgende Aussage von Peter A. Rucker gewertet werden: "Das Besondere an dieser Anleihe ist, dass sie eine Laufzeit von 10 Jahren hat, was an diesem Markt nicht ganz einfach ist."[870] Nicht zuletzt deutet der Verfasser das Ausscheiden der Komplementärin der Emittentin durch Auflösung der ZIMBO Familie Zimmermann Immobilien Verwaltungs-GmbH, Bochum, das am 20.12.2006 in das Handelsregister Bochum eingetragen wurde, als Hinweis für eine mögliche vorzeitige Rückzahlung oder Abwicklung der Informal-Private-Debt-Transaktion von 2005.[871]

5.2.4 Die geplante Emission 2008

Für das Jahr 2008 plant die ZIMBO-Unternehmensgruppe Presseangaben zufolge eine weitere Informal-Private-Debt-Emission.[872] "Wir wollen 2008 wieder eine Inhaberschuldverschreibung im Volumen von 18 Mio. bis 20 Mio. EUR ohne die Banken platzieren."[873], wird Manfred Dahmen dazu als "Geschäftsführer Finanzen" der RZ-Zimmermann GmbH & Co. Holding KG zitiert. Nach seinen Angaben handele es sich bei der geplanten Emission um eine Anschlussfinanzierung für die ZIMBO-Emission 2003, die am 30.09.2008 mit einem platzierten Gesamtvolumen von 15 Mio. EUR zur Rückzahlung anstehe.[874] Presseangaben zufolge soll der Emissionserlös des Weiteren vor allem für Investitionen im Rahmen der weiteren Osteuropaexpansion verwendet werden.[875]

Insgesamt plane die ZIMBO-Unternehmensgruppe für die Jahre 2006 bis 2008 ein Investitionsvolumen zwischen 22 und 25 Mio. EUR, das neben dem Anleiheerlös der

---

868 Damit wurde die vollständige Platzierung auch bei der Erstellung des Interviewleitfadens als gegeben vorausgesetzt. Vgl. dazu Anhang 2.

869 Vgl. o.V. (2006j), S. 27. Offensichtlich meinte Manfred Dahmen mit der *letzten* Emission die ZIMBO-Emission 2003, die 2008 zur Rückzahlung ansteht.

870 Anhang 1. Ansonsten hatte sich Peter A. Rucker nicht zum Platzierungserfolg der ZIMBO-Emission 2005 geäußert. Vgl. Anhang 1.

871 Vgl. o.V. (2006d). Zur gesellschaftsrechtlichen Einbindung vgl. auch Abbildung 50.

872 Vgl. o.V. (2006j), S. 27.

873 Zitiert nach o.V. (2006j), S. 27.

874 Vgl. o.V. (2006j), S. 27.

875 Vgl. hier und im Folgenden o.V. (2006k); o.V. (2006i) sowie o.V. (2006b).

Emission 2008 aus eigenen Barmitteln finanziert werden solle.[876] Unter Bezugnahme auf Willi Denecke würden als konkretes Investitionsvorhaben der Osteuropaexpansion die Kapazitäten in Ungarn verdoppelt.[877] Des Weiteren sei die Gründung eines Joint Venture zur Wurstproduktion in Polen geplant; in der Tschechischen Republik solle darüber hinaus die Anzahl der Verkaufsstellen von 75 im Jahr 2006 auf 120 erhöht werden (+60%).[878] In Rumänien und Russland wolle sich ZIMBO auf die Expansion in urbane Gebiete mit hoher Kaufkraft konzentrieren.[879] Im Inland strebe ZIMBO die Verdoppelung seines Marktanteils von 4,9% im stark segmentierten Wurstmarkt bis 2010 an.[880]

Die Dachmarke ZIMBO solle europaweit weiter gestärkt werden.[881] "Die Umsetzung der Expansionspläne in Osteuropa und der Ausbau des Markengeschäfts gehen einher mit einer Neustrukturierung des Managements. Die Gesellschafter Reinhold Zimmermann und Alfons Brüggen kehren in das operative Geschäft zurück."[882] Allerdings sind die Expansionspläne offenbar nicht unumstritten. Unter Bezugnahme auf das Handelsblatt erschien am 26.04.2006 folgende Pressemeldung: "Unbeeindruckt von Schweinepest und Vogelgrippe treibt die Zimbo-Gruppe, der deutsche Marktführer bei Wurst in Selbstbedienungstheken, die Expansion nach Osteuropa voran. Marktinsider bewerten die Ausbaupläne des Geschäfts eher skeptisch."[883]

Peter A. Rucker bestätigte zwar die Überlegungen zu einer Anschlussfinanzierung für die ZIMBO-Emission für das Jahr 2008.[884] Zum Zeitpunkt des persönlichen Interviews Ende 2006 hielt er aber die Festlegung auf die Begebung einer Anleihe als Finanzierungsform für verfrüht. Einerseits gab er dafür die Zeitspanne bis zur Fälligkeit der ZIMBO-Emission von 2003 mit Blick auf die Finanzplanung an. Andererseits gab er zu bedenken, ob zu diesem Zeitpunkt "[...] der Markt noch der richtige ist und auch der ganze Hintergrund [...]."[885] Bezüglich der Marktlage stellte Peter A. Rucker generell in Frage, ob Informal Private Debt in jeder Zinsphase ein geeignetes Finanzierungsinstrument darstelle. Auch bei steigendem allgemeinem Zinsniveau müsse eine entsprechende Renditeprämie gewährt werden, die dann aber ein Unternehmen auch tatsächlich verdienen können müsse.

Auf die Frage nach der aktuellen Geschäftsentwicklung der ZIMBO-Unternehmensgruppe verwies er auf das Firmengeheimnis. Dennoch gab er dazu Folgendes preis: "[...] ohne dass

876 Vgl. o.V. (2006k) sowie o.V. (2006i).
877 Vgl. o.V. (2006k).
878 Vgl. ebenda.
879 Vgl. o.V. (2006b).
880 Vgl. Großer, Thilo (2006).
881 Vgl. o.V. (2006i).
882 o.V. (2006i).
883 o.V. (2006k).
884 Vgl. hier und im Folgenden Anhang 1.

ich jetzt konkret was sagen kann und will, aber ZIMBO hat es sicher momentan am Markt nicht leicht. Deshalb muss abgewartet werden, wie sich das Jahr 2006 entwickelt hat und wie 2007 und 2008 die Chancen sind. Das kann sich alles sehr schnell ändern, sich schnell verschlechtern oder verbessern."[886]

Aus Sicht des Verfassers können diese Auskünfte vor dem Hintergrund der Pressemeldungen zu den ambitionierten Expansionsplänen und dem bisherigen Geschäftsverlauf der ZIMBO-Unternehmensgruppe als Hinweise auf eine gewisse Fragilität der wirtschaftlichen und finanziellen Ausgangssituation der ZIMBO-Unternehmensgruppe verstanden werden.[887] Allerdings soll betont werden, dass die persönliche Einschätzung des Verfassers nicht durch weitere aktuelle, öffentlich zugängliche Daten und Fakten untermauert werden kann. Auch auf der Homepage der ZIMBO-Unternehmensgruppe sind keinerlei finanzielle Daten zur Geschäftsentwicklung abrufbar, was aus Sicht des Verfassers als weiteres Indiz für das Streben nach möglichst geringer Publizität zu verstehen ist.[888]

Zur **marketingpolitischen Gestaltung** der von der ZIMBO-Unternehmensgruppe geplanten Emission 2008 ist eine wesentliche Veränderung zur Emission 2003 bekannt geworden. Die geplante Emission von Inhaberschuldverschreibungen im Jahr 2008 soll mit einem Rating einer international anerkannten Ratingagentur versehen werden.[889] Damit ist die ZIMBO-Unternehmensgruppe die erste Emittentin von Informal Private Debt, die ein solches Rating anstrebt. Als Grund dafür wird angegeben, dass sich ZIMBO nicht mehr der Kritik aussetzen wolle, dass Investoren wegen eines fehlenden Ratings ein höheres Risiko eingingen.[890] "Wir reagieren auf die Hinweise des Marktes und werden uns ein offizielles Rating von Standard & Poor's oder Moody's einholen", wird Manfred Dahmen mehrfach zitiert.[891]

Als weitere Hinweise des Marktes über den mangelnden Platzierungserfolg der ZIMBO-Emission 2005 hinaus können aus Sicht des Verfassers folgende Schlagzeilen verstanden werden: "Markt von Pleite der WBG Leipzig-West überschattet.", oder "Im Markt tummeln sich aber auch schwarze Schafe, die das Segment in Verruf bringen."[892] Diese Schlagzeilen beziehen sich im zitierten Presseartikel auf die Wohnungsbaugenossenschaft Leipzig-West, die wie die DM Beteiligungen AG mit Sitz in Düsseldorf im Juni 2006 Insolvenz

885 Anhang 1.
886 Anhang 1.
887 Vgl. dazu auch Abschnitt 5.2.3.
888 Vgl. www.zimbo.de (Einsichtnahme zuletzt am 11.01.2007).
889 Vgl. o.V. (2006j), S. 27.
890 Vgl. ebenda, S. 27.
891 Zitiert nach Preißler, Steffen (2006) sowie o.V. (2006j), S. 27.
892 Vgl. Preißler, Steffen (2006); o.V. (2006j), S. 27 sowie Abschnitt 5.2.3.

anmeldete.[893] Die beiden Unternehmen, die der Verfasser zum finanziellen Nichtbankensektor zählt, traten jeweils über mehrere Jahre als Mehrfachemittenten von Informal Private Debt auf, was die Anleger mehrere hundert Millionen Euro koste. Gegen beide Unternehmen ermittle die Staatsanwaltschaft wegen Anlegerbetrugs.

Der Hamburger Rechtsanwalt Peter Hahn, der geschädigte Anleger vertritt, wird zu diesen Fällen folgendermaßen zitiert: "Offensichtlich ist ein Schneeballsystem geplatzt, bei dem jeweils neu geworbenes Anlegergeld genutzt wurde, um die aufgelaufenen Schulden zu bezahlen. [...] Das Geld wurde offensichtlich nicht in Wohnungen investiert, sondern genutzt, um Altanleihen zu bedienen."[894] Anzumerken ist, dass diese zwischenzeitlich insolventen Unternehmen Presseangaben zufolge in ähnlicher Weise wie die ZIMBO-Unternehmensgruppe bei der Emission 2003 zu Werbezwecken auf die Einstufung des Wirtschaftsinformationsdiensts Creditreform verwiesen.[895]

Manfred Dahmen sei nach Presseangaben davon überzeugt, dass die Platzierung der geplanten Emission 2008 "[...] mit einem Rating reibungslos über die Bühne gehen wird."[896] Peter A. Rucker relativierte mögliche negative Ausstrahlungseffekte der beiden Insolvenzen auf den Markt für Informal Private Debt, da im Falle der Wohnungsbaugenossenschaft Leipzig-West jeder nachvollziehen könne, dass da nichts zu erwarten gewesen wäre.[897] Dennoch antwortete auch er auf die Frage nach möglichen Auswirkungen auf den Markt für Informal Private Debt: "Wenn eine Anlageform, aus welchen Gründen auch immer, in negative Schlagzeilen kommt, dann ist das negativ."[898] Losgelöst von der Finanzierungsform stellte er ferner die zunehmende Notwendigkeit eines Ratings fest.[899]

5.3 Würdigung aus Sicht des Forschungsvorhabens

Mit der Einzelfallstudie zu den Informal-Private-Debt-Transaktionen unter der Marke ZIMBO konnte der Untersuchungsgegenstand umfassend, detailliert und über einen längeren Zeitraum im tatsächlichen Anwendungszusammenhang in der Praxis untersucht und dargestellt werden. Die Abgrenzung des Untersuchungsumfangs der Fallstudie ermöglichte die Berücksichtigung mehrerer Informal-Private-Debt-Transaktionen, die im unmittelbaren bzw. mittelbaren Zusammenhang mit einem Unternehmen stehen, das in Bezug auf Art und Herkunft des Emittenten in den Fokus dieser Arbeit fällt. Nicht nur Funktionsweise und Gestaltung von

893 Vgl. hier und im Folgenden o.V. (2006j), S. 27.
894 Zitiert nach Preißler, Steffen (2006).
895 Vgl. Stocker, Frank (2004).
896 o.V. (2006j), S. 27.
897 Vgl. Anhang 1.
898 Anhang 1.
899 Vgl. Anhang 1.

Informal-Private-Debt-Transaktionen konnten dabei in einem hohen Detaillierungsgrad am konkreten Fall aufgezeigt werden, sondern auch die jeweiligen Hintergründe zur Motivlage und zu den damit verbundenen Zielsetzungen. Einschränkend muss auf Grund der teilweise mangelnden Auskunftsbereitschaft und/oder Erreichbarkeit der beteiligten Akteure bei der Datensammlung in Kauf genommen werden, dass die jeweiligen Transaktionen vorwiegend aus der Emittentensicht betrachtet wurden. Die Perspektive der Investoren konnte nur implizit anhand der Erkenntnisse über den unterschiedlichen Platzierungserfolg der ersten beiden Emissionen sowie anhand der Interessenten- und Anlegerstruktur der ZIMBO-Emission 2003 Eingang in die Fallstudie finden.

Das zweite Ziel, die vorläufig gebildeten Thesen zu Funktionen, Eignung und Gestaltung von Informal Private Debt zu verfeinern, zu erweitern sowie ggf. zu verwerfen, wurde ebenfalls erreicht. Der Aussagegehalt der Einzelfallstudie unterliegt allerdings im Hinblick auf die marketingpolitische Gestaltung insofern einer Begrenzung, als dass mit den betrachteten Transaktionen eine rein finanzwirtschaftliche Zielsetzung aus Sicht der Emittenten verfolgt wurde. Aus diesem Grund werden die Thesen I, III und XII bei der Würdigung ausgeklammert.[900] Diese setzen sich explizit mit der derivativen Kundenbindungsfunktion, möglicher Zielkonflikte mit der Finanzierungsfunktion sowie mit den Auswirkungen der hohen Gewichtung des Ziels der Steigerung der Kundenbindung auf die marketingpolitische Gestaltung einer Informal-Private-Debt-Transaktion auseinander.

Die anderen Thesen stehen weitestgehend in Einklang mit den Ergebnissen der Einzelfallstudie und werden durch diese untermauert. Nach Einschätzung des Verfassers erscheint vor dem Hintergrund der Fallstudienergebnisse eine Verfeinerung bzw. Adjustierung der vorläufig gebildeten Thesen aber an zwei Stellen erforderlich:

1. These VIII (preispolitische Gestaltung) bezüglich der Höhe des erforderlichen Renditeabstands bei fehlendem Rating im Verhältnis zu börsennotierten Unternehmensanleihen mit vergleichbarer Laufzeit und Rating im Investmentgrade-Bereich
2. These IX (kommunikationspolitische Gestaltung) bezüglich der Rolle der kreativen Gestaltung des Verkaufsprospekts

Ad 1.: Die Erkenntnisse über den Platzierungserfolg der beiden vertriebsseitig abgeschlossenen Informal-Private-Debt-Transaktionen von ZIMBO in Verbindung mit den Erkenntnissen über die preispolitische Gestaltung zeigen, dass bei Verzicht auf ein Rating ein Renditeabstand zu börsennotierten Unternehmensanleihen von mindestens 3 Prozentpunkten erforderlich ist. These VIII wird deshalb folgendermaßen angepasst:

These VIII: Zur *preispolitischen Gestaltung* von Informal Private Debt ist bei fehlendem Rating als glaubwürdigem Vergleichsmaßstab für das Rendite-/ Risikoverhältnis unter Berücksichtigung der Signalwirkung des Preises bezüglich der Sicherheit der Anlage eine Effektivverzinsung von mindestens 3 Prozentpunkten über der börsennotierter Unternehmensanleihen mit Rating im Investmentgrade-Bereich und vergleichbarer Laufzeit zu empfehlen, wobei der Renditeabstand kommunikationspolitisch mit der Kostenersparnis durch den exklusiven Direktvertrieb unter Verzicht auf die Vertriebsleistung von Fremdvertrieben/Investmentbanken zu begründen ist.

Ad 2.: Die Untersuchung der Veränderungen der gesetzlichen Bestimmungen der Prospektpflicht sowie von deren Handhabung in der aufsichtsrechtlichen Praxis durch die BaFin im Rahmen der formalen Prüfung der Verkaufsprospekte zeigt, dass zwar auch nach Inkrafttreten der gesetzlichen Änderungen noch Spielräume zur zielgerichteten kreativen Gestaltung des Verkaufsprospekts bestehen. Der kreativen Gestaltung des Verkaufsprospekts kommt aber vor dem Hintergrund der aufsichtsrechtlichen Handhabung in Bezug auf Gewichtung, Reihenfolge, Darstellungsweise und Formulierung der Inhalte nur noch eine untergeordnete Rolle in der Kommunikationspolitik zu. These IX wird deshalb folgendermaßen angepasst:

These IX: Die *kommunikationspolitische Gestaltung* von Informal Private Debt zielt auf die Erhöhung der Anlagebereitschaft privater Anleger primär unter Nutzung der finanziellen und generellen Unternehmensreputation ab. Mit Hilfe einer multimedialen Kommunikationsstrategie, die an vorhandene Kontakte zu potenziellen privaten Anlegern ebenso wie an die (regionale) Bekanntheit anknüpft und die Beantwortung von Rückfragen erlaubt, sind die zentralen produkt- und unternehmensspezifischen Wettbewerbsvorteile wirksam zu transportieren. Die gesetzlichen Vorschriften insbesondere im Rahmen der Prospektpflicht sind einzuhalten, wobei der kreativen Gestaltung des Verkaufsprospekts eine untergeordnete kommunikationspolitische Rolle zukommt. Zur Aufrechterhaltung der Finanzierung(-sbereitschaft) sind die Alt-Gläubiger durch persönliche Gespräche in die produktpolitische Gestaltung von Informal Private Debt mit einzubeziehen.

Die Ergebnisse aus der Untersuchung der von ZIMBO für das Jahr 2008 geplanten Informal-Private-Debt-Transaktion eingeschlossen, konnte mit der Einzelfallstudie ein bislang nicht

[900] Vgl. hier und im Folgenden auch Abschnitt 4.6.

ausreichend gewürdigter Aspekt des Entstehungszusammenhangs von Informal Private Debt näher beleuchtet werden. Nach Einschätzung des Verfasser hat das historisch niedrige allgemeine Zinsniveau zu einer Steigerung der Emissionstätigkeit von KMU in der Weise beigetragen, dass diese sich unter Umgehung der Kosten für ein Rating offenbar vermehrt in der Lage sahen, den damit einhergehenden Renditeaufschlag auch wirtschaftlich tragen zu können.

Allerdings deuten die Ergebnisse der Fallstudie aus Sicht des Verfassers auch auf folgende Entwicklungstendenzen auf dem Markt für Informal Private Debt hin. Zum einen wird die Fragilität des Marktes für Informal Private Debt deutlich, die mit zunehmender Anzahl von Unternehmensinsolvenzen aus dem Emittentenkreis zukünftig ein Rating einer anerkannten Agentur mit hoher Reputation zur notwendigen Bedingung für eine vollständige Platzierung der Emissionen im exklusiven Direktvertrieb machen wird. Zum anderen ist mit einer abnehmenden Emissionstätigkeit von Unternehmen in Hochzinsphasen zu rechnen. Als Grund dafür ist die zunehmende Gefährdung der wirtschaftlichen Tragfähigkeit von Informal-Private-Debt-Transaktionen anzuführen, die aus der Steigerung der expliziten Finanzierungskosten bei entsprechend erhöhten Renditeansprüchen privater Anleger resultiert. Aus diesem Grund ist damit zu rechnen, dass sich der für Informal Private Debt geeignete Kreis von Unternehmen und somit der potenzielle Emittentenkreis in Hochzinsphasen deutlich verkleinert.

6 Schlussbetrachtung und Ausblick

In dieser Arbeit wurde mit Informal Private Debt ein in der Presse zwar viel beachteter, aber in der Wissenschaft bisher weitestgehend vernachlässigter Forschungsgegenstand von hoher Aktualität und Relevanz aufgegriffen. Zielsetzung des Forschungsvorhabens ist eine wissenschaftlich fundierte Erkundung und Strukturierung von Informal Private Debt, deren Ergebnisse einer breiten Öffentlichkeit in Wissenschaft und Praxis zur Verfügung gestellt werden sollen. In der Schlussbetrachtung werden die zentralen Ergebnisse der empirischen und theoretischen Untersuchung zusammengefasst und im Hinblick auf die gestellten Forschungsfragen gewürdigt, bevor ein Ausblick auf die künftige Bedeutung von Informal Private Debt gewagt wird.

Zentrale Ergebnisse der Arbeit

Als erstes Ergebnis dieser Arbeit ist die entwickelte Definition zu nennen, welche Informal Private Debt von herkömmlichen Finanzierungsformen eindeutig abgrenzt und als Finanzinnovation identifiziert. Es konnte gezeigt werden, dass Informal Private Debt seinen innovativen Charakter durch die Art der Vermarktung entfaltet und als Folge ein neues Marktsegment auf den Finanzierungsmärkten schafft. Da sich zusätzlich zum Teil die betrachteten Finanzierungstitel hinsichtlich der damit verbundenen Rechte in innovativer Weise von herkömmlichen Wertpapieren abheben, ist Informal Private Debt hauptsächlich als Mischform einer Prozess- und Marktinnovation sowie partiell als Produktinnovation zu bezeichnen.

Die Beschreibung des Entstehungszusammenhangs von Informal Private Debt stellt ein zweites Ergebnis dieser Arbeit dar, da spezifische Entwicklungen und Hintergründe des Wandels der Finanzierungsmärkte aufgezeigt werden konnten, die als ursächlich für die Entstehung von Informal Private Debt in Deutschland zu erachten sind oder denen ein begünstigender Einfluss zugeschrieben werden kann. Aus Emittentensicht sind dies maßgeblich der Zwang zur Diversifizierung der Unternehmensfinanzierung von KMU aus Gründen der restriktiveren Kreditvergabepraxis der Banken und eines Vertrauensverlusts ihnen ggü. sowie das Streben, sich bei der Finanzierung vergleichsweise höheren Transparenz-, Rendite-, Kontroll- oder Ein- und Mitwirkungsanforderungen sonstiger Finanzierungsformen zu entziehen. Aus Investorensicht sind die zunehmende Rendite-orientierung, ein erhöhter Anlagebedarf, die Enttäuschung von Aktien und anderen kursrisiko-behafteten Anlageprodukten sowie die Unzufriedenheit über das niedrige allgemeine Zinsniveau anzuführen.

Mit der Auswertung der Verkaufsprospekte aller bisher getätigten Informal-Private-Debt-Transaktionen in Deutschland als erstem empirischen Teil der Arbeit wurde die Zielsetzung verfolgt, Volumen, Entwicklung und Struktur des Marktes für Informal Private Debt erstmals vollständig aufzuzeigen. Für die Angebotsseite des Marktes gelang dies im Zeitraum zwischen Mitte 2000 und Anfang 2006; auf Grund der marktimmanent begrenzten Transparenz aber für die Nachfrageseite lediglich ausschnittsweise. Dennoch konnte erstmals ein Überblick über die Angebotsseite hinsichtlich der Anzahl und Art der Emissionen, der Art und Herkunft der Emittenten sowie der Inanspruchnahme von Fremdleistungen bei Gestaltung, Vermarktung und Abwicklung von Informal Private Debt erarbeitet werden.

Insgesamt konnte ein steigendes Interesse an der Emission von Informal Private Debt festgestellt werden. Dabei fällt die Dominanz des finanziellen Nichtbankensektors auf der Angebotsseite ins Auge, der in der Branchensicht durch einen hohen Anteil an Emittenten vergleichsweise geringer Bonität auffällt. Art und Kosten der Vermarktung bzw. Abwicklung legen den Verdacht nahe, dass sich unter den Emittenten aus dem finanziellen Nichtbankensektor vielfach unseriöse Anbieter befinden, die mit zweifelhaften Absichten, Vertriebsmethoden und höchst unterschiedlichem Erfolg Kapital von privaten Anlegern 'einwerben', die sich der Risiken einer Anlage in Informal Private Debt trotz der einschlägigen gesetzlichen Anlegerschutzbestimmungen nicht bewusst sind. Insofern wird von diesen meist jungen Unternehmen die vergleichsweise geringe staatliche Überwachung von Informal Private Debt vielfach opportunistisch und in krimineller Absicht auszunutzen versucht.

Ein weiteres Ergebnis dieser Untersuchung liegt in der Erkenntnis, dass nur wenige Unternehmen des nicht finanziellen Sektors bisher Informal-Private-Debt-Emissionen vollständig und im exklusiven Direktvertrieb platzieren konnten. Die Finanzierungstitel dieser Emissionen unterscheiden sich nicht wesentlich von Schuldverschreibungsemissionen aus dem finanziellen Nichtbankensektor. Mit Blick auf Art und Herkunft der Emittenten wurden aber deutliche Unterschiede aufgezeigt. Etablierte, profitable, kleine und mittlere Familienunternehmen der Konsumgüterbranche charakterisieren die erste Gruppe dieser Emittenten. Die übrigen Unternehmen, bei denen die vollständige Platzierung von Informal-Private-Debt-Emissionen bekannt wurde, weisen einen gewissen Bezug zur ressourcenschonenden Nutzung der Umwelt sowie zur Entwicklungshilfe auf. Diese zählen sich – zumindest mittelbar – zum Bereich der erneuerbaren Energien, der ökologisch orientierten Energie- und Wasserversorgung sowie zum Bereich der privatwirtschaftlich und gewinnorientierten Entwicklungshilfe.

Darüber hinaus konnte innerhalb dieses empirischen Teils der Arbeit gezeigt werden, dass für die Gestaltung und Vermarktung der bisherigen Informal-Private-Debt-Emissionen auf die Einschaltung herkömmlicher Finanzintermediäre weitestgehend verzichtet wurde. Weder

Investmentbanken noch Ratingagenturen wurden eingesetzt; die Leistungen der wenigen eingeschalteten Kreditinstitute beschränken sich auf die Erfüllung der Zahlstellenfunktion. Stattdessen kamen spezialisierte Finanzierungs- und Emissionsberater, Rechtsanwälte, Steuerberater und Wirtschaftsprüfer im Rahmen der Transaktionen zum Einsatz.

Zur Bildung der Thesen zu Funktionen, Eignung und Gestaltung von Informal Private Debt erfolgte auf diesen Erkenntnissen basierend die theoretische Auseinandersetzung im Spannungsfeld zwischen Finanzierung und Marketing. Die Berücksichtigung von theoretischen Ansätzen abseits der traditionellen Finanzierungstheorie war zum einen notwendig, da neben den bereits erwähnten Zielsetzungen von Unternehmensseite auch teilweise zusätzlich das marketingpolitische Ziel einer gesteigerten Kundenbindung mit Informal Private Debt verfolgt wird. Zum anderen war eine Erweiterung des theoretischen Rahmens auch dadurch notwendig, dass die traditionelle Finanzierungstheorie bei der Erklärung der Funktionsweise und in Anbetracht teilweise irrational anmutender Anlageentscheidungen privater Anleger ebenso wie im Hinblick auf den Anspruch eines hohen Anwendungsbezugs an ihre Grenzen zu stoßen schien.

Mit der Annäherung an das Gedankengut des Marketings konnte die Behavioral Finance aus der modernen finanzierungstheoretischen Perspektive in dieser Hinsicht wertvolle Erkenntnisse liefern. Mit dem um die Erkenntnisse der Markenforschung erweiterten Verständnis von Reputation konnten weitere, theoretisch fundierte Aspekte bezüglich der Eignung für und Gestaltung von Informal Private Debt aufgedeckt werden. Dahingehend wurde gezeigt, dass die Unternehmensreputation in ihrer Wirkungsweise ein zentrales Bindeglied zwischen der leistungswirtschaftlichen und finanzwirtschaftlichen Unternehmenstätigkeit darstellt. Die instrumentelle Sicht des Marketings, die mit dem Marketingmix Eingang in das sog. Finanzierungsmarketing gefunden hat, ermöglichte die strukturierte Untersuchung der Gestaltungsparameter von Informal-Private-Debt-Transaktionen.

Damit wurde gezeigt, dass sich Informal Private Debt auf der funktionalen, theoretischen und der Gestaltungs-Ebene im Spannungsfeld zwischen Finanzierung und Marketing befindet. Nicht zuletzt wurde dies an den Ansatzpunkten deutlich, die Informal Private Debt für das Kundenbindungsmanagement aufweist. Insofern stellt diese Arbeit einen Beitrag zur Überwindung der Grenzen zwischen den Teildisziplinen der Betriebswirtschaftslehre dar.

Durch die problemfokussierte theoretische Analyse in Gegenüberstellung der empirischen Befunde ist es dem Verfasser gelungen, insgesamt 12 Thesen zu den betriebswirtschaftlichen Funktionen, der Eignung von Unternehmen und Anlegern für sowie zur marketingpolitischen Gestaltung und Nutzung von Informal Private Debt zu entwickeln, die in weiten Teilen durch die Ergebnisse der Einzelfallstudie als zweiter empirischer Teil der Arbeit untermauert bzw. verfeinert werden konnten.[901] Diese Thesen weisen Empfehlungscharakter für die Praxis auf. Mit den Thesen werden insbesondere Eigentümer und Manager von KMU und größeren Familienunternehmen des nicht finanziellen Sektors als potenzielle Emittenten, private Anleger als potenzielle Investoren sowie die breite Öffentlichkeit angesprochen.

Im Verlauf dieser Arbeit hat sich allerdings gezeigt, dass sich vielfach sowohl Unternehmen in der Rolle des Emittenten als auch private Anleger als Investoren von Informal Private Debt betätigen, welche die dargelegten Eignungsvoraussetzungen in keiner Weise erfüllen. Deshalb wird im Anhang dieser Arbeit eine "Checkliste für private Anleger" präsentiert, die unbedarfte Anleger vor einer unüberlegten irrationalen Anlageentscheidung schützen soll. Dazu werden persönliche Fragen gestellt, die sich nach Einschätzung des Verfassers jeder Interessent stellen sollte.[902]

Im Rahmen der Einzelfallstudie – Informal Private Debt bei ZIMBO – wurde der (zeitliche) Ablauf bzw. Investmentprozess einer aktuellen Transaktion von der Vorplanungs- bis hin zur laufenden Abwicklungsphase detailliert und umfassend aufgezeigt. Die Ausprägung aller Gestaltungsparameter und die Rolle der beteiligten Akteure bei Gestaltung und Abwicklung dieser Transaktion konnten ebenso wie die Zielsetzungen und Hintergründe erläutert werden. Diese aus Sicht der ZIMBO-Unternehmensgruppe erfolgreiche und vollständig platzierte Emission von 2003 konnte darüber hinaus einem Vergleich mit einer unvollständig platzierten Emission von 2005 unterzogen werden, die ebenfalls mit dem Markenzeichen ZIMBO versehen wurde. Mit der Berücksichtigung des Planungsstands einer weiteren Informal-Private-Debt-Emission der ZIMBO-Unternehmensgruppe für das Jahr 2008 konnten Hinweise auf aktuelle Entwicklungstendenzen am Markt für Informal Private Debt abgeleitet werden.

Ausblick auf die künftige Bedeutung von Informal Private Debt

Im Ausblick auf die künftige Bedeutung von Informal Private Debt werden die aktuellen Entwicklungstendenzen am Markt für Informal Private Debt aufgegriffen. In jüngster Vergangenheit machten die Insolvenzen von zwei Unternehmen des finanziellen Nichtbankensektors in den Medien Schlagzeilen, die zuvor über mehrere Jahre hinweg als Mehrfachemittenten von Informal Private Debt auftraten. In Anbetracht der Vielzahl unseriöser und vollkommen ungeeigneter Emittenten und des noch jungen Markts ist Informal Private Debt stark von einem vollständigen Zusammenbruch als "Market for Lemons" bedroht.

901 Vgl. dazu ausführlich Abschnitt 4.6 sowie Abschnitt 5.3.
902 Vgl. Anhang 4.

Die Gefahr des Marktzusammenbruchs kann in Übereinstimmung mit den Erkenntnissen der traditionellen Finanzierungstheorie u.a. auf den bisher durchgängigen Verzicht auf ein Rating einer anerkannten Agentur zurückgeführt werden. Angesichts der historisch niedrigen Zinsphase der letzten Jahre, in der das Interesse an Informal-Private-Debt-Emissionen deutlich zugenommen hat, ist damit zu rechnen, dass sich der für Informal Private Debt geeignete Emittentenkreis bei steigendem Zinsniveau deutlich verkleinert. Als Grund dafür ist eine Steigerung der expliziten Finanzierungskosten von Informal Private Debt aus der Bedienung der Renditeansprüche bei steigenden Zinsen anzuführen. Damit würde die Hürde der wirtschaftlichen Tragfähigkeit von Informal Private Debt für Emittenten deutlich erhöht. Wird diese Hürde von unseriösen Emittenten mit krimineller Absicht weiterhin ignoriert, steigt wiederum die Wahrscheinlichkeit einer steigenden Zahl von Insolvenzen aus dem Kreis der Emittenten mit entsprechend negativer Öffentlichkeitswirkung. Nicht zuletzt aus diesem Grund geht der Verfasser von einer zunehmenden Notwendigkeit für ein Rating als glaubwürdigen Maßstab für das Rendite-/Risikoverhältnis von Informal-Private-Debt-Emissionen in der Zukunft aus. Mit der Notwendigkeit eines Ratings würden aber wiederum die impliziten Finanzierungskosten für Emittenten steigen, was zu einer Absenkung der relativen Attraktivität von Informal Private Debt als Finanzierungsform führen würde.

Auf der Nachfrageseite des Marktes für Informal Private Debt bleibt offen, ob bei steigenden Zinsen die Unzufriedenheit bisher interessierter privater Anleger mit der Rendite anderer festverzinslicher Anlagekategorien anhält. Ebenso steht in Frage, wie lange der begünstigende Einfluss aus der Enttäuschung privater Anleger über kursrisikobehaftete Anlagekategorien auf die Nachfrage anhält. Dagegen könnte das Prestigemotiv privater Anleger stabilisierend auf die Nachfrage nach Informal Private Debt wirken.

Vor diesem Hintergrund hält der Verfasser die Etablierung von Informal Private Debt in Hochzinsphasen lediglich als Nischenmarkt für wenige hochprofitable Emittenten für möglich, die das Prestigemotiv privater Anleger auf Grund ihrer leistungswirtschaftlichen Geschäftstätigkeit in besonderer Weise bedienen. Außerdem könnte sich in diesen Phasen Informal Private Debt bei einem kleinen Kreis von Emittenten der Konsumgüterindustrie i.w.S. bei hoher Gewichtung des marketingpolitischen Ziels der Kundenbindung etablieren. Bei anhaltend niedrigem Zinsniveau dagegen hält der Verfasser auch die Möglichkeit der erfolgreichen Emission von Informal Private Debt für einen größeren Kreis von gerateten Unternehmen für möglich. Ob allerdings das Interesse von Unternehmensseite anhält, hängt wohl maßgeblich von der künftigen Kreditvergabepraxis der Banken ab.

Anhang

Anhang 1: Daten zum geführten Interview

Anhang 2: Interviewleitfaden

Anhang 3: Die am häufigsten gestellten Fragen

Anhang 4: Checkliste für private Anleger

Anhang 1: Daten zum geführten Interview

Persönliches Interview im Rahmen der Einzelfallstudie

Gesprächspartner:	Peter A. Rucker, geschäftsführender Gesellschafter der Rucker Heddergott Louis & Kollegen Unternehmensberatung GmbH (vormals Jucho & Partner Unternehmensberatung GmbH)
Rolle:	Projektleiter bei den Informal-Private-Debt-Emissionen von ZIMBO in den Jahren 2003 und 2005, Beirat der RZ-Zimmermann GmbH & Co. Holding KG
Termin/Ort:	28. Dezember 2006 in der Charlottenstraße 65, 10117 Berlin
Zeit/Dauer:	9.30 Uhr, 1,5 Stunden

Anhang 2: Interviewleitfaden

UNIVERSITÄT ROSTOCK

Funktionen, Eignung und Gestaltung von Informal Private Debt
eine empirische und theoretische Untersuchung vor dem Hintergrund des Wandels der Finanzierungsmärkte

Interviewleitfaden im Rahmen der Einzelfallstudie:
Informal Private Debt bei ZIMBO

Promotionsvorhaben
von Rainer Bizenberger
13. Dezember 2006

1

UNIVERSITÄT ROSTOCK

Inhalt **Seite**

2

UNIVERSITÄT ROSTOCK

A. Thesen zu Funktionen, Eignung und Gestaltung von Informal Private Debt

3

UNIVERSITÄT ROSTOCK

Thesen zu Kernfrage 1: Funktionen von Informal Private Debt

These I: Informal Private Debt erfüllt aus Unternehmenssicht eine *primäre Finanzierungsfunktion* und eine *derivative Kundenbindungsfunktion*

These II: Informal Private Debt ermöglicht hinsichtlich der *primären Finanzierungsfunktion* eine Diversifizierung der mittel- bis langfristigen Unternehmensfinanzierung für Finanzierungsvolumina bis zu 40 Mio. EUR, da die Abhängigkeit ggü. Finanzintermediären und/oder Fremdkapitalgebern reduziert sowie der Verschuldungsgrad (die Verschuldungskapazität) gesteigert werden kann, ohne gesellschaftertypische Ein- und Mitwirkungsrechte, eine Beteiligung am Unternehmenswert oder dingliche Sicherheiten zu gewähren. Informal Private Debt nimmt deshalb eine Finanzierungsfunktion für Unternehmen wahr, deren Möglichkeiten zur Beteiligungsfinanzierung, zur Sicherheitenstellung und zur Erfüllung der durch den Wandel der Finanzierungsmärkte induzierten erhöhten Transparenz-/ Publizitätsanforderungen oder höheren Renditeforderungen alternativer Fremdkapital- und Mezzanine-Finanzierungen begrenzt sind oder die diese Möglichkeiten und Anforderungen ablehnen.

These III: Informal Private Debt bietet hinsichtlich der *derivativen Kundenbindungsfunktion* vielfältige Ansatzpunkte zur Nutzung als Kundenbindungsinstrument. Je nach Gewichtung der derivativen Kundenbindungsfunktion kann sich ein Zielkonflikt zur primären Finanzierungsfunktion ergeben, da die erforderlichen Anpassungen im Finanzierungsmarketing-Mix tendenziell mit erhöhten impliziten Finanzierungskosten und einer Beschränkung der Emissionsreichweite auf den bestehenden Kundenstamm einher gehen.

4

UNIVERSITÄT ROSTOCK

Thesen zu Kernfrage 2: Eignung von Unternehmen und Anlegern für Informal Private Debt (1)

These IV: *Generelle Eignung* für Informal Private Debt weisen etablierte, profitabel wachsende Unternehmen mit einem geringen finanziellen und geschäftsspezifischen Risiko auf, die in der Lage sind, ausreichend hohe und nachhaltig stabile Cashflows zur Einlösung des Renditeversprechens bereit zu stellen. Das Bestehen von Bankverbindlichkeiten ist als weitere Voraussetzung für die Eignung von Unternehmen zu erachten, da sie als partielles Substitut für die eingeschränkte Überwachung des Emittenten durch ein breit gestreutes Anlegerpublikum und als Abgrenzungsmerkmal ggü. Anbietern mit prohibitiv schwacher Bonität ohne sonstigen Fremdkapitalzugang dienen.

These V: *Besondere Eignung* für Informal Private Debt weisen zumindest regional bekannte KMU und größere Unternehmen auf, die einen unternehmenseigenen Zugang zu einer ausreichend großen Zahl zahlungskräftiger privater Anleger haben, die dem Unternehmen ein hohes Maß an Vertrauen entgegen bringen. Unternehmen mit einer stark positiv aufgeladenen Unternehmens- oder Produktmarke aus der Konsumgüterbranche (i.w.S.) sind unter Berücksichtigung persönlicher Erfahrungen als bedeutender Informationsquelle privater Anleger aus ihrer Eigenschaft als potenzieller Kunde besonders geeignet und rechtfertigen aufgrund der Wechselwirkungen zwischen Güter- und Finanzmarktreputation ein höheres Maß an Vertrauen. Ökologisch und sozial orientierte Unternehmen profitieren von einem generell höheren Vertrauen als verzerrtem Reflex auf ihre leistungswirtschaftliche Geschäftstätigkeit und bedienen in besonderer Weise das Prestigemotiv privater Anleger.

| 5

UNIVERSITÄT ROSTOCK

Thesen zu Kernfrage 2: Eignung von Unternehmen und Anlegern für Informal Private Debt (2)

These VI: Informal Private Debt ist als Anlageform geeignet für eigenständige, vermögende, erfahrene, ökonomisch gebildete, online-orientierte und risikobereite private Anleger mit einem mittel- bis langfristigen Anlagehorizont, die mit der Anlage vorwiegend Vermögens- und Prestigemotive verfolgen und die Informal Private Debt aufgrund des als nachteilig empfundenen Kursrisikos sonstiger festverzinslicher Anlageformen mit einem objektiv ähnlich hohen Risiko-/Renditeprofil präferieren. Besondere Eignung für Informal Private Debt weisen private Anleger auf, die zusätzlich zum finanziellen einen nicht-finanziellen Nutzen aus der direkten Beziehung mit dem Emittenten in Zusammenhang mit dessen leistungswirtschaftlicher Geschäftstätigkeit ziehen.

| 6

UNIVERSITÄT ROSTOCK

Thesen zu Kernfrage 3: Gestaltung von Informal Private Debt (1)

These VII: Zur *produktpolitischen Gestaltung* von Informal Private Debt ist aus einer finanzwirtschaftlichen Zielsetzung die Emission festverzinslicher Inhaberschuldverschreibungen in einer Stückelung von 1.000 EUR zu empfehlen, die in Globalurkunden mit anschließender Girosammelverwahrung verbrieft werden. Als mezzanine Komponente bieten sich ausschließlich Nachrangigkeit bzw. zweitrangige Besicherung an. Wettbewerbsvorteile können durch die Kombination unterjähriger Zinszahlungen mit vorzeitigen ordentlichen Kündigungsrechten für die Gläubiger erzielt werden. Mit dem Branding der Emission besteht die Möglichkeit sicherheits- und vertrauensrelevante unternehmens- oder finanztitelspezifische Wettbewerbsvorteile zu verdeutlichen.

These VIII: Zur *preispolitischen Gestaltung* von Informal Private Debt ist bei fehlendem Rating als glaubwürdigem Vergleichsmaßstab für das Rendite-/Risikoverhältnis unter Berücksichtigung der Signalwirkung des Preises bezüglich der Sicherheit der Anlage eine Effektivverzinsung leicht über börsennotierten Unternehmensanleihen mit Rating im Investment-Grade-Bereich und vergleichbarer Laufzeit zu empfehlen, wobei der Renditeabstand kommunikationspolitisch mit der Kostenersparnis durch den exklusiven Direktvertrieb unter Verzicht auf die Vertriebsleistung von Fremdvertrieben/ Investmentbanken zu begründen ist.

7

UNIVERSITÄT ROSTOCK

Thesen zu Kernfrage 3: Gestaltung von Informal Private Debt (2)

These IX: Die *kommunikationspolitische Gestaltung* von Informal Private Debt zielt auf die Erhöhung der Anlagebereitschaft privater Anleger primär unter Nutzung der finanziellen und generellen Unternehmensreputation ab. Mit Hilfe einer multimedialen Kommunikationsstrategie, die an vorhandene Kontakte zu potenziellen privaten Anlegern ebenso wie an die (regionale) Bekanntheit anknüpft und die Beantwortung von Rückfragen erlaubt, sind die zentralen produkt- und unternehmensspezifischen Wettbewerbsvorteile wirksam zu transportieren. Die gesetzlichen Vorschriften insbesondere im Rahmen der Prospektpflicht sind einzuhalten, wobei der kreativen Gestaltung des Verkaufsprospekts eine zentrale kommunikationspolitische Rolle zukommt. Zur Aufrechterhaltung der Finanzierung-(sbereitschaft) sind die Alt-Gläubiger durch persönliche Gespräche in die produktpolitische Gestaltung von Informal Private Debt mit einzubeziehen.

These X: Die *distributionspolitische Gestaltung* von Informal Private Debt teilt sich in die Gestaltung des akquisitorischen (Vertrieb) und des logistischen Distributionssystems (Abwicklung) auf. Zur Vermeidung prohibitiv hoher Vertriebskosten ist der exklusive Direktvertrieb vollständig in Eigenregie durch die synergetische Nutzung der vorhandenen leistungswirtschaftlichen Vertriebsorganisation zu gewährleisten. Zusätzlich muss die erforderliche Fachkompetenz zum Vertrieb von Informal Private Debt aufgebaut werden. Für die zahlungs- und kapitalertragsteuertechnische Abwicklung der Transaktion empfiehlt sich die Bündelung der Aufgaben an einer zentralen Stelle mit vollständiger datentechnischer Vernetzung zum Vertrieb.

8

UNIVERSITÄT ROSTOCK

Thesen zu Kernfrage 3: Gestaltung von Informal Private Debt (3)

These XI: Informal Private Debt ermöglicht bei Nutzung moderner IuK-Technologie den *Verzicht auf die aggregierten Leistungen von Investmentbanken* im Zuge des Investmentprozesses, erfordert aber dennoch die Fremdleistungen spezialisierter Zugangsintermediäre mit Ausnahme des Vertriebs. Die Möglichkeit zur Imitation erfolgreich platzierter Emissionen begünstigt zwar einen Verzicht auch auf diese Leistungen. Zumindest bei der erstmaligen Emission empfiehlt sich dennoch die Inanspruchnahme spezialisierter Finanzierungs-, Rechts- und Steuerberatung in der Planungs- und Vorbereitungsphase. In der Abwicklungsphase ist die Einschaltung einer Bank als Zahlstelle generell zur Reduzierung der Abwicklungsunsicherheit und zur Nutzung von Reputationstransfereffekten zu empfehlen.

These XII: *Bei hoher Gewichtung des Ziels der Steigerung der Kundenbindung* sind im Vergleich zu einer rein finanzwirtschaftlichen Zielsetzung zumindest die kommunikationspolitischen Maßnahmen während der Laufzeit deutlich auszuweiten sowie auf die informatorische Integration und das Cross Selling auszurichten. Der synergetische Einsatz möglichst elektronischer Kommunikationsinstrumente für die Finanzmarkt- und Kundenkommunikation ermöglicht aus Gesamtunternehmenssicht die Hebung von Effizienzsteigerungspotenzialen. Die Einräumung der Exklusivität für private Anleger beim Zugang zu attraktiven Leistungsangeboten und Distributionskanälen dient dem Aufbau von ökonomischen/ technisch-funktionalen Wechselbarrieren. Durch die Gewährung einer nominal höheren Naturalzinsoption mit Value-Added Services von Drittunternehmen kann eine vertragliche Wechselbarriere aufgebaut werden, die zwar Umsatzsubstitutionseffekte vermeidet, aber dennoch durch den erforderlichen Renditeabstand zwischen Natural- und monetärem Zins die Reichweite der Emission tendenziell auf Kunden/ Teile des Kundenstamms beschränkt.

9

UNIVERSITÄT ROSTOCK

B. Interviewfragen

10

UNIVERSITÄT ROSTOCK

Daten des Interviews und persönliche Angaben des Interviewpartners

Datum: ______________________

Uhrzeit: ______________________

Ort: ______________________

Vorname: ______________________

Nachname: ______________________

Unternehmen: ______________________

Position: ______________________

Persönliche Rolle im Rahmen der Informal Private Debt-Transaktionen von ZIMBO:

____

____

UNIVERSITÄT ROSTOCK

1. Ausgangssituation und Ziele der Emissionen von ZIMBO

- **Die erste Emission von Informal Private Debt wurde von ZIMBO im Jahr 2003 getätigt. Wie lassen sich die Ausgangssituation der ZIMBO-Unternehmensgruppe und die Ziele der Emission charakterisieren?**
  - Historische Entwicklung
  - Struktur und Größe der Unternehmensgruppe/ der emittierenden Gesellschaft
  - Gesellschafterstruktur
  - Wirtschaftliche und finanzielle Lage der Unternehmensgruppe/ der emittierenden Gesellschaft
  - Motive und Zielsetzung bei der Emission
  - Emissionszweck

- **Die zweite Emission von Informal Private Debt wurde von ZIMBO im Jahr 2005 getätigt. Wie lassen sich die Ausgangssituation der ZIMBO-Unternehmensgruppe/ der Unternehmensgruppe Logistik 3000 und die Ziele dieser Emission charakterisieren?**

- **Die dritte Emission von Informal Private Debt von ZIMBO ist für das Jahr 2008 geplant. Wie lassen sich die derzeitige Situation der ZIMBO-Unternehmensgruppe und die Ziele dieser Emission charakterisieren?**

- **Inwiefern wird die jeweilige Zielsetzung bei den getätigten Emissionen/ der geplanten Emission von ZIMBO in den Thesen zu den Funktionen von Informal Private Debt abgedeckt?**
  (siehe Thesen I bis III)

UNIVERSITÄT ROSTOCK

2. Eignung von ZIMBO für Informal Private Debt

- **Die ersten beiden getätigten Informal Private Debt-Emissionen sind vollständig beim Anlegerpublikum platziert worden. Inwiefern ist ZIMBO in besonderer Weise für die Durchführung von Informal Private Debt-Transaktionen geeignet?**
  - Art der leistungswirtschaftlichen Geschäftstätigkeit des Unternehmens/ der Unternehmensgruppe
  - Finanzielle bzw. leistungswirtschaftlich geprägte Reputation bei Privatanlegern
  - Rolle bestehender Bankverbindlichkeiten, Profitabilität, Eigenkapitalausstattung und Alter der emittierenden Gesellschaft/ der Unternehmensgruppe
  - Unternehmenseigener Zugang zu Privatanlegern (unmittelbare Kunden, Produkt-/Leistungsnutzer, Öffentlichkeit)
- **Für welche Art von Anlegern ist Informal Private Debt als Anlageform geeignet? Welches Zielpublikum hat ZIMBO bei den ersten beiden Emissionen angesprochen?**
  - Ökonomische Vorbildung, Erfahrungen als Anleger (bei Sparbuch, Aktien etc.)
  - Vermögenssituation
  - Online-Orientierung
  - Anlagemotive (Vermögens-, Konsum-, Vorsorge-, Prestigemotiv)
  - Vertrautheit mit der bzw. Vertrauen zur Gesellschaft/ zur Unternehmensgruppe
- **Inwiefern werden die Eignungsvoraussetzungen bei den Emissionen von ZIMBO von den Thesen zur Eignung von Unternehmen und Anlegern für Informal Private Debt abgedeckt?**
  (siehe Thesen IV – VI)

13

UNIVERSITÄT ROSTOCK

3. Gestaltung von Informal Private Debt bei ZIMBO (1)

a) Produktpolitische Gestaltung

- **Welche Gründe waren dafür ausschlaggebend, die Emissionen 2003 und 2005 in folgenden produktpolitischen Gestaltungselementen identisch zu begeben...**
  - Inhaberschuldverschreibung
  - bestimmte Laufzeit
  - fester jährlicher Zinsanspruch
  - kein Agio/Disagio
  - Stückelung von EUR 1.000
  - Verbriefung in Globalurkunde mit anschließender Girosammelverwahrung?
- **Welche Gründe waren für die unterschiedliche produktpolitische Gestaltung der Emissionen 2003 und 2005 ausschlaggebend in Bezug auf...**
  - die Höhe des nominalen Emissionsvolumens
  - die Höhe der Laufzeit
  - Negativerklärung, Gleich-/Nachrangigkeit bzw. keine/zweitrangige Besicherung?
- **Welche produktpolitischen Gestaltungsmerkmale wird die für 2008 geplante Emission von ZIMBO voraussichtlich aufweisen und warum?**
- **Inwiefern stimmen Sie bezüglich der produktpolitischen Gestaltung von Informal Private Debt vor dem Hintergrund der Emissionen von ZIMBO mit These VII überein?**

14

3. Gestaltung von Informal Private Debt bei ZIMBO (2)

b) Preispolitische Gestaltung

- **Wie wurde die Höhe der Nominal- bzw. Effektivverzinsung bei den Emissionen 2003 und 2005 festgelegt? Welche Einflussfaktoren bestimmen die Höhe der Verzinsung?**
  - z.B. Bonität, Laufzeit, Besicherung, Nachrangigkeit, Rendite börsennotierter Unternehmensanleihen
- **Wie lässt sich die unterschiedliche Höhe der Nominalverzinsung zwischen den Emissionen 2003 und 2005 erklären?**
- **Welche Verzinsung wird die für 2008 geplante Emission von ZIMBO voraussichtlich gewähren und warum?**
- **Inwiefern stimmen Sie bezüglich der preispolitischen Gestaltung von Informal Private Debt vor dem Hintergrund der Emissionen von ZIMBO mit These VIII überein?**

UNIVERSITÄT ROSTOCK

3. Gestaltung von Informal Private Debt bei ZIMBO (3)

c) Kommunikationspolitische Gestaltung

- **Welche kommunikationspolitischen Maßnahmen wurden im Rahmen der Emission 2003 bzw. 2005 von ZIMBO ergriffen?**
  - Kommunikationsinstrumente (z.B. Massenmedien wie Internet, Zeitungen/Zeitschriften, Radio, TV, Postwurfsendungen; elektronische/ gedruckte Direct Mailings; Call Center, persönliche Gespräche)
  - Kommunikationsempfänger (potenzielle Anleger(-gruppen), Alt-Gläubiger)
  - Kommunikationsinhalte (z.B. finanztitel- und unternehmensspezifisch) und Darstellungsweise
  - Klassifizierung der Kommunikation (z.B. Werbung, Öffentlichkeitsarbeit, Information während der Laufzeit)
  - Kommunikationskosten (intern, extern)
- **Welche Rolle spielt das Verkaufsprospekt bei der kommunikationspolitischen Gestaltung von Informal Private Debt?**
  - Stellenwert im Rahmen der Kommunikationspolitik
  - Inhalte (Pflichtangaben, sonstige Angaben)
  - Reihenfolge, Positionierung und Formulierung der Inhalte
  - Kreative Gestaltung des Prospekts, Art der Bereitstellung
- **Inwiefern stimmen Sie bezüglich der kommunikationspolitischen Gestaltung von Informal Private Debt vor dem Hintergrund der Emissionen von ZIMBO mit These IX überein?**

UNIVERSITÄT ROSTOCK

3. Gestaltung von Informal Private Debt bei ZIMBO (4)

d) Distributionspolitische Gestaltung

- **Wie wurde der Vertrieb der Emissionen 2003 und 2005 durchgeführt?**
  - Organisatorische Aufstellung (zentral, dezentral); gesellschaftsrechtliche Zuordnung
  - Nutzung/ Nutzbarkeit der vorhandenen leistungswirtschaftlichen Vertriebsorganisation
  - Aufbau der fachlichen Vertriebskompetenz
  - Einschaltung von Absatzmittlern
  - Vertriebskosten (intern/extern)
- **Wie erfolgt die zahlungstechnische bzw. steuerliche Abwicklung der Emissionen 2003 und 2005?**
- **Wie werden voraussichtlich Vertrieb und zahlungs- und steuerliche Abwicklung der für 2008 geplanten Emission dargestellt?**
- **Inwiefern stimmen Sie bezüglich der distributionspolitischen Gestaltung von Informal Private Debt vor dem Hintergrund der Emissionen von ZIMBO mit These X überein?**

| 17

UNIVERSITÄT ROSTOCK

3. Gestaltung von Informal Private Debt bei ZIMBO (5)

e) Inanspruchnahme von Fremd- bzw. Intermediationsleistungen

- **Welche Leistungen sind im Rahmen der Emissionen 2003 und 2005 von Dritten außerhalb der ZIMBO-Unternehmensgruppe/ der Logistik 3000 Unternehmensgruppe in Anspruch genommen worden und warum?**
  - Beratungsleistungen (z.B. Emissions- und Finanzierungsberatung, Steuerberatung, Rechtsberatung, Gestaltungs-/ Layoutberatung)
  - Informationsdienstleistungen (z.B. Rating)
  - Vermittlungsleistungen (z.B. Fremdvertriebe)
  - Abwicklungsleistungen (z.B. bei Erfüllung der Zahlstellenfunktion, Treuhandfunktion)
  - Namen der Dienstleistungsunternehmen
  - Auswahlkriterien
  - Kosten der Fremdleistungen
- **Für die geplante Emission im Jahr 2008 wird von ZIMBO ein Rating einer international anerkannten Ratingagentur geplant. Welche Fremd- oder Intermediationsleistungen werden voraussichtlich im Rahmen der für 2008 geplanten Emission in Anspruch genommen und warum?**
- **Inwiefern stimmen Sie bezüglich der Inanspruchnahme von Fremd- bzw. Intermediationsleistungen bei der Durchführung von Informal Private Debt-Transaktionen vor dem Hintergrund der Emissionen von ZIMBO mit These XI überein?**

| 18

UNIVERSITÄT ROSTOCK

3. Gestaltung von Informal Private Debt bei ZIMBO (6)

f) Einfluss einer hohen Gewichtung des Ziels einer Steigerung der Kundenbindung auf die marketingpolitische Gestaltung von Informal Private Debt

- **Welchen Stellenwert hat das Ziel einer Steigerung der Kundenbindung für ZIMBO im Rahmen der Emissionen 2003, 2005, 2008? Wie hat sich die Bedeutung dieses Ziels auf die marketingpolitische Gestaltung der Informal Private Debt-Transaktion ausgewirkt?**
- **Inwiefern stimmen Sie vor dem Hintergrund der Emissionen von ZIMBO mit These XII überein?**

Anhang 3: Die am häufigsten gestellten Fragen[903]

Die Info-Hotline zur Unternehmensanleihe der ZIMBO Familie Zimmermann Immobilien GmbH & Co. KG erreichen Sie unter der 0180 / 5 94 62 60.

Die häufigst gestellten Fragen

Frage	Antwort
Wie hoch ist die Verzinsung?	Die Verzinsung bei der Anleihe liegt für 10 Jahre fest bei 6% p.a.
Ab wann wird die Anleihe herausgegeben?	Die Laufzeit der Anleihe beginnt ab dem 01.11.2005 und kann ab dem 04.11.2005 erworben werden.
Ab welchem Betrag kann ich anlegen?	Der Mindestbetrag liegt bei 1000€ und kann um jeweils 1000€ erhöht werden.
Wie hoch ist das Emissionsvolumen?	Das Emissionsvolumen liegt bei 10 Millionen Euro.
Wie muss ich meinen Anlagebetrag Zahlen?	Für eine reibungslose Abwicklung Ihres Wertpapierkaufs ist es erforderlich, dass uns Ihr Kaufantrag vorliegt und der Kaufpreis auf unserem Bankkonto 117 04 78, BLZ 70030300 Beim Bankhaus Reuschel & Co. KG eingegangen ist. Deshalb sollte Ihr Kaufantrag mindestens zeitgleich an dem Tag bei uns eingehen, an dem Sie Ihrem kontoführenden Kreditinstitut den Überweisungsauftrag erteilen. Nur dann ist die rechtzeitige Einbuchung der Wertpapiere in Ihrem Wertpapierdepot vor dem nächsten Zinstermin gewährleistet.
Kann ich meine Wertpapiere verkaufen?	Für die Wertpapiere gibt es Keinen Öffentlichen Markt. Es besteht aber die Möglichkeit, dass Sie Ihr Wertpapier an Bekannte und Familienangehörige weiter verkaufen. Wir unterstützen Sie gerne beim Weiterverkauf.
Was ist der Unterschied zwischen einer Aktie und einer Anleihe?	Eine Aktie ist im Gegensatz zu einer Anleihe ein Anteil am Kapital eines Unternehmens. Die Aktie ist ein Wertpapier, dass das Mitgliedschaftsrecht des Aktionärs an einer Aktiengesellschaft verbrieft. Außerdem unterliegt eine Aktie Kursschwankungen. Die Anleihe ist Fremdkapital. Fast so wie ein Kredit, den Sie als Anleger der ZIMBO Familie Zimmermann Immobiliengesellschaft geben und dafür 6% Zinsen p.a. erhalten.
Wobei handelt es sich bei der Immobilie?	Bei der Immobilie handelt es sich um ein Logistikzentrum mit einer Gesamtfläche von rund 19500 qm in

903 Anhang 3 unverändert übernommen aus ZIMBO (2005).

	Unterschleißheim. Die Kühllagerfläche von 14344 qm ist in drei unterschiedliche Temperaturzonen aufgeteilt. Die Immobilie hat einen Wert von 24 Millionen. Die Grundstücksgröße beträgt 40000 qm.
Wer ist „Logistik 3000 GmbH & Co. KG"?	Die Logistik 3000 ist eine Tochtergesellschaft der RZ-Zimmermann-Holding GmbH & Co. KG und gehört mit zur Zimmermann-ZIMBO-Unternehmensgruppe. Die Logistik 3000 hat am 1. Januar 2005 in der rechtlich selbstständigen Form einer GmbH & Co. KG ihre Geschäftstätigkeit aufgenommen. Bei Ihr handelt es sich um eine strategische Ausgliederung des seit fünfzig Jahren erfolgreich bestehenden eigenen Lager- und Logistikbereiches der Zimmermann-ZIMBO-Unternehmensgruppe. Mit dieser Ausgliederungsmaßnahme soll ein strategischer Unternehmensteil im stark wachsenden Logistikmarkt erfolgreich etabliert werden. Das Leistungsspektrum der Logistik 3000 umfasst die Lagerung, die Verpackung, die Kommissionierung, den Sammeltransport und die Feinverteilung von tiefgekühlten und gekühlten, frischen Lebensmitteln.
Hat die Anleihe jemand geprüft?	Vor der Veröffentlichung ist der Verkaufsprospekt bei der Bundesanstalt für Finanzdienstleistungsaufsicht (BaFin) eingereicht worden. Das BaFin hat den Prospekt auf Vollständigkeit geprüft und billigt.
Muss ich ein Konto bei einer bestimmten Bank haben?	Nein, Sie haben sicherlich ein Girokonto. Sie benötigen für die Verbuchung der Anleihe ein Depotkonto. Sie entscheiden, wo Sie Ihr Depotkonto eröffnen möchten, Ihre Hausbank kann Sie dabei beraten.
Ich möchte aus dem Ausland überweisen. Ist dies ein Problem?	Es besteht kein Problem. Eine Überweisung aus einem anderen Land ist möglich. Bitte überweisen Sie in Euro, ein eventuelles Kursrisiko tragen Sie.
Wieso muss ich beim Kauf der Anleihe Stückzinsen bezahlen?	Die Anleihe bietet das Recht auf eine jährliche Zinszahlung zum 01.11. eines jeden Jahres. Dieses Recht beinhaltet immer und ausschließlich die Zinszahlung für ein gesamtes Jahr. Wenn Sie die ZIMBO Immobilienanleihe z.B. am 05.12.2005 kaufen, dann bekommen Sie am 01.11.2006 die Zinsen für ein gesamtes Jahr. Ihnen stehen aber die Zinsen nur zu ab dem Zeitpunkt der Einzahlung. Daher zahlen Sie für die Zeit, in der Ihnen die Zinsen noch nicht zustehen, diese beim Kauf mit.
Wann erhalte ich die Zinsen?	Sie erhalten immer zum 01.11. eines Jahres Ihre zustehenden Zinsen. Die Auszahlung erfolgt erstmalig am

	01.11.2006 – letztmalig am 01.11.2015.
Wer ist der Herausgeber der Anleihe?	Der Herausgeber der Anleihe auch „Emittentin" genannt ist die ZIMBO Familie Zimmermann Immobilien GmbH & Co. KG.

Anhang 4: Checkliste für private Anleger[904]

A. Fragen zur persönlichen Eignung des Anlegers

- Informal Private Debt birgt kein Kursrisiko in sich, da die Finanzierungstitel nicht in den Handel an einem organisierten Markt einbezogen werden. Dadurch ist die Veräußerbarkeit der Finanzierungstitel auch dann faktisch eingeschränkt, wenn die Papiere grundsätzlich frei übertragbar sind. Sind Sie sich darüber im Klaren?
- Haben Sie einen mittel- bis langfristigen Anlagehorizont?
- Die Anlage in Informal Private Debt ist nicht durch staatliche Sicherungseinrichtungen geschützt und wird hinsichtlich ihrer Sicherheit von keiner staatlichen Institution geprüft. Sind Sie bereit das Totalverlustrisiko zu tragen? Können Sie einen möglichen Totalverlust persönlich verkraften?
- Die Einlösung des Renditeversprechens hängt maßgeblich von der Zahlungsfähigkeit und Zahlungswilligkeit des Emittenten ab. Sind Sie sich darüber im Klaren?
- Der Verkaufsprospekt ist gesetzlich vorgeschrieben, um private Anleger mit einem Mindestmaß an Informationen für die Anlageentscheidung zu versorgen. Lesen Sie den Verkaufsprospekt von der ersten bis zur letzten Seite inklusive Anhang?
- Der Verkaufsprospekt stellt für Emittenten auch ein Werbemittel mit dem Ziel einer erhöhten Anlagebereitschaft des Interessenten dar. Sind Sie sich darüber im Klaren?
- Nutzen Sie alle einschlägigen Informationsquellen (Internet, Tagespresse, Warnlisten von Anlegerschutzverbänden etc.), bevor Sie eine Anlageentscheidung treffen?
- Die Einschätzung der Bonität erfordert detaillierte betriebswirtschaftliche Kenntnisse insbesondere in Bezug auf die Analyse von Jahresabschlüssen und deren Interpretation. Reicht Ihre ökonomische Vorbildung für die Einschätzung der Bonität des Emittenten aus, um selbst eine rationale Anlageentscheidung zu treffen, oder holen Sie den Rat eines fachkundigen und unabhängigen Dritten ein?

Falls Sie eine der Fragen mit "Nein" beantwortet haben, sind Sie für die Anlage in Informal Private Debt nicht geeignet und sollten von einer Anlage generell absehen.

---

904 Vgl. hier und im Folgenden auch Preißler, Steffen (2006) sowie DIAS (2005), S. 9f.

B. Fragen zur Art des Vertriebs und der Abwicklung

- Die Einschaltung von Finanzvertrieben verursacht in den meisten Fällen prohibitiv hohe Finanzierungskosten. Wird die Informal-Private-Debt-Emission exklusiv durch den Emittenten vertrieben?
- Im persönlichen Verkaufsgespräch sollen individuelle Fragen zum Unternehmen, zum Emissionszweck, zur Art der Finanzierungstitel und den damit verbundenen Rechten sowie zur Abwicklung der Transaktion beantwortet werden. Ist der Emittent für Rückfragen erreichbar? Werden die Fragen kompetent beantwortet? Haben Sie selbst angerufen? Wird Ihnen ausreichend Zeit für die persönliche Entscheidungsfindung gelassen?
- Die Einschaltung eines Kreditinstitutes als Zahlstelle erhöht die Abwicklungssicherheit. Wird die Zahlstellenfunktion durch ein Kreditinstitut übernommen?

Falls Sie eine der Fragen mit "Nein" beantwortet haben, könnte dies ein Zeichen für mangelnde Seriosität des Anbieters sein.

C. Fragen zur Eignung des Emittenten

- Startups und junge Unternehmen sind für Informal Private Debt in mehrfacher Hinsicht nicht geeignet. Besteht die emittierende Gesellschaft seit mindestens mehr als fünf Jahren?
- Unternehmen aus volatilen Branchen sind auf Grund des hohen Branchenrisikos nicht als Emittenten für Informal Private Debt geeignet. Schätzen Sie das geschäftsspezifische Risiko niedrig ein?
- Die Erwirtschaftung von positiven Jahresüberschüssen über einen längeren Zeitraum in der Vergangenheit ist eine zwingende Voraussetzung für die Bildung/Wirkung finanzieller Reputation. Hat der Emittent positive Jahresüberschüsse aus der laufenden Geschäftstätigkeit erwirtschaftet? Entspricht die Umsatzrendite mindestens dem Branchendurchschnitt?
- Das Eigenkapital der emittierenden Gesellschaft dient als Puffer zur Abfederung möglicher zukünftiger Verluste. Weist der Emittent eine dem Geschäftsrisiko angemessene Eigenkapitalquote nach Berücksichtigung der vollständigen Platzierung der Emission auf?

- Ein eingeschränktes Testat ist ein Hinweis auf Unregelmäßigkeiten beim Emittenten. Wurden alle angegebenen Jahresabschlüsse uneingeschränkt von einem Wirtschaftsprüfer testiert?
- Bestehende Bankverbindlichkeiten können als Indiz für den generellen Zugang des Emittenten zu sonstigen institutionell überwachten Fremdkapitalquellen verstanden werden. Hat das Unternehmen Zugang zu anderen Fremdkapitalquellen?
- Bei Mehrfachemittenten von Informal Private Debt besteht die Gefahr einer sequentiellen Steigerung des Verschuldungsgrads nach dem Schneeballprinzip. Ist die Entwicklung des Verschuldungsgrads über einen längeren Zeitraum ersichtlich? Ist der Verschuldungsgrad in den letzten Jahren konstant oder rückläufig?
- Eine komplexe Firmenstruktur kann ein Indiz für die mangelnde Seriosität des Emittenten sein. Ist Ihnen der Geschäftszweck und die nachhaltige Profitabilität aller Gesellschaften (bei einem Konzern) bekannt?
- Die nachhaltige Erwirtschaftung ausreichend hoher und stabiler operativer Cashflows ist zur Bedienung Einlösung des Renditeversprechens (Zins- und Rückzahlung) erforderlich. Reichen die Informationen aus, um die Fähigkeit des Emittenten zur Erwirtschaftung ausreichend hoher Cashflows mindestens für die gesamte Laufzeit der Finanzierungstitel zu prognostizieren?
- Eine starke Unternehmensreputation rechtfertigt den partiellen Verzicht auf die Bereitstellung glaubwürder Informationen. Gibt es keinerlei Anzeichen dafür, an der Vertrauenswürdigkeit des Emittenten und der beteiligten Personen zu zweifeln?

Falls Sie eine der Fragen mit "Nein" beantwortet haben, könnte dies ein Zeichen für die mangelnde Eignung des Emittenten für die Emission von Informal Private Debt sein.

Literaturverzeichnis

Achleitner, Ann-Kristin (2004): Wie Eigenkapitallücken mittelständischer Gesellschaften geschlossen werden können Private Debt ist ein guter Ausweg, in: Finanz und Wirtschaft, 23.06.2004, S. 24

Achleitner, Ann-Kristin und Fingerle, Christian H. (2004): Finanzierungssituation des deutschen Mittelstandes, in: Achleitner, Ann-Kristin; Einem, Christoph von, et al. (Hrsg.): Private Debt - alternative Finanzierung für den Mittelstand, Stuttgart, 2004, S. 5-40

Achleitner, Ann-Kristin und Wahl, Simon (2004): Private Debt als alternative Finanzierungsform für mittelständische Unternehmen, in: Achleitner, Ann-Kristin; Einem, Christoph von, et al. (Hrsg.): Private Debt - alternative Finanzierung für den Mittelstand, Stuttgart, 2004, S. 41-80

Aghion, Philippe und Bolton, Patrick (1992): An Incomplete Contracts Approach to Financial Contracting, in: Review of Economic Studies, Vol. 59, 1992, S. 473-494

Akerlof, George A. (1970): The Market for Lemons: Quality Uncertainty and the Market Mechanism, in: Quarterly Journal of Economics, Vol. 84, Issue 3, 1970, S. 488-500

Alchian, Armen A. und Demsetz, Harold (1973): The Property Rights Paradigm, in: Journal of Economic History, Vol. 33, Issue 1, 1973, S. 16-27

Allen, Franklin und Gale, Douglas (2001): Comparative financial systems : a survey, Working Paper Series of Wharton Financial Institutions Center, University of Pennsylvania, 01,15, Working paper, 2001

Allen, Franklin und Santomero, Anthony M. (1997): The theory of financial intermediation, in: Journal of Banking & Finance, Vol. 21, 1997, S. 1461-1485

Allen, Franklin und Santomero, Anthony M. (2001): What do financial intermediaries do?, in: Journal of Banking & Finance, Vol. 25, 2001, S. 271-294

Allen, Franklin und Winton, Andrew (1995): Corporate Financial Structure, Incentives and Optimal Contracting, in: Jarrow, R. (Hrsg.): Handbooks in OR & MS, 9th Edition, 1995, S. 693-720

BaFin (1999): Bekanntmachung des Bundesamts für Wertpapierhandel zum Wertpapier-Verkaufsprospektgesetz (Verkaufsprospektgesetz), Bundesanstalt für Finanzdienstleistungsaufsicht, 1999

BaFin (2002): Mindestanforderungen an das Kreditgeschäft der Kreditinstitute, Rundschreiben 34/2002 (BA), Bundesanstalt für Finanzdienstleistungsaufsicht, 2002

BaFin (2005): Datenbanken & Statistiken, Bundesanstalt für Finanzdienstleistungsaufsicht, Online im Internet: http://www.bafin.de/cgi-bin/bafin.pl?verz=0901000000&sprache=0&filter=&ntick=0 Download am 01.03.2006, Stand vom: nicht ersichtlich

Balderjahn, Ingo (2003): Validität: Konzept und Methoden, in: WISt, 32. Jg., Heft 3, 2003, S. 130-135

Bartsch, Meinhard (2005): Effektives Kapitalmarktrecht: Zur Rechtsfolgenseite der Richtinien im Europäischen Kapitalmarktrecht, Online im Internet: http://www.opus-bayern.de/uni-augsburg/volltexte/2005/115/ Download am 20.02.2006, Stand vom: nicht ersichtlich

Becker, Fred G. (1994): Finanzmarketing von Unternehmen: Konzeptionelle Überlegungen jenseits von Investor Relations, in: Die Betriebswirtschaft (DBW), 54. Jg., Heft Nr. 3, 1994, S. 295-313

Beier, Martin (2006): Minibonds sind groß im Kommen, in: Handelsblatt, Nr. 231, 29.11.2006, S. c04

Benkenstein, Martin (2002): Strategisches Marketing: ein wettbewerbsorientierter Ansatz; 2., überarbeitete und erweiterte Auflage, Stuttgart, 2002

Benkenstein, Martin und Stephan, Anja (2005): Wertorientierte Markenführung von Banken, in: Schulze, Heiko (Hrsg.): Wertmanagement in Banken; Festschrift zum 65. Geburtstag von Guido Eilenberger, Wiesbaden, 2005, S. 255-277

Benston, George J. und Smith, Clifford W. Jr. (1976): A Transactions Cost Approach to the Theory of Financial Intermediation, in: Journal of Finance, Vol. 31, 1976, S. 215-23

Berglöf, Erik; Roland, Gerard, et al. (2000): An Incomplete Contracts Approach to Corporate Bankruptcy, Paper, 2000

Berlin, Mitchell und Mester, Loretta J. (1992): Debt Covenants and Renegotiation, in: Journal of Financial Intermediation, Vol. 2, 1992, S. 95-133

Beutin, Nikolas (2005): Kundenbindung durch Zusatzdienstleistungen (Value-Added Services), in: Bruhn, Manfred und Homburg, Christian (Hrsg.): Handbuch Kundenbindungsmanagement: Grundlagen - Konzepte - Erfahrungen, Wiesbaden, 2005, S. 297-314

Bolton, Patrick und Scharfstein, David S. (1996): Optimal Debt Structure and the Number of Creditors, in: The journal of political economy, Vol. 104, Issue 1, 1996, S. 1-25

Boot, Arnoud W.A. (2000): Relationship Banking: What Do We Know?, in: Journal of Financial Intermediation, Vol. 9, 2000, S. 7-25

Börse (2006): Börsenordnung für die Frankfurter Wertpapierbörse, Frankfurter Wertpapierbörse, Online im Internet: www.deutsche-boerse.de Download am 23.01.2006, Stand vom: 01.01.2006

Bortz, Jürgen und Döring, Nicola (2003): Forschungsmethoden und Evaluation für Human- und Sozialwissenschaftler ; mit 70 Tabellen, 3. überarb. Auflage, Berlin [u.a.], 2003

Bredemeier, Sonning und Tholen, Michael (2003): Unternehmensfinanzierung: Die volkswirtschaftliche Perspektive, in: Wiedmann, Klaus-Peter und Heckemüller, Carsten (Hrsg.): Ganzheitliches Corporate Finance Management, Wiesbaden, 2003, S. 178-192

Breid, Volker (1995): Aussagefähigkeit agencytheoretischer Ansätze im Hinblick auf die Verhaltenssteuerung von Entscheidungsträgern, in: WISt, 47. Jg., Heft 9, 1995, S. 821-854

Breuer, Wolfgang (1993): Finanzintermediation im Kapitalmarktgleichgewicht, Wiesbaden, 1993

Breuer, Wolfgang (1995): Finanzintermediation und Reputationseffekte, in: Kredit und Kapital, 28. Jg., 1995, S. 516-534

Breuer, Wolfgang A. (1997): Geschichte der Finanzwirtschaftslehre: Finanzierungstheorie, in: WISt, 26. Jg., Heft 12, 1997, S. 606-612

Breuer, Wolfgang A. (2001): Finanzierung, in: Jost, Peter J. (Hrsg.): Die Spieltheorie in der Betriebswirtschaftslehre, Stuttgart, 2001, S. 135-147

Brezski, Eberhard und Dunkel, Gunter (2003): Corporate Finance nach Basel II - Wer sind die Innovatoren, in: Wiedmann, Klaus-Peter und Heckemüller, Carsten (Hrsg.): Ganzheitliches Corporate Finance Management, 1. Auflage, Wiesbaden, 2003, S. 98-113

Broda, Bjoern M. (2003): Finanzierungsalternativen für KMU zum Bankkredit?, in: Der Schweizer Treuhänder, 77. Jg., Heft 6/7, 2003, S. 463-472

Bruhn, Manfred (2001): Relationship-Marketing: Das Management von Kundenbeziehungen, München, 2001

Bruns Jr., William J. (1989): A REVIEW of Robert K. Yin´s Case Study Research: Design and Methods., in: Journal of Management Accounting Research, Vol. 1, Issue Fall, 1989, S. 157-163

Bundesbank (2000): Die Beziehung zwischen Bankkrediten und Anleihemarkt in Deutschland, in: Monatsbericht Januar 2000, Deutsche Bundesbank, 2000, S. 33-48

Bundesbank (2002a): Die Beziehung zwischen Kreditzinsen deutscher Banken und Marktzinsen, in: Monatsbericht März 2002, Deutsche Bundesbank, 2002a, S. 53-66

Bundesbank (2002b): Kapitalgedeckte Altersvorsorge und Finanzmärkte, in: Monatsbericht Juli 2002, Deutsche Bundesbank, 2002b, S. 25-39

Bundesbank (2003a): Gesamtwirtschaftliche Aspekte der Aktienkursentwicklung, in: Monatsbericht März 2003, Deutsche Bundesbank, 2003a, S. 29-41

Bundesbank (2003b): Neue Mindestanforderungen an das Kreditgeschäft: MaK und Basel II, in: Monatsbericht Januar 2003, Deutsche Bundesbank, 2003b, S. 45-58

Bundesbank (2004a): Bericht zur Stabilität des deutschen Finanzsystems, in: Monatsbericht Oktober 2004, Deutsche Bundesbank, 2004a, S. 5-77

Bundesbank (2004b): Neue Eigenkapitalanforderungen für Kreditinstitute (Basel II), in: Monatsbericht September 2004, Deutsche Bundesbank, 2004b, S. 75-100

Bundesbank (2004c): Neuere Entwicklungen am Markt für Unternehmensanleihen, in: Monatsbericht April 2004, Deutsche Bundesbank, 2004c, S. 15-26

Bundesbank (2004d): Zur Bedeutung der Informations- und Kommunikationstechnologie, in: Monatsbericht April 2004, Deutsche Bundesbank, 2004d, S. 47-57

Bundesbank (2005a): Kritische Haushaltslage erfordert einschneidende Konsolidierung, in: Monatsbericht Oktober 2005, Deutsche Bundesbank, 2005a, S. 9

Bundesbank (2005b): Monatsbericht Oktober 2005, Deutsche Bundesbank, 2005b

Bundesbank (2005c): Verhältniszahlen aus Jahresabschlüssen deutscher Unternehmen von 2002 bis 2003, in: Statistische Sonderveröffentlichung 6, Dezember 2005, Deutsche Bundesbank, 2005c

Bundesbank (2005d): Vermögensbildung und Finanzierung im Jahr 2004, in: Monatsbericht Juni 2005, Deutsche Bundesbank, 2005d, S. 15-36

Bundesbank (2006): Regulierung von Wertpapiermärkten: internationale Ansätze, in: Monatsbericht Januar 2006, Deutsche Bundesbank, 2006, S. 37-52

Bundesfinanzministerium (2006a): Mitteilung zum Entwurf eines Gesetzes zur Umsetzung der neu gefassten Bankenrichtlinie und der neu gefassten Kapitaladäquanzrichtlinie, Bundesministerium der Finanzen, 2006a

Bundesfinanzministerium (2006b): Umsetzung von Basel II in Deutschland und der Europäischen Union, in: Monatsbericht des BMF im Januar 2006, Bundesministerium der Finanzen, 2006b, S. 57-68

Burchert, Heiko; Hering, Thomas, et al. (1998): Finanzwirtschaftliche Probleme mittelständischer Unternehmen, in: BFuP, 50. Jg., Heft 3, 1998, S. 241-262

Büschgen, Hans E. (1993): Leasing: Erfolgs- und liquiditätsorientierter Vergleich zu traditionellen Finanzierungsinstrumenten, in: Gebhardt, Günther; Gerke, Wolfang, et al. (Hrsg.): Handbuch des Finanzmanagements - Instrumente und Märkte der Unternehmensfinanzierung, München, 1993, S. 495-517

Campbell, Tim S. (1979): Optimal Investment Financing Decisions and the Value of Confidentiality, in: Journal of Financial & Quantitative Analysis, Vol. 14, 1979, S. 913-924

Caruana, Albert (1997): Corporate reputation: Concept and measurement, in: Journal of Product & Brand Management, Vol. 6, Issue 2, 1997, S. 109-118

Clemons, Eric K. und Hitt, Lorin M. (2000): The Internet and the Future of Financial Services: Transparency, Differential Pricing and Disintermediation, Working Paper Series of Wharton Financial Institutions Center, University of Pennsylvania (Discussion Draft), 00,35, Working paper, 2000

Coase, R.H. (1937): The Nature of the Firm, in: Economica, Vol. 4, 1937, S. 386-405

Covitz, Daniel M. und Harrison, Paul (2003): Testing Conflicts of Interest at Bond Rating Agencies with Market Anticipation: Evidence that Reputation Incentives Dominate, Online im Internet: http://www.federalreserve.gov/pubs/feds/2003/200368/200368pap.pdf Download am 20.10.2006, Stand vom: Dezember 2003

Creditreform (2005): Die Entwicklung der Unternehmensinsolvenzen in den letzten zehn Jahren, Online im Internet: http://www.creditreform.de/Ressourcen/Creditreform_Analysen/Insolvenzen_Neugruendungen_Loeschungen/1_u-inso.gif Download am 01.02.2006, Stand vom: nicht ersichtlich

Crössmann, Jürgen (2003): Risikocontrolling in Kreditinstituten, in: Deter, Henryk und Diegelmann, Michael (Hrsg.): Creditor Relations - Beziehungsmanagement mit Fremdkapitalgebern, 1. Auflage, Frankfurt am Main, 2003, S. 63-87

Cünnen, Andrea (2005a): FTI verkauft Anleihe an Privatanleger, in: Handelsblatt, 08.07.2005, S. 32

Cünnen, Andrea (2005b): Kleine Firmen locken mit hohen Renditen, Handelsblatt.com, Online im Internet:

http://www.handelsblatt.com/pshb?fn=relhbi&sfn=buildhbi&GoPage=205550,205551 &bmc=biz_cn_detailsuche&bmc=biz_cn_archiv_artikel&dk=34&SH=0bf7033bfd02d 2b07eb67ef60f098b&depot=0 Download am 12.09.2006, Stand vom: 11.03.2005

Cünnen, Andrea (2005c): Magere Renditen schrecken Anleger nicht, in: Handelsblatt, 06.05.2005, S. 35

DAI (2003): Kapitalmarkt und Mittelstand,Ergebnisse einer Befragung nicht-börsennotierter Unternehmen in Deutschland, Studien des DAI, Heft 24, Deutsches Aktieninstitut e.V., Online im Internet: http://www.dai.de/internet/dai/dai-2-0.nsf/dai_publikationen.htm Download am 03.02.2006, Stand vom: nicht ersichtlich

DAI (2006): DAI-Factbook - Ergebnisse von Infratest-Umfragen im Auftrag des Deutschen Aktieninstituts; Abschnitt 08.3-Zahl-D, Deutsches Aktieninstitut e.V., Online im Internet: http://www.dai.de/internet/dai/dai-2-0.nsf/dai_statistiken.htm Download am 15.02.2006, Stand vom: nicht ersichtlich

Darke, Peta; Shanks, Graeme G., et al. (1998): Successfully completing case study research: combining rigour, relevance and pragmatism, in: Info Systems Journal, Vol. 8, Issue 4, 1998, S. 273-290

DeBondt, Werner F.M. und Thaler, Richard H. (1995): Financial Decision-Making in Markets and Firms: A Behavioral Perspective, in: Jarrow, Robert A.; Maksimovic, Vojislav, et al. (Hrsg.): Finance, Handbooks in Operations Research and Management Science, Amsterdam [u.a.], 1995, S. 385-410

DEG (2006): ZIMBO ist erneut Werbepartner der DEG METRO STARS, DEG Eishockey GmbH, Online im Internet: http://www.deg-metro-stars.de/servlet/PB/menu/1007526_pcontent/content.html Download am 05.01.2007, Stand vom: 03.05.2006

Demirguc-Kunt, Asli und Levine, Ross (1999): Bank-Based and Market-Based Financial Systems: Cross-Country Comparisons, Policy research working paper No. 2143, World Bank Policy Working Paper No. 2143., Online im Internet: http://ssrn.com/abstract=569255 Download am 23.06.2005, Stand vom: nicht ersichtlich

Demsetz, Harold (1968): The Cost of Transacting, in: Quarterly Journal of Economics, Vol. 82, Issue February, 1968, S. 33-53

Denecke, Willi (2004): Finanzierungmöglichkeiten mittelständischer Unternehmen: Inhaber-Teilschuldverschreibungen (Vortragsunterlage von Willi Denecke, Geschäftsführer der ZIMBO Fleisch- und Wurstwaren GmbH & Co. KG, im Rahmen der Kontaktseminare des ikf Instituts für Kreditwirtschaft und Finanzierung, Bochum), ikf Institut für Kreditwirtschaft und Finanzierung, Online im Internet: http://www.ikf-server.de/shared/downloads/Denecke_Anleihe_ZIMBO.pdf Download am 03.01.2007, Stand vom: 2004

Denis, David J. und Mihov, Vassil T. (2003): The choice among bank debt, non-bank private debt, and public debt: evidence from new corporate borrowings, in: Journal of Financial Economics, Vol. 70, Issue 1, 2003, S. 3-28

Dewatripont, Mathias und Tirole, Jean (1994): A Theory of Debt and Equity: Diversity of Securities and Manager-Shareholder Congruence, in: The Quarterly Journal of Economics, Vol. 109, Issue 4, 1994, S. 1027-1054

Diamond, Douglas W. (1984): Financial Intermediation and Delegated Monitoring, in: Review of Economic Studies, Vol. 51, 1984, S. 393-414

Diamond, Douglas W. (1989): Reputation acquisition in debt markets, in: The journal of political economy, Vol. 97, Issue 4, 1989, S. 828-867

Diamond, Douglas W. (1991): Monitoring and Reputation: The Choice between Bank Loans and Directly Placed Debt, in: The journal of political economy, Vol. 99, Issue 4, 1991, S. 689-721

Diamond, Douglas W. (1993): Seniority and maturity of debt contracts, in: Journal of Financial Economics, Vol. 33, Issue 3, 1993, S. 341-368

DIAS (2005): Grauer Kapitalmarkt - Liste der unseriösen Angebote und Geschäftsanbahnungsmethoden - Unternehmensanleihen im Fadenkreuz, Deutsches Institut für Anlegerschutz e.V., Online im Internet: http://www.dias-ev.de/pdf/unserioese_anbieter.pdf Download am 25.07.2006, Stand vom: 25.10.2005

Diehl, Ulrike und Leker, Jens (2003): Der Kreditanalyst - Ein neues Berufsbild entsteht, in: Deter, Henryk und Diegelmann, Michael (Hrsg.): Creditor Relations - Beziehungsmanagement mit Fremdkapitalgebern, 1. Auflage, Frankfurt am Main, 2003, S. 173-188

Diekmann, Philipp (2004): Auswirkungen der EU-Prospektrichtlinie, Online im Internet: http://www.uni-leipzig.de/bankinstitut/dokumente/2004-02-04-03.pdf Download am 15.02.2006, Stand vom: nicht ersichtlich

Ehringer, Gerhard (2005): Erfahrungen mit neuen Finanzierungsmodellen, Vortrag im Rahmen des Alpacher Bankenseminars 2005 der Österreichischen Bankwissenschaftlichen Gesellschaft mit dem Titel: "Basel II - und danach? Retail-Binnenmarkt und neue Finanzierungsmodelle", Online im Internet: http://www.bwg.at/bwg2/bwg.nsf/Menue/1.6 Download am 03.03.2006, Stand vom: 30.08.2005

Eilenberger, Guido (1995): Überblick über produktbezogene Finanzinnovationen unter Gesichtspunkten der Rechnungslegung, in: BFuP, 47. Jg., Heft 2, 1995, S. 125-145

Eilenberger, Guido (1996a): Betriebliche Finanzwirtschaft. 7., vollständig überarbeitete und erweiterte Auflage, München [u.a.], 1996a

Eilenberger, Guido (1996b): Lexikon der Finanzinnovationen. 3., erweiterte Auflage, München [u.a.], 1996b

Eilenberger, Guido (2002a): Basel II und seine Entstehung, in: Kreditpolitik der Banken und Unternehmens-Rating: Konsequenzen von Basel II; Beiträge zur Konferenz am 28.11.2001 [Rostocker Bankenkolloquium]; Rostocker Schriften zur Bank- und Finanzmarktforschung; 10, 2002a, S. 7-21

Eilenberger, Guido (2002b): Unternehmensfinanzierung in der New Economy, in: Mittelständische Unternehmungen im Spannungsfeld zwischen New and Old Economy: XI. Betriebswirtschaftliche Tage zu Schwerin; 25. und 26. Oktober 2001, Crowne Plaza Hotel Schwerin. - Rostock, 2002b, S. 213-218

Eilenberger, Guido (2003): Kreditkrise und Unternehmensfinanzierung, Zentrum für angewandte Bank- und Finanzmarktforschung e.V. (ZBF), München, 2003

Eisenhardt, Kathleen M. (1989): Building Theories from Case Study Research, in: Academy of Management Review, Vol. 14, Issue 4, 1989, S. 532-550

Eisenhardt, Kathleen M. (1991): Better Stories and Better Constructs: The Case for Rigor and Comparative Logic, in: Academy of Management Review, Vol. 16, Issue 3, 1991, S. 620-627

Elsas, Ralf und Krahnen, Jan Pieter (2000): Collateral, default risk, and relationship lending : an empirical study on financial contracting, 2000

Engelhardt, Werner H.; Kleinaltenkamp, Michael, et al. (1993): Leistungsbündel als Absatzobjekte, in: Zeitschrift für betriebswirtschaftliche Forschung, 45. Jg., Nr. 5, 1993, S. 395-426

Ernst&Young und F.A.Z.-Institut (2005): Innovativ in die Zukunft: Siegerstrategien im deutschen Mittelstand 2006, Frankfurt am Main, 2005

Factoring-Verband (2004): Factoring in Deutschland, 4. Auflage 2004, Deutscher Factoring-Verband e.V., 2004

Factoring-Verband (2005): Factoring in Deutschland, Deutscher Factoring-Verband e.V., Online im Internet: http://www.factoring.de/index.php?id=1101 Download am 03.03.2006, Stand vom: nicht ersichtlich

Fama, Eugene F. (1985): What's different about Banks?, in: Journal of Monetary Economics, Vol. 15, 1985, S. 29-39

Fama, Eugene F. (1997): Market Efficiency, Long-Term Returns, and Behavioral Finance, Online im Internet: http://ssrn.com/abstract=15108 Download am 16.06., Stand vom: June 1997

Fieseler, Bernd (2003): Rating und Basel II beeinflussen das Kreditgeschäft der Banken deutlich, in: Zeitschrift für das gesamte Kreditwesen, 56. Jg., Heft 20, 2003, S. 1192-1193

Fischer, Leonhard (2001): Unternehmensanleihen - eine Alternative zur Kreditfinanzierung, in: Breuer, Rolf-E. (Hrsg.): Handbuch Finanzierung, 3. Auflage, Wiesbaden, 2001, S. 251-279

Fisher, A.B. (1996): Corporate Reputations: Comebacks and Comeuppances, in: Fortune, Vol. 133, No. 4, 1996, S. 90-98

Fombrun, Charles J. und Riesl, Cees B.M. van (2003): Reputation und Unternehmensergebnis - zentrale Resultate einer empirischen Studie, in: Heckemüller, Carsten (Hrsg.): Ganzheitliches Corporate Finance Management, 1. Auflage, Wiesbaden, 2003, S. 292-298

Fombrun, Charles und Shanley, Mark (1990): What's in a name? Reputation Building and Corporate Strategy, in: Academy of Management Journal, Vol. 33, Issue 2, 1990, S. 233-258

Fryxell, Gerald E. und Wang, Jia (1994): The Fortune Corporate Reputation Index: Reputation for what?, in: Journal of Management, Vol. 20, Issue 1, 1994, S. 1-14

Gale, Douglas und Hellwig, Martin (1985): Incentive-Compatible Debt Contracts: The one-period Problem, in: Review of Economic Studies, Vol. 52, Issue 4, 1985, S. 647-663

Gebhardt, Günther; Gerke, Wolfgang, et al. (1993): Ziele und Aufgaben des Finanzmanagements, in: Gebhardt, Günther; Gerke, Wolfang, et al. (Hrsg.): Handbuch des Finanzmanagements - Instrumente und Märkte der Unternehmensfinanzierung, München, 1993, S. 1-23

Golland, Frank und Hans, Tobias (2003): Herausforderungen und Lösungsansätze bei der Finanzierung mittelständischer Unternehmen, in: Wiedmann, Klaus-Peter und Heckemüller, Carsten (Hrsg.): Ganzheitliches Corporate Finance Management, 1. Auflage, Wiesbaden, 2003, S. 564-574

Golz, Ralph T. und Hoffelner, Matthias (2003): Mezzanine Capital für den Mittelstand, in: Deter, Henryk und Diegelmann, Michael (Hrsg.): Creditor Relations - Beziehungsmanagement mit Fremdkapitalgebern, 1. Auflage, Frankfurt am Main, 2003, S. 139-151

Göthlich, Stephan E. (2003): Fallstudien als Forschungsmethode - Plädoyer für einen Methodenpluralismus in der deutschen betriebswirtschaftlichen Forschung, Manuskripte aus den Instituten für Betriebswirtschaftslehre der Universität Kiel, Nr. 578, November 2003, Kiel, 2003

Grand, Simon (2003): Praxisbezug versus Praxisrelevanz der Forschung in der Managementforschung, in: DBW, 63. Jg., Nr. 5, 2003, S. 599-604

Großer, Thilo (2006): Auf zur Schlacht-Bank, ftd.de, Online im Internet: http://ftd.de/karriere_management/management/86167.html Download am 13.07.2006, Stand vom: 23.06.2006

Guo, Zhaohui (2002): Behavioral Finance: Die empirische Überprüfbarkeit behavioraler Modelle, Dissertation Nr. 2625, Universität St. Gallen, Hochschule für Wirtschafts-, Rechts- und Sozialwissenschaften (HSG), Online im Internet: http://www.biblio.unisg.ch/www/edis.nsf/wwwDisplayIdentifier/2625 Download am 25.09.2006, Stand vom: 29.01.2002

Hahn, Oswald (1993): Factoring und Forfaitierung, in: Gebhardt, Günther; Gerke, Wolfang, et al. (Hrsg.): Handbuch des Finanzmanagements - Instrumente und Märkte der Unternehmensfinanzierung, München, 1993, S. 519-529

Hannß, Josephin (1995): Finanzinnovationen - eine agency-theoretische Betrachtungsweise, Zürich, 1995

Harrer, Herbert; Janssen, Ulli, et al. (2005): Genussscheine - eine interessante Form der Mezzanine Mittelstandsfinanzierung, in: Finanz-Betrieb, 7. Jg., Heft 1, 2005, S. 1-7

Harris, Milton und Raviv, Artur (1990): Capital structure and the Informational Role of debt, in: The Journal of Finance, Vol. 45, Issue 2, 1990, S. 321-349

Harris, Milton und Raviv, Artur (1991): The Theory of Capital Structure, in: The Journal of Finance, Vol. 46, Issue 1, 1991, S. 297-355

Hart, Oliver (2001): Financial Contracting, in: Journal of Economic Literature, Vol. 39, Issue 4, 2001, S. 1079-1100

Hart, Oliver und Moore, John (1999): Foundations of Incomplete Contracts, in: Review of Economic Studies, Vol. 66, Issue 1, 1999, S. 115-138

Hauschildt, Jürgen (2003): Zum Stellenwert der empirischen betriebswirtschaftlichen Forschung, in: Schwaiger, Manfred und Harhoff, Dietmar (Hrsg.): Empirie und Betriebswirtschaft: Entwicklungen und Perspektiven, Stuttgart, 2003, S. 3-24

Hauser, Mark Jason (2003): Möglichkeiten, Risiken und Grenzen der Investor Relations - Theoretische und empirische Analyse, Zürich, 2003

Herbst, Gabriele (2005): Bankkredit oder Unternehmensanleihe? Eine entscheidungsorientierte Analyse unter Berücksichtigung empirischer Auswertungen, Hamburg, 2005

Herrmann, Heinz (2001): The German financial system and European monetary union, in: Journal of Asian Economics, Vol. 12, 2001, S. 37-46

Hoffmann, Kurt (2004): Das lukrative Ost-Engagement, in: Lebensmittel Zeitung, 12.03.2004

Hofmann, Gerhard (2002): Basel II und die Zukunft des Kreditgeschäfts in Deutschland, in: BFuP, 54. Jg., Heft 16, 2002, S. 545-555

Holland, John (1994): Bank lending relationships and the complex nature of bank-corporate relations, in: Journal of Business Finance & Accounting, Vol. 21, Issue 3, 1994, S. 367-393

Homburg, Christian und Bruhn, Manfred (2005): Kundenbindungsmanagement - Eine Einführung in die theoretischen und praktischen Problemstellungen, in: Bruhn, Manfred und Homburg, Christian (Hrsg.): Handbuch Kundenbindungsmanagement: Grundlagen - Konzepte - Erfahrungen, Wiesbaden, 2005, S. 3-37

Hoshi, Takeo; Kashyap, Anil, et al. (1990): The role of banks in reducing the costs of financial distress in Japan, in: Journal of Financial Economics, Vol. 27, 1990, S. 67-88

Hug, Ernst-Walter (2004): Energie / Fotovoltaikanlage der Stadtwerke könnte 54 Haushalte mit umweltfreundlichem Strom versorgen, in: Haller Tagblatt, 28.12.2004

ifo, Institut für Wirtschaftsforschung an der Universität München (2005): Besseres Investitionsklima stärkt Leasingwachstum, Sonderdruck aus ifo-Schnelldienst Nr. 23/2005 im Auftrag des Bundesverbandes Deutscher Leasing-Unternehmen e.V., Institut für Wirtschaftsforschung an der Universität München ifo, 2005

ire (2005): Zimbo sucht wieder private Financiers, in: Handelsblatt, Nr. 214, 04.11.2005, S. 20

Irsch, Norbert (2003): Konsequenzen des Strukturwandels im deutschen Finanzsektor für die Mittelstandsfinanzierung und -förderung, in: Deter, Henryk und Diegelmann, Michael (Hrsg.): Creditor Relations - Beziehungsmanagement mit Fremdkapitalgebern, 1. Auflage, Frankfurt am Main, 2003, S. 43-62

Jensen, Michael C. und Meckling, William H. (1976): Theory of the firm: Managerial Behavior, Agency Costs and Ownership Structure, in: Journal of Financial Economics, Vol. 3, Issue 4, 1976, S. 305-360

Jolls, Christine; Sunstein, Cass R., et al. (1998): A behavioral approach to law and economics, in: Stanford Law Review, Vol. 50, 1998, S. 1471-1550

Kahneman, Daniel und Tversky, Amos (1979): Prospect Theory: An analysis of decision under risk, in: Econometrica, Vol. 47, No. 2, 1979, S. 263-291

Kaplan, Steven N. und Strömberg, Per (2003): Financial Contracting Theory Meets the Real World: An Empirical Analysis of Venture Capital Contracts, in: Review of Economic Studies, Vol. 70, 2003, S. 281-315

Kehmeier, Reinhard (2002): Finanzierung durch Kunden, in: Porta erleben, 28.11.2002

KfW (2004): Unternehmensfinanzierung: Immer noch keine Entwarnung... ...aber Fortschritte bei der Anpassung an neue Spielregeln des Finanzmarkts, Auswertung der Unternehmensbefragung 2003/2004, KfW, Online im Internet: http://www.kfw.de/DE_Home/Service/OnlineBibl48/Volkswirts64/Unternehmensbefragung_2003_2004_lang.pdf Download am 03.02.2006, Stand vom: nicht ersichtlich

KfW (2005a): Mezzanine-Finanzierung für den Mittelstand. Der Markt ist in Bewegung. Nr. 1, Juli 2005, KfW Research, Online im Internet: http://www.kfw.de/DE_Home/Service/OnlineBibl48/Volkswirts64/WOb_Juli_2005.pdf Download am 26.02.2006, Stand vom: nicht ersichtlich

KfW (2005b): Unternehmensfinanzierung: Immer noch schwierig, aber erste Anzeichen einer Besserung. Auswertung der Unternehmensbefragung 2005, KfW, Online im Internet: http://www.kfw.de/DE_Home/Research/Ubef_2005_Langfassung.pdf Download am 03.02.2006, Stand vom: nicht ersichtlich

KG, RZ-Zimmermann GmbH & Co. Holding (2003): Verkaufsprospekt für die Inhaber-Teilschuldverschreibungen, ISIN DE 0008096561, vom 10.Oktober 2003, hrsg. von der RZ-Zimmermann GmbH & Co. Holding KG, Bochum, 2003

KG, ZIMBO Familie Zimmermann Immobilien GmbH & Co. (2005): Wertpapierprospekt für die Inhaber-Schuldverschreibungen, ISIN DE 000A0JBT43, vom 20. Oktober 2005, hrsg. von der ZIMBO Familie Zimmermann Immobilien GmbH & Co. KG, Bochum, 2005

Kieser, Alfred und Nicolai, Alexander (2003): Mit der Theorie die wilde Praxis reiten, valleri, vallera, valleri?, in: DBW, 63. Jg., Nr. 5, 2003, S. 589-594

Klein, Sebastian (1996): Fremdkapitalmarketing: ein Teil des Finanzmarketing der Unternehmung, Wiesbaden, 1996

Kleinaltenkamp, Michael (2005): Kundenbindung durch Kundenintegration, in: Bruhn, Manfred und Homburg, Christian (Hrsg.): Handbuch Kundenbindungsmanagement: Grundlagen - Konzepte - Erfahrungen, Wiesbaden, 2005, S. 361-378

Kletzing, Sigrid und Schulze, Heiko (2005): Neue Anforderungen an die Kreditwürdigkeitsprüfung und ihre Bedeutung für das Wertmanagement der Banken, in: Schulze, Heiko (Hrsg.): Wertmanagement in Banken; Festschrift zum 65. Geburtstag von Guido Eilenberger, Wiesbaden, 2005, S. 161-181

Kommission, Europäische (1999): Finanzdienstleistungen: Umsetzung des Finanzmarktrahmens: Aktionsplan (FSAP), Europäische Kommission, Online im Internet: http://europa.eu.int/comm/internal_market/finances/docs/actionplan/index/action_de.pdf Download am 20.02.2006, Stand vom: nicht ersichtlich

König, Christian A. (2006): Optimierung der Kapitalstruktur von mittelständischen Unternehmen mit Hilfe von Mezzanine-Instrumenten (Diplomarbeit), Dortmund, 2006

Korte, Holger (2004): Die Emission festverzinslicher Wertpapiere über Internetplattformen - Darstellung und Analyse aus Sicht der Finanzierungstheorie (Diplomarbeit), Westfälische Wilhelms-Universität Münster, Online im Internet: http://www.diplomarbeiten24.de/vorschau/28894.html Download am 05.10.2006, Stand vom: nicht ersichtlich

Kranz, Marcel (2004): Die Relevanz der Unternehmensmarke : ein Beitrag zum Markenmanagement bei unterschiedlichen Stakeholderinteressen, Frankfurt am Main [u.a.], 2004

Kreps, David M. und Wilson, Robert (1982): Reputation and Imperfect Information, in: Journal of Economic Theory, Vol. 27, 1982, S. 253-279

Kudla, Ralph (2005): Finanzierung in der Sanierung - Innovative Lösungen für Krisenunternehmen, Wiesbaden, 2005

Küll, Oliver (2004): Intermediation im internetinduzierten Wandel - Eine funktionen- und institutionenorientierte Analyse unter besonderer Berücksichtigung des Finanzdienstleistungssektors, Berlin, 2004

Kwan, Simon H. und Carleton, Willard T. (1995): The role of private placement debt issues in corporate finance, Working papers in applied economic theory; 95,13, San Francisco, 1995

Lamfalussy, Alexandre (2001): Schlussbericht des Ausschusses der Weisen über die Regulierung der Europäischen Wertpapiermärkte, Lamfalussy, Alexandre, 2001

Lamnek, Siegfried (1988): Qualitative Sozialforschung, München [u.a.], 1988

Lange, Kai (2006): Wachsen ohne Bankkredit, Manager-Magazin.de, Online im Internet: http://www.manager-magazin.de/unternehmen/mittelstand/0,2828,418596,00.html Download am 19.07.2006, Stand vom: 29.05.2006

Lange, Thomas A. (2005): Kapitalmarktbasierte Preismodelle für Firmenkundenkredite als Beitrag zur wertorientierten Steuerung in Banken, in: Lange, Thomas A. und Schulze, Heiko (Hrsg.): Wertmanagement in Banken; Festschrift zum 65. Geburtstag von Guido Eilenberger, Wiesbaden, 2005, S. 113-134

Lassak, G. (1991): Liquidität am deutschen Rentenmarkt - Eine empirische Untersuchung, in: Zeitschrift für Betriebswirtschaft, 61. Jg., 1991, S. 75-86

Leland, Hayne E. und Pyle, David H. (1977): Informational Asymmetries, Financial Structure and Financial Intermediation, in: The Journal of Finance, Vol. 32, Issue 2, 1977, S. 371-387

Lohneiß, Hubert (2003): Unternehmensfinanzierung: Alternativen zum Bankkredit, in: Wiedmann, Klaus-Peter und Heckemüller, Carsten (Hrsg.): Ganzheitliches Corporate Finance Management, 1. Auflage, Wiesbaden, 2003, S. 548-562

Lueger, Manfred (2001): Auf den Spuren der sozialen Welt - Methodologie und Organisierung interpretativer Sozialforschung, Frankfurt am Main [u.a.], 2001

Macpherson, Ian; Brooker, Ross, et al. (2000): Case study in the contemporary world of research: using notions of purpose, place, process and product to develop some principles for practice., in: International Journal of Social Research Methodology, Vol. 3, Issue 1, 2000, S. 49-61

Maksimovic, Vojislav und Titman, Sheridan (1991): Financial Policy and Reputation for Product Quality, in: The review of financial studies, Vol. 4, Issue 1, 1991, S. 175-200

Mangasarian, Leon (2005): Investitionskapital für den Mittelstand, in: Wiesbadener Tagblatt, 08.06.2005

Mayring, Philipp (1990): Einführung in die qualitative Sozialforschung eine Anleitung zu qualitativem Denken, 1. Auflage, München, 1990

Merton, Robert C. (2000): Future Possibilities in Finance Theory and Finance Practice, Harvard Business School, 01-30, Working Paper Draft, 2000

Meyer, Jörn-Axel (2003): Die Fallstudie in der betriebswirtschaftlichen Forschung und Lehre, in: WISt, Heft 8, 2003, S. 475-479

Michel, Stephanie (2004): Kundenbindungsmanagement von Energieversorgungsunternehmen vor dem Hintergrund liberalisierter Märkte, Hannover, 2004

Milgrom, Paul und Roberts, John (1982): Reputation and Imperfect Information, in: Journal of Economic Theory, Vol. 27, 1982, S. 280-312

Modigliani, Franco und Miller, Merton H. (1958): The Cost of Capital, Corporation Finance and the Theory of Investment, in: The American Economic Review, Vol. 48, Issue 3, 1958, S. 261-297

Modigliani, Franco und Miller, Merton H. (1963): Corporate Income Taxes and the Cost of Capital: A Correction, in: The American Economic Review, Vol. 53, 1963, S. 433-443

Mullainathan, Sendhil und Thaler, Richard H. (2000): Behavioral Economics, MIT Dept. of Economics Working Paper No. 00-27, Online im Internet: www.iies.su.se/nobel/papers/Encyclopedia%202.0.pdf Download am 02.10.2006, Stand vom: September 2000

Müller, Klaus-Peter (2004): Wenn Kredite handelbar werden - Perspektiven für integrierte Banken und die Mittelstandsfinanzierung, in: Die Bank, Heft 3, 2004, S. 156-161

Nagy, Robert A. und Obenberger, Robert W. (1994): Factors Influencing Individual Investor Behavior, in: Financial Analysts Journal, Vol. 50, Issue 1, 1994, S. 63-68

Nelles, Michael und Klusemann, Markus (2003): Die Bedeutung der Finanzierungsalternative Mezzanine-Capital im Kontext von Basel II für den Mittelstand, in: Finanz Betrieb, Heft 1, 2003, S. 1-10

Nippel, Peter (1992): Reputation auf Kreditmärkten, in: Zeitschrift für betriebswirtschaftliche Forschung (ZfbF), 44. Jg., Nr. 11, 1992, S. 990-1011

o.V. (2002a): Fonds-Projekt ein Erfolg, in: Mindener Tageblatt, 27.11.2002

o.V. (2002b): Welle der Solidarität mit den Flutopfern, in: Lebensmittel Zeitung, 30.08.2002

o.V. (2003a): Kampf um Liquidität, in: Financial Times Deutschland, 27.03.2003

o.V. (2003b): Mit Sicherheit riskant, in: Finanztest, Nr. 11, 11/2005, S. 56-57

o.V. (2003c): News-Archiv: Mittelstand - Neue Wege auf dem Kapitalmarkt, Jucho & Partner Unternehmensberatung, Online im Internet: http://www.jucho.com/news/news.html Download am 19.07.2006, Stand vom: 06.11.2003

o.V. (2003d): RZ-Zimmermann - Neue Wege bei der Finanzierung, in: Fleischwirtschaft, 12.12.2003

o.V. (2003e): Zimbo startet mit schwungvollen Aktionen ins Jubiläumsjahr, in: Lebensmittel Zeitung, 17.04.2003

o.V. (2003f): Zimbo wächst weiter - Bochumer Unternehmen besteht bereits seit 50 Jahren, in: Lebensmittel Zeitung, 07.11.2003

o.V. (2003g): Zimbo zapft den Kapitalmarkt an - Inhaber-Teilschuldverschreibungen über 15 Mio. Euro - Neubaupläne in Ostdeutschland - Übernahmeverhandlungen in Polen, in: Lebensmittel Zeitung, 31.10.2003

o.V. (2004a): Anleihe: Revolutionär, in: DIE ZEIT, 15.07.2004, S. 22

o.V. (2004b): WARENTEST - Aldi-Bratwürste "mangelhaft", in: Hamburger Abendblatt, 25.06.2004

o.V. (2004c): Zimbo - Anleihe im Direktverkauf, in: Fleischwirtschaft, 15.03.2004

o.V. (2004d): Zimbo verordnet sich neue Struktur, in: Lebensmittel Zeitung, 29.10.2004

o.V. (2004e): Zimbo-Bilanz zum Ost-Jubiläum, in: Fleischwirtschaft, 14.10.2004

o.V. (2005a): Aufsichtspräsident warnt die Banken / Bafin-Chef Sanio: Desaströser Preiswettbewerb / Prospektprüfung lässt große Lücken, in: Frankfurter Allgemeine Zeitung, 21.01.2005 11

o.V. (2005b): Fettarme Wurst-Anleihe, in: Handelsblatt, Nr. 213, 03.11.2005, S. 25

o.V. (2005c): Hochzins-Angebote nur für Wagemutige, RP Online, Online im Internet: http://www.rp-online.de/public/article/ratgeber/geld+recht/116516 Download am 25.07.2006, Stand vom: 21.11.2005

o.V. (2005d): Kekse oder Kugel - Welche süße Aktie soll ich nehmen?, in: Bild Halle, 08.04.2005

o.V. (2005e): Mikroanleihen: Papiere nach Hausmacherart, in: Frankfurter Allgemeine Zeitung, Nr. 193, 2005e, S. 19

o.V. (2005f): Pressemitteilung: EECH: Solar-Anleihe ausverkauft, European Energy Consult Hoding AG, Online im Internet: http://www.eech-ag.de/html/de/details pressemitteilungen.php?p=5&id=20051129130718 Download am 12.09.2006, Stand vom: November 2005

o.V. (2005g): Unternehmensfinanzierung - Mit dem "Bildungs-Wertpapier" betritt der Klett-Verlag Neuland, in: Der Platow Brief, 04.03.2005

o.V. (2005h): Unternehmergespräche Industrie und Mittelstand - Quartalsinformation 1. Quartal 2005, Deutsche Mittelstandsberatung DTMB GmbH, Online im Internet: http://www.dt-mb.de/aktuelles/presse/quartalsinformation_12005.pdf Download am 19.12.2006, Stand vom: Januar 2005

o.V. (2005i): Zimbo baut Logistiksparte aus, in: Fleischwirtschaft, 14.12.2005

o.V. (2006a): Dienstleistungen: Kapitalmarktemission - Private Placement, Dr. Werner & Kollegen, Online im Internet: http://www.eigenkapitalbeschaffung.de/ Download am 29.08.2006, Stand vom: nicht ersichtlich

o.V. (2006b): German Zimbo Sees 395 Mln Euro Consolidated Sales 2006, in: German News Digest, 25.4.2006

o.V. (2006c): Inhaberschuldverschreibungen: Zimbo-Anleihe ähnelt geschlossenen Immobilienfonds, FAZ.net, Online im Internet: http://www.faz.net/s/Rub09A305833E12405A808EF01024D15375/Doc~E4B08DD115DFD4228B92B671A35CB

C8EE~ATpl~Ecommon~Scontent.html Download am 13.07.2006, Stand vom: 11.11.2005

o.V. (2006d): Meldung aus dem zentralen Handelsregister Bochum vom 20.12.2006: HRA 5808 Löschungen, Dumrath & Fassnacht KG (Handelsregister online), Online im Internet: http://www.dufa-index.de Download am 12.01.2007, Stand vom: 28.12.2006

o.V. (2006e): Pressemitteilung: Unternehmensanleihe voll platziert!, Solar Millenium AG, Online im Internet: www.solarmillenium.de Download am 19.03.2006, Stand vom: 08.03.2006

o.V. (2006f): Reuschel & Co. begleitet Mittelstand auf dem Weg zum Kapitalmarkt, Deutsche Wirtschaftschronik, Online im Internet: http://www.dwc-net.de/magazin/businessnews_reuschel0205.php Download am 13.07.2006, Stand vom: nicht ersichtlich

o.V. (2006g): Skandal-Kette ohne Ende - Geplatzte Anleihen: Staatsanwalt ermittelt gegen First Real Estate, in: Die Welt, 05.07.2006

o.V. (2006h): Zimbo - Kein Gewurstel mit den Banken, Mittelstandsportal, Online im Internet: http://www.mittelstandsportal.de/firmenfinanzierung/Zimbo%20Kein%20Gewurstel%20mit%20den%20Banken.html Download am 16.11.2006, Stand vom:

o.V. (2006i): Zimbo - Weitere Aktivitäten in Osteuropa, in: Fleischwirtschaft, 17.05.2006

o.V. (2006j): Zimbo bringt neue Anleihe ohne Bankenhilfe, in: Handelsblatt, Nr. 142, 26.07.2006, S. 27

o.V. (2006k): Zimbo peilt in Osteuropa die Marktführerschaft an, in: Dow Jones Business Newsletters, 26.04.2006

Oehler, Andreas (1995): Die Erklärung des Verhaltens privater Anleger: theoretische Ansätze und empirische Analysen, Stuttgart, 1995

Oehler, Andreas (2003): Zur Makrostruktur von Finanzmärkten : Börsen als Finanzintermediäre im Wettbewerb, Bamberg : Univ., Lehrstuhl für Betriebswirtschaftslehre, Okt. 2003 Schriftenreihe: Bank- und Finanzwirtschaftliche Forschung: Diskussionsbeiträge des Lehrstuhls für Betriebswirtschaftslehre, insbesondere Finanzwirtschaft, Universität Bamberg, Nr. 22, Online im Internet: http://opus.zbw-kiel.de/volltexte/2004/1596/pdf/bafifo22.pdf Download am 27.06.2005, Stand vom: nicht ersichtlich

Paetzmann, Karsten (2001): Finanzierung mittelständischer Unternehmen nach "Basel II" - Neue "Spielregeln" durch bankinterne Ratings, in: Der Betrieb, 54. Jg., Heft 10, 2001, S. 493-497

Paul, Stephan (1994): Bankenintermediation und Verbriefung - Neue Chancen und Risiken für Kreditinstitute durch Asset Backed Securities?, Wiesbaden, 1994

Paul, Stephan (2002): Die theoretische Fundierung von Bankfunktionen aus der Perspektive der Institutionenökonomie, in: Paul, Stephan; Süchting, Joachim, et al. (Hrsg.): Theoriediskussion in der Bankbetriebslehre, erschienen in der Reihe Banking & Finance aktuell - Band 9, Frankfurt am Main, 2002, S. 39-66

Paul, Stephan (2003): Basel II, Rating und Finanzierung, in: Heckemüller, Carsten (Hrsg.): Ganzheitliches Corporate Finance Management, 1. Auflage, Wiesbaden, 2003, S. 82-96

Perridon, Louis und Steiner, Manfred (1999): Finanzwirtschaft der Unternehmung, München, 1999

Perry, Chad (2001): Case Research in Marketing, in: The Marketing Review, Vol. 1, Issue 3, 2001, S. 303-323

Petersen, Mitchell A. und Rajan, Raghuram G. (1995): The Effect of Credit Market Competition on Lending Relationships, in: The Quarterly Journal of Economics, Vol. 110, Issue 2, 1995, S. 407-443

Preißler, Steffen (2006): Geldanlage mit Absturzgefahr, in: Hamburger Abendblatt, 12.08.2006

Prokon (2006): Vertriebszahlen, Prokon Capital, Online im Internet: http://www.prokon-capital.de/ Download am 16.08.2006, Stand vom: 11.08.2006

Rajan, Raghuram G. (1992): Insiders and Outsiders: The Choice between Informed and Arms-Length Debt, in: The Journal of Finance, Vol. 47, Issue 4, 1992, S. 1367-1400

Ramsler, Martin (1993): Finanzinnovationen, in: Gebhardt, Günther; Gerke, Wolfang, et al. (Hrsg.): Handbuch des Finanzmanagements - Instrumente und Märkte der Unternehmensfinanzierung, München, 1993, S. 429-444

Remenyi, Dan; Money, Arthur, et al. (2002): The Creation of knowledge through case study research., in: Irish Journal of Management, Vol. 23, Issue 2, 2002, S. 1-17

Research, Deutsche Bank (2001): Internationale Kapitalmärkte der Zukunft - der Einfluss des Internet, erschienen in der Reihe Economics - Internet-Revolution und "New Economy" Nr. 22, Deutsche Bank Research, 2001

Research, Deutsche Bank (2006a): Auslandserträge europäischer Banken: Einheit in Vielfalt, erschienen in der Reihe Finanzmarkt Spezial - EU-Monitor 31, Deutsche Bank Research, 2006a

Research, Deutsche Bank (2006b): Key Economic Indicators: Germany, Deutsche Bank Research, Online im Internet: http://www.dbresearch.de/servlet/reweb2.ReWEB?rwkey=u1562411&%24rwframe=0 Download am 17.02.2006, Stand vom: 17.02.2006

Rettig, Daniel (2006): Die Schokoladenrevolution, in: Financial Times Deutschland, 17.08.2006

Richter, Nicholas (2006): Möglichkeiten und Grenzen des Distressed Debt Investing in Deutschland, Wiesbaden, 2006

Roemer, Mark (1998): Direktvertrieb kundenindividueller Finanzdienstleistungen: Ökonomische Analyse und systemtechnische Gestaltung, Heidelberg, 1998

Ross, Stephan A. (1989): Institutional Markets, Financial Marketing, and Financial Innovation, in: Journal of Finance, Vol. 44, 1989, S. 541-556

Roßbach, Peter (2001): Behavioral Finance: Eine Alternative zur vorherrschenden Kapitalmarkttheorie?, erschienen in der Schriftenreihe: Arbeitsberichte/Hochschule für Bankwirtschaft ; Nr. 31, Hochschule für Bankwirtschaft (HfB), Private Fachhochschule der Bankakademie, 2001

Schäfer, Sue-Isabel und Vater, Hendrik (2002): Behavioral Finance: Eine Einführung, in: Finanz Betrieb, Heft 12, 2002, S. 739-748

Schmitz, Ronaldo; Wenger, Ekkehard, et al. (1997): Abschied von der Deutschland AG?, in: Wirtschaftsdienst: Zeitschrift für Wirtschaftspolitik, 77. Jg., Heft 5, 1997, S. 251-263

Schöning, Stephan; Nolting, Roger-David, et al. (2004): Direktvertrieb von Fremdkapitaltiteln - Eine Finanzierungsalternative für KMU?, Online im Internet: http://www.uni-lueneburg.de/fb2/bwl/bsl/lehrstuhl_Team_Sg_Pub.htm Download am 01.03.2005, Stand vom: Juli 2004

Schulz, Christoph (2003): Das deutsche Hausbanksystem : auch heute ein Modell mit Zukunft, in: Zeitschrift für das gesamte Kreditwesen, 56. Jg., Heft 20, 2003, S. 1156-1158

Schulze, Jörg-Martin (2005): Hohe Zinsen - hohes Risiko, in: Der Spiegel, 2005, Nr. 23, 06.06.2005, S. 79

Schürenkrämer, Ulrich (2005): Finanzdienstleistungen für Firmenkunden im Zeichen der Wertorientierung, in: Lange, Thomas A. und Schulze, Heiko (Hrsg.): Wertmanagement in Banken; Festschrift zum 65. Geburtstag von Guido Eilenberger, Wiesbaden, 2005, S. 81-111

Schürmann, Christoph (2005): Boom der Unternehmensanleihen, in: Wirtschaftswoche, Nr. 34, 18.08.2005, S. 82

Schwaldt, Norbert (2005): Kapital für den Mittelstand, in: Berliner Morgenpost, 06.02.2005

Seward, James K. (1990): Corporate Financial Policy and the Theory of Financial Intermediation, in: Journal of Finance, Vol. 45, Issue 2, 1990, S. 351-377

Sharpe, Steven A. (1990): Asymmetric Information, Bank Lending, and Implicit Contracts: A stylized Model of Customer Relationsips, in: Journal of Finance, Vol. 45, No. 4, 1990, S. 1069-1087

Shleifer, Andrei und Vishny, Robert W. (1997): A Survey of Corporate Governance, in: The Journal of Finance, Vol. 52, Issue 2, 1997, S. 737-783

Siemons, Christoph (2005): Wertschaffung durch systematischen Vertrieb am Beispiel der Deutsche Bank Privat- und Geschäftskunden AG, in: Schulze, Heiko (Hrsg.): Wertmanagement in Banken; Festschrift zum 65. Geburtstag von Guido Eilenberger, Wiesbaden, 2005, S. 31-58

Simon, Hermann; Tacke, Georg, et al. (2005): Kundenbindung durch Preispolitik, in: Bruhn, Manfred und Homburg, Christian (Hrsg.): Handbuch Kundenbindungsmanagement: Grundlagen - Konzepte - Erfahrungen, Wiesbaden, 2005, S. 343-359

Simon, Herrmann; Ebel, Bernhard, et al. (2002): Investor Marketing, in: Zeitschrift für Betriebswirtschaft, 72. Jg., Nr. 2, 2002, S. 117-140

Spremann, Klaus (1988): Reputation, Garantie, Information, in: Zeitschrift für Betriebswirtschaft (ZfB), 58. Jg., Nr. 5/6, 1988, S. 613-629

Stadler, Wilfried (2002a): Unternehmensfinanzierung nach Basel II - Die Sicht der Banken, in: Finanznachrichten, 2002a, S. 10-14

Stadler, Wilfried (2002b): Unternehmensfinanzierung nach neuen Spielregeln: Instrumente - Märkte - Perspektiven, in: Kohlbeck und Wimmer (Hrsg.): Finanzierung für den Mittelstand - Trends, Unternehmensratings, Praxisfälle, Wiesbaden, 2002b, S. 110-124

Stocker, Frank (2004): Mit Speck fängt man Mäuse, in: Welt am Sonntag, 18.01.2004

Stüfe, Karin (1999): Das Informationsverhalten deutscher Privatanleger. Mit einem Geleitwort von Wolfgang Gerke., Wiesbaden, 1999

Süchting, Joachim (1980): Zum Finanzmarketing der Unternehmung, in: Hahn, Dietger (Hrsg.): Führungsprobleme industrieller Unternehmen, Festschrift für Friedrich Thomée zum 60. Geburtstag, Berlin [u.a.], 1980, S. 217-233

Suisse, Credit (2004): Basel II - Meilenstein der Bankenregulierung, Economic Briefing Nr. 36, Credit Suisse, Online im Internet: http://www.ratingaktuell-news.de/pdf/CSGBaselII.pdf Download am 23.06.2005, Stand vom: 20.04.2004

Sydow, Anette (2004): Den Zins auf der Zunge zergehen lassen - Immer mehr kleine Unternehmen nutzen den Genussschein mit Naturalienausschüttung als Finanzierungsform, in: Die Welt, 18.08.2004

Tietz, Bruno (1993): Der Direktvertrieb an Konsumenten: Konzepte und Systeme, Stuttgart, 1993

Trauten, Andreas (2004): Zur Effizienz von Wertpapieremissionen über Internetplattformen, Münster, 2004

Tufano, Peter (2003): Financial Innovation, in: Constantinides, George. M. (Hrsg.): Corporate Finance, 21st Edition, Amsterdam, 2003, S. 307-335

Ulrich, Corinne (2006): Fast eine Aktie, in: Financial Times Deutschland, Beilage enable 1/2006, 11.01.2006, S. 14-15

Ulrich, Hans (1981): Die Betriebswirtschaftslehre als anwendungsorientierte Sozialwissenschaft, in: Die Führung des Betriebes: Curt Sandig zu seinem 80. Geburtstag gewidmet, 1981, S. 1-25

Ulrich, Hans (1984): Anwendungsorientierte Wissenschaft, in: Dyllick, Thomas und Probst, Gilbert (Hrsg.): Management, Bern [u.a.], 1984, S. 200-209

Ulrich, Hans (2001): Zum Theorie- und Praxisbezug der Betriebswirtschaftlehre als anwendungsorientierte Wissenschaft, in: Ulrich, Hans (Hrsg.): Gesammelte Schriften, Band 5, Bern [u.a.], 2001, S. 30-51

van Eimeren, Birgit und Frees, Beate (2005): ADR/ZDF-Online Studie 2005. Nach dem Boom: Größter Zuwachs in internetfremden Gruppen, in: Media Perspektiven, Nr. 8, S. 362-379

Vauhkonen, Jukka (2003): Financial contracts and contingent control rights, Bank of Finland Discussion Papers, 14, 2003

Vogt, Jörg (1997): Vertrauen und Kontrolle in Transaktionen: eine institutionenökonomische Analyse, Wiesbaden, 1997

von Daniels, Holger (2004): Private Equity Secondary Transactions - Chancen und Grenzen des Aufbaus eines institutionalisierten Secondary Market, Wiesbaden, 2004

Währisch, Mark (2003): Mittelstand und Finanzplatz Deutschland - eine Bestandsaufnahme, in: Wiedmann, Klaus-Peter und Heckemüller, Carsten (Hrsg.): Ganzheitliches Corporate Finance Management, 1. Auflage, Wiesbaden, 2003, S. 68-80

Weber, Martin; Kramer, Ave Brit, et al. (2000): Behavioral Finance - Idee und Überblick, in: Finanz Betrieb, 2. Jg., Heft 5, 2000, S. 311-318

Weber, Martin und Schiereck, Dirk (1993): Marktbezogene Bestimmung der Kapitalkosten, in: Gebhardt, Günther; Gerke, Wolfang, et al. (Hrsg.): Handbuch des Finanzmanagements - Instrumente und Märkte der Unternehmensfinanzierung, München, 1993, S. 131-149

Weber, Stefan (2003): Im Windschatten der Discounter - DYNASTIEN - AUSSENSEITER - NEWCOMER Profil, in: Süddeutsche Zeitung, 02.06.2003

Weidekind, Sabine-Sofie (1994): Finanzierungsmarketing - Übernahme marketingwissenschaftlicher Überlegungen für das Finanzmanagement, Wiesbaden, 1994

Welch, Ivo (1997): Why is Bank Debt Senior? A Theory of Asymmetry and Claim Priority Based on Influence Costs, in: The review of financial studies, Vol. 10, Issue 4, 1997, S. 1203-1236

Westermann, Frank (2003): The Credit Crunch: A Comparison of Germany and Japan, in: CESifo forum, Vol. 4, Issue 1, 2003, S. 36-41

Wiedmann, Klaus-Peter und Wlash, Gianfranco (2003): Corporate Finance und Unternehmensreputation - Messung und Management von Reputation als Herausforderung, in: Wiedmann, Klaus-Peter und Heckemüller, Carsten (Hrsg.): Ganzheitliches Corporate Finance Management, 1. Auflage, Wiesbaden, 2003, S. 273-289

Wöhe, Günter und Bilstein, Jürgen (1998): Grundzüge der Unternehmensfinanzierung, München, 1998

Wolff, Rüdiger (2002): Kapital der Kaufmannstugend, in: Frankfurter Allgemeine Zeitung, 18.11.2002, S. 22

Yin, Robert K. (1981): The Case Study Crisis: Some Answers., in: Administrative Science Quarterly, Vol. 26, Issue 1, 1981, S. 58-65

Yin, Robert K. (1993): Applications of case study research, Newbury Park [u.a.], 1993

Yin, Robert K. (2003): Case study research design and methods, Thousand Oaks [u.a.], 2003

Zender, Jaime F. (1991): Optimal Financial Instruments, in: Journal of Finance, Vol. 46, Issue 5, 1991, S. 1645-1663

ZIMBO (2005): Familie Zimmermann plaziert Immobilien-Anleihe, ZIMBO, Online im Internet: http://www.zimbo.de/index.php?id=542 Download am 19.07.2006, Stand vom: 03.11.2005

Zingales, Luigi (2000): In Search of New Foundations, in: The Journal of Finance, Vol. 55, Issue 4, 2000, S. 1623-1653

Gabler Edition Wissenschaft

„Schriften zum europäischen Management"
Herausgeber: Roland Berger Strategy Consultants – Academic Network
zuletzt erschienen:

Thomas Kempe
Management wetterinduzierter Risiken in der Energiewirtschaft

Carsten W. Seeliger
Corporate Venturing in der Praxis

Ralph Kudla
Finanzierung in der Sanierung

Tobias Harzer
Investor Relations für Privatanleger

Torsten Schmid
Strategie als Kunst des Möglichen

Ingo Lange
Unternehmenswert und Behavioral Finance in der Insolvenz

Jörg Zirener
Sanierung in der Insolvenz

Verena Reichl
Prospektive Auswirkungen der Kosteneinsparung im Gesundheitswesen auf Ärzte, Patienten und die Industrie

Markus Strietzel
Unternehmenswachstum durch Internationalisierung in Emerging Markets

Burkhard Schnorrenberg
Zur Preisbildung von Forwardkontrakten im Strommarkt

Leonid Jasvoin
Integration der Unsicherheitsaspekte in die Schedule-Optimierung

Gerd Sievers
Desinvestition von Unternehmensbeteiligungen in Krisensituationen

Carsten Herbes
Post-Merger-Integration bei europäisch-japanischen Unternehmenszusammenschlüssen

Nicholas Richter
Möglichkeiten und Grenzen des Distressed Debt Investing in Deutschland

Michael Zollenkop
Geschäftsmodellinnovation

(Weitere Titel dieser Reihe finden Sie auf der folgenden Seite.)

SPRINGER NATURE

GPSR Compliance

The European Union's (EU) General Product Safety Regulation (GPSR) is a set of rules that requires consumer products to be safe and our obligations to ensure this.

If you have any concerns about our products, you can contact us on ProductSafety@springernature.com

In case Publisher is established outside the EU, the EU authorized representative is:

Springer Nature Customer Service Center GmbH
Europaplatz 3
69115 Heidelberg, Germany

Kolibri 360 GmbH
Ferdinand-Jühlke-Straße 7
99095 Erfurt, Deutschland
produktsicherheit@kolibri360.de